ALISON BURFORD

KÜNSTLER UND HANDWERKER IN GRIECHENLAND UND ROM

Bernt Kampmann
zum 16. 9. '86
(mit dem neuen Füller!)

KULTURGESCHICHTE
DER ANTIKEN WELT

BAND 24

VERLAG PHILIPP VON ZABERN · MAINZ AM RHEIN

ALISON BURFORD

KÜNSTLER UND HANDWERKER IN GRIECHENLAND UND ROM

Übersetzt von

WASSILIKI FELTEN

VERLAG PHILIPP VON ZABERN · MAINZ AM RHEIN

316 Seiten mit 5 Textabbildungen, 50 Farbtafeln, 32 Schwarzweißtafeln mit 88 Abbildungen

Umschlag: Siehe Farbtafel XXXII.

Vorsatz vorn: Sockelfries im „roten Gartensaal" des Vettier-Hauses, Pompeji. Gezeigt werden Tätigkeiten in einer Goldschmiedewerkstatt, wobei anstelle der Handwerker Amoretten auftreten: beim Ziselieren einer Schüssel, am Ofen beim Anfachen des Feuers, bei feiner Treibarbeit, beim Wiegen und Handeln der Ware, beim Hämmern am Amboß (von r. nach l.). Um 60 bis 70 n. Chr.

Vorsatz hinten: Eine andere Szene aus dem Sockelfries des „roten Gartensaals" im Vettier-Haus, Pompeji, zeigt Amoretten bei Herstellung und Verkauf wohlriechender Öle: an der Presse beim Einschlagen der Keile, beim Erhitzen des Öls und beim Umrühren, beim Abwiegen und Abfüllen, beim Vorführen des Duftes (von r. nach l.). Um 60 bis 70 n. Chr.

First published by Thames and Hudson, London, as
CRAFTSMEN IN GREEK AND ROMAN SOCIETY

ISBN 3-8053-0538-9
Satz: Karin Geiss, Tutzing

Printed in West Germany by Philipp von Zabern

INHALT

VORWORT

Bei der Niederschrift dieses Buches haben mich viele auf unterschiedliche Weise großzügig unterstützt. Besonders dankbar bin ich den Trustees, dem Direktor und den Senior Fellows des Center of Hellenic Studies, wo ich 1965/6 ein Junior Fellowship innehatte, und der Universität von Nebraska für einen Forschungsurlaub während des Jahres 1970. Darüber hinaus möchte ich insbesondere folgenden Personen danken: Professor M.I. Finley für konstruktive Kritik während der verschiedenen Stadien meiner Arbeit; Miss J.M.C. Toynbee, Professor D. Strong und Mr. G. de Ste Croix für hilfreiche Diskussionen; Professor Sterling Dow für Kommentare zur vorletzten Fassung des Manuskripts; Professor H.H. Scullard, der mich als Herausgeber ermuntert und beraten hat; Mr. Peter Clayton bei Thames and Hudson für die Lösung so vieler Probleme, die sich bei der Bebilderung des Themas ergaben; und Dr. Guy L. Cooper, der mir als Sekretär unschätzbare Hilfe leistete.

Ich möchte anmerken, daß sich die Schreibweise griechischer Eigennamen in diesem Buch so eng wie möglich an die griechische Form hält, außer in den Fällen, wo das der allgemeine Sprachgebrauch verbot. Ich versuche keine Entschuldigung für die unausweichlichen Inkonsequenzen, die so entstanden sind.

Asheville, North Carolina — A.B.

ABBILDUNGSNACHWEIS

88 SCHWARZWEISSABBILDUNGEN AUF 32 TAFELN

Französische Archäologische Schule, Athen, 1, 71, 72; Alison Frantz, Athen, 2, 58; Ashmolean Museum, Oxford, 3, 31, 47; Trustees of the British Museum 4, 6, 10, 14, 21, 22, 23, 25, 29, 42, 43, 46, 78; P. Dumont und J. Babinot, Reims, 5; Mansell, 12, 19; Mansell-Alinari, 7, 54, 70, 86, 88; Maurice Chuzeville, 8; Fotofast, Bologna, 9; Nationalmuseum, Kopenhagen, 11, 37, 77; Staatliche Museen zu Berlin (Ost), 13, 15, 16, 18; Antikensammlungen, München, 17; Museum of Fine Arts, Boston, 20, 30, 44; American School of Classical Studies, Athen, 24, 35; Toledo Museum of Art, 26; C. Macdonald, 27, 28; Deutsches Archäologisches Institut, Athen, 32, 75, 80, 84; Yorkshire Museum, York 33; Cliché des Musées Nationaux, 34, 59; Deutsches Archäologisches Institut, Rom, 36, 41, 48, 56, 82, 83; Antikenmuseum, Staatliche Museen Preußischer Kulturbesitz, Berlin (West), 38, 39, 40; Eremitage, Leningrad, 45; John Webb, Brompton Studios, 49, 50; Ray Gardner, 51, 52; Bibliothèque Nationale, Paris, 53; Verf. 55, 60, 63; Yale University Museum, 57; Max Hirmer, München, 61, 81; Foto Marburg, 62; Fototeca Unione, Rom, 64, 67, 68, 69, 74; Georgina Masson, 65; Gabinetto Fotografico Nazionale, 66; Sonia Halliday, 73; Metropolitan Museum of Art, New York, 76; Royal Ontario Museum, 79; Musée d'Aquitaine, Bordeaux, 85; Ch.J. Makaronas, 87.

Die Textabbildungen 2 und 3 sind von Miss G.D. Jones gezeichnet.

FARBTAFELN

Antikenmuseum, Staatliche Museen Preußischer Kulturbesitz, Berlin (West), IV, V, VI; Ashmolean Museum, Oxford, I; Deutsches Archäologisches Institut, Rom, XXIII; M. Eberlein, X, XI, XII; P.J. Fatás, XLIV; Hannibal,

Athen, XIV, XVI, XVII; Hickey and Robertson, Houston, XVIII, XXV, XXXVI; Dieter Johannes, Kairo, XXIV, XXXIII, XXXIV; Komitee für Kultur der Volksrepublik Bulgarien, XXXVIII, XXXIX; Jürgen Liepe, Berlin, II; Helmuth Nils Loose, XXVII, XXVIII; Leonard von Matt, Buochs, Umschlag, Vor- und Nachsatz, XXI, XXII, XXVI, XXIX, XXX, XXXI, XXXII, XLVIII, XLIX; Nationalmuseeum, Kopenhagen, L; Nelson, New York, XL; Karl Öhrlein, Würzburg, XIX, XX, XXXV; Jacques Pugin, Genf, XLV, XLVI, XLVII; Rheinisches Landesmuseum, Trier, XIII; Yves Siza, XLIII; Sp. Tsavdaroglu, Athen, VII, VIII, IX, XV, XXXVII.

Für die Legenden zu den Farbtafeln ist der Verlag Herrn Dr. Florens Felten sehr verbunden.

MUSEUMSVERZEICHNIS

88 SCHWARZWEISSABBILDUNGEN AUF 32 TAFELN

Museum Delos, 1; Nationalmuseum, Athen, 2; Ashmolean Museum, Oxford, 3, 31, 47; Museum Reims, 5; British Museum, London, 6, 10, 14, 21, 22, 23, 25, 29, 42, 43, 46, 49, 50, 51, 52, 78; Museum Ostia, 7; Louvre, Paris, 8, 59; Museum Ravenna, 9; Nationalmuseum, Kopenhagen, 11, 37, 77; Staatliche Museen, Berlin (Ost), 13, 15, 16, 18; Antikensammlungen, München, 17; Akropolismuseum, Athen, 19; Museum of Fine Arts, Boston, 20 (Geschenk Martin Brimmer), 30 (H.L. Pierce Fund), 44; Agoramuseum, Athen, 24, 35; Toledo Museum of Art, 26 (Geschenk Edward Drummond Libbey, 1930); Museum Olympia, 32, 80; Yorkshire Museum, York, 33; Cluny Museum, Paris, 34; Vatikanische Museen, 36, 41, 54, 56, 81; Antikenmuseum, Staatliche Museen Preußischer Kulturbesitz, Berlin (West), 38, 39, 40; Eremitage, Leningrad, 45; Privatsammlung, Rom, 48; Bibliothèque Nationale, Paris, 53; Yale University Museum, 57; Museum Epidauros, 62; Metropolitan Museum of Art, New York, 76 (Rogers Fund, 1945); Royal

Ontario Museum, 79; Palazzo dei Conservatori, Rom, 82; Museo Nazionale, Rom, 83; Museum Chalkis, 84; Musée d'Aquitaine, Bordeaux, 85; Museo Nazionale, Neapel, 88.

FARBTAFELN

Griechisch-Römisches Museum, Alexandria, XXIV; Nationalmuseum, Athen, XVII, XXXVII; Antikenmuseum, Staatliche Museen Preußischer Kulturbesitz, Berlin (West), IV, V, VI; Privatsammlung Bern, XLV, XLVI, XLVII; Museum Brauron, XVI; Museum Delphi, IX; Musée d'Art et d'Histoire, Genf, XLIII; Sammlung A.D. Menil, Houston, XXV, XXXVI; Ägyptisches Museum, Kairo, XXXIII, XXXIV; Nationalmuseum, Kopenhagen, L; Privatsammlung, Mailand, III; Antikensammlungen, München, II; Museo Nazionale, Neapel, XXI, XXII, XXIII, XXIX, XXX, XXXI; Sammlung N. Schimmel, New York, XLI, XLII; Museum Olympia, VIII, XIV, XV; Ashmolean Museum, Oxford, I; Archäologisches Museum, Plowdiw, XXXVIII, XXXIX; Mysterienvilla, Pompeji, XXVI; Vettierhaus, Pompeji, Vor- und Nachsatz, Umschlag, XXXII; Antiquarium, Palatin, Rom, XXVII; Haus des Augustus, Rom, XXVIII; Vatikanische Museen, Vatikan, Rom, XLVIII, XLIX; Sammlung G. Denman, San Antonio, XVIII; Museum Schwarzenacker, XIII; Museum Thessaloniki, VII; Museum Weißenburg, X, XI, XII; Martin-von-Wagner-Museum, Würzburg, XIX, XX, XXXV; Museo Arqueológico, Zaragoza, XLIV.

Kapitel I

EINFÜHRUNG

„Euthykartides der Naxier hat mich gemacht und geweiht“[1]

Irgendwann während seines Berufslebens fühlte sich der Bildhauer Euthykartides dazu aufgerufen, ein Denkmal aus einheimischem Stein anzufertigen und es in seinem eigenen Namen dem delischen Apoll zu weihen (Taf. 1). Er nahm beträchtliche Mühen und Kosten auf sich, um zwei umfangreiche Blöcke des schweren und empfindlichen Marmors – für Statue und Basis – zu brechen, zu bearbeiten und über einige Meilen des bewegten Ägäischen Meeres zu transportieren. Was war er für ein Mann, daß er einen solchen kulturellen Ehrgeiz entwickelte, wie er zu allen Zeiten von den Reichen, und in dieser Epoche (dem 7. Jh. v.Chr.) vor allem von der Aristokratie zu erwarten war; und daß er diese Statue mit seiner Signatur versah, zu einer Zeit, in der Kenntnis des Lesens und Schreibens noch relativ selten, und persönliche Äußerungen von Handwerkern – sei es nun im Mittelmeergebiet oder im Nahen Osten – praktisch unbekannt waren?

Mag Euthykartides auch ein ungewöhnlicher Mann gewesen sein, so war er doch kein Einzelfall. Andere Handwerker begannen bereits, für sich selbst zu sprechen; und in der Folgezeit sollte das Bewußtsein der alten Welt von den schöpferischen Kräften (so beschränkt die Vorstellungen auch noch gewesen sein mögen) immer häufiger zum Ausdruck kommen. Abgesehen aber von der Tatsache, daß Euthykartides seine eigene Individualität deklarieren konnte, gibt es noch andere Faktoren, die wir kennen müssen, um einen Einblick nicht nur in die Situation des Euthykartides, sondern auch in die allgemeine Stellung der Handwerker innerhalb der Gesellschaft, in der sie lebten und arbeiteten, gewinnen zu können. Der Name des Euthykartides, seine Heimat und bis zu einem gewissen Grad auch seine Fähigkeiten werden durch die Überbleibsel des Denkmals bekannt gemacht. Aber diese Tatsachen helfen nur wenig, wenn wir versuchen, seinen wirtschaftlichen Status, seine Stellung in der naxischen Gesellschaft, sein Verhältnis zu seinen Kunden, die Gründe, die ihn zur Bildhauerei brachten, seine Abhängigkeit von anderen gelernten Handwerkern, die Aufmerksamkeit, die er Vorgängen außerhalb seiner Steinmetzwerkstatt gewidmet haben mag, abzuschätzen. Verschiedene Bemerkungen in der antiken Literatur in bezug auf Bildhauer und andere Facharbeiter machen deutlich, daß zumindest für bestimmte Teile der Gesellschaft Euthykartides zu den *banausoi* gehörte – zu den manuellen Arbeitern, zu den Männern, die eine Geschicklichkeit ausbeuteten, um ihren Lebensunterhalt zu verdienen, zu den Kunsthandwerkern; zu den Männern, denen die Natur ihrer Tätigkeit jede Möglichkeit moralischen oder politischen Wirkens versagte; zu den Männern, bezüglich derer gesagt werden konnte, daß „banausische Tätigkeit in den griechischen Städten gänzlich verachtet wird . . . . sie verdirbt die Körper der Arbeiter und Aufseher, da die Natur der Arbeit sie dazu zwingt, im Haus zu sitzen und, in manchen Fällen, den Tag vor dem Feuer zu verbringen. Verweichlichung des Körpers führt zur Verweichlichung des Geistes“[2]. Lukian aus Samosata, der in der römischen Kaiserzeit schrieb, konnte über das Leben eines Bildhauers folgendes sagen:

> „Wenn du ein Steinmetz wirst, so wirst du nicht mehr sein als ein Arbeiter, der schwere körperliche Arbeit verrichtet . . . Du wirst unbekannt sein, einen geringen Verdienst haben, wenig gelten, als wertlos in der allgemeinen Meinung eingeschätzt werden, weder von Freunden umworben, noch von Feinden gefürchtet oder von den Mitbürgern beneidet werden, sondern du wirst ein gewöhnlicher Arbeiter sein, ein Handwerker, ein Gesicht in der Masse, einer, der seinen Lebensunterhalt durch seiner Hände Arbeit verdient“[3].

Diese Aussagen müssen, sollen sie zutreffen, einigermaßen modifiziert werden. Für den Augenblick aber können sie dazu dienen, die Existenz einer Gruppe deutlich zu machen, die sich vom Rest der Gesellschaft durch die Art und Weise abhebt, in der sich ihre Angehörigen beschäftigen. Sie zeigen auch die Zwiespältigkeit an, die in einigen Bereichen des antiken Denkens bezüglich der Verdienste der *banausoi* und der Dinge, die sie herstellten, herrschte. Sehr klar formuliert das Plutarch in seinem Leben des Perikles: „Wenn ein Werk wegen seiner Zierlichkeit erfreut, so folgt nicht notwendig daraus, daß der Mann, der es gemacht hat, unserer Hochschätzung wert ist . . . Kein begabter junger Mann, hat sich je bei der Betrachtung des Zeus des Phidias in Olympia oder der Hera des Polyklet in Argos wirklich gewünscht, Phidias oder Polyklet zu sein“[4].

Gleichgültig wie nützlich oder schön der Gegenstand war, wie wesentlich für die körperlichen oder seelischen Bedürfnisse des Individuums oder der Gesellschaft er war, für die er gemacht worden war – mochte es ein Jagdmesser, ein Verteidigungsturm, oder eine Kultstatue aus Gold und Elfenbein sein –, der Verfertiger war in keiner Weise bewunderungswürdig.

Daß Ansichten wie diese, auch wenn sie von vielen der größten Philosophen und Schriftsteller des Altertums geäußert wurden, nur die eine Seite des Sachverhalts darstellen, erweist die Existenz von Aufzeichnungen wie die Weihinschrift des Euthykartides aus dem späteren 7. Jh. v.Chr.; oder der Grabstein, der an die Zulassung des Malers Loukios Sossios in den Stadtrat von Kyrene in Anerkennung seiner Verdienste als Künstler im 2. Jh. n.Chr. erinnert; oder der Ehrenerlaß für den Architekten Epikrates in Olbia, der im 3. Jh. v.Chr. aus Byzanz kam, um die Verteidigungsmauern der Stadt zu errichten; oder die Grabreliefs mit begleitenden Inschriften von Bildhauern, Maurern, Schuhmachern und Schmieden im römischen Gallien (z.B. Taf. 5)[5]. Leute, die ihre religiösen Verpflichtungen so ansehnlich erfüllen, die so hohe öffentliche Ehren erringen oder sich selbst in illustrierenden Reliefs als erinnerungswürdig einschätzen konnten, waren nicht nur „gewöhnliche Arbeiter, Gesichter in der Masse“.

Wenn wir über Handwerker im Altertum sprechen, so müssen wir erstens klären, wer unter den Begriff „Handwerker" fällt; zweitens muß betont werden, daß die Mehrheit der antiken Handwerker, wenn schon nicht zu ihrer eigenen Zeit, so doch zumindest für uns anonym bleibt und sogar noch weniger ist als „Gesichter in der Masse". Es erhebt sich die Frage, ob die Handwerker, über die wir Zeugnisse besitzen, für ihren Berufsstand typisch sind, also gewissermaßen die Spitze eines Eisberges von sich äußernden und gesellschaftlich faßbaren Facharbeitern darstellen, deren Erinnerungsmale verloren sind, oder ob sie die Ausnahme und Minderheit bildeten.

Der Begriff Handwerker wird hier für jeden Facharbeiter benützt, dessen Betätigung zur Herstellung von Gegenständen aus dauerhaften Materialien beitrug und dessen Lebensunterhalt von der Ausübung seines Handwerks abhing[6]. So definiert, gilt unsere Aufmerksamkeit gleichermaßen dem Bergmann, dem Bronzenagelschmied, dem Goldschmied, dem Juwelier, dem Steinbrucharbeiter, dem Bildhauer, dem Architekten, dem Gerber, dem Schuhmacher, dem Sattler, dem Holzfäller, dem Schiffbauer, dem Tischler und Hersteller von Einlegearbeiten, dem Töpfer, dem Statuettenbildner, dem Vasenmaler, dem Mosaizisten, dem Katapultbauer und dem Glasbläser; keiner war in irgendeiner Weise weniger Professionist und Handwerker als der andere. Einen Grund für die absolute Gültigkeit dieser Zusammenstellung von auf den ersten Blick so disparat wirkenden Facharbeiten liefert die Tatsache, daß die moderne Unterscheidung zwischen den Künsten und dem Handwerk, dem Künstler und dem Handwerker, in der Antike unbekannt war. Den klarsten Beweis für diesen Auffassungsunterschied bietet die Sprache. Im Griechischen wurde *techne*, und im Lateinischen *ars* unterschiedslos für den Maler wie den Schuhmacher verwendet, gerade so wie der *technites, cheirotechnes* oder *demiourgos*, der *faber* oder *artifex* in gleicher Weise einen Bildhauer, einen Bergmann, einen Steinhauer oder einen Architekten bezeichnen konnte.

Das bedeutet nicht, daß niemand das Wesen der künstlerischen Fertigkeit erkannte, die eine feine bemalte Vase schuf, im Gegensatz etwa zur technischen Fertigkeit, mit der Silber aus dem Erz gewonnen wurde; oder daß niemand Unterschiede machte zwischen den ästhetischen Qualitäten, wie sie sich in einem dorischen Tempel äußern, und dem reinen Nutzwert eines gut gebauten, wetterfesten Schweinestalls[7]. Aber man erkannte einfach, daß sowohl der Tempelarchitekt wie der Erbauer des Schweinestalls ihren Erfolg aus der gleichen Quelle bezogen – und die war ihr handwerkliches Können. Linienführung und Form wurden bei Statuen wie bei Kriegsschiffen in gleicher Weise durch die Anwendung exakter und gut gelernter Handwerksregeln erzielt; welche zusätzliche Qualität auch immer der einzelne Arbeiter in sein Werk einbringen mochte, es war die Erfahrung im Handwerklichen, die an erster Stelle zählte.

Die Bewunderung der Laien für handwerkliches Können drückt sich häufig in der antiken Literatur aus. Die homerischen Epen bringen viele Beschreibungen von bewundernswerten Handwerkserzeugnissen, nicht nur von jenen des Schmiedegottes Hephaistos und des „viel ersinnenden" Helden Odysseus, sondern auch solche realistischer Art; der Dichter zeigt, daß handwerkliche Perfektion auf seine Zuhörer eine starke Faszination ausübte: als ersten Preis im Wettlauf stiftet Achilleus

„einen silbernen Krug, getrieben; er mochte sechs Maße fassen; an Pracht übertraf er die anderen sämtlich auf Erden weit; denn es hatten ihn kunstgeübte Sidoner gebildet. Und Phoinikier führten ihn fort über neblichte Meere"[8].

Das Interesse späterer Zeiten an der Qualität handwerklichen Könnens äußert sich in der Bemerkung des hellenistischen Historikers Diodoros, wenn er über die Bildhauer der klassischen Zeit spricht: „Selbst diesen Männern gelang es bei ihrer Arbeit nicht, ein Produkt ihres Könnens vorzuweisen, das völlig fehlerlos gewesen wäre"[9].

Der Handwerker lieferte die Spezialkenntnis, das technische Know-how, die für ein zivilisiertes Leben notwendig sind. Ohne ihn könnte der Laie allenfalls eine armselige Imitation der eigentlichen Form des gewünschten Objekts zustande bringen; in den meisten Fällen wäre er gar nicht in der Lage, etwas herzustellen, das die gewünschte Funktion erfüllen könnte – einen Topf, der fest auf seiner Standfläche steht, oder eine Kultstatue, die die ganze Würde und Macht der dargestellten Gottheit vermittelt; in vielen Fällen würde schon der Versuch, die notwendigen Werkstoffe herzustellen, seine Fähigkeiten überschreiten. Nachdem sich die Gesellschaft über das Stadium des Jägers und Sammlers hinaus bewegt und sich ein stabiles Gefüge der Beziehungen, ein geregeltes ökonomisches Prinzip des Gebens und Nehmens entwickelt hatte, begann sich auch ein Platz für den spezialisierten Handwerker herauszubilden, der die Produktion des Familienverbandes oder der Gesellschaftgruppe, die dafür verantwortlich war (im Falle der Keramikherstellung beispielsweise die Frauen des Gemeinwesens), ergänzte und dann allmählich ersetzte[10].

In keiner Periode der Antike konnte ein Zweifel daran bestehen, daß den Handwerkern eine große ökonomische Bedeutung zukam; ihre Verteilung war nahezu ständig Gegenstand des Interesses[11]. Sie lieferten der Gemeinschaft nicht nur die lebensnotwendigen Dinge – feste Behausungen, dauerhafte Kleidung, strapazierfähiges Schuhwerk, wirksame Waffen und Werkzeuge, Mauern, die einem Angriff standhielten –, sondern auch die Annehmlichkeiten des kulturellen Lebens. Handwerkliches Können lieferte Häuser, Kultschreine, Trinkgefäße, Waffen, Straßenkomplexe, Befestigungsanlagen und Aquädukte, die nicht nur völlig adäquat funktionierten, sondern auch noch schön waren (Taf. 69, 74). Fehlendes handwerkliches Können, ein Mangel an Männern in der Gemeinschaft, deren Arbeit den höchsten Anforderungen entsprach, bedeutete nicht nur einen verschmerzbaren Mangel an schönen Gegenständen und Luxusdingen, sondern eine umfassende kulturelle Armut, eine Minderung der Lebensqualität, wie sie jeder, der sich aus der Stadt Athen auf die Dörfer Arkadiens oder ins Hinterland Makedoniens, oder aus der Stadt Rom nach Tomi am Schwarzen Meer begab, verspürte[12].

Jede Gemeinschaft hatte ihre Handwerker, jedes Dorf seinen Schmied, Schuhmacher, Tischler und Baumeister, oder zumin-

Arbeiten in der Töpferwerkstatt

◁ **I** Eine Szene in einer Keramikwerkstatt des mittleren 5. Jhs. v. Chr.: Ein Athener Vasenmaler bemalt einen Glockenkrater. Da sich das Bild ebenfalls auf einem Glockenkrater befindet, mag sich der Maler selbst porträtiert haben.

II Auf der Schulter einer Hydria in München hat ein Athener Vasenmaler im späten 6. Jh. v. Chr. seine ganze Werkstatt dargestellt. Der Ausschnitt zeigt das Herbeischaffen des Brennmaterials und das Schüren des mit einer Göttermaske geschmückten Brennofens. Im Hintergrund steht der Inhaber der Werkstatt mit Stab und Mantel. (Vgl. Taf. 17) ▷

III a-b Ein Vasenatelier in Athen vor der Mitte des 5. Jhs. v. Chr.: Männer und eine Frau arbeiten an der Dekoration anspruchsvoller Gefäße — Volutenkratere, Kantharoi, Oinochoen. Details der Vasenformen haben auch an eine Werkstatt für kostbare Metallgefäße denken lassen. Die Qualität der geleisteten Arbeit geht aus der Tatsache hervor, daß Athena und Niken die Handwerker bekränzen. (Vgl. Textabb. 1 S. 85) ▷▷

dest seinen Alleskönner. Je größer eine Siedlung war, desto größer wird man den Anteil an Handwerkern in ihr annehmen, und desto breiter ihr Berufsspektrum, wobei ausgefallene Sparten mehr Chancen hatten, Förderung zu finden. In allen Gemeinschaften, mit Ausnahme der kümmerlichsten Weiler, hatten die Handwerker demnach ihre Aufgabe zu erfüllen, ganz gleichgültig, ob es sich dabei, juristisch gesehen, um Bürger, Sklaven, oder freie ortsansässige Ausländer handelte. In diesem Sinn können sie als geschlossene Einheit innerhalb der antiken Gesellschaft betrachtet werden.

Zeit und Ort — Die antike Welt

Für unsere Untersuchung umfaßt die antike Welt Griechenland und Rom von der frühesten historischen Zeit an — das heißt ab etwa 700 v.Chr. — bis hin zum späteren römischen Kaiserreich des 4. und 5. Jhs. n.Chr. Innerhalb dieser Zeitspanne ist noch eine weitere Definition notwendig: die griechische Periode bezeichnet grob das 6., 5. und 4. Jh. v.Chr.; die hellenistische Periode meint die griechische Welt von der Zeit Alexanders bis zum Ende der römischen Republik und bis zur Herrschaft des Augustus; die römische Republik bezieht sich auf die Stadt Rom und auf das Italien zwischen dem 6. Jh. v.Chr. und der Zeit des Augustus; und die römische Kaiserzeit bezeichnet die Zeit ab Augustus. Unter spätere Kaiserzeit mag man die Zeit ab Septimius Severus — etwa 200 n.Chr. — bis zum 5. Jh. n.Chr. verstehen. Innerhalb dieser etwa 1100 Jahre verlagerte und veränderte sich das Kräftegleichgewicht innerhalb der antiken Welt beträchtlich; nicht nur Denkweisen, die durch unterschiedliche politische Institutionen widergespiegelt und geformt wurden, sondern auch Anlage und Funktion der Objekte, die die Handwerker anzufertigen hatten, wandelten sich tiefgreifend. Gleichzeitig gab es aber auch eine grundlegende Kontinuität des Denkens, der Einstellung und der Lebensart, so daß sich trotz der Länge der geschichtlichen Periode Beweismaterial für eine generelle Darstellung der Situation des antiken Handwerkers erbringen läßt.

Gelegentlich ist es notwendig, die griechische Welt als Gegensatz zur römischen zu verstehen. Geographisch gesprochen bestand die griechische Welt aus dem eigentlichen Griechenland (dem Festland, den Ägäischen Inseln und der Westküste Kleinasiens), den Städten in Sizilien und Süditalien, den griechischen Gemeinden am Schwarzen Meer und an den Mittelmeerküsten Spaniens und Frankreichs; sie erstreckte sich auch nach Norden und Nordosten bis zu den Stammes- und Nomadengemeinschaften der Thraker und Skythen in Südrußland, nach Osten bis Mesopotamien und Persien, bis Afghanistan und Nordwestindien (als Ergebnis der Feldzüge Alexanders), und südlich bis nach Syrien, Ägypten und Libyen. Wenn wir jedoch von der griechischen Welt während der römischen Kaiserzeit sprechen, so ist damit einfach die östliche Hälfte des Reiches gemeint, die ihrer Sprache, ihren Institutionen und ihrer Kultur nach immer vorwiegend griechisch blieb. Als die römische Welt begreifen wir Rom selbst, Italien und die westlichen und nördlichen Provinzen des Reiches, einschließlich Afrika, Spanien, Gallien, Germanien, Britannien und die Donauprovinzen, wo die lateinische Sprache und römische Institutionen vorherrschten. Doch diese Unterscheidung ist nicht immer sinnvoll, denn zu den Gründen, die uns die alte Welt als eine historische und kulturelle Einheit begreifen lassen, gehört einmal die zwar sanfte, aber doch lange währende Unterwerfung der Römer gegenüber griechischen Einflüssen, die indirekt von den Etruskern im Norden, und direkt von den griechischen Städten in Süditalien seit dem 6. Jh. vermittelt wurden, und zum anderen der Einzug der Römer in die griechische Welt um 200 v.Chr., womit der Beginn der Machtverlagerung von den hellenistischen Königreichen auf das republikanische Rom im Herzen Italiens bezeichnet wird. Die Römer übernahmen dann immer mehr von der Einflußsphäre der Griechen. Sie verschrieben sich nicht nur griechische Kultur aus den Zentren in Griechenland selbst und setzten nicht nur in zunehmendem Maß griechische Handwerker ein, sondern sie verbreiteten die griechischen stilistischen und technischen Einflüsse – neben anderen Gaben des römischen Imperialismus – in den nördlichen und westlichen Provinzen[13].

Es ist deutlich, daß die alte Welt zahlreiche politische Wandlungen durchmachte. Die griechischen Stadtstaaten sahen das volle Spektrum von Verfassungsformen: von der Aristokratie zur Tyrannis, von der radikalen Demokratie zur beschränkten Oligarchie – alle diese Regierungsformen existierten nebeneinander zu verschiedenen Zeiten innerhalb der griechischen Welt –, von der Unabhängigkeit von anderen Staaten oder sogar der gelegentlichen Vorherrschaft bis zur Unterwerfung unter einen Nachbarstaat, oder – seit dem späten 4. Jh. – unter eine der hellenistischen Monarchien und später unter Rom. Das römische Staatswesen dagegen erlebte die langsame Umwandlung von einer Republik, die durch die Interessen ihrer Aristokratie und die Beziehungen dieser Gruppe zum Rest einer zahlenmäßig kleinen und geographisch begrenzten Gemeinde in Mittelitalien bestimmt wurde, zur Führerin einer italischen Konföderation, die gleichzeitig Herrscherin eines Weltreiches wurde. Während sie in einigen Zügen ihren ursprünglichen republikanischen Charakter beibehielt, ähnelte sie doch in manchen Zügen immer mehr den absoluten Monarchien des alten Orients.

Es gab deutliche Unterschiede in der Zusammensetzung der griechischen und römischen Gemeinschaften. Obwohl in beiden grundsätzlich die gleichen strengen Scheidungen vorhanden waren, von denen die zwischen Bürgern und Nicht-Bürgern die wichtigste war, waren doch die sozialen Unterscheidungen in Rom wesentlich komplizierter, dabei aber die soziale Beweglichkeit viel größer. Diese beiden Charakteristika sind vielleicht für einen weiteren markanten Unterschied im sozialen Klima verantwortlich: der starke Formalismus, wie er in Rom herrschte, stand in scharfem Gegensatz zur Einfachkeit und Direktheit der Beziehungen in der griechischen Stadt, wo die Gruppierungen viel unmittelbarer von den Gegebenheiten der bestehenden Situation abhingen als von althergebrachten Bindungen der Familie oder des Klientelwesens wie in Rom. Die folgenden Grabinschriften, die beide von Handwerkern stammen, lassen den Unterschied im Ton zwischen den beiden Gesellschaftsstrukturen erkennen. Im späten 5. Jh. gefiel es einem Holzarbeiter in Attika, auf folgende Weise an sich zu erinnern:

> Mannes, Sohn des Orymaios, der der beste der Phryger im weiten Land von Attika war, liegt in diesem schönen Grab. Und bei Zeus, ich sah nie einen besseren Holzarbeiter als mich selbst. Er starb im Krieg[14].

Dieser knappen persönlichen Aussage steht die überladene ehrende Grabinschrift eines römischen Tischlers gegenüber:

> (Denkmal) für Tiberius Flavius Hilarion, Freigelassener des Tiberius, *decurio* des *collegiums* der Zimmerleute im 15. *lustrum*, Aufsichtsbeamter der Wahlurne für die Wahlen im 16. *lustrum*, Beamter auf 5 Jahre des *collegiums* der Holzarbeiter im 17. *lustrum*, geehrt im 18. *lustrum*, zweimal *censor* für die Bestellung der Beamten im 19. und 20. *lustrum*, und Richter unter den ausgewählten 12 aus seinem Rang (?) im 22. *lustrum*. Dieses Denkmal wurde errichtet von Claudia Prisca für den besten der Gatten[15] . . . .

Die traditionelle Verbindung zwischen Patron und Klient, die die Beziehungen innerhalb der römischen Gesellschaft so stark beeinflußte, mag durchaus auch die Beziehungen zwischen den Patronen der Werkstätten und den Handwerkern betroffen haben; für den Römer, der ein bestimmtes Werk in Auftrag gab, gab es ein vorgefertigtes Denkschema, wie es in der griechischen Welt nicht existierte. So dehnte der Kaiser sein Patronat vom eigenen Haushalt und seinen Dienern auf den ganzen Staat aus; seine persönlichen Diener wurden Teil der zentralen Regierungsmaschinerie. In der griechischen Welt konnte nie etwas Ähnliches entstehen.

Auf der anderen Seite gab es in beiden Gesellschaften so ziemlich dieselben wirtschaftlichen und sozialen Probleme. Vor allem war ihnen eine Institution gemeinsam, die sie auch mit anderen, weniger „erleuchteten" Gesellschaften teilten: die Sklaverei.

Sklavenarbeit war grundlegend für die Wirtschaft; das Verhältnis zwischen Sklaven und Freien war ein wesentlicher Zug im sozialen Verkehr der alten Welt, und nicht wenige Handwerker waren zumindest zu Beginn ihrer Laufbahn, wenn nicht sogar ihr ganzes Leben lang, Sklaven.

Neben dieser sozusagen negativen Eigenart muß eine wesentlich positivere Entwicklung in Betracht gezogen werden, die bis zu einem gewissen Grad ein Gegengewicht bilden konnte zu der betrüblichen Tatsache der Sklaverei. Das politische und soziale Denken der alten Welt führte beträchtlich über die Vorstellungen des alten Orients hinaus; während des 8. und 7. Jhs. unterschied es sich bereits scharf von jenem der zeitgenössischen orientalischen Gesellschaften – der Assyrer, der Babylonier, der Ägypter, auf die dann das spätere Reich der achämenidischen Perser folgte. Der Stadt-Staat war etwas ganz neues, und unlösbar mit ihm verbunden war die Entwicklung einer Denkweise, die wiederum in besonderer Weise auf den Status der Handwerker ihre Auswirkung hatte: das Individuum begann um seiner selbst willen Bedeutung zu gewinnen.

Es läßt sich nicht völlig leugnen, daß auch in früheren Gesellschaften das Individuum bis zu einem gewissen Grad respektiert wurde, der entscheidende Unterschied aber ist, daß dies in den Quellen kaum je seinen Niederschlag findet und im allgemeinen sicher nie gefördert wurde. Wichtig war in erster Linie die Erhaltung der sozialen Ordnung, der das Individuum gänzlich untergeordnet war; nur der Herrscher, der Pharao, der Großkönig, der König der Könige konnte seiner Persönlichkeit zum Ausdruck verhelfen, und auch das nur in jenen Formeln, die das Wesen der orientalischen Monarchie vorschrieb.

Die griechischen Quellen zeigen eine völlig andere Einstellung. Hesiod, der Bauer und Dichter, der im frühen 7. Jh. schrieb, zog gegen das Elend des Bauerndaseins und die Ungerechtigkeit der Regierung seiner Zeit vom Leder[16]. Sowohl er wie der Lyriker Archilochos, der aristokratische Rebell, der seinen Spott über die Konventionen zur Schau trägt, wenn er sich beispielsweise geradezu brüstet, er habe seinen Schild auf dem Schlachtfeld liegen gelassen, um schneller davonlaufen zu können, demonstrieren, daß sich nun ganz neue Möglichkeiten aufgetan hatten, das zu sagen, was man dachte[17]. Zu anderen Hinweisen dieser Art kommt die Tatsache, daß es sich die Menschen seit dem 7. Jh. angelegen sein ließen, die Namen der Verstorbenen dadurch vor der Vergessenheit zu bewahren, daß sie sie in das dauerhafteste Material — den Stein — einschrieben[18]. Und das ist ja auch gerade die Zeit, in der der Bildhauer Euthykartides Gefallen daran fand, seinen Namen der Nachwelt bekannt zu machen. In den Gesellschaften des Nahen Ostens blieben die Handwerker anonym.

Wie unterschiedlich hier die Vorstellungen waren, wird ganz deutlich aus einem Vergleich des Berichts, den der persische Großkönig Darius über seinen Palast, der um 500 v.Chr. in Susa errichtet wurde, gibt, und der Bauaufzeichnungen über das Erechtheion kurz vor der Fertigstellung im Jahr 408/7 v.Chr. In dem persischen Dokument heißt es:

> Das ist der Palast, den ich in Susa erbaute. Sein Schmuck wurde von weither gebracht; es wurde tief in die Erde hinuntergegraben, bis ich auf Felsgrund stieß . . . Die Zeder wurde aus dem Libanon gebracht, die Assyrer brachten sie nach Babylon, und von Babylon brachten sie die Ionier (Griechen) und Karer nach Susa . . . Die Steinpfeiler wurden aus Elam gebracht; die Handwerker, die den Stein zurichteten, waren Ionier und Lydier . . . Hier in Susa wurde ein großes Werk in Auftrag gegeben; es wurde sehr prächtig vollendet. Möge Ahura Mazda mich schützen und Hystaspes, meinen Vater, und mein Land[19].

Die Athener Inschrift umfaßt Einzelheiten folgender Art:

> Löhne. Dem Architekten Archilochos aus Agryle, 36 Dr. Dem Untersekretär Pyrgion, 30 Dr. . . . Dem enkaustischen Maler Dionysodoros, der in Melite lebt, für die Bearbeitung des Kymations am inneren Epistyl, zu 5 ob. pro Fuß, 113 Fuß, bezahlten wir zusätzlich zu dem, was er schon erhalten

hatte, wobei sein Bürge Herakleides von Oe war, 44 Dr. 1 ob. . . . Für das Kannellieren einer Säule . . . Ameiniades, der in Koile lebt, 18 Dr.; Aischines, 18 Dr., Lysanias, 18 Dr., Somenes, (Sklave) des Ameiniades, 18 Dr., Timokrates, 18 Dr.[20].

Und wiederum in deutlichem Gegensatz zur Situation im Nahen Osten wurde den Beauftragten der römischen Kaiser ziemlich oft das Recht zugestanden, ihre Werke mit ihrem Namen zu signieren; das konnte sogar soweit gehen, daß sie dabei ihren Auftraggeber überschatteten, so, wie das der Architekt des Hadrianstempels in Kyzikos tat:

> Von Grund auf, mit Geld aus ganz Asia, und mit Hilfe vieler Helfer errichtete mich der edle [gott-gleiche oder heroische] Aristainetos[21].

Was die Werke angeht, an denen die Handwerker der alten Welt arbeiteten, so gab es da natürlich tiefgreifende stilistische Wandlungen, Unterschiede in der Formgebung, die von Unterschieden in der Funktion abhingen; und die wiederum waren begründet durch unterschiedliche Riten und sich wandelnden Glauben. Ein Beispiel dafür bietet etwa der Tempel, den man in der griechischen Welt vor allem als Schutz oder Rahmen des Kultbildes des Gottes betrachtete, während er in der römischen Welt eher den Rahmen für rituelle Vorgänge, Opfer usw. abgab, wobei die Statue des Gottes eine viel geringere Rolle spielte. Es gab auch einige regionale Unterschiede wie jene, die sich aus der Entwicklung des Individualporträts in Rom gegenüber dem idealisierenden Typus, wie er in Griechenland zuhause war, ergaben. Aber aufs Ganze gesehen erlebten die Handwerkstraditionen, die Produktionsmethoden und viele der Gestaltungsweisen und Motive selbst keine plötzliche oder tiefgreifende Änderung. Eher muß es überraschen, daß sie so lange ihre Geltung zu behaupten vermochten. Es kam zu vielen unterschiedlichen Interpretationen der traditionellen Formen, doch blieben diese immer innerhalb der überkommenen Regeln; sie stießen nicht in neue Dimensionen vor. Regionale Unterschiede waren nie so groß, daß vom einen zum anderen keine Verbindung hergestellt werden könnte, und die Herstellungstechniken änderten sich nur sehr geringfügig. Es traten Änderungen auf bezüglich der Benutzungsweise der Materialien; so verwendeten beispielsweise die Römer in viel stärkerem Ausmaß farbige Marmorsorten und errichteten natürlich viel großzügigere und reicher ausgeschmückte Privathäuser, als das je in griechischer Zeit der Brauch gewesen war; wichtiger aber ist, daß sie auch die Möglichkeiten der Ziegel- und Zementbauweise erforschten. Zu mechanischen Neuerfindungen kam es andererseits nur in geringem Maß; traten solche auf, so hatten sie nur begrenzte Anwendungsmöglichkeiten, denn die Erfindungen, wie sie für Katapulte und andere Belagerungsmaschinen angewendet wurden, fanden nie Eingang in die Handwerksbetriebe, und Dampfkraft blieb ein Antriebsmittel, das nur bei Spielzeug Verwendung fand. Im Bereich des Zivilingenieurwesens gingen die Römer über die Errungenschaften der Griechen hinaus, wie allein ihre Entwässerungsanlagen und Aquädukte zeigen (Taf. 74). Doch konnten gelegentlich auch die Griechen beträchtliche technische Probleme überwinden; im 6. Jh. v.Chr. hatte Eupalinos aus Megara einen 1000 m langen Tunnel durch massiven Felsen getrieben, um so die Wasserversorgung innerhalb der Stadtmauern von Samos zu gewährleisten. So blieben, technologisch gesehen, die Beschäftigungen der Handwerker grundsätzlich dieselben.

Die Zeugnisse und ihre Grenzen

Bestimmte Aspekte des Handwerkerlebens sind gut genug belegt, daß sie eine ausreichend breite Grundlage liefern können, die für den antiken Handwerker im allgemeinen zu gelten scheint – wobei es allerdings oft deutlich genug wird, daß das, was für die Situation in griechischer Zeit von Bedeutung war, in römischer Zeit nicht mehr galt und vice versa. Dennoch muß eingeräumt werden, daß das Belegmaterial meist in jeder Hinsicht überaus fragmentarisch ist, und daß deshalb nur ein Bild erzielt werden kann, das bestenfalls unvollständig ist.

Zum einen lassen sich kaum Statistiken erstellen, und selbst wenn solche zur Verfügung stehen, sind sie unzuverlässig[22]. Wir können allenfalls schätzen, wie das Zahlenverhältnis von Handwerkern zur übrigen Bevölkerung in einer bestimmten Gesellschaft war, oder wie stark die verschiedenen Handwerkszweige jeweils innerhalb einer bestimmten Stadt vertreten waren. Die Anzahl der Sklaven in Athen läßt sich nur ganz annähernd erschließen, und dabei haben wir noch gar keine Vorstellung, wie hoch der Anteil an Sklaven unter den Handwerkern war oder wie viele von ihnen Metöken oder Bürger waren. Ähnlich unmöglich ist es im Falle Roms, vor allem innerhalb der Arbeiterklasse, das Zahlenverhältnis von einer Gruppe zur anderen abzuschätzen, obwohl hier Zensuszahlen vorliegen. Die richtige Einschätzung des Lebensstandards eines Handwerkers könnte nur dann gelingen, wenn Löhne und Preise eines breiten Spektrums von Beschäftigungen und Waren über einen statistisch signifikanten Zeitraum hinweg bekannt wären. Aber das Belegmaterial liefert keine ausreichende Basis für mehr als nur allgemeinste Schätzungen; weder die Bauurkunden für öffentliche griechische Unternehmungen noch die Objekte selbst, weder Hinweise in der antiken Literatur noch Dokumente wie das Preisedikt des Diokletian bieten genügend Daten, die einen genauen Kostenvergleich, zu welcher Zeit auch immer, erlaubten[23].

Zum anderen ist es unmöglich, mit einiger Sicherheit den sozialen Kontext zu bestimmen, in dem die Handwerker lebten; das gelingt vielleicht im Falle Athens und Roms, doch von anderen Orten liegen nur fragmentarische Angaben vor. Wie fügten sich die griechischen Steinmetzen, die von Synnada in Kleinasien zur Arbeit nach Leptis Magna und anderen Orten im römischen Afrika zogen, in die Gesellschaft ein[24]? Wie lebten sie zuhaus in Kleinasien? Darüber lassen sich nur anhand dessen, was wir ganz pauschal vom Stadtleben in der römischen Kaiserzeit wissen, die allgemeinsten Schlüsse ziehen.

Einige Handwerkszweige sind wesentlich besser belegt als andere; ebenso wie manche Arten von Handwerkserzeugnissen in besserem Zustand und reicherer Anzahl überlebt haben als andere. Das gilt vor allem für die Erzeugnisse des Bau- und Bildhauergewerbes, so daß wir im folgenden notwendig unsere Belege häufiger von daher beziehen, was wir die schönen Künste nennen dürfen, als aus den alltäglicheren Handwerkszweigen. Wenn möglich, werden wir jedoch auch Belege für die letzteren anführen, denn es gilt, daß in beruflicher Hinsicht ein Schmiedemeister keineswegs weniger wert war als der Leiter einer Bildhauerwerkstatt; daß der unerfahrenste Farbenmischer eines Malers einem Gerberlehrling in keiner Weise überlegen war; und daß es absolut nicht von vorneherein gegeben war, daß ein Silberschmied einen höheren Lebensstandard genießen sollte als ein Schuhmacher.

Das archäologische Material illustriert das Spektrum der Fähigkeiten der Handwerker und die hohen Leistungen, die sie erreichen konnten. Es bringt jedoch auch Nachteile mit sich, zu denen die Versuchung gehört, die Objekte überzuinterpretieren. So liefern etwa die präzis gearbeiteten ionischen Säulen der Ostfront des Erechtheions keinerlei Aufschlüsse über die Beziehungen innerhalb der Arbeitsgruppen, die sie hergestellt haben, auf den Verdienst des einzelnen Angehörigen, seinen Wohnort oder seine juristische Position innerhalb der Athener Gesellschaft; erst wenn wir die schriftlichen Bauabrechnungen zusammen mit der Säulenreihe betrachten, wird deutlich, daß so hervorragende Arbeit von sechs kleinen Gruppen geleistet wurde, die unabhängig voneinander je an einer der sechs Säulen arbeiteten – und zwar Bürger, Metöken und Sklaven nebeneinander, wobei keinerlei Unterschied sichtbar wird, weder was die Qualität der geleisteten Arbeit noch was die Höhe ihrer Bezüge angeht[25]. Umgekehrt verhält es sich im Fall der arretinischen Keramik der späten Republik und der frühen Kaiserzeit (Taf. 21): hier gibt es weder schriftliche Rechnungsberichte noch literarische Hinweise, die das Beweismaterial über diese Zunft, das durch die Fabrikantenmarken geliefert wird, bereichern könnten; doch sagen diese selbst viel über die Organisation des Handwerkbetriebes aus und über den Status der Besitzer und ihrer Assistenten in den verschiedenen Werkstätten in Italien und Gallien[26].

Aber wenn sich manches sagen läßt über die Töpfer und Maler der feinen Keramik Athens während des 6. und 5. Jhs. v.Chr., so läßt sich nichts Vergleichbares liefern für die (wahrscheinlich zahlreicheren) Hersteller der viel geläufigeren Haushaltsware, der Kochtöpfe, Vorratsgefäße usw., denn diese wurde nie signiert und ihre Töpfer haben sich nie in anderer Weise manifestiert — etwa durch Weihungen oder Grabinschriften[27]. Während die Erzeugnisse des Silberschmieds und kaiserlichen Freigelassenen Cheirisophos (Taf. 37) überlebt haben, sind die von unzähligen Bronzeschmieden und Eisenhandwerkern spurlos untergegangen — und mit ihnen die Erinnerung an ihre Hersteller.

Was schriftliche Aufzeichnungen angeht, so enthalten die inschriftlich niedergelegten Abrechnungen über öffentliche Projekte in manchen der griechischen Städte und der internationalen Heiligtümer Details darüber, wie solche Arbeit organisiert wurde, zu welchen Bedingungen Handwerker angestellt wurden und wie hoch die Preise und gelegentlich auch die Löhne waren, die gezahlt wurden. Inschriften dieser Art sind in reichster Zahl in Athen, vor allem aus dem späteren 5. und dem 4. Jh. v.Chr., und im delischen Heiligtum, vor allem aus dem späten 4. bis zum 2. Jh. erhalten; andere, ebenfalls aus dem 4. Jh., kennen wir aus Delphi und Epidauros, und vereinzelte Beispiele gibt es auch noch an anderen Orten[28]. Aber obwohl sie zu einigen Aspekten der Situation des Handwerkers sehr spezielle Informationen liefern, sind sie doch vom Thema her zu spezialisiert, als daß sie sich sinnvoll auf den Handarbeiter allgemein beziehen ließen. Öffentliche Arbeiten wie Tempel- oder Festungsbauten waren keineswegs Alltagsereignisse; überdies waren sie der Kontrolle durch Staats- oder Heiligtumsverwaltung unterworfen. Deshalb läßt sich nicht mit Sicherheit annehmen, daß die Tagessätze, die die Erbauer des Parthenon im Athen des 5. Jhs. erhielten, auch nur annähernd dem Verdienst eines Handwerkers in einer thebanischen Werkstatt des 5. Jhs. entsprachen. Und wenn wir auch vielleicht einen Eindruck davon erhalten können, wie es den an öffentlichen Arbeiten in Griechenland beteiligten Handwerkern ging, so besteht doch keinerlei Möglichkeit, ihn mit der Situation in der römischen Welt zu vergleichen, da bisher so gut wie keine römischen Bauaufzeichnungen ans Licht gekommen sind[29].

Die antike Literatur läßt nur ein flüchtiges Interesse an allem, was nicht die technischen und stilistischen Aspekte eines Handwerkerlebens betrifft, erkennen. Bemerkungen zur Wirtschaftslage sind meist nur Randglossen zum Hauptthema, in dem es meist um politische Geschichte oder um politische und persönliche Moralfragen geht. Notizen, wie man sie bei Platon oder Aristoteles, bei Cicero oder Seneca antreffen kann, mögen zwar recht vielsagend sein, was die Einstellung der Moralisten und Philosophen zu Handwerkern und Handarbeitern angeht, doch bieten sie nicht unbedingt ein komplettes Bild[30]. Sie sind offensichtlich voreingenommen; die Frage ist, wie weit andere Teile der Gesellschaft ebenso dachten. Daß keineswegs alle Griechen die Arbeit von ihrem Wesen her als erniedrigend betrachteten, geht deutlich aus den Selbstzeugnissen der Handwerker hervor; aber noch bezeichnender für die Spaltung, die hinsichtlich dieses Punktes im griechischen Denken herrschte, ist die Anschauungsweise, die Xenophon – selbst einer der Aristokraten, die die *banausoi* verachteten – in seiner Anekdote über Eutheros äußert. Es war nicht die Arbeit, gegen die sich Eutheros wandte, sondern die Tatsache, daß er der Kontrolle durch einen Arbeitgeber unterstellt war; Unabhängigkeit, nicht saubere Hände waren das angestrebte Ziel[31]. Obwohl das in den römischen Quellen nicht so deutlich zum Ausdruck kommt, läßt sich dort derselbe Unterschied zwischen der Einstellung der römischen Moralisten zur Handarbeit und jener des Mannes auf der Straße oder jenes Mannes, der selbst mit einer Arbeit beschäftigt war, feststellen. Dennoch blieb das Vorurteil gegenüber manueller Arbeit nicht immer nur ein rein intellektueller Schnörkel; es konnte in manchen griechischen Städten und in Rom gelegentlich einen realen Effekt im politischen Denken bewirken, der so weit gehen konnte, daß die Verbindung mit einem Handwerk einen Mann von der Teilnahme an der Regierung ausschloß. Zwar haben wir es hier sicherlich mit einer Einstellung der Aristokratie oder der Oberklasse zu tun, aber man muß eben einräumen, daß während der ganzen Antike die Aristokratie in der öffentlichen Meinung weitgehend den Ton angab. Die Antwort muß demnach lauten, daß man die Ansichten des Platon und anderer aristokratischer Philosophen nicht als einzig wahre Beurteilung annehmen, sie aber auch nicht als Eigenheiten ganz ungewöhnlicher Denker abtun darf; es heißt, gewissermaßen einen Mittelkurs zu steuern. Auch wenn wir das nicht gerne akzeptieren mögen, so sind diese Denker doch in gewisser Weise Sprecher für ihre Zeit.

Männer, die über große Handwerker und ihre Arbeiten schrieben, wie etwa der ältere Plinius in seiner *Naturgeschichte*, spiegeln das Interesse der Reichen daran wider, die richtigen Dinge zu wissen und so imstande zu sein, sich die besten *Objets d'art* zu sichern. Dabei konzentriert sich die Aufmerksamkeit darauf, wie man den Stil eines Bildhauers von dem eines anderen unterscheiden könne, oder wie berühmte Maler ihre Effekte erzielten; neben diesen Informationen sind am Rande viele Anekdoten miteingeschlossen, die mehr oder weniger über die Lage der Handwerker aussagen, bei denen man sich jedoch vor rhetorischen Übertreibungen, vor dem literarischen Persönlichkeitskult und vor der Vorliebe für anrüchig Pittoreskes von seiten des Dilettanten zu hüten hat[32]. Es gab nicht wenige Werke, in denen sich der Autor ernsthaft mit den Techniken verschiedener Handwerkszweige beschäftigte, doch sind diese mit Ausnahme von Vitruvs Abhandlung *Über die Architektur* und einigen eher theoretischen Berichten über mechanische Erfindungen nicht erhalten geblieben.

Die Abhandlung des Vitruvius ist nicht das Produkt eines Theoretikers, sondern das eines professionellen Architekten, in dem die ganze Reichweite seiner Interessen sowohl technischer wie auch geistiger Art zutage tritt. Von ihm stammt das ausführlichste, aber keineswegs das einzige ausdrückliche Zeugnis zur Verpflichtung des Handwerkers gegenüber seinem Werk. Die Unzulänglichkeiten der öffentlichen Aufzeichnungen und der literarischen Quellen werden zu einem großen Teil durch die Eigendokumentationen der Facharbeiter selbst ausgeglichen – die Signaturen, die manchmal von einigen Erläuterungen zur Lebenssituation oder zur eigenen Einstellung zum Werk des Signierenden begleitet werden; die Weihungen und Grabinschriften, die auch häufig Informationen dieser Art enthielten; und Aufzeichnungen über öffentliche Ehrungen für einzelne Handwerker oder über die Aktivitäten der verschiedenen Zunftvereinigungen.

Es wurde bereits darauf hingewiesen, daß uns nur ein sehr geringer Teil der Handwerker der alten Welt auch nur namentlich bekannt ist, um von irgendwelchen detaillierteren Kenntnissen über sie ganz zu schweigen, und daß man bei der Benutzung so gearteten Materials immer wieder vor die Frage gestellt ist, wie weit es für den Handwerker im allgemeinen typisch ist. In dieser Untersuchung habe ich mich dafür entschieden, die Äußerungen der wenigen über das Wesen ihres Handwerks als repräsentativ für die Ansichten der Mehrheit der Handwerker zu nehmen, von denen uns manche vielleicht ähnliche Zeugnisse ihrer Existenz hinterlassen hätten, hätten sie nur schreiben können, oder hätten sie nur das Geld dazu gehabt, oder wäre es ihnen nur in den Sinn gekommen. Natürlich dürfen wir die Tatsache, daß einige Handwerker reich und angesehen genug waren, um sich hohe Ehrungen und beträchtlichen persönlichen Reichtum zu erwerben, auf keinen Fall so auslegen, daß Facharbeiter generell in ähnlichem Stil lebten. Aber die Behauptung scheint doch legitim, daß sie alle bis zu einem bestimmten Grad eine positive Einstellung zu ihrem Beruf teilten, die ihnen eine gewisse Sicherheit und Unabhängigkeit im Denken verlieh, welchen Druck auch immer der Rest der Gesellschaft auf sie ausüben mochte.

Kapitel II

GRIECHISCHE UND RÖMISCHE GESELLSCHAFT

Der Handwerker wurde nicht als Handwerker geboren, sondern als Bürger, als Sohn eines Sklaven, als Metöke oder überhaupt als Ausländer. Wie jedes andere Mitglied der Gesellschaft war er all jenen Vorurteilen und psychologischen Zwängen unterworfen, die die Gesellschaft auf das Individuum ausübt – Sorgen, ob er zu einer bestimmten Gruppe innerhalb der Gesellschaft gehört oder nicht, und wenn nicht, ob er nicht vielleicht zu einer gehören sollte; die Art seiner Rechte und Pflichten; öffentliche Auflagen und gemeinsame Gefahren; seine Rolle in der Gemeinschaft, die Anerkennung auf die er hoffen kann, und die Positionen, die er anstreben kann. Um deshalb die unterschiedlichen Lebensbedingungen der Handwerker richtig einschätzen zu können, müssen wir vielleicht kurz den Hintergrund jener Gesellschaft betrachten, in der er lebte und tätig war.

Der Begriff des Bürgerrechts

Es gab zwei eng miteinander verbundene Grundfragen, auf denen das Denken der meisten freien Männer über ihren politischen und ökonomischen Status beruhte. Die erste war, ob man ein Bürger war oder nicht, und wenn nicht, zu welchem Teil der Gesellschaft man gehörte; die zweite, ob man Land besaß oder nicht, und wenn nicht, wer solches besaß. Diese Anliegen blieben immer aktuell. Anfangs – in der Phase des Wandels hin zum Stadt-Staat während und nach den dunklen Jahrhunderten und mancherorts noch lange Zeit danach – hing die Qualifikation für das Bürgerrecht zum Teil davon ab, ob man innerhalb des nationalen Territoriums Grund besaß. Darüber hinaus war das Bürgerrecht der einzige Schlüssel zur Zugehörigkeit zu jener Gruppe innerhalb der Gemeinschaft, die die größten Privilegien besaß. Die Stadt bot dem einzelnen den bedeutungsvollsten Kontext, der verfügbar war, – einen Kontext, der einen weiteren Horizont und somit größere Faszination vermittelte und der dem Menschen größere Möglichkeiten bot, seine Persönlichkeit zu verwirklichen, als das die unmittelbare Familie oder der Sippenverband tat. Schon allein die Tatsache, daß dieses Bürgerrecht beschränkt war, verlieh denen, die es besaßen, ein Gefühl der Auszeichnung und Exklusivität.

Handarbeitern, Handwerkern, ungelernten Arbeitern und Bauern wurden in einigen Gemeinschaften bis weit in historische Zeit hinein die vollen Bürgerrechte verweigert, da sie *banausoi* waren. Und selbst dort, wo sich das nicht mehr in der Gesetzgebung niederschlug, blieb dieses Vorurteil gegenüber Handarbeitern verbreitet; nirgends äußerte es sich häufiger als im demokratischen Athen. Was lag dieser Voreingenommenheit zugrunde? Sicherlich nicht die schlechteste Erklärung dafür liefert die Feststellung des Xenophon:

> Banausische Beschäftigungen lassen keine Muße für Freundschaft oder für die Geschäfte der Stadt: jene, die solchen Beschäftigungen nachgehen, geben schlechte Freunde und schlechte Verteidiger der Stadt ab . . . Wenn man während eines feindlichen Einfalls die Bauern und die Handwerker herausgreifen und beide Gruppen befragen würde, ob sie für die Verteidigung des Landes oder für Rückzug in die befestigten Plätze stimmen würden, so würden die Bauern für Kampf stimmen, während die Handwerker es vorziehen würden, still zu halten und nichts aufs Spiel zu setzen . . . Deshalb geben die Bauern die besten und loyalsten Bürger ab[33].

Der Handwerker hatte keine Verbindung mit dem Land, da er weder selbst solches besaß, noch es für einen anderen als Landarbeiter bestellte. Der Grundbesitz hatte sich immer seine Überlegenheit über jede andere Form des Reichtums bewahrt, eine Überlegenheit, die nicht nur auf moralischen Überlegungen –

diese kamen erst in zweiter Linie –, sondern auf der einfachen ungeschminkten Realität beruhte, daß die Menschen nur auf Grund der Produktion von Lebensmitteln ihre Existenz sichern konnten; ein Mann, der in der Wüste verhungert, kann mit Gold nichts anfangen. Die besondere Bedeutung, die dem Landbesitz anhaftet, läßt sich beispielsweise in Athen daran erkennen, daß er nur Bürgern gestattet war. Diese Vorstellung war so fest in den Köpfen der Athener Bürger verhaftet, daß man damit rechnen muß, daß selbst im späten fünften Jahrhundert vielleicht vier Fünftel von ihnen zumindest einen Gemüsegarten, wenn schon nicht mehr, besaßen, obwohl zu dieser Zeit ihre Industrie größer und stärker ausgelastet war als die der meisten anderen Städte[34]. Das soziale und politische Ideal blieb für viele – für Hesiod im 7. Jh. v.Chr. ebenso wie für Aristoteles im 4. Jh. v.Chr., und für Cato im 2. Jh. ebenso wie für Cicero im 1. Jh. – der autarke Bauer.

Die Landbestellung war die Hauptbeschäftigung der großen Mehrheit der Bevölkerung während des ganzen Altertums. Cicero meinte, daß „von allen Beschäftigungen, aus denen irgendein Erwerb gezogen wird, keine besser, ertragreicher, süßer oder eines Menschen und freien Mannes würdiger sei als die Landwirtschaft" – wobei er natürlich die Bestellung des eigenen Landes meinte[35]. Landbesitz bildete die Grundlage der meisten großen Vermögen, von denen wir wissen; selbst wenn ein Mann sein Vermögen auf andere Weise erworben hatte, setzte er es, wenn möglich, in Grundbesitz um – ein Brauch, der auch zu anderen Zeiten unter erfolgreichen Kaufleuten im Schwang blieb[36]. Dennoch war das nicht ein Glaubensartikel, an dem man in der Praxis festhielt – selbst nicht von seiten der Aristokratie; viele Athener Aristokraten besaßen ebenso wie die gemeinen Leute sowohl Land wie Werkstätten. Diese Ambivalenz der Situation störte jedoch niemanden, wie sich aus den Berichten über den Streit zwischen Nikias und Kleon ergibt. Beide wurden in der Zeit nach dem Tod des Perikles in das Gremium der zehn Generäle gewählt; beide waren demnach reich, einflußreich und populär. Der große Unterschied zwischen ihnen war, daß Nikias einer der kaloi k'agathoi war, ein würdiger und besonnener „Edelmann", während Kleon ein Mann aus dem Volk war, geradeheraus, unbedacht und egoistisch; seine Abscheulichkeit (die er in den Augen mancher besaß) wurde durch seine Verbindung mit einer Gerberei gekrönt – die zeitgenössische Komödie gefiel sich darin zu erklären, daß sowohl seine Manieren wie sein Geld aus der Werkstatt kämen[37]. Natürlich möchte man annehmen, daß im Gegensatz dazu der Reichtum des Nikias voll und ganz auf Grundbesitz beruhte, tatsächlich aber besaß er tausend Bergwerkssklaven, die von seinem thrakischen Sklavenaufseher mit großem Gewinn vermietet wurden[38]. Dieselben Widersprüche liegen dem römischen Denken über Land und Handel zugrunde; nach dem älteren Cato waren es die alten Tugenden der römischen Bauern, die die Größe Roms bewirkt hätten und sie weiterhin sichern würden, er selbst aber setzte höchst ökonomisch Sklavenarbeit ein und führte durch seinen Sklavenagenten verschiedene Handelsunternehmungen durch[39]. Auch Cicero brachte es trotz all seines Spotts über die Handwerker und seiner Begeisterung für das Bauerntum als Lebensform durchaus über sich, Besitz an Kleinhändler zu vermieten[40].

Technisch gesehen beruhte das volle Bürgerrecht auf Rechten und Pflichten der Bürger, die nur einer, der sich selbst versorgen konnte, zu erfüllen in der Lage war. Zu der Zeit, in der sich der Stadt-Staat herausbildete, hatte ein Mann ohne Landbesitz wenige oder gar keine Alternativmöglichkeiten, sich seinen Lebensunterhalt zu verdienen. Als Mitglied der Familie konnte er sich in der Regel auf Unterstützung durch den einen oder anderen aus seiner Sippe verlassen; er behielt sein durch die Geburt gewonnenes Recht auf einen Platz innerhalb des Sippenverbandes; aber er war allenfalls eine Last, da er nichts zu bieten und nichts zu riskieren hatte, falls und wenn gemeinsame Aktionen gefordert waren – er verfügte weder über Waffen noch über Gefolgsleute in Krisenzeiten noch über das Gewicht der Autorität in der Diskussion. Während der langdauernden formativen Phase des Stadt-Staates wurde der Mann ohne Landbesitz nicht ernst genommen, mochte er nun als Bürger geboren sein oder nicht.

So hatte für Xenophon und viele andere seines Schlages der Handwerker ohne Land nichts von dem zu bieten, worauf es ankam, obwohl das Wirtschaftsleben Athens solchen Leuten längst eine vollwertige Rolle zugewiesen hatte; sie könnten sich sogar eventuell weigern, dem Staat alle nur mögliche Unterstützung zu geben, da ihm die Dinge versagt waren, auf die es ankam.

Das Bürgerrecht bedeutete das Recht, als freier Mann innerhalb der Grenzen der Gemeinschaft zu leben und Eigentum zu besitzen; es gab dem Menschen auch die Möglichkeit, die Politik der Stadt mitzubestimmen, indem er sein Stimmrecht in der Volksversammlung ausnützte. Der Bürger konnte auf die Stadt rechnen, ging es um Schutz in Kriegszeiten; um Nahrungsmittel in Notzeiten – Diskussionen über die Getreideversorgung standen regelmäßig auf der Tagesordnung der Athener Volksversammlung, und in der späteren römischen Republik und während der Kaiserzeit war die Getreideausgabe eine Angelegenheit von großer politischer Bedeutung; um Gerechtigkeit, im Falle daß ihm Unrecht geschah, sein Eigentum geschädigt wurde oder seine persönliche Freiheit angegriffen wurde, wie immer auch die Stellung und der politische Einfluß des Übeltäters war; und um göttliche Führung und Bestätigung der Aktivitäten der Gemeinschaft durch die Kulte der Stadt. Als Gegenleistung forderte die Stadt die Leistung bestimmter Dienste; der Bürger mußte entsprechend seinen Mitteln und den Bedürfnissen der Stadt Geld, Arbeitskraft oder Material beisteuern für den Bau von Befestigungen, von Schiffen, von Tempeln und für andere öffentliche Unternehmungen; er mußte helfen, ebenso wie die seine so auch die Sicherheit seiner Mitbürger zu gewährleisten, indem er bei der Verteidigung der Stadt neben ihnen kämpfte. In vielen Städten blieb diese letzte Forderung zusammen mit jener nach Landbesitz und nach der Geburt als Bürger eine grundlegende Qualifikation für das Bürgerrecht; für die Bürger Spartas behielt sie immer ihre Gültigkeit, in Athen aber wurde sie zur Zeit der radikalen Demokratie modifiziert – dort entwickelte sich um die Mitte des 5. Jhs. eine ausgeprägte Verbindung zwischen den politischen Rechten der niedrigsten Klasse und ihrer Nützlichkeit im

Flottendienst; in Rom scheint der Militärdienst, auch wenn er erzwungen werden konnte, nach dem 4. Jh. v.Chr. nicht mehr von allen Bürgern erwartet worden zu sein.

Die frühe Entwicklung des Stadt-Staates erfolgte in der griechischen Welt und in Rom so ziemlich nach dem gleichen Muster. Die drei grundlegenden Elemente – jährliche Beamte (die die ursprüngliche Monarchie ersetzten), ein Ältestenrat und die Bürgerversammlung – waren beiden gemeinsam; und mit zunehmender Fähigkeit der Stadt-Staaten, mit den Angelegenheiten der Gemeinschaft fertig zu werden, und mit wachsendem Bewußtsein seiner Angehörigen von der Macht, die die eine oder andere Gruppe ausnützen konnte, entstanden hier wie dort weitgehend dieselben Probleme[41]. Für größere Männer muß es immer nahegelegen haben, über geringere ihre Macht auszuüben; so war es im 8. und 7. Jh. v.Chr., als die griechischen Stadt-Staaten ihre ersten Regierungsprinzipien entwickelten, die Macht der Aristokratie, die zählte – eine Macht, die auf dem Landbesitz beruhte und in den Händen der Mitglieder einiger weniger Familien oder gelegentlich sogar nur einer einzigen Sippe lag. Der Einfluß der Aristokratie hielt lange an; und selbst als durch das Emporkommen von Männern, die durch Handel und Industrie reich geworden waren, das Monopol der Aristokratie auf den Staatsdienst gebrochen worden war, blieb die Antithese von Einflußreichen und Schwachen, von Reichen und Armen, immer bestehen. Die Reichen schlossen sich der Überzeugung der Aristokraten an – wenn sie sich diese nicht ohnehin schon zueigen gemacht hatten –, daß politische Macht und Wirkungskraft einer Gruppe von ausgewählten Familien vorbehalten sei. Die Anhänger dieser Überzeugung mußten allerdings Widerspruch hinnehmen, und in manchen Städten kam es zu harten und erbitterten Streitigkeiten. Dabei ist es jedoch bezeichnend, daß bei Erhebungen der vielen gegen die wenigen die Anführer oft, wie beispielsweise in Athen, Männer aus der Oberschicht waren; das zeigt, welch tiefgreifenden und beständigen Einfluß die Einstellung zur Aristokratie ausübte, und wie hartnäckig diese allen Zerstörungsversuchen widerstehen konnte.

In Staaten, in denen sich keine Demokratie durchsetzte, blieb der Besitz politischer Macht sehr eingeschränkt; das Bürgerrecht an sich berechtigte einen Mann noch nicht, ein Amt auszuüben. So konnten beispielsweise im frühen Rom nur Patrizier Ämter verwalten; vom mittleren 4. Jh. an gesellten sich schließlich einige wenige plebejische Familien zu diesem privilegierten Kreis. Obwohl man also im Widerstand gegen das alte aristokratische Monopol einen gewissen Erfolg verzeichnen konnte, lag die wirkliche Macht im Staat doch immer noch in den Händen einer kleinen Gruppe, die sich auf Heiraten und Weitergabe der Macht innerhalb der Gruppe stützte, um so ihren Griff nicht lockern zu müssen. Nur ganz gelegentlich gelangten Männer aus anderen Familien mit Hilfe von militärischen oder Magistratsposten und der Förderung durch einen adligen Patron bis zu den höchsten Ämtern. In der Kaiserzeit blieben die Staatsämter den oberen Klassen, den Senatoren und Rittern, vorbehalten, doch hatten nun Emporkömmlinge mehr Möglichkeiten, nach oben zu gelangen. In der späteren Kaiserzeit jedoch, vom 3. Jh. an, schlossen sich die beiden Oberklassen fast vollständig ab, und die Berufung von Beamten auf Posten der kaiserlichen Bürokratie hing zunehmend von immer feineren Unterscheidungen bezüglich Rang und Herkunft innerhalb dieser Oberklassen ab. Der gewöhnliche Bürger hatte nicht die geringste Chance, eine solche Stellung zu erhalten, es sei denn durch Avancement innerhalb der Armee.

Von niemandem konnte je die Scheidung in die drei Hauptgruppen – Bürger, freie Nicht-Bürger und Sklaven –, die in der griechischen und römischen Gesellschaft galt, in Frage gestellt werden, oder auch nur die feinen Standesunterschiede übersehen werden, die innerhalb jeder Gruppe existierten. Die Handwerker gehörten, wie immer sie persönlich zu dieser Tatsache standen, zu allen Zeiten zur einen oder anderen von verschiedenen, klar umrissenen Gesellschaftsgruppen. Welche Flexibilität gab es innerhalb dieses Systems? Bis zu welchem Grad waren sie in der Lage, an öffentlichen Angelegenheiten teilzunehmen, vorausgesetzt, daß sie das wollten?

Besonders relevant für ihre Stellung wird dabei das Problem, inwiefern Reichtum eine Veränderung im Status mit sich bringen konnte; denn klarerweise erhielt ein Mann durch die Modifizierung des frühen Prinzips, daß man durch Geburt für politische Rechte qualifiziert sei, die Möglichkeit, aus dem ererbten Status zu entkommen (oder aus dem aufgezwungenen, wie im Falle der Sklaven oder der Freigelassenen). So konnte nach den Reformen Solons im Jahre 594 in Athen ein sehr reicher gemeiner Mann zusammen mit dem Höchstgeborenen ein Amt ausüben; und zur Zeit des Perikles konnten die meisten Ämter von Männern mit eher bescheidenen Mitteln bekleidet werden. In Rom wurde ein Sklave, der die Freiheit erhielt, Bürger, und der Enkel eines Freigelassenen konnte, wenn seine Vorfahren geschäftlich gut vorangekommen waren und klug geheiratet hatten, ein Ritter und damit für ein Staatsamt wählbar werden; der Urgroßvater des Augustus soll ein freigelassener Seiler gewesen sein, und Pertinax, der Sohn eines Freigelassenen, brachte es im Jahre 193 n.Chr. (für kurze Zeit) bis zum Kaiser[42].

Selbst dort, wo politische und soziale Vorurteile gegenüber der Handarbeit sehr stark blieben, selbst in den Staaten, deren Verfassung den *banausoi* die aktiven Bürgerrechte verweigerte, müssen die Barrieren zwischen ihnen und den Bürgern, nicht nur was die Kommunikation, sondern auch den tatsächlichen sozialen Kontakt angeht, immer durchlässiger geworden sein. Obwohl sich in der Literatur offensichtlich eine starre Antipathie gegenüber *banausoi* zu erkennen gibt, wechselten die Meinungen bezüglich der Wählbarkeit für das Bürgerrecht, und es läßt sich feststellen, daß sich die Verfassungen dementsprechend veränderten. Aristoteles sagte: „Kein Mann kann die Forderungen der Tugend verwirklichen, der das Leben eines Handwerkers führt", und er fuhr fort: „In den Oligarchien kann kein Arbeiter je Bürger werden"[43]. Wir wissen, daß das für Sparta zutrifft; aber Aristoteles nennt als Beispiel Theben, wo nach dem Gesetz niemand ein Amt erhalten durfte, bevor er nicht zehn Jahre lang aus dem Geschäftsleben ausgeschieden war[44]. Daß solche Beschränkungen eher die Ausnahme als die Regel waren, legt der

Bericht Plutarchs über eine militärische Zusammenkunft der Spartaner und ihrer Alliierten nahe, die der König Agesilaos im Jahr 396 einberufen hatte; als er dazu aufrief, verschiedene Handwerker sollten sich erheben, standen fast alle Verbündeten auf, während natürlich alle Spartaner sitzen blieben[45]. Mag auch die Geschichte erfunden sein, so spiegelt sie doch die Wahrheit einigermaßen wider; Herodot berichtet, daß

> die Ägypter . . . und in der Tat fast alle Ausländer die Handwerker und deren Nachkommenschaft geringer achten als Leute, die nichts mit manueller Arbeit zu tun haben . . . (und auch) die Griechen, vor allem die Spartaner, haben diese Einstellung übernommen; das Vorurteil gegenüber dem Handwerk ist am schwächsten ausgeprägt in Korinth

welche Stadt bis ins 4. Jh. hinein, als Agesilaos die Versammlung zusammenrief, zufällig Spartas mächtigster Gegner auf der Peloponnes war[46]. Von den Ephesiern wissen wir, daß sie im 4. Jh. zwei athenischen Töpfern das Bürgerrecht verliehen[47].

Der unmittelbare Horizont des Bürgers wurde nicht durch die Stadtmauern, sondern durch seine Familie und seine Stammesgruppe bestimmt. Das Bürgerrecht umfaßte die Anerkennung einer Heirat unter Bürgern und verlieh der Nachkommenschaft die Legitimität. Die Stadt lieferte Rechtsschutz für die Familienangelegenheiten – Besitz, Erbschaft, Rückerstattung der Mitgift beim Scheitern einer Ehe usw. Das Privatleben des Bürgers war ebenso wichtig wie seine Rolle in der Öffentlichkeit, und die Anerkennung dieser Tatsache durch den Staat vermittelte der Familie Würde und Stabilität. Es konnte keine Trennung der Familieninteressen von den Staatsbelangen geben; es existierte keine Konkurrenz zwischen Stadt und Familie um die Loyalität des Bürgers. Die religiösen Bedürfnisse des einzelnen wurden teils durch die Kultvereinigungen, die auf Familie und Sippe beruhten, erfüllt, und teils durch die lokalen Kulte, denen sich Nachbarn anschlossen, die nicht unbedingt verwandt sein mußten. Diese Kulte hingen entweder mit den Staatskulten zusammen, oder sie standen zumindest in keinerlei Widerspruch zu ihnen.

Ein Mann ohne festen Wohnsitz, der sich nach Belieben von einem Platz zum anderen bewegte, mochte an persönlicher Freiheit gewinnen, da er keine Steuern zu bezahlen hatte (außer gelegentlich etwa Hafengebühren oder Handelsabgaben), da er nicht im Heer dienen mußte und da er nicht an einem die ganze Stadt betreffenden kollektiven Unglück wie einer Niederlage oder einer Hungersnot teilhatte. An vielen Orten mochte er die Erfahrung machen, daß er Gehör vor dem Gesetz finden und sogar an Kultbegehungen teilnehmen konnte, obwohl er hier nicht verwurzelt war. Dennoch durfte er nie sicher sein, sein Recht zu erhalten, noch konnte er (es sei denn zufällig und rein als Außenstehender) am Wohlergehen einer Stadt teilhaben und an all dem, was das für den Vollbürger mit sich bringen mochte[48].

Aber die große Mehrheit der Nicht-Bürger in der griechischen Welt hatte ihren anerkannten Platz innerhalb der Städte. Metöken, freie ansässige Ausländer einer bestimmten Stellung, gab es, wie wir wissen, in mindestens 70 griechischen Städten, wo sie wahrscheinlich ebendieselben Privilegien und Pflichten hatten wie in Athen[49]. Die Athener Metöken waren Außenstehende, unter ihnen sowohl Griechen wie Barbaren, die vielleicht als Freie nach Attika gekommen waren, um dort die Möglichkeiten auszunützen, die es für Handel und Gewerbe bot; oder sie waren als Sklaven hereingebracht worden, die dann ihre Freiheit erhalten hatten und es nun vorzogen, da zu bleiben, wo sie wußten, daß sie ihren Lebensunterhalt verdienen konnten, statt zu der Sippe oder dem Stamm zurückzukehren, der sie primär vielleicht sogar in die Sklaverei verkauft hatte. Metöken waren Dauer-Ansässige, keine Wanderer, die von Platz zu Platz zogen. Sie hatten keine aktiven politischen Rechte, doch sicherten ihnen die Gesetze Athens einigen Schutz zu, und sie hatten einige Verpflichtungen gegenüber ihrem gewählten Wohnort; sie bezahlten die Metöken-Steuer, trugen gemeinsam mit den Bürgern zu besonderen Kriegssteuern bei, dienten im Heer und in der Flotte und nahmen am nationalen Fest der Panathenäen teil. Doch obwohl ihnen erlaubt war, Geschäfte zu betreiben, Verträge abzuschließen und Geld zu verleihen, durften sie kein Land besitzen.

Juristisch gesehen war die Trennung zwischen Bürgern und Metöken scharf; doch konnten einzelne Metöken durch Dienste, die sie dem Staat leisteten, gewisse Rechte erringen, die sie von ihren Mitmetöken absetzten, auch wenn sie immer noch Nicht-Bürger blieben; ein solches Privileg war die *isoteleia* – das Recht, auf Grund der selben Veranlagung wie die Bürger Steuern zu zahlen (d.h. nach einer geringeren Veranlagung als die anderen Metöken) –, ein anderes war die *epigamia* – die Anerkennung der Kinder aus einer Ehe zwischen Angehörigen des Metöken- und des Athener Bürgerstandes als Bürger von Geburt –, und wieder ein anderes die *enktesis* – das Recht, Land zu besitzen. Privilegien dieser Art wurden nur gelegentlich gewährt; bemerkenswert ist dabei erstens, daß die Metöken die Athener so loyal unterstützten, besonders während der Zeit, als die Stadt darniederlag und die Demokraten im Jahr 404/3 mit den Oligarchen stritten, und zweitens, daß die Athener, obwohl sie den Metöken gegenüber in vielen Hinsichten wohlwollend eingestellt waren, diese doch nie vollständig integrierten[50].

Der Status des ansässigen Ausländers war vor dem Gesetz viel eindeutiger festgelegt als der eines Bürgers aus einem anderen Staat. Doch die Griechen taten einen Schritt voran auf dem Weg zum Begriff des internationalen Rechts: jede Stadt, die sich dazu veranlaßt fühlte, konnte jemanden in einer anderen Stadt, dem sie eine Ehre und ein Privileg verleihen wollte, zum *proxenos* ernennen. Wenn beispielsweise die Athener einen *proxenos* in Sikyon ernannten, so mußte sich dieser als Beschützer und Anwalt für jeden athenischen Bürger einsetzen, der in Sikyon Hilfe brauchte. Dennoch scheint es, daß bei einzelnen Bauverträgen bestimmte Vorkehrungen getroffen werden mußten bezüglich der Schlichtung von Streitigkeiten zwischen Staatsbeamten und Arbeitern, die von auswärts kamen; man konnte auf kein allgemein akzeptiertes Prinzip eines zwischenstaatlichen Schiedsgerichtes zurückgreifen, noch kam es je, abgesehen von ganz vereinzelten Ausnahmen, zur Einrichtung von Doppelstaatsbürgerschaften.

In der römischen Welt wurde das internationale Recht natürlich zur Realität; das sah so aus, daß das römische Bürgerrecht mit der Zeit alle lokalen Bindungen verlor und damit auch jede politische Bedeutung, da es ja nach 212 n.Chr. in ein Weltbürgerrecht verwandelt wurde. Im späteren römischen Kaiserreich galt ein einheitlicher Rechtskodex in einem ausgedehnteren Bereich als je zuvor in der alten Welt. Dennoch war Rom ursprünglich ein Stadt-Staat gewesen, und das blieb es auch durch mehrere Jahrhunderte hindurch; wie in den griechischen Städten ging es damals darum, die Privilegien des Bürgerrechts aufrechtzuerhalten, und den Nicht-Bürgern gegenüber herrschte eine ganz ähnliche Einstellung. Landbesitz und Militärdienst waren in der Frühzeit ebenso wichtig wie die Geburt als Bürger, und für alle, die hohe Ämter anstrebten, blieben sie wesentlich; und obwohl der Landwirt, der bereit war, für seinen Grund und Boden sowie für sein Land zu kämpfen, am stärksten unter den Bürgern vertreten war, fanden doch auch Leute ohne Grundbesitz und solche, die zu arm waren, um sich selbst ihre Waffen zu besorgen, ihren Platz unter den Bürgern. Die Römer unterschieden sich von den Griechen deutlich in ihrer Einstellung zur Frage nach der Zulassung neuer Leute zur Gruppe der Bürger; obwohl sie sich standhaft weigerten, ihren italischen Verbündeten dieses Bürgerrecht zuzugestehen, bevor sie dazu (im frühen 1. Jh. v.Chr.) gezwungen wurden, verliehen sie im allgemeinen ihr Bürgerrecht wesentlich großzügiger. So war es auch immer erlaubt gewesen, daß der Sklave eines römischen Bürgers bei Erhalt seiner Freiheit selbst Bürger wurde – eine Tatsache, die für einen Griechen vollkommen unvorstellbar war[51]. In diesem speziellen Punkt wurde das römische Denken durch zwei Formen der Beziehungen bestimmt, die für die römische Gesellschaft bezeichnend und auch gemeinsam dafür verantwortlich waren, daß es innerhalb des Bürgerstatus ein breiteres Spektrum an Positionen gab (der Unterschied zwischen dem niedrigsten Status des Bürgers auf der einen Seite und den Nicht-Bürgern wie Sklaven auf der anderen Seite war in Rom viel geringer als irgendwo in der griechischen Welt).

Eines dieser Elemente war die *patria potestas*, die Autorität des Vaters über jeden Aspekt des Privatlebens seiner Kinder, die sich bis zu seinem Tod über alle Söhne und unverheirateten Töchter bis hin zu den Söhnen der Söhne und anderen männlichen Nachkommen erstreckte[52]. Nur der pater familias hatte das Recht, Eigentum zu besitzen, denn alles, was die Familienmitglieder erwarben, ging in seinen Besitz über (und streng nach den Buchstaben des Gesetzes galt das bis zur Zeit Konstantins); kein Kind konnte ohne seine Erlaubnis heiraten, und die Frauen seiner Söhne begaben sich auch unter seine Autorität. Eines der Hauptmotive, das diesem Aspekt der Gesetzgebung zugrundelag, war die Sicherung der rechten Kontrolle über das Eigentum; und Adoption, ein weiterer immer wieder auftretender Zug des römischen Familienlebens, garantierte jedermann, daß sein Besitz auf einen Erben überging.

Das andere spezifisch römische Element, das die Beziehungen innerhalb der Bürgerschaft bestimmte, war das Patronat[53]. Im frühen Rom waren die Aristokraten, die Häupter bedeutender Häuser, die Patrone, und die Klienten waren ihre Gefolgsleute, ihre Helfer in Wahlzeiten, Leute, die täglich ihren Patronen aufwarteten als Gegenleistung für finanzielle oder juristische Hilfe in der Vergangenheit, oder in der Hoffnung, sich solche zu erwerben. Dazu gehörten auch die freigelassenen Sklaven des Patrons und ihre Familien, eventuell Zugewanderte, die einen Beschützer brauchten, arme Verwandte, notleidende Mieter oder bedürftige Nachbarn. Das muß sich immer so ausgewirkt haben, daß die Loyalität der geringeren Leute gegenüber den Höherstehenden vertieft wurde – das Band zwischen Patron und Klient war erblich – und daß radikale Änderungen erschwert wurden.

Diese Patron-Klient-Beziehung war für Künstler und Handwerker von besonderer Bedeutung, da viele von ihnen ehemalige Sklaven waren. Die Stellung des Freigelassenen in Rom zeigt alle jene Vieldeutigkeiten und juristischen Windungen, die der römischen Vorstellung vom Bürgerrecht anhafteten; denn obwohl ein

Freigelassener nach dem Gesetz ein römischer Bürger war, blieb er als Klient seines Patrons seinem früheren Herrn gegenüber tief verpflichtet und zusätzlich mußte er viele jener Einschränkungen auf sich nehmen, die ein freigeborener Sohn unter der patria potestas tragen mußte. Nach den *Digesten* sollte „die Person des Patrons oder Vaters vom Freigelassenen oder vom Sohn immer geehrt und heilig gehalten werden". Bei manchen Freilassungen wurde, was für Handwerker von besonderer Bedeutung war, zur Bedingung gemacht, daß die Freigelassenen *operae* zu leisten hätten, das heißt, eine bestimmte Anzahl von Tagwerken im Haushalt oder Betrieb des Patrons abzudienen hätten – eine Pflicht, die auf die Erben des Patrons übergehen konnte, obwohl sie auf seiten des Freigelassenen mit seinem Tode endete; *operae* konnten an einen Dritten weitervermietet werden, wobei man auf die Wünsche des Freigelassenen keine Rücksicht zu nehmen brauchte, es sei denn, es handelte sich um einen mitfühlenden Patron. Selbst wenn diese Pflicht sich in eine finanzielle Abgeltung umwandeln ließ, bedeutete sie doch für den Freigelassenen eine Einschränkung seiner Verdienstmöglichkeiten[54].

Der Freigelassene war ein römischer Bürger. Dennoch blieb er von freigeborenen Bürgern, den *ingenui*, unterschieden und war offiziell ein *libertinus*, ein als Sklave Geborener; erst seine Söhne zählten als *ingenui*, wenn sie nach seiner Freilassung geboren wurden. Die Namen der Freigelassenen verrieten sehr häufig den Status ihrer Besitzer – dann nämlich, wenn sie griechisch oder asiatisch waren –, und deswegen erhielten ihre Söhne in der Regel lateinische Namen, um so die Integrierung zu erleichtern. Wenn jedoch die Kinder vor der Freilassung ihres Vaters geboren worden waren, so blieben sie Sklaven – eine Bedingung, deren Härte bis zur Zeit Hadrians nicht gemildert wurde; ebensowenig wurde eine Ehe, die vor der Freilassung geschlossen wurde, später als Bürgerehe anerkannt – sie blieb eine Sklavenverbindung, ein *contubernium*.

Mit Ausnahme jener Zeiten, in denen kaiserliches Patronat (besonders jenes des Claudius und Nero) bestimmte Personen zu hohen Verwaltungsämtern erhob, war die Aussicht eines Freigelassenen auf eine einflußreiche Position immer überaus gering; er konnte nicht durch militärische Erfolge emporkommen, da den Freigelassenen der Dienst in den Legionen verwehrt war. Ein Gesetz aus der Regierungszeit des Tiberius untersagte den Freigelassenen, Mitglied des lokalen Senats in den Provinzstädten zu werden, und zur Zeit des Nero machte es die Gesetzgebung erst dem Enkel eines Freigelassenen möglich, den gleichen Status wie ein Freigeborener einzunehmen.

Reichtum machte da einen Unterschied. Während der frühen Kaiserzeit gelang es immer mehr neuen Leuten, in die zwei Oberklassen – die der Senatoren und die der Ritter – zu gelangen, aus denen die Beamten bestellt wurden; ein Mittel, dort hineinzukommen, war ein großes Vermögen. Dennoch blieb immer eine starke Voreingenommenheit gegenüber banausischen Betätigungen bestehen, die mit all den unvermeidlichen politischen Begleiterscheinungen verbunden war. Selbst wenn die Römer nie die Einstellung geteilt hatten, daß Handarbeiter und Händler aus der Bürgerschaft ausgeschlossen bleiben sollten, so gab es doch gewisse Spuren einer tiefen Abneigung – etwa in einer Tradition wie jener, daß der *pontifex maximus*, wenn sich ein Unglückverheißender Vogel auf dem Capitol niederließ, die Handwerker und Sklaven sich zurückzuziehen hieß, um dann die gebräuchliche Formel des Bittgebetes vorzutragen, die die Bürger ihm nachsprachen[55].

Jede Verbindung zwischen Senat oder Magistrat und Handel oder Gewerbe wurde als anstößig empfunden, und diese Einstellung schlug sich formell in einem Gesetz des Jahres 218 v.Chr. nieder, das die Beteiligung von Senatoren am Überseehandel streng einschränkte[56]. Der Abscheu, mit dem die Verbindung von Angehörigen der römischen Regierung mit dem Handel betrachtet wurde, äußert sich in der Beschreibung des C. Terentius Varro, eines der Consuln des Jahres 216 v.Chr., durch Livius: „er war nicht nur von niedriger, sondern auch von schmutziger Abstammung; sein Vater soll Metzger gewesen sein, der selbst sein Fleisch verhökerte und seinen Sohn im Dienstgewerbe seines Handels einsetze“[57]. Ähnlich erinnerte Marc Anton in einer seiner Attacken gegen Augustus im Kampf um die Macht plötzlich an dessen Urgroßvater, den freigelassenen Seiler. Die gleichen Vorurteile lassen sich in der Literatur der frühen Kaiserzeit feststellen, und ebenso in der Gesetzgebung der Kaiser:

> wenn ein Freigelassener, der sich verpflichtet hat, *operae* auszuführen, sich später zu einem Stand erhebt, in dem es sich für ihn nicht mehr schicken würde, sie für seinen Patron auszuführen, so sollen sie aufgegeben werden[58].

Diese Vorurteile lebten vom einen Jahrhundert zum anderen weiter, obwohl sich die Natur des römischen Bürgerrechts zu etwas ganz anderem entwickelte, als man in Griechenland darunter verstand. Die Griechen kamen nur schrittweise über das Konzept einer begrenzten und so weit als möglich unabhängigen Gemeinschaft hinaus, deren Bürgerschaft sich bei Zahlen zwischen 5000 und 20000 bewegen mochte und eine Anzahl von über 35000 die Ausnahme bildete; Gemeinschaften solcher Art entstanden während des 9., 8. und 7. Jhs. und wurden auch weiterhin in der Folge der Eroberungszüge Alexanders in Ägypten, Kleinasien, Mesopotamien, Baktrien und Persien gegründet. Rom blieb Generationen hindurch ein Stadt-Staat von ganz ähnlicher Größe und Einstellung, entwickelte sich dann aber zur Hauptstadt eines Reiches, das das ganze Mittelmeer umfaßte und noch darüber hinaus reichte; es entwickelte sich von einem Staat, der eine Anzahl von „speziellen Beziehungen" zu Nachbargemeinschaften in Italien pflegte, zum Zentrum eines ausgedehnten Verwaltungsnetzes, durch dessen Gnade bereits in der späten Republik das römische Bürgerrecht auf Gemeinden ausgedehnt wurde, die weit von der Stadt Rom entfernt lagen. Als die Zahl der Bürger zunahm, verlor das römische Bürgerrecht immer mehr von seiner ursprünglichen politischen Bedeutung, und als es nach 212 durch Erlaß des Kaisers Caracalla auf praktisch alle Bewohner des Reiches ausgedehnt wurde, blieben nur noch seine juristischen und privaten Privilegien bestehen[59].

Die weite Ausdehnung des römischen Bürgerrechts bedeutete nicht, daß die bereits bestehenden lokalen Bürgerrechte automatisch gelöscht wurden. Weit entfernt; die lokalen Stadtverwaltungen hatten weiterhin unter dem Auge des römischen Provinzgouverneurs nicht nur die Macht, sondern auch die Pflicht, ihre eigenen Angelegenheiten zu erledigen. Viele römische Bürger in den Provinzen besaßen daher doppeltes Bürgerrecht[60]. Und als dann das römische Bürgerrecht an eigenem politischen Gewicht verlor und das Reich viel zu groß wurde, um noch die aktive Loyalität des einzelnen an sich binden zu können, da konnten die lokalen Geschäfte jenen, die von der zentralen kaiserlichen Verwaltung ausgeschlossen blieben, einen Ersatz für die Mitwirkung an der großen Politik und an der Errichtung des Imperiums bieten. In den Provinzstädten hing die Verleihung von Ämtern genauso von dem durch den Reichtum definierten Rang ab wie in der kaiserlichen Gesellschaftsordnung. Die Macht des Volkes, die ursprünglich im Recht zur Wahl der Beamten bestanden hatte, schwand zunehmend dahin, bis keine andere Einflußmöglichkeit auf die Politik mehr bestand als die, kaiserliche Proklamationen durch lautes Schreien zu billigen bzw. abzulehnen, oder im Theater oder bei von lokalen Beamten veranstalteten Spielen zu rebellieren, wenn die Brotpreise allzu hoch stiegen oder die von der Zentralregierung geforderten Dienste – etwa die Stellung von Pferden und Wagen für die kaiserliche Post – allzu drückend wurden.

Die Macht der Exekutive lag in den Händen der Oberklasse; der lokale Stadtsenat der Decurionen erledigte die Geschäfte, doch mußte für jede Verfassungsfrage oder größere Ausgabe die Genehmigung des Kaisers eingeholt werden – ob es sich nun um lebenswichtige Fragen der Wasserversorgung, um die Errichtung von Theatern oder die von Kaiserstatuen handelte. Die Teilnahmeberechtigung an Ämtern und am Senat war im 3. Jh. n.Chr. bereits erblich geworden; Freigelassene waren gesetzlich von den Ämtern ausgeschlossen, doch konnten sie, wenn sie reich genug waren, in die niedrige Priesterschaft der Augustalen eintreten, denen der Kaiserkult oblag. Die Abneigung gegenüber banausischer Tätigkeit macht sich in der Geschichte des Thalassius bemerkbar, dem man im 4. Jh. den Zutritt zum Senat verweigerte, weil er eine Messerfabrik besaß und man ihn im Verdacht hatte, er habe selbst in ihr gearbeitet[61]. Auf der anderen Seite wurde Caecilianus, ein Leineweber in der kleinen Stadt Aptungi in Afrika, *duovir*, einer der beiden Hauptbeamten, obwohl er offenbar sowohl seine Mahlzeiten wie seine Beschäftigung mit seinen Handwerkern teilte[62]. Die allgemeine Ächtung der Handarbeiter muß wohl in kleineren Gemeinden lockerer gehandhabt worden sein. In Tarsos hing im 2. Jh. n.Chr. das Bürgerrecht selbst immer noch von einem Vermögensnachweis von 500 Dr. ab – eine Summe, die mancher arme Leineweber nicht aufbringen konnte[63].

Sklaven

Das römische Bürgerrecht umfaßte einen weit größeren Bereich an sozialen Stellungen, als er in griechischen Städten je existiert hatte. Das Gegenteil scheint für die Institution der Sklaverei zu gelten. In der römischen Welt blieb der Status des Sklaven, mochte er auch noch so sehr durch die juristischen Formulierungen, die dem römischen sozialen Denken anhafteten, verklausuliert sein, immer eindeutig – d.h., es gab keine halbherzigen Maßnahmen: ein Sklave war unfrei und damit hatte es sich. Das griechische Bürgerrecht umfaßte ein wesentlich schmaleres Spektrum an Unterscheidungen zwischen mehr oder weniger privilegierten Bürgern, und der Unterschied zwischen Bürgern und Nicht-Bürgern war klar, ganz zu schweigen von jenem zwischen Freien und Unfreien; innerhalb der Kategorie der Unfreien aber gab es viele Schattierungen von Unfreiheit, die vom Status des Erwerbssklaven – hier war der Sklave ein Wesen, das sich von den Haustieren nur durch die Anzahl der Füße unterschied, ein Besitztum, das zufällig menschlicher Natur war, aber voll und ganz der Verfügungsgewalt des Besitzers ausgeliefert war –, über den der Heloten, *pelatai* und anderer – sie waren an das Land gebunden, aber etwas besser gestellt als die Erwerbssklaven – bis zu dem jenes Mannes reichte, der eigentlich frei war, jedoch eine

Arbeiten in der Bronzewerkstatt

IV Das Bild einer attischen Kanne des mittleren 5. Jhs. v. Chr. zeigt Athena, die Schutzherrin der Handwerker Athens. Sie fertigt gerade das Tonmodell eines Pferdes an, das später in eine Bronzestatue umgesetzt werden soll. (Vgl. Taf. 38)

VI Ein Schmied in seiner Werkstatt beim Hämmern eines rotglühenden Gegenstandes auf dem Amboß. Er trägt seine typische Arbeitskappe. Innenbild einer attischen Schale des frühen 5. Jhs. v. Chr.

◁ **V** Die Arbeiten in der Bronzestatuenwerkstatt zeigt eine attische Schale des frühen 5. Jhs. v. Chr. in Berlin: das Schüren des Brennofens, neben dem — zum besseren Gelingen des Gusses — Votivtafeln an der Wand hängen, und das Glätten und Zusammensetzen einer fertigen Statue. (Vgl. Taf. 39-40)

Zeitlang für einen anderen arbeiten mußte, entweder um so eine Schuld abzuzahlen, oder weil es eine der Bedingungen war, unter denen er freigelassen worden war[64].

Trotz gewisser offensichtlicher institutioneller Unterschiede wurde jedoch während der gesamten Antike die Lage des Sklaven durch ein und dieselben Faktoren bestimmt: einmal, daß er versklavt war, zum anderen, welche Art Arbeit er zu leisten hatte, wie sein Besitzer gelaunt war, und wie er mit ihm auskam; weder das römische Gesetz noch die griechischen juristischen Differenzierungen konnten von sich aus festlegen, wie das Leben eines Sklaven aussehen würde. Individuelle Umstände konnten überaus unterschiedlich sein; das Leben eines Erwerbssklaven im Athen des 5. Jhs. war sicher hart, wenn er als Bergwerkssklave an eine Reihe von Bergwerkspächtern vermietet wurde, dagegen war es sicher sowohl geistig wie materiell ertragreich, wenn er als Steinmetz zu gleichen Bedingungen wie freie Steinmetzen arbeiten konnte. Dennoch war die juristische Stellung der beiden die gleiche — ebenso wie das für die in der Landwirtschaft arbeitenden Sklaven in den italischen ergastula des 2. und 1. Jhs. v.Chr. und Ciceros Sklavenarchitekt Cyrus galt[65]. Der Sklave war ein Ding, ein Besitztum. Aber das hatte auch seine positive Seite, denn als Besitztum war er wertvoll; das hinderte seinen Besitzer bis zu einem gewissen Grad, ihn allzu hart zu strafen, oder ihn ganz verhungern zu lassen — ein toter Sklave bedeutete einen Verlust.

Es gab immer gewisse Zweifel daran, inwiefern Sklaverei richtig oder falsch sei. Aristoteles erklärte, daß Sklaverei der Natur entspreche, daß Sklaven von Natur aus sklavisch seien; andere dagegen, unter ihnen auch die römischen Juristen, sagten, daß sie nur eine Konvention sei. Aber wie immer auch die Zweifel der Theoretiker beschaffen waren, die Realität der Sklaverei blieb während der ganzen Antike unangefochten; niemand dachte je ernsthaft daran, sie abzuschaffen — weder die stoischen Philosophen, noch die Kirchenväter, noch die Sklaven selbst, deren einziges Trachten dahin ging, ihre eigene Freiheit wiederzugewinnen. Sklaventum bedeutete, daß der Besitzer eines Sklaven dessen Arbeitskraft einsetzen konnte, wie es ihm gut schien; und obwohl die Sklaverei in der antiken Gesellschaft vor allem von wirtschaftlicher Bedeutung war, so hatte allein schon diese Tatsache unmittelbare und weitreichende Auswirkungen. Es lassen sich hier keine genauen Zahlenangaben machen; wo sich jedoch Berechnungen anstellen lassen, da gibt das Verhältnis von Sklaven zu Freien einen gewissen Hinweis darauf, welche Bedeutung die Sklaverei für die Gesellschaft gehabt haben muß. In Athen gab es im späten 5. Jh. etwa 60000 bis 80000 Sklaven unter der Bevölkerung, und das Verhältnis von Sklaven zu Freien betrug etwa 1 zu 2 oder zu 3. In Sparta, um ein extremes Beispiel zu nennen, betrug das Verhältnis von Heloten zu allen freien Männern vielleicht 3 zu 1, und das von Heloten zu geborenen Bürgern 7 zu 1. In den meisten anderen Städten wird das Verhältnis von Sklaven zu Freien geringer gewesen sein[66].

Die Verteilung der Sklaven wurde von ihrer Rolle innerhalb der Wirtschaft bestimmt. Der größte Sklavenbesitz eines einzelnen, von dem wir aus Athen hören, sind jene 1000 Bergwerkssklaven des Nikias im späteren 5. Jh.[67]. Das war jedoch außergewöhnlich; sonst bestand die größte bekannte Gruppe von Sklaven aus den 120 Beschäftigten in der Schildwerkstatt des Metöken Polemarchos, während der Vater des Demosthenes in seiner Fabrik für Messer und Elfenbeinbetten über 52 oder 53 Sklaven verfügte; Timarchos besaß 9 oder 10 Schuhmacher und eine Näherin[68]. Die meisten Sklavenhalter werden einen, zwei oder höchstens ein halbes Dutzend Sklaven besessen haben.

Die scharfe Unterscheidung zwischen Sklaven und Freien, wie sie in der griechischen Welt galt, kam zur Intensität des Gefühls für den Wert des Bürgerrechts und zum Kontrast zwischen Bürgern und Außenstehenden ergänzend hinzu. Während der klassischen Zeit wurde die Versklavung von Griechen durch andere Griechen ebenso wie die von Mitbürgern als verwerflich betrachtet; so wurde beispielsweise Philipp II. von Makedonien wegen der Versklavung der Bevölkerung von Olynth hart kritisiert[69]. Im Falle Athens läßt sich erkennen, wie der Entwicklung der Stadt zu einer klar definierten Einheit eine wachsende Beachtung für den Bürger und eine zunehmend präzisere Unterscheidung, für welche Leute eine Versklavung zulässig sei und für welche nicht, entsprach. Im 6. Jh. schaffte Solon die Schuldknechtschaft ab (die auch in Rom im 4. Jh. ihr Ende fand), so daß ein verschuldeter Bürger nicht mehr vollständig in den Besitz des Gläubigers geraten konnte, indem er seinen Körper verpfändete und so den Wert seines Bürgerrechtes aufgab; denn das Bürgerrecht war zu wertvoll, als daß man es so hätte mißbrauchen dürfen. Als die Stadt ihren Bürgern immer mehr definitive Vorteile anbieten konnte, entstand gleichzeitig jene extremste Form der Sklaverei – die Erwerbssklaverei –, wie sie aus dem klassischen Athen bekannt ist; und Erwerbssklaven kamen fast ausschließlich aus Gebieten außerhalb der griechischen Welt. Der Zwischenstatus der Heloten, *pelatai, penestai* oder ähnliches herrschte in Gebieten, wo die Entwicklung der Stadt weniger differenziert verlief oder statischen Charakter hatte wie in Sparta, Thessalien oder Kreta; so war beispielsweise in Sparta die Anzahl der Bürger klein, jene der eingeborenen Bevölkerung ohne Bürgerrecht dagegen (einschließlich der perioikoi) groß. Und die Tatsache, daß diese Leute nicht völlig Außenstehende, sondern durch Bande des Kultes und vielleicht auch der Sippe mit dem Land verbunden waren, in dem sie lebten, mag dafür mit ausschlaggebend gewesen sein, daß man sie nicht einfach als menschliche Arbeitstiere betrachten konnte wie die Erwerbssklaven. Da es sich bei den Gemeinschaften, in denen das Erwerbssklaventum herrschte, und die meisten Sklavenhandwerker ihr Dasein fristeten, um die fortgeschrittensten handelt, wollen wir im folgenden unsere Untersuchung am besten auf das beschränken, was wir vom Erwerbssklaventum – vor allem durch Quellen aus Athen – wissen.

Erwerbssklaven – vor allem solche aus nicht griechischsprachigen Gebieten[70] – gerieten auf unterschiedliche Art und Weise in die Sklaverei: entweder wurden sie im Krieg gefangen genommen, an Sklavenhändler weitergegeben und so in die griechische Welt verschlagen, oder sie waren von Piraten oder Räubern – einer ständigen Bedrohung in der mediterranen Welt – gefangen genommen und dann auf den Markt gebracht worden. Zweifellos hatte mancher König gar nicht so viel dagegen, unerwünschte Untertanen in die Sklaverei zu verkaufen, und auch der Verkauf von Kindern an Sklavenhändler war keineswegs unbekannt[71]. In Athen scheint während des 5. und 4. Jhs. ein ständiger Zustrom gleicher Nationalitäten stattgefunden zu haben, was auf einen ziemlich konstanten Kontakt zwischen bestimmten Nachschubquellen und dem Athener Sklavenmarkt hinweist. Ein anderes Nachschubmittel war die Aufzucht. Der Sklavenstatus war erblich, und es gab immer im Haus geborene Sklaven; wir können aber für keine Zeit sagen, wie das zahlenmäßige Verhältnis zwischen importierten und aufgezogenen Sklaven aussah.

Die Nationalitäten, die unter den Sklaven Athens vertreten waren, umfaßten Thraker, Skythen, Bithynier, Phryger, Paphlagonier, Kolchier, Karer, Lyder, Kappadokier, Syrer, Ägypter, gelegentlich einen Äthiopier, ein paar Perser und andere Stämme aus dem mittleren Osten, die während der Persereinfälle in Griechenland oder bei Feldzügen in Zypern oder Ägypten gefangen genommen worden waren, daneben sogar Illyrer und Makedonen, halbe, wenn nicht überhaupt richtige Griechen. Ein Messenier erscheint unter den Haushaltssklaven auf einer Verkaufsliste des späten 5. Jhs.; zwar war es sicherlich selten, daß ein Grieche während dieser Zeit in Athen in Sklaverei geriet, doch war es nie ganz ausgeschlossen, daß einer sich selbst verkaufte[72]. Ein Mann, der ohne Mittel dastand oder untertauchen wollte, mochte die Sklaverei als Zuflucht wählen und so die Knechtschaft dem freien Betteln, dem Gefängnis oder dem Tod vorziehen.

Die meisten Sklaven in Attika waren in Privatbesitz, manche aber gehörten dem Staat – beispielsweise die skythischen Bogenschützen, die die Polizeitruppe stellten. Andere waren mit den Tempeln verbunden. Abrechnungen des 4. Jhs. aus Eleusis verzeichnen Hüte, Gewänder, Schuhreparaturen und Nahrungsmittel „für die öffentlichen Sklaven“[73].

Man sagte, daß die drei Hauptfaktoren, die das Leben eines Sklaven bestimmten, Arbeit, Bestrafung und Essen seien[74]. Der Sklave durfte ohne die Zustimmung seines Herrn nichts für sich selbst behalten; er hatte keine Möglichkeit, seinen Besitzer vor

Gericht zu bringen, und so fehlte ihm jeder Schutz vor schlechter Behandlung; wenn er als Zeuge vor Gericht zitiert wurde, konnte er mit Zustimmung seines Besitzers gefoltert werden; anders als die Freien war er nicht vor körperlicher Bestrafung geschützt. Allerdings war es durch das Gesetz nur dem Besitzer gestattet, einen Sklaven zu schlagen; und wenn es der Herr gut hieß, so konnte ein Sklave außerhalb des Haushaltes in einer eigenen Werkstatt arbeiten, wobei er, abgesehen von der Tatsache, daß er regelmäßig einen Teil seines Verdienstes abzuführen hatte, praktisch unabhängig war und den Rest für sich behalten konnte. Mit Ersparnissen dieser Art, den *apophora*, konnte der Sklave seinen eigenen Freikaufspreis bezahlen und so die Freiheit gewinnen. Dazu war die Zustimmung des Besitzers notwendig, doch konnte dieser wohl nicht so leicht ablehnen, wenn der Sklave die Summe gewissermaßen auf der Hand hatte.

Der Sklave hatte keine Bürgerrechte und diente (anders als die spartanischen Heloten) nicht in der Armee. Doch halfen Sklaven gelegentlich, die athenische Flotte zu bemannen; im Jahr 406, in der Zeit der großen Krise, wurden einige Sklaven eingezogen und nach der Schlacht bei den Arginusen unter Gewährung beschränkter Bürgerrechte freigelassen. Private Rechte gab es grundsätzlich keine; doch für die Sklaven, die getrennt von ihren Besitzern lebten und arbeiteten, muß die Gestaltung ihres Lebens innerhalb gewisser Grenzen in ihren eigenen Händen gelegen haben. Andere führten zweifellos ein jämmerliches Dasein – jämmerlich sowohl was die Arbeit angeht, die sie zu verrichten hatten, als auch was die Brutalität ihrer Herren oder Aufseher angeht. Doch für die Gewerbe- und Haussklaven innerhalb und im Umkreis der Stadt – muß da das Leben notwendig so schlimm gewesen sein? Die trostlose Zusammenfassung der Hauptfaktoren im Sklavenleben wird durch manches, was wir aus den Quellen erfahren, nicht völlig belegt: so standen Sklaven mit Verstand und Geschick einige Möglichkeiten offen, und mehrere von den Staatssklaven im Heiligtum von Eleusis wurden in die Mysterien eingeweiht[75].

Der Autor des mittleren 5. Jhs., der unter dem Namen der „Alte Oligarch" bekannt ist, bemerkt ziemlich säuerlich, daß

> die Sklaven und Metöken in der Tat in Athen ein höchst ungehindertes Leben führen; es ist dort nicht erlaubt, sie zu schlagen, und ein Sklave wird dir auf der Straße nicht einmal aus dem Weg treten. Der Grund dafür ist. . ., daß, wenn freie Bürger die Sklaven oder Metöken oder die Freigelassenen schlagen dürften, so könnte einer aus Versehen einen Athener Bürger schlagen. Denn die Leute dort sind nicht besser gekleidet als die Sklaven und Metöken[76].

Und auch Platon bemerkte, daß „der Gipfel der Volksfreiheit in einer solchen Stadt (einer Demokratie) erreicht ist, wenn die gekauften Sklaven, ob Männer oder Frauen, nicht weniger frei sind als die, die sie gekauft haben"[77].

Beide Autoren, so muß man argwöhnen, übertrieben den Grad der Freiheit, die die Sklaven genossen, denn beide waren harsche Kritiker der athenischen Demokratie. Dennoch sollte man sie nicht vollständig abtun. Die große Anzahl jener Sklaven – 20000 –, die während des Peloponnesischen Krieges geflohen sein sollen, liefert noch keinen klaren Beweis dafür, daß es den Sklaven in Attika schlecht ging[78], denn Freiheit ist in der Regel der oberste Wunsch jedes Sklaven, wie immer es ihm auch gehen mag; mit Sicherheit war es im Gegensatz zur Situation in der römischen Gesellschaft selten, daß ein Sklave seinen Herrn ermordete.

Die meisten Sklaven in Attika waren geborene Nichtgriechen, und viele haben wohl fremde Sprachen gesprochen. Wie ordneten sie sich ein? Die Frage nach den Rassenvorurteilen in der Antike wird später berührt werden, so daß hier ein paar Hinweise genügen mögen: für Sklaven, die im Haus geboren worden waren, kann es keine Sprachschwierigkeiten mehr gegeben haben, und selbst ein Asiat, der in den Silberminen arbeitete, sah sich veranlaßt, sich eine Grabinschrift in griechischen Hexametern und mit eingestreuten homerischen Anspielungen aufstellen zu lassen, und viele andere stellten einfachere Weih- und Grabinschriften auf, die in Griechisch abgefaßt waren[79]. Das Spektrum der Berufe, denen die Sklaven nachgingen, legt nahe, daß es praktisch keine Sphäre im werktätigen Leben Athens gab, in der sie nicht irgendeine Rolle spielen konnten, mochte diese auch noch so gering sein; sie arbeiteten im Haushalt als Kindermädchen, Köche, Putzer, auf dem Land als Büttel, Arbeiter, Hirten, in den Werkstätten als Facharbeiter jeder Art und Qualifikation, als Staatssekretäre, als Tempeldiener, als öffentliche und private Unterhalter, als Vertrauensmänner und Privatsekretäre.

Ihr Status nach der Freilassung ist nicht klar; letztlich wurden sie Metöken (und nur einige sehr wenige erlangten später das Bürgerrecht), anfänglich aber gehörten sie vielleicht zu einer niedrigeren Kategorie der „Freigelassenen"[80]. Gelegentlich ließ der Staat Sklaven in großer Zahl frei wie im Jahr 406 v.Chr. Aber Freilassungen waren prinzipiell Angelegenheit der privaten Besitzer, da die meisten Sklaven in Privatbesitz waren; Sklaven konnten durch Testament freigelassen werden, oder, wie in Delphi, durch einen fiktiven Verkauf an den Gott Apollon, dem man dann die Freilassung des Sklaven zuschrieb. Nach dem Gesetz brauchte der ehemalige Sklave mit seinem früheren Besitzer keine Verbindung halten; in manchen Fällen jedoch war der Freigelassene durch die Bedingungen des Freilassungsabkommens verpflichtet, für seinen früheren Besitzer eine bestimmte Zeitlang, eventuell sogar für den Rest seines Lebens, zu arbeiten. Belege des 2. Jhs. aus Delphi zeigen, daß ein Weber sich vor seiner Freilassung verpflichtet hatte, einen Lehrling auszubilden, der seinen Platz einnehmen konnte, bevor er endgültig aus dem Dienst für seinen Herrn ausscheiden durfte; ein anderer Freigelassener war verpflichtet, einen von jenen, die ihn freigelassen hatten, im Alter zu versorgen[81]. Demnach erhebt sich die Frage, in welchem Sinn ein Freigelassener in solchen Fällen frei war. Denn läßt sich nicht umgekehrt mit Aristoteles sagen, daß jeder freie Mann, der sich zum Dienst für einen anderen verpflichtete, auf diese Weise sich selbst in eine Art Knechtschaft begab? Das ist eine Sehweise, die die antike Einstellung zur Arbeit grundlegend prägte und die Diskussion von der Ebene der Gesetzgebung auf die des wirtschaftlichen Status verlagert. Juristisch mag die Unterscheidung zwischen Sklaven und Freien völlig klar gewesen sein; in der Praxis überschnitten sich die beiden Zustände. Es läßt sich nicht in Erfahrung bringen, inwieweit von den Athener Handwerkern nach ihrer Freilassung Dienste erwartet wurden. Man kann sich vorstellen, daß es manchem Sklavenbesitzer gar nicht gelegen kam, daß er einen Mann, der seinen Freilassungspreis zusammengespart oder sich moralisch durch irgendeine gute Tat für die Freilassung qualifiziert hatte, freilassen mußte, so daß Freilassungen in Athen durchaus weitere Verpflichtungen in der Werkstatt des früheren Besitzers nach sich gezogen haben mögen. Das Interesse der Griechen, auf diese Weise an den Freigelassenen festzuhalten, entsprang unmittelbar jenem Anliegen, das der Sklaverei überhaupt zugrunde lag – dem nämlich, *völlige Kontrolle über die Arbeitskraft* auszuüben[82].

Ganz dieselben Interessen lagen der Fortdauer der Verpflichtungen des römischen Freigelassenen zugrunde. Doch ihre Wurzeln lagen in einem ganz anderen Kontext – der *patria potestas*, die, wie wir sahen, nichts mit der Sklaverei an sich zu tun hat. Belege für die Lebensbedingungen der römischen Sklaven gibt es im Überfluß, denn da die Sklaven wertvolles Besitztum darstellten, waren sie Gegenstand zahlreicher Gesetzesnovellen und spielten eine wichtige Rolle im juristischen Denken. Der Sklavenstatus war im Detail sehr kompliziert, doch in seiner Grundkonzeption war er eindeutiger als bei den Griechen: es gab keine Zwischenstufen, und von niemandem konnte wie in der griechischen Welt gesagt werden „ja, er ist frei – teilweise frei – in gewissem Sinn." Deshalb war es unmöglich, eine klare Scheidung vorzunehmen zwischen Erwerbssklaverei, die nach Ansicht der Griechen auf Außenstehende anzuwenden war, und weniger extremen Formen der Sklaverei.

Die Einstellung der Römer zur Sklaverei war nicht nur in vielen Hinsichten weniger kompliziert als die der Griechen, sondern sie war auch, wenn das überhaupt möglich ist, noch härter. Ein einziges Zitat aus den *Digesten* mag die Sache ins richtige Licht rücken:

Der Sklave, der irgendetwas tut, um sich aus der Menschheit zu entfernen, ist als böse zu betrachten; so zum Beispiel, wenn er eine Seilschlinge macht, oder Medizin als Gift trinkt, oder sich von der Höhe hinunterstürzt oder sonst irgendetwas macht in der Hoffnung, zu Tode zu kommen. Denn jemand, der sich selbst solches antun will, wird sich keine Skrupel darüber machen, was er anderen antut[83].

Die gewaltige Bedeutung der Sklaverei für die römische Gesellschaft läßt sich bis zu einem gewissen Grad an der Proportion von Sklaven zu Freien, wo und zu welcher Zeit immer wir diese den Zeugnissen entnehmen können, ermessen. In der Frühzeit gab es vergleichsweise wenige Sklaven; doch seit 200 v.Chr., als Rom sich immer intensiver mit seinen Eroberungen im Westen und Osten beschäftigte, standen für die italische Wirtschaft riesige Mengen von Sklaven zur Verfügung. Allein im Jahr 167 verkaufte der römische Feldherr Aemilius Paullus 150000 Epiroten in die Sklaverei, von denen viele nach Italien gelangt sein müssen; und man schätzt, daß zwischen 200 und 167 ungefähr 250000 Sklaven in römische und italische Haushalte gelangt sind[84]. Für das Jahr 28 v.Chr. schätzt man die Gesamtbevölkerung Italiens auf etwa 12 Millionen Einwohner, von denen vielleicht ein Drittel Sklaven waren[85]; das Verhältnis von Sklaven zu Freien in ganz Italien wird jedoch etwas geringer gewesen sein. Die Anzahl der Sklaven, die durch Kriege gewonnen wurden, nahm nach dem 1. Jh. n.Chr. natürlich ab, da Eroberungskriege seltener wurden und da man die unterworfenen Völker eher an Ort und Stelle beließ, damit sie dort die Felder der neuen Provinz bestellten, als daß man sie auf den Sklavenmarkt brachte. Aber die proportionale Menge an Sklaven muß deshalb nicht abgenommen haben, da die Aufzucht dazu beitragen konnte, die Zahl konstant zu halten; die im Haus geborenen Sklaven spielten, abgesehen vom Bergbau und vom Steinebrechen, in den meisten Berufen eine bedeutende Rolle. Daneben konnte der Bedarf durch den Sklavenhandel gedeckt werden, der zwischen den Grenzprovinzen und den Stämmen jenseits der Grenzen oder innerhalb des Reiches durch Piraten und Räuber, deren die Römer nie ganz Herr wurden, betrieben wurde. Die Sklaverei blieb lange Zeit ein grundlegender Faktor für die Wirtschaft. In der späteren Kaiserzeit kam es jedoch zu Änderungen im Status, die mit dem Niedergang der Bedeutung des Bürgerrechts zusammenhingen; der Abstand zu den armen Freien, die zu diesem Zeitpunkt zu erblichen Arbeiten verpflichtet oder durch Mietverhältnisse gebunden waren, verringerte sich so stark, daß er kaum mehr festzustellen war.

Unter der Sklavenbevölkerung muß es immer ein paar Italiker gegeben haben. Nach 200 v.Chr. jedoch waren die Kriegsschauplätze Roms auch die Hauptbezugsquellen für Sklaven: Griechenland, Kleinasien, Thrakien und die jenseits davon gelegenen Länder – der Nahe Osten, Afrika und die germanischen, gallischen und spanischen Gebiete im Norden und Nordwesten des Reiches. Aufstände in den Provinzen mochten auch zur Versklavung der Rebellen führen; der romfreundliche Schriftsteller Josephus berichtet, daß 97000 Juden durch Vespasian nach dem Krieg von 66–68 n.Chr. versklavt wurden und viele werden nach dem Aufstand zur Zeit Hadrians dasselbe Schicksal erlitten haben[86].

Manche Sklaven gehörten dem Staat, aber die Mehrzahl war in privater Hand. Viele reiche Leute besaßen jeweils Hunderte von Sklaven, die oft aus Prestigegründen eher als Gefolgsleute fungierten, als daß sie produktiv gearbeitet hätten. Augustus erschien es notwendig, die Anzahl der Sklaven, die ein Besitzer durch das Testament freilassen konnte, zu beschränken, wahrscheinlich um die Erben vor unbilligem Vermögensverlust zu schützen; dabei sind die Grenzen interessant, die in dem Gesetz genannt werden: sie reichen von 5 Sklaven aus einem Gesamtbesitz von 10 bis zu 100 aus einem Gesamtbesitz von 500 – das bedeutete die oberste Grenze, wieviele Sklaven darüber hinaus einer auch immer besitzen mochte[87]. Crassus, der seines Reichtums und seiner Habgier wegen berühmt war, machte Geld, indem er Sklaven kaufte, die als Maurer und Schreiner ausgebildet waren; nachdem er mehr als 500 davon zusammengebracht hatte, spekulierte er in beschädigten oder durch Brand zerstörten Immobilien, die er dann durch seine Sklavenmannschaft wiederherrichten ließ[88]. Aber obwohl manche Leute Sklaven in großem Maßstab hielten, wird, wie in Griechenland, die Mehrheit nur einen oder zwei, oder allenfalls ein halbes Dutzend besessen haben. Dennoch war die Zahl der Sklaven allein in Rom beträchtlich größer als die in der gesamten griechischen Welt.

Dem Gesetz nach war der Sklave völlig in die Hand seines Herrn gegeben. Dieser Status änderte sich während der gesamten römischen Antike kaum, obwohl seit dem 1. Jh. n.Chr. gewisse Modifizierungen eintraten, als mit der zunehmenden Einflußnahme von Stoizismus und später dem Christentum auf das soziale Denken einflußreicher Römer ein paar Gesetze entstanden, in denen humane Prinzipien mehr oder weniger deutlich zum Ausdruck kamen. Aber selbst diese ließen noch viel zu wünschen übrig[89]. Bis zur Zeit des Augustus konnten Sklaven gefoltert werden, wenn sie in irgendeiner Art von Gerichtsverhandlung aussagen mußten; Augustus beschränkte die Folter auf wirklich schwerwiegende Fälle, beispielsweise auf Hochverrat und ähnliches. Der Herr konnte seinen eigenen Sklaven ungestraft töten, bis im 2. Jh. n.Chr. die Tötung eines Sklaven offiziell mit Mord gleichgesetzt wurde; der Mord am Sklaven eines anderen war natürlich immer ernstgenommen worden, da er eine Besitzschädigung darstellte. Ein Jurist des 2. Jhs. konstatiert mit offenkundigem Stolz, daß „heutzutage weder römische Bürger noch irgendwelche sonstige Angehörige des römischen Reiches übertriebene oder grundlose Grausamkeit gegen ihre Sklaven verüben dürfen“[90].

Sklaven, die im Geschäftsleben oder in der Werkstatt eingesetzt waren, konnten (je nach ihren Fähigkeiten und der Einstellung ihrer Besitzer) durch das *peculium* – den Anteil ihres Verdienstes, den sie für den eigenen Bedarf zurückbehalten durften –, eine Art Unabhängigkeit erringen. Dieses System hatte Vorteile für beide Seiten. Ein gewisser Grad von freiem Unternehmertum reizte den hart arbeitenden Sklaven dazu an, noch besser zu arbeiten – er produzierte einen regelmäßigen Gewinn für den Besitzer und durfte das, was er darüber hinaus verdiente, dafür verwenden, seinen eigenen Betrieb auszubauen. Der Besitzer konnte nun aufhören, sich um die Unterhaltskosten zu kümmern und durfte hoffen, einen beträchtlichen Gewinn zu machen, wenn der Sklave starb, da dessen Eigentum an den Besitzer zurückfiel. Dieses System brachte auch mit sich, daß der Sklave ziemlich unabhängig sein Geschäft betreiben konnte, wobei er sein *peculium* dafür einsetzte, seine Handelsgeschäfte zu fördern; wenn seine Geschäfte Mißerfolg hatten, so entstand für den Besitzer kein Verlust. Römische Sklaven und Freigelassene spielten eine viel größere Rolle im Geschäftsleben der römischen Welt als ihre athenischen Kollegen.

Das Privatleben der Sklaven, und zwar auch jener, denen das *peculium* zugestanden war, war durch das Gesetz festgelegt. Eine legale Ehe war nicht möglich, doch konnten Stadtsklaven in der Regel ein stabiles Familienleben genießen, wobei der große Unterschied zwischen ihrer Situation und der der Freien darin bestand, daß ihre Partner nicht als Ehefrauen anerkannt wurden und ihre Verbindung nur durch das Wohlwollen der Besitzer sanktioniert wurde; die Kinder unterstanden nicht der Autorität ihrer Eltern, sondern der des Besitzers.

Letztlich war der Faktor, der die Lebensweise eines Sklaven am nachhaltigsten prägte, sein Verhältnis zum Besitzer. Für manche Sklaven, und zwar vor allem für jene, die in der Landwirtschaft tätig waren, bedeutete die Art ihrer Arbeit, daß dieses Verhältnis, wenn es überhaupt existierte, ziemlich locker war, und daß sie der Aufsicht von Verwaltern oder Aufsehern überlassen blieben, die selbst Sklaven oder Freigelassene waren und sich meist nur darum kümmerten, möglichst viel Arbeit aus ihnen herauszuholen. Im Haushalt und in der Werkstatt hatten die Besitzer jede Möglichkeit, ihre sadistischen Regungen, welcher Art auch immer, freien Lauf zu lassen; auf der anderen Seite konnte die Verbindung zwischen einem gemäßigten Herrn und einem intelligenten und geduldigen Sklaven bedeuten, daß der Sklave ein in jeder Beziehung höchst ertragreiches Leben führen konnte – das mochte so weit gehen, daß er selbst Häuser, Werkstätten und Sklaven besaß[91].

In der alten Welt kam es nach und nach so weit, daß Ausländer – d.h. Außenstehende in dem Sinn, daß sie nicht aus der Stadt gebürtig waren, in der sie lebten – in vielen Gemeinschaften einen beträchtlichen Anteil der Bevölkerung ausmachten. Bei den Griechen war das Mißtrauen gegenüber Fremden – *xenoi*, Griechen aus anderen Städten – einer begrenzten Billigung gewichen; beispielsweise konnte ein wandernder Handwerker eine gewisse Anerkennung vor dem Gesetz erwarten. So bestimmten im republikanischen Rom Verträge, die mit anderen italischen Gemeinden abgeschlossen worden waren, ganz genau die Rechte, die Latinern und Italikern zustanden, wenn sie in die Stadt kamen. Dann kamen die Änderungen im Wirtschaftsleben, die den Gebrauch der Erwerbssklaven mit sich brachten und die wachsenden Zahlen von völlig fremden Leuten, deren Sprache und Kultur ihren griechischen und römischen Besitzern oft ganz unbekannt waren. Im Falle eines hochqualifizierten und bestens ausgebildeten Arbeiters im Sklaven- oder Freigelassenenstand zählten in beruflicher Hinsicht rassische Herkunft, Hautfarbe und Akzent kaum im Vergleich zu seinen Fähigkeiten. Doch ging ein Mann fremder Herkunft – in Griechenland einer, der nicht griechisch sprach, und in Italien jeder, der von jenseits des Meeres kam –, mochte er auch noch so qualifiziert sein und sich sozial oder kulturell integriert haben, das Risiko ein, bei jenen auf Intoleranz zu stoßen, die auf ihre Vorrechte als Freigeborene pochten. Worauf präzise gründeten sich die griechischen und römischen Vorurteile gegenüber anderen Nationalitäten?

Zweifellos war bei den Griechen das Gefühl für die nationale Einheit stark ausgeprägt; sie betrachteten sich als anderen Völkern überlegen und pflegten so einen Nationalismus, der bis zu einem gewissen Grad auf der Rasse beruhte. Aber ebenso wie die Römer unterschieden sie sich am eindeutigsten durch ihre Kultur und besonders durch ihre Sprache. So lehnte es in römischer Zeit der Kaiser Claudius ab, jenen Provinzialen das Bürgerrecht zu verleihen, die nicht Lateinisch oder Griechisch sprachen, obwohl er über die Verleihung des Bürgerrechts an die Provinzialen viel liberaler dachte als die meisten seiner Zeitgenossen[92]. Die Athener versicherten im Jahr 479 v.Chr. den Spartanern, daß sie sich dem persischen Druck natürlich nicht beugen würden, da die Griechen „von gleichem Blut, gleicher Sprache seien und gleiche Heiligtümer, gleiche Opfer und ähnliche Bräuche hätten“[93]. Die Griechen konnten sich gegenseitig verstehen; die Barbaren brabbelten nur. Wie es für ein so weltläufiges Volk nur zu erwarten war, für ein Volk, das ein so viel interessanteres Leben führte als seine Nachbarn – Untertanen des persischen Großkönigs im Osten, wilde Stämme im Norden, und nüchterne italische und sizilische Gemeinden im Westen –, blickten sie mit Verachtung auf Nichtgriechen herab.

Die Bemerkungen des Aristoteles über das sklavische Wesen der Barbaren – „die Dichter sagen, daß es ‚sich gehöre, daß Griechen über Barbaren herrschen‘, als ob ein Barbar und ein Sklave von Natur aus ein und dasselbe sei“ – spiegeln ohne Zweifel einen beträchtlichen Fundus an Voreingenommenheit oder Vorurteil wider[94]. Euripides äußert die Ansicht, daß bei den östlichen Völkern alle außer den Herrschern Sklaven seien, und Aristophanes macht sich über das diplomatische und höfische Zeremoniell der Perser lustig[95]. Aber damit fassen wir noch keineswegs den gesamten Komplex. Die Griechen konnten auch ein brennendes Interesse an anderen Kulturen entwickeln, seien diese nun hoch entwickelt oder primitiv; das zeigt Herodot in seiner Geschichtsschreibung, die in gleichem Maß einen anthropologischen Überblick über die damals bekannte Welt darstellt – einen Überblick, der von den Bestattungsgebräuchen der Skythen über die Sitten der iranischen Adeligen bis zur ägyptischen Tempelüberlieferung reicht. Die Tragödie *Die Perser* des Aischylos, die die Wirkung ihrer Niederlage bei Salamis darstellt und gerade acht Jahre nach diesem Ereignis aufgeführt wurde, ist frei von jedem Spott; eher ist sie eine respektvolle Schilderung des persischen Königs und seines Hofes zum Zeitpunkt eines schrecklichen Unglücks, wobei es Anzeichen dafür gibt, daß sich Aischylos darum bemühte, die Details zutreffend zu schildern[96].

Manche Spartaner verabscheuten alles Persische, andere wieder wurden treue Freunde persischer Prinzen. Sicherlich erregten sich die makedonischen Truppen Alexanders, als dieser Persern und Orientalen die Ehre erwies, sie neben ihnen in der Armee dienen zu lassen, doch handelte es sich dabei bestimmt eher um die natürliche Eifersucht einer loyalen Truppe als um eine rassistische Reaktion.

Manches über die Einstellung der Griechen zu Nichtgriechen läßt sich aus Reaktionen letzterer auf ihr Leben in Griechenland entnehmen. An Mannes, Sohn des Oreimachos, einen Phryger, erinnert man auf griechisch; stolz wird auf seine Qualität als Holzarbeiter und auf die Tatsache hingewiesen, daß er im Krieg gefallen ist[97]. Im südlichen Attika gab es unter den Bergleuten eine große Zahl von Phrygern, Paphlagoniern und anderen Asiaten; ihre Ursprungsländer lassen sich aus ihren Namen und manchmal auch aus den Namen der Götter, denen sie Weihungen darbrachten, erkennen, doch wurden alle diese Zeugnisse auf griechisch geschrieben. Diese Leute waren kulturell integriert, doch vergaß man ihre Herkunft nicht. Sie gingen weder so vollständig in der Gegenwart auf, daß ihre Vergangenheit in Vergessenheit geriet, noch lebten sie ein so niederdrückendes Leben, daß es ihnen gar nicht in den Sinn kam, überhaupt eine Erinnerung an ihre Person zu hinterlassen, noch ließ es die Einstellung der Gesellschaft, in der sie lebten, ihnen unzuträglich erscheinen, ihre ethnische Abstammung bekanntzugeben; und sie taten das nicht in ihrer eigenen Sprache, sondern auf griechisch[98].

In Attika gab es keine Zwischenfälle wie die Sklavenkriege in Sizilien gegen Ende des 2. Jhs. v.Chr., zu deren Begleiterscheinungen syrischer Nationalismus gehörte[99]. Und mag es auch in der attischen Komödie Scherze genug über Barbaren und fremde Bräuche geben — ist es denkbar, daß irgendjemand — selbst Kleon oder die paphlagonische Gemeinde in Attika — von Herzen über die schmähende Schilderung des Kleon als eines paphlagonischen Sklaven, der einem Würstchenhändler unterliegt, empört gewesen wäre? Verbargen sich tiefe rassistische Vorurteile in der Verdrehung der apotropäischen Formel „fort mit euch, ihr Keren [Todesdämonen]“ zu „fort mit euch, ihr Karer“[100]?

Mangel an Kultur und offenkundige Unterschiede in Aussehen und Gebräuchen, das waren die Dinge, die die Griechen und noch mehr die Römer bei anderen Völkern verabscheuten. Sarden, Thraker und Germanen waren schreckliche Kreaturen, die nur für die niedrigsten Arbeiten geeignet waren. Die Lusitanier in Spanien waren nach Strabon die viehischsten aller menschlichen Wesen, da sie von Eichelmehl lebten, Bier statt Wein tranken und auf dem Boden schliefen, um nur ein paar von ihren verabscheuungswürdigsten Gebräuchen zu nennen[101]. Neben ihrem Mangel an Kultur neigten die Germanen, die Briten und die Gallier dazu, eine abscheuliche Größe zu erreichen, und sie erschreckten den kleineren römischen Soldaten, obwohl ihnen dieser letztlich durchaus überlegen war; ihre Größe wird nicht nur von den Geschichtsschreibern betont, sondern auch von Caesar, der ihnen ja im Feld wirklich gegenüberstand. Die Gallier trugen Hosen, eine Merkwürdigkeit, die selbst ein so hervorragender Mann wie Cicero für erwähnenswert halten konnte; er nannte Piso, dessen Familie entfernte Beziehungen zu einer römischen Siedlung in Gallien hatte, eine „Schande für die hosentragenden Verwandten“, und bezog sich in einem anderen Fall auf gallische Zeugen als auf „Riesen in Hosen“[102]. Hinsichtlich der Unterschiede in der Kleidung ist es aber vielleicht auch nicht unwichtig, auf die entgegengesetzte Begeisterung mancher athenischer Aristokraten für skythische Hosen hinzuweisen[103].

Aus römischer Sicht war es auch möglich, zuviel Kultur zu haben. Obwohl die Römer immer ihre kulturelle Verpflichtung gegenüber den Griechen anerkannten, gab es doch Leute, die griechische Philosophie, Kultur und selbst die griechische Sprache verabscheuten und fürchteten. Der ältere Cato kritisierte ständig jene Leute, die den Verlockungen griechischen Luxus und griechischer Denkweisen verfielen. Griechische Philosophen wurden im späteren 2. Jh. n.Chr. aus Rom vertrieben, und bei mehreren Gelegenheiten im 1. Jh. n.Chr. wurden sie als *personae non gratae* deklariert[104]. Griechen und Orientalen fanden als Lehrer,

Privatsekretäre oder Künstler Eingang in die großen Häuser Roms, damit sie dort jene Fähigkeiten zur Verfügung stellten, die ihren Herren fehlten; die Kehrseite dieser kulturellen Abhängigkeit äußert sich in dem Epitheton *Graeculus*, das ziemlich gleichbedeutend war mit Betrug, Bluff, Gerissenheit auf Kosten des Herrn, Käuflichkeit und allem, was das Tageslicht scheute. Der griechische Schriftsteller Lukian sagt in einem Bericht über die Leiden eines griechischen Lehrers im Hause seines römischen Patrons, daß jeder gegen ihn vorgebrachte Vorwurf geglaubt werde, einfach weil er Grieche und damit von laxer Moralauffassung und jeder Schandtat fähig sei[105]. Die Menge an Belegen für Gesetze gegen schlechte Behandlung von Sklaven läßt vermuten, daß diese Art der Verachtung in Verbindung mit der Interesselosigkeit der schwerreichen Leute sich oft in körperlichen Züchtigungen äußerte.

Wie waren die Ausländer Rom gegenüber eingestellt? Die Barbaren, die Germanen, Gallier, Spanier, Sarden, Thraker haben keine schriftlichen Berichte hinterlassen, obwohl die Aktivitäten des thrakischen Gladiators Spartacus für sich selbst sprechen. Die Einschätzung Roms durch die Griechen, die nach Polybios im 2. Jh. v.Chr. hoch war, sank nicht nur durch Ereignisse wie die Plünderung Korinths im Jahr 146 oder Athens im Jahr 86, sondern auch wegen des zunehmenden Reichtums und der Vulgarität der reichen Römer[106]. Rom war ein modernes Babylon, und die Römer waren besessen vom Reichtum. Das war natürlich vor allem die Meinung der Intellektuellen. Der Druck, den die Römer auf Grund ihrer rassischen oder kulturellen Vorurteile auf die gewöhnlichen Sklaven oder Freigelassenen ausübten, scheint um so viel stärker gewesen zu sein als jener der Athener, daß in den Zeugnissen der Ausländer selbst, ihren Weihungen und Grabinschriften, der Wunsch nach Assimilierung viel deutlicher zum Ausdruck kommt; die hohe Verhältniszahl von lateinischen Namen gegenüber griechischen und orientalischen für die Söhne von Freigelassenen ist nur ein Beispiel für dieses Bestreben[107]. Und obwohl sich gelegentlich in den Namen der Sklaven oder Freigelassenen selbst ethnische Namen entdecken lassen, so geschieht es doch selten, daß ein Mann mit unverhohlenem Stolz erklärt, daß er aus Syrien, Ägypten oder Phrygien stamme, so wie das Mannes oder Atotas in Attika getan hatten. Es scheint, daß Ausländer in Rom nicht nur unter ihrem Status, sondern auch wegen ihrer Herkunft zu leiden hatten.

Aufs Ganze gesehen äußert sich Intoleranz nur im sozialen und im privaten Bereich; mit Glück und ein bißchen Schlauheit konnte man ihr aus dem Wege gehen. Es gab keine wirksamen Schranken, die auf der Hautfarbe beruhten, es gab keine systematischen religiösen Verfolgungen irgendeines Kultes oder einer Sekte und es gab kaum Nationalitätendiskriminierung in der Politik. Im 2. Jh. n.Chr. waren die meisten Provinzen des Reiches im Senat vertreten (mit Ausnahme von Nordgallien, Britannien und den germanischen Provinzen), und ein Provinziale aus Afrika wurde 193 n.Chr. Kaiser. Rassenvorurteile entwickelten sich deswegen nicht zu tätlichen Feindseligkeiten, weil grundsätzlich jede Angst vor der Anwesenheit und Macht von Ausländern fehlte. Von keiner einzigen ethnischen Gruppe ließ sich vermuten, daß sie allein durch die Tatsache ihrer Existenz eine politische oder sonstige Bedrohung darstellen könne – und es scheint sicher zu sein, daß die Aufstände der syrischen Sklaven in Sizilien die römischen Regierungskreise überrascht haben. Die Barbaren waren, trotz ihrer Wildheit und Größe, schließlich alle von den römischen Armeen besiegt worden; und zwischen Freien und Sklavenarbeitern gab es kein wirtschaftliches Rivalitätsdenken. Die Oberschichten in Rom, die großen Sklavenbesitzer (von denen in der Kaiserzeit selbst viele Neureiche waren) mochten über Griechlein und hosentragende Gallier spotten und aus Angst vor den eigenen Sklaven zittern, so daß man noch im 1. Jh. n.Chr. ein Gesetz guthieß, demzufolge sämtliche Sklaven hingerichtet werden sollten, falls einer von ihnen seinen Herrn ermordete, mochte dieser auch noch so grausam sein[108]. Dennoch läßt sich dem Belegmaterial nichts entnehmen, das für eine Haltung „hier Arme – dort Weiße“ gegenüber Minoritäten und importierten Arbeitskräften sprechen könnte, und daraus folgt, daß es dergleichen tatsächlich nicht gab.

Die Wirtschaft der antiken Gesellschaft war einfach, und ihre Organisation war, an modernen Vorstellungen gemessen, unzureichend. In mancher Hinsicht bestand die antike Einstellung gegenüber ökonomischen Problemen hauptsächlich in Resignation – wie gegenüber schlechtem Wetter. Gelegentlich aber läßt sich ein klagender Unterton vernehmen, drückt sich die Einsicht aus, daß sich die Situation verbessern würde, *wenn nur* irgendetwas getan werden könnte. Ein Thema, das im ökonomischen Denken des Aristoteles immer wiederkehrt, läßt sich vielleicht ganz pauschal so umschreiben: „wenn wir nur zur Autarkie des Haushalts zurückkehren könnten und nicht mehr von Händlern, geldverdienenden Handwerkern, Importen und ähnlichem abhängen würden“[109]. Diesem wirtschaftlichen Wunschdenken verwandt ist das Thema, das während des 5. Jhs. immer wieder anklingt, nämlich daß Athen als Landmacht verwundbar sei: „wenn Athen nur eine Insel wäre und sich völlig auf seine Seemacht stützen könnte, um die nötigen Importe beizubringen, und seine Geschäfte abwickeln könnte, ohne von den gegenwärtigen Nachbarn zu Lande gestört zu werden“[110]. Der Mangel an Mitteln und Werkzeugen, mit deren Hilfe die Peloponnesier die Vorherrschaft Athens hätten in Frage stellen können, wird zu Beginn des Peloponnesischen Krieges in der Rede, die Thukydides dem spartanischen König Archidamos in den Mund legt, in ähnlichen „wenn nur“-Sätzen ausgedrückt[111]. Xenophons Schrift *Über die Staatseinkünfte*, die zu einer Zeit niedergeschrieben wurde, in der es mit Athens Wirtschaft bergab ging, gibt dem Empfinden Ausdruck, „wenn nur die Mittel Athens richtig ausgeschöpft würden, und wenn man nur in den Silberminen dahin käme, das Maximum zu produzieren.“ Denn nur die Produktion und der Einsatz von mehr Silber könne den Wohlstand der Stadt wiederherstellen.

Versorgungslücken konnte man dadurch begegnen, daß man neue Quellen auftat, sehr häufig aber mußte man sie einfach durchstehen. Getreidemangel konnte gelegentlich durch Getreidesendungen ausgeglichen werden, wie jene, die der Herrscher von Ägypten im Jahr 445 v.Chr. den Athenern schickte, oder die Zuweisungen Alexanders an verschiedene Staaten im Jahr 326 v.Chr., sehr häufig aber war keine Linderung möglich – Hungersnöte in Binnenregionen konnten nicht einfach dadurch behoben werden, daß man Getreide von anderswoher importierte, denn der Transport zu Lande blieb immer eine schwerfällige und höchst kostspielige Angelegenheit[112]. Obwohl gelegentlich Schritte unternommen wurden, um die Bewirtschaftung von Landgütern zu verbessern, und sicherlich auch, um die Verschwendung in den Handwerksbetrieben zu verringern, lassen doch die antiken Buchführungsmethoden erkennen, daß es vor allem darum ging, Veruntreuungen zu verhindern, nicht aber darum, auf einen Blick aus der Kostenaufstellung ablesen zu können, wie man durch effektiveres Vorgehen wirtschaftlicher arbeiten könne. Weder die Griechen noch die Römer kannten die Methode der doppelten Buchführung, und selbst wenn man nur die Genauigkeit griechischer Abrechnungen überprüfen will (ganz zu schweigen von der Erstellung einer richtigen Bilanz von Einnahmen gegen Ausgaben), so bedeutet das, daß man lange und rein beschreibende Berichte durchzulesen hat, in denen große und kleine Ausgaben, Gesamtsummen und Nebenausgaben einfach aufeinander folgen[113].

Einer der wesentlichsten Faktoren, der der antiken Wirtschaft Grenzen setzte und zu einem Teil für die Einrichtung der Sklaverei verantwortlich war, war die Verteilung von Facharbeitern. Der gelernte Arbeiter war in allen außer den primitivsten Gemeinschaften eine wirtschaftliche Notwendigkeit; doch war das Verhältnis von Angebot zu Nachfrage so, daß es oft keine gelernten Arbeiter gab, wenn man sie brauchte[114]. Das einzige Mittel, diesem Mangel abzuhelfen, war der Versuch, sie von anderswoher an sich zu ziehen oder, wenn sie dort über längere Zeit hinweg beschäftigt waren, Sklaven zu kaufen. Mechanisierung als Ersatz für menschliche Arbeitskraft oder als Mittel für billigere Produktion wurde nie – trotz kurzer Phantasien des Aristoteles über mechanische Webstühle anstelle von Sklaven, trotz Homers Bericht von den mechanischen Dreifüßen, die Hephaistos verfertigt hatte, und trotz der komplizierten Maschinen, die hellenistische Ingenieure erfanden (Taf. 57) – zu einer wirklichen Alternative für Facharbeit von Menschen[115]. Konnte man nicht über die entsprechende Arbeitskraft verfügen, so blieb man eben ohne modisches Schuhwerk, ziseliertes Silber, eingelegte Fußschemel oder einen neuen Tempel für das Heiligtum. Es gab keine Wirtschaftspolitik einer antiken Regierung, deren Bemühungen je über die Sicherung der Lebensmittelversorgung hinausgegangen wären; hatte jemand erst einmal ein Bergwerk eröffnet, so konnte der Staat insofern die Kontrolle übernehmen, als er Konzessionen ausgab und das Produkt mit Steuern belegte, ebenso beeilte er sich, von Händlern, die in seine Häfen einliefen, Hafengebühren einzuziehen, aber mit der Anlage von Bergwerken und Häfen hatte der Staat nichts zu tun. Mochte es deshalb auch gelegentlich ein Anliegen der Politik sein, Facharbeiter von anderswoher den Anreiz zur Ansiedlung im Land zu geben, so beruhte doch deren Bereitschaft zu kommen nicht etwa auf der Einladung, sondern auf der gesamten wirtschaftlichen Prosperität der Stadt und den Möglichkeiten, die sie bieten konnte. Die Vorherrschaft zur See und die Machtinteressen Athens im 5. Jh. bewirkten, daß die Stadt ihren Einfluß über die ganze Ägäis hin ausübte, so daß der Piräus zur großen Sammelstelle und Athen zur Arbeitsvermittlung für die gesamte griechische Welt wurden, die unzufriedene Handwerker naturgemäß anzogen. Aber als die Stadt nach dem Peloponnesischen Krieg ihre Macht und ihren Reichtum verloren hatte, blieb ihr keine Handhabe, Fachkräfte festzuhalten, wenn ihnen anderswo günstigere Bedingungen geboten wurden.

Der römische Staat bemühte sich nicht mehr darum, durch eine einschlägige Politik die Industrie zu schützen oder zu fördern. Daß sich Handwerk und Handel in den nordwestlichen Provinzen ausbreiteten, wo der Markt für italische Waren allmählich von lokalen Produzenten übernommen wurde, lag nicht an kaiserlichen Edikten; denn obwohl in der späteren Kaiserzeit, als immer mehr Berufe in Erbfolge betrieben wurden, die Verteilung von Handel und Personal aktive Bemühungen von seiten der Regierung hervorrief, blieb doch bis zum 3. Jh. n.Chr. Gewerbe wie Handel ganz in den Händen privater Unternehmer[116].

Es wird oft behauptet, daß sich Freie und Sklavenarbeiter bei der Vergabe von Anstellungen als Konkurrenten gegenüberstanden und daß durch den Einsatz von Sklaven, die, wie es heißt, billiger leben konnten, die Löhne der freien Arbeiter gedrückt wurden. Im allgemeinen aber war es sicherlich so, daß Sklavenarbeit als Ergänzung zu jener durch Freie hinzukam, oder daß Sklaven eingesetzt wurden, um eine Mannschaft, die sonst nur in geringer Zahl oder gar nicht zur Verfügung gestanden hätte, bereitstellen zu können. Da Löhne, sei es für Freie oder Sklaven, nie besonders hoch waren (abgesehen von ein paar ganz ungewöhnlichen Fällen), gibt es keinerlei Grund für die Annahme, daß die recht bescheidenen Lohnsätze, wie sie aus den Athener Belegen des späten 5. Jhs. hervorgehen, deswegen besonders niedrig gewesen seien, weil auch Sklaven mitangestellt waren[117].

Entgegen dem, was oft als konkretes Faktum hingestellt wird, war Sklavenarbeit nicht notwendig billiger als die von Freien; ein Sklave mußte ständig versorgt werden (auch wenn das nur gerade genügte, um Leib und Seele zusammenzuhalten), während ein Freier nur für die Arbeit, die er geleistet hatte, Lohn erwarten konnte und dann für seinen Lebensunterhalt selbst sorgen mußte[118]. Die Abrechnungen für die Arbeiten am Erechtheion zeigen, daß Sklaven und Freie für die gleiche Art von Arbeit genau den gleichen Lohn erhielten; und auf anderen Tempelbaustellen – in Delphi, Delos und Epidauros – erhielten Architekten, die sicher weder selbst Sklaven waren noch in ihrem Beruf Konkurrenz von Sklaven zu fürchten hatten (dabei ist es eine ganz andere Frage, ob es ein paar Sklavenarchitekten gab oder nicht) Honorare, die ganz auf der gleichen Stufe oder sogar noch etwas darunter lagen[119].

In Rom wurde im 2. und 1. Jh. v.Chr. die Landarbeit der Freien weitgehend durch Sklavenarbeit ersetzt, doch kam es zu diesem Wandel in erster Linie dadurch, daß die freien Bauern, nachdem sie jahrelang fern von ihren Gütern in der Armee gedient hatten, ihr Land an größere Grundbesitzer verloren hatten, die nun Arbeitskräfte brauchten, um die freien Arbeiter zu ergänzen oder zu ersetzen. Darüber hinaus konnten Sklaven ständig auf den Landgütern eingesetzt werden, gleichgültig, ob sich die römische Armee im Krieg befand oder nicht. Was griechische und orientalische Sklaven angeht, die während des 2. Jhs. in zunehmendem Maß als Kammerdiener, Geschäftsagenten und ähnliches in Dienst genommen wurden, so traten diese nicht an die Stelle freier römischer oder italischer Vorgänger; sie stellten ein neues Phänomen dar, Teil einer neuen Lebensweise, in der immer kompliziertere Bedürfnisse durch immer kompliziertere Produkte befriedigt wurden.

Und wie war das Wirtschaftstempo in der Antike? Zu allen Zeiten langsam. Die Produktionsmenge änderte sich in manchen Handwerkszweigen – die Herstellung feiner bemalter Keramik verlagerte sich während des 6. Jhs. v.Chr. fast völlig von Korinth nach Athen und entwickelte sich dort zu einem größeren Produktionszweig; und die arretinischen Töpfereien im Italien des späten 1. Jhs. v.Chr. wurden nach und nach durch zahlreiche Ableger in Gallien und im Rheinland ersetzt. Die Anzahl der Werkstätten jedoch, die von solchen Veränderungen und Ausdehnungen betroffen wurde, war im Verhältnis zur gesamten Bevölkerungsmenge ziemlich klein, um welches Gebiet es sich auch immer handeln mochte; und wie hoch auch immer die Produktionsziffern der Keramik gewesen sein mögen, ihr Auftauchen auf dem Markt wird nur eine begrenzte Wirkung gehabt haben – es stiegen oder fielen keine Aktien, es gab keine Bank, die auf Grund solcher Ereignisse zusammenbrach oder reich wurde. Es mochten mehr Werkstätten eröffnet und demzufolge mehr Güter produziert werden, doch mit denselben Methoden wie bisher. Sicherlich spielten auf Vorrat gefertigte Artikel in vielen städtischen Betrieben zunehmend eine Rolle, doch selbst bei den gebräuchlichsten Berufen blieb die Anfertigung auf Bestellung eine ganz normale Praxis. Mag es auch einen Bestand an vorgefertigten Artikeln gegeben haben, so kann es sich doch dabei nicht um große Mengen gehandelt haben; man war weit davon entfernt, die Konsumlust der Öffentlichkeit aufzureizen, vielmehr scheinen die Lieferanten oft nicht in der Lage gewesen zu sein, die vorhandene Nachfrage zu erfüllen. Bischof Synesios von Kyrene erwähnt einen Hersteller von feinen Mänteln, der regelmäßig einen Vorrat an Ware von Athen nach Alexandria brachte und immer sehr schnell ausverkauft war; trotzdem vergrößerte er sein Geschäft nicht – wahrscheinlich war er nicht dazu in der Lage –, um so bei seinen Gelegenheitsbesuchen in Alexandria einen größeren Kundenkreis zufriedenzustellen[120].

Produktionsmethoden veränderten sich verhältnismäßig wenig. Handwerker mochten sich stärker spezialisieren, wenn sie sich sicher sein konnten, genügend Nachfrage für ihr Spezialprodukt zu finden; der städtische Handwerker war deshalb besser daran als der Allerweltshandwerker, der, wie Xenophon berichtet, „in den kleinen Städten“ alle möglichen Arbeiten zu verrichten hatte[121]. Es wäre jedoch ein Mißverständnis, wollte man argumentieren, daß in Griechenland zwischen der homerischen und der klassischen Zeit und in Rom zwischen der frühen und der späten Republik die Spezialisierung zugenommen habe. Die Qualität der handwerklichen Arbeit war bei einer geometrisch verzierten Vase des 8. Jhs. und einer rotfigurigen Vase aus dem Athen des 5. Jhs. auf ganz der gleichen Höhe, und dasselbe gilt für die besten Beispiele von in Formen hergestellter arretinischer Ware aus dem 1. Jh. v.Chr. Weder die Produktionsmethoden noch der Spezialisierungsgrad von Töpfern und Malern veränderten sich sehr.

Als in vielen Handwerkszweigen die Produktion im Haushalt abnahm (selbst bei der Herstellung von Textilien, die zwar immer in sehr starkem Maß eine im Haus geübte Tätigkeit blieb, die aber dennoch auch weitgehend von Professionellen betrieben wurde), nahm die Anzahl der Werkstätten zu. Diese Vermehrung gehörte zur wachsenden Verfeinerung des Lebens im Stadt-Staat. Jedoch darf man nicht vergessen, daß die Gesamtzahl der Leute, die sich mit einem Handwerk befaßten, wiederum nur einen Teil ausmachte von jener kleinen Bevölkerungsgruppe, die sich nicht mit Ackerbau beschäftigte. Aber wieviele waren es? Auf die Lücken im Beweismaterial gerade in dieser Hinsicht wurde bereits aufmerksam gemacht. Aber obwohl fast ausschließlich Athen eine Grundlage für eine Schätzung liefern kann, und obwohl gerade für die Nutzberufe – Metallarbeiter, Bauarbeiter, Zimmerleute, Schuhmacher usw. – die Daten fehlen, lohnt es sich doch, einen Blick auf die Zahlen zu werfen, die sich ergeben.

Beträchtliche Mengen an grobem Geschirr – Kochgeschirr und gewöhnlichem Haushaltgeschirr – sind erhalten geblieben, doch hat dieses Material bisher noch keine Informationen geliefert, die sich mit jenen vergleichen ließen, die der feinen bemalten Keramik zu entnehmen sind; wir können nicht sagen, wieviele Werkstätten oder Einzelpersonen zu irgendeiner bestimmten Zeit an ihrer Herstellung beteiligt waren. Auf der anderen Seite ließ sich die feine bemalte Keramik so genau bestimmen, daß wir – und das läßt sich mit Sicherheit sagen – zu keiner Zeit mit mehr als 125 gleichzeitig produzierenden Töpfern rechnen müssen. Das kommt einigermaßen überraschend, besonders wenn wir bedenken, welche Bedeutung der feinen bemalten Keramik von manchen Archäologen und Althistorikern zugemessen wird[122].

Tempelbauabrechnungen geben einige Hinweise auf die Anzahl von Leuten, die an solchen hochspezialisierten, dabei aber gleichzeitig sehr verschiedenartigen Arbeiten beteiligt waren. Für das Jahr 408/7 zeigen die Erechtheion-Abrechnungen, daß über hundert Leute an den Abschlußarbeiten der Dekoration und Fertigstellung beteiligt waren – 44 Steinmetzen, 9 Bildhauer, 7 Holzschnitzer, 22 Zimmerleute, Säger und Tischler, ein Dreher, 3 Maler und ein Vergolder, 9 Arbeiter und andere unbestimmbare Mitwirkende[123]. Zu dieser Zeit kämpfte Athen im Peloponnesischen Krieg um das Überleben; es mag sein, daß alles, was an hochqualifizierten Arbeitern zur Verfügung stand, auf das Erechtheion konzentriert war, daß es keine anderen in der Stadt gab. Natürlich darf man diese Leute nicht ausschließlich als Erbauer von Tempeln einstufen, denn wenn der Tempel vollendet war, mußten sie notgedrungen zu gebräuchlicheren Arbeiten zurückkehren – zum Hausbau, zur Anfertigung von Grabsteinen, vielleicht sogar zum Schiffbau.

Die etwa 30 Jahre älteren Abrechnungen für den Parthenon geben einen gewissen Einblick in die Anzahl der Bildhauer, die an den Giebelfiguren arbeiteten. Die während des Jahres an Arbeiter „an den Giebeln" ausgezahlten Löhne sprechen für eine Gruppe von 20 bis 25 Leuten; die stilistische Analyse aller Skulpturen am Tempel legt nahe, daß etwa 70 Mann an Friesen und Giebeln arbeiteten[124]. Obwohl viele von diesen Bildhauern wahrscheinlich wandernde Handwerker waren, die wegen der allgemeinen Prosperität und wegen des Beschäftigungsangebots nach Athen gekommen waren, so daß sie nichts über die Anzahl der ständig mit Bildhauerei beschäftigten Athener aussagen können, so mögen sie doch den Großteil der Spitzenbildhauer der gesamten griechischen Welt ausgemacht haben; denn Athen war es ja, das ihnen zu dieser Zeit auf ihrem Feld die reichsten Beschäftigungsmöglichkeiten bot. Das bedeutet also, daß es vielleicht nie – weder früher noch später – an ein und demselben Ort und zur gleichen Zeit mehr als 70 bis 80 wirklich fähige Bildhauer gab, die das Können besaßen, das die Parthenonskulpturen erkennen lassen.

An anderen Orten hingen Tempelbauunternehmungen in viel stärkerem Maß von importierten Arbeitskräften ab. Die Abrechnungen für den Asklepiostempel in Epidauros aus der Zeit um 370 v.Chr. zeigen, daß Steinmetzen, Bildhauer und Kunsttischler aus Argos, Korinth, Athen, Paros, Arkadien, ja selbst aus der Nachbarstadt Troizen kamen, die wahrscheinlich eine noch schwächere Wirtschaft besaß als Epidauros, das selbst gerade gewöhnliche Schmiede, einfache Maurer und Leute für untergeordnete Arbeiten stellen konnte; wenn wir schätzen, daß vielleicht 200 Leute zur Errichtung des Tempels erforderlich waren, so sagt uns das noch nichts über die Anzahl von Handwerkern, die in Epidauros oder den umliegenden Städten ansässig waren[125]. Im Fall von Argos wissen wir, daß sie die Hilfe von Athener Steinmetzen brauchten, um im Jahr 418 ihre langen Mauern bis hinunter zum Meer in Höchstgeschwindigkeit zu errichten, obwohl im 5. und 4. Jh. der Stand der Steinmetzen und Bildhauer bei ihnen florierte; ebenso konnten die Athener im Jahr 479 ihre

Verteidigungsanlagen nur unter Mithilfe aller gesunden Männer, Frauen und Kinder schnell genug errichten, und in den Jahren um 390 brauchten sie die Hilfe von Zimmerleuten und Steinmetzen aus Theben und Megara, um die Mauern wiederaufzubauen, die die Spartaner 404 zerstört hatten. Für ungewöhnliche Objekte, wie sie solche öffentlichen Arbeiten darstellten, verfügte nicht einmal Athen, geschweige denn eine andere Stadt, über genügend viele ausgebildete Arbeitskräfte, um solche Werke allein auszuführen[126]. Sicher konnte auch keine der Städte des römischen Reiches etwa in den afrikanischen Provinzen oder in Kleinasien ihre gewaltigen Bauprogramme ohne fremde Hilfe durchführen; die monumentalen Befestigungen und öffentlichen Einrichtungen von Perge, Selge, Telmessos, Termessos und Aspendos an der Südküste Kleinasiens müssen weitgehend von wandernden Facharbeitergruppen errichtet worden sein, denen die ansässigen Handwerker zur Hand gingen, soweit es ihr Sachverstand eben zuließ.

Was den Umfang anderer Handwerkszweige angeht, so heißt es von den Athener Silberminen, es seien dort auf dem Höhepunkt ihrer Produktivität im 5. Jh. mindestens 20000 Sklaven beschäftigt gewesen[127]. Gleichgültig, ob diese Zahl zutrifft oder nicht – es ist ganz unwahrscheinlich, daß sie je höher gelegen haben könnte; aber wieviel immer die Gesamtsumme jeweils betragen haben mag, so vermittelt der Bergwerksdistrikt von Attika den Eindruck, daß er recht stark besiedelt und mit einer beachtlich großen Gemeinde oder einer Reihe von Gemeinden belegt gewesen sein muß. Die Anzahl von Bergleuten an anderen Orten kann nur noch pauschaler geschätzt werden.

Ein anderes Handwerk, das für Städte, die Flotten unterhielten – vor allem für Athen – lebensnotwendig war, war der Schiffbau. Athen, Korinth, Syrakus, Kerkyra, die hellenistischen Könige Makedoniens, Pergamons, Syriens und Ägyptens und der römische Staat seit dem mittleren 3. Jh. v.Chr. müssen dafür eine große Anzahl von Leuten, Architekten und die nach deren Angaben arbeitenden Schiffbauer, beschäftigt haben. Doch verhält es sich mit dem Belegmaterial so, daß wir nur sagen können, daß in Athen etwa zwischen 360 und 320 v.Chr. mindestens 57 Schiffbaumeister arbeiteten; das bedeutet, daß zu anderen Zeiten vielleicht 30 tätig waren[128]. Wir wissen von einzelnen Schiffbauern, die zu einem anderen Zeitpunkt an anderen Orten arbeiteten, aber für die Gesamtindustrie lassen sich keine Zahlen eruieren – wir können beispielsweise auch nicht sagen, wieviele Leute zum Bau einer Triere notwendig waren.

Die Arbeiterzahl, die in römischer Zeit zur Verfügung stand, läßt sich ebensowenig exakt berechnen. Wir wissen, daß zu einem bestimmten Zeitpunkt im kaiserzeitlichen Rom mindestens 300 Sandalenmacher tätig waren[129]; daß die Ingenieurs- und Wasserversorgungsarbeiten des Kaisers Claudius 30000 Leuten auf 11 Jahre Arbeit gaben[130]; und daß zu allen Zeiten viele von den Facharbeitern, die für die großen öffentlichen Arbeiten im ganzen Reich benötigt wurden, aus den Reihen der Armee stammten – Zeuge dafür sind die vielen Inschriften, die allein am Hadrianswall die Arbeit von Militärabteilungen an Mauer, Turm, Bad und Wachgebäude verzeichnen[131]. Mindestens seit Agrippas Zeit, wenn nicht schon früher, waren die Legionen bestens dazu ausgerüstet, ihre eigenen Bedürfnisse an vergänglichen Gütern wie Stiefeln, Töpfen, Unterhemden, Pferdegeschirren und Rüstung zu erfüllen; so erklärt auch Vegetius, ein Autor des 4. oder 5. Jhs. n.Chr.:

> Die Legion hat Zimmerleute, Steinmetzen, Wagner, Schmiede, Maler und andere Handwerker bereit für den Bau der Kasernen und Winterquartiere, für die Herstellung oder die Reparatur von Maschinen, hölzerner Türme und anderer Hilfsmittel für . . . Belagerung und Verteidigung; . . . sie haben auch Werkstätten für Schilde, Panzer und Bogen, Pfeile, Wurfgeschosse, Netze und alle Arten von Waffen . . . Es liegt ihnen besonders daran, daß nichts von dem, was für das Heer benötigt wird, im Lager fehlt . . . Der für sie zuständige Offizier ist der Präfekt der Werkleute[132].

Doch die Größe der sogenannten Staatsfabriken der späteren Kaiserzeit, die Anzahl der gewöhnlichen Handwerker in Ostia und Pompeji, um einen der größten Häfen und eine der wohlhabendsten Wohnstädte Italiens zu nennen, oder die Menge der Arbeitskräfte, die die Massen von Dachziegeln und Backsteinen herstellten, die für die Bauten in Rom benötigt wurden – all das sind völlig unbekannte Größen.

Angesichts des Umfangs, den die Wirtschaft selbst in den bedeutenderen Städten der alten Welt einnahm, ist es klar, daß jene Handwerker, die mit kostspieligen Materialien und ungewöhnlichen Techniken arbeiteten – natürlich nicht die Schuhmacher, Grobschmiede, Weber, Hausbauer, Geschirrmacher usw. – sich irgendwann einmal mit dem Problem konfrontiert sahen, wie sie ausreichende Beschäftigungsmöglichkeiten für ihre speziellen Fähigkeiten finden sollten. Die Nachfrage am Ort nach Dingen, die über die alltäglichsten Gebrauchsgegenstände hinausgingen, konnte aus einer Vielzahl von Gründen ausfallen; gleichzeitig war das Gleichgewicht von Unterbeschäftigung und Nachfrage besonders in den am höchsten stehenden Handwerkszweigen so fein austariert, daß man einem solchen Auftragsmangel dadurch entgehen konnte, daß man anderswohin, zu einem absatzfreudigeren Markt zog. Es konnte dann nicht ausbleiben, daß sich in jenem Ort, von dem der Bildhauer, Bronzegießer oder hochqualifizierte Steinmetz weggezogen war, das Fehlen ihrer Dienste irgendwann bemerkbar machen würde, so daß es zu einem ständigen Fluktuieren kam. Die Erfahrungen der Epidaurier mögen die Wirkung solcher Mobilität der Facharbeit illustrieren: während des letzten Drittels des 5. Jhs. erlebten sie, wie ihr Gott Asklepios internationales Ansehen gewann, doch waren sie etwa 50 Jahre lang nicht imstande, sein Heiligtum in einer solchen Weise auszugestalten, wie es sich für einen panhellenischen Heilgott gehört hätte[133]. Man hat die Tatsache, daß man keinen Tempel baute, in der Regel mit Geldmangel oder Kriegszeiten zu erklären versucht, aber keiner dieser beiden Faktoren stellt die volle Antwort auf diese Frage dar. In erster Linie war es der Mangel an gelernten Arbeitern, der einem solchen Projekt im Wege stand. Die Epidaurier konnten keine genügend große Menge an Architekten, Bildhauern, Steinmetzen und Facharbeitern zusammenbringen, da diese im späten 5. und frühen 4. Jh. in alle Welt verstreut oder aus dem Verkehr gezogen waren. Athen, das während des 5. Jhs. einen bedeutenden Arbeitsmarkt geboten hatte und als ein Hauptauftraggeber in Erscheinung getreten war, hatte seine umfangreichen Bauprogramme mehr oder weniger abgeschlossen und vor allem durch seine Niederlage im Jahr 405 einen gewaltigen wirtschaftlichen Rückschlag erlitten. Handwerker, die bisher in Athen seßhaft gewesen waren, suchten nun in zunehmendem Maß an weit entfernten Orten nach Beschäftigung; und was Epidauros anging, so konnten weder Korinth noch Argos genügend Facharbeiter stellen, so daß sie das Werk hätten allein ausführen können – beide Städte werden jedenfalls auch bis zu einem gewissen Grad unter den Nachwirkungen des Krieges gelitten haben.

Dieses Fluktuieren von Facharbeitern beschränkte sich nicht auf die griechische und römische Welt, sondern setzte sich zwischen den Mittelmeerländern und dem Nahen Osten fort. Häufig fanden sich die Handwerker in den Diensten Persiens – ob freiwillig oder unfreiwillig, ist nicht klar: so werden wohl die ionischen Griechen, die um 500 v.Chr. für Darius arbeiteten, dazu gezwungen worden sein[134]. Griechische Schmiede fertigten wunderbare Kunstwerke für skythische Auftraggeber; sie arbeiteten wohl in den griechischen Städten Südrußlands oder vielleicht sogar innerhalb des skythischen Territoriums[135]. In römischer Zeit gelangten Handwerker freiwillig oder gezwungenerweise zu den Parthern[136]. Das Wüstenreich Palmyra, das sich seit der Zeit des Tiberius auf die Errichtung von Monumentalbauten verlegt hatte, wandte sich trotz seiner kulturellen Verwandtschaft mit dem Nahen Osten an die Bauleute und Bildhauer des römischen Kaiserreichs, um sich so die denkbar prächtigste Stadtarchitektur zu verschaffen[137].

Was den Mittelmeerraum angeht, so mußte in griechischer Zeit Dionysios von Syrakus aus dem ganzen übrigen Griechenland Rüstungsarbeiter anwerben, als er sich am Ende des 5. Jhs. daran machte, den Karthagern Widerstand zu leisten[138]. Bildhauer zogen von Stadt zu Stadt und von Heiligtum zu Heiligtum:

Myron aus Eleutherai arbeitete in Athen, Olympia, auf den Inseln Ägina und Samos, in Ephesos, Orchomenos und in Akragas auf Sizilien; Skopas und Satyros aus Paros befanden sich unter den Bildhauern, die am Mausoleion von Halikarnaß beschäftigt waren; nach dessen Fertigstellung nahm Satyros einen Auftrag in Delphi an, und Skopas ging an die Arbeit am Tempel der Athena Alea in Tegea, wozu er mindestens einen Assistenten mitnahm; Spintharos aus Korinth war der Architekt des Apollontempels des 4. Jhs. in Delphi; im 2. Jh. wurde Epikrates eigens aus Byzanz nach Olbia geholt, um dort die Stadt zu befestigen[139]. Die Töpfer Bakchios und Kittos kamen im späteren 4. Jh. in Ephesos zu Arbeit und Ehren, als das Töpferhandwerk in Athen nicht mehr so blühte, wie das einmal der Fall gewesen war[140]. Zu den Arbeiten im Heiligtum von Delos kamen Handwerker von allen Inseln der Ägäis und vom Festland; die meisten von ihnen blieben offenbar nur kurze Zeit dort, um einen Auftrag durchzuführen, bevor sie wieder nach Hause gingen oder woanders hinzogen, je nachdem, wo sie Arbeit fanden[141]. Die Insel Rhodos zog während des 3., 2. und 1. Jhs. v.Chr. Stein- und Bronzebildhauer aus vielen Teilen der griechischen Welt an[142].

Mangel an Facharbeitern und das Fluktuieren der Handwerker läßt sich ebenso in römischer Zeit belegen. Nach Livius konnte etwa das Marmordach des Tempels der Iuno Lacinia in Süditalien, das von einem der Censoren des Jahres 173 v.Chr. geraubt worden war, nicht erneuert werden, da es keine Arbeiter gab, die diese Arbeit hätten ausführen können[143]. Der griechische Bildhauer Zenodoros arbeitete in Rom und für die Averner in Gallien[144]. Eine Gruppe von Bildhauern aus Aphrodisias in Kleinasien ließ sich während des 2. Jhs. n.Chr. in Rom nieder[145]. Laut den Berichten des Plinius (des Jüngeren), der von Trajan ausgesandt worden war, um die Finanzen der Städte zu überprüfen, bedeutete in Bithynien ein Mangel an gut ausgebildeten Architekten zu Beginn des 2. Jhs. n.Chr., daß ehrgeizige Bauprojekte schlecht ausgeführt oder liegengelassen wurden – ein unfertiges Theater in Nicaea war auf lockerer Erde und aus schlechtem Stein errichtet worden, so daß der Bau Risse bekam;

als er jedoch forderte, es solle ein Ingenieur aus Rom kommen, um ein Aquädukt zu inspizieren, antwortete der Kaiser, er leide in Rom selbst Mangel an guten Fachleuten – und sein Hauptarchitekt war der syrische Grieche Apollodoros aus Damaskus[146]. Als die Stadt Leptis in Nordafrika unter der Schirmherrschaft des Septimius Severus ausgebaut wurde, kamen Steinmetzen mit Marmorlieferungen aus dem weit entfernten Steinbruch von Dokimeion (Synnada) in Westkleinasien[147].

Die Anwesenheit eines einzelnen Mannes mochte manchmal ausschlaggebend sein. Das technische Genie des Archimedes machte einer römischen Consulararmee vor Syrakus im Jahr 212 v.Chr. schwer zu schaffen; er liefert auch den Grund dafür, daß man sich an Hieron, den Herrscher von Syrakus erinnerte, in dessen Diensten Archimedes stand[148].

Werke griechischer und römischer Bronzebildner

◁◁◁ **VII** Bronzestatuette einer Schlafenden auf der Schulter eines bronzenen Volutenkraters in Thessaloniki. Das Prachtgefäß stammt aus dem Grab eines makedonischen Adeligen und kann demonstrieren, daß in der zweiten Hälfte des 4. Jhs. v. Chr. der makedonische Hof eine wichtige Rolle als Auftraggeber für die besten griechischen Künstler und Handwerker spielte. Der Krater ist reich mit Treibarbeiten und vollplastischen Appliken geschmückt, von denen die Schlafende in der Regel als Mänade, aber auch als weissagende Pythia gedeutet wurde. Um 340 v. Chr.

◁◁ **VIII** In der Zeit vor den reichen hellenistischen Herrscherhäusern waren vor allem die großen griechischen Heiligtümer Anziehungspunkte für griechische Kunstwerke. So stammt etwa die Statuette eines Bronzepferdes aus dem Anfang des 5. Jhs. v. Chr. aus Olympia, wo sie Teil eines Viergespannes bildete, mit dem ein Teilnehmer an den Spielen seinen Sieg im Wagenrennen feierte.

◁ **IX** Aus dem Heiligtum des Apollon in Delphi stammt eine bronzene Beckenträgerin, die von einem Künstler aus Paros gearbeitet wurde. In Delphi diente sie als Trägerin eines Weihrauchbeckens. Um 450 v. Chr.

X-XII Bronzestatuetten aus einem wohl vor den Alamanneneinfällen des 3. Jhs. n. Chr. ▷▷ vergrabenen Schatz in Weißenburg. Die 17 zu diesem Schatz gehörigen bronzenen Götterstatuetten waren offenbar aus aller Welt zusammengetragen. So ist die Statuette eines Laren (X) — eines Schutzgeistes des Hauses — in Rom selbst gearbeitet; die Statuette des Apollon mit Kithara (XI) stammt aus dem östlichen Mittelmeerraum, während die Merkurstatuette (XIII) mit ihrem keltischen Torques-Halsschmuck in Gallien hergestellt worden ist. 2. Jh. n. Chr.

XIII a-d Vier Bronzestatuetten aus Schwarzenacker. Sie gehören zu einer Gruppe von ▷▷▷ Götterfiguren, die offenbar in einem lokalen Versammlungshaus aufgestellt waren. Der jugendliche Genius populi Romani (a) und die Statuette der Viktoria (d) spielten wohl eine Rolle im Kaiserkult, Merkur (c) verkörpert die örtlichen Handelsinteressen und Neptun, der von ungelenker provinzieller Hand gefertigt wurde (b), mag zum Schutz vor Wasserschaden aufgestellt gewesen sein. 3. Jh. n. Chr.

Kapitel III

KÜNSTLER UND HANDWERKER BEI DER ARBEIT

Kein noch so hoher Lohn . . . wird den Männern die Befriedigung erkaufen, die in alten Zeiten – bevor Maschinen sie alle zu Handlangern machten – den ganzen Tag über aus dem Kontakt mit Eisen, Holz, Ton, Wind und Wellen, der Kraft der Pferde in ihre Muskeln strömte . . . Schon die Ohren nahmen sie unbewußt auf, wenn der Hobel singend über das Holz fuhr oder der scharfe Meißel unter dem Klopfen des Holzhammers mit zartem Geräusch in das harte Eschenholz eindrang. Die Arbeit müßte wirklich ein wenig Freude in sich bergen, um des Arbeiters willen.

George Sturt, The Wheelwright's Shop (1923), 202, 203

Einführung

Der Handwerker verdiente seinen Lebensunterhalt dadurch, daß er Tätigkeiten ausübte, die der Rest der Bevölkerung selten, wenn überhaupt je betrieb[149]. Durch den erlernten Gebrauch von Werkzeugen verwandelte er Materie aus ihrem rohen und ungeformten Zustand in Gegenstände bestimmter Form und Funktion – der Gerber und der Schuhmacher verwandelten weiche Häute in dauerhaftes Leder und nähten und nagelten Schuhe; der Zimmermann formte den Baumstamm zu viereckigen Balken oder glatten Brettern und verband sie zu gut gefügten Dächern oder Schiffsrümpfen; der Bildhauer brachte einen rohen Marmorblock in eine menschliche Form, wobei er die Oberfläche mit Hammer, Meißel und Schleifwerkzeugen so bearbeitete, daß sie glattem Fleisch, Haar, gefälteltem Leinen oder durchscheinenden Gewändern glich; der Töpfer modellierte einen Klumpen feuchten, weichen, grauen Tons zu einem gut proportionierten Gefäß, das hart und wasserundurchlässig und, durch sorgfältige Regulierung des Tonschlickers und des Feuers im Brennofen, glatt wie Glas und rot und schwarz gemustert war. Die hochqualifizierte Perfektion, die soviele der erhaltenen Erzeugnisse aus den Werkstätten zeigen, stellt eine Errungenschaft dar, die naturgemäß keiner erreichen konnte, der nicht im Handwerk ausgebildet war, mochte er sich auch noch so sehr dafür begeistern und darüber Bescheid wissen. Auch konnte diese hohe Qualität des Handwerks nicht erst in den Endphasen der Herstellung eingesetzt werden. Sie mußte der rohen Materie bereits von Beginn ihrer Bearbeitung an eingegeben werden. Die Fundamentlagen im Unterbau des Apollontempels von Delphi waren nicht weniger sorgfältig bearbeitet und aneinandergefügt, als das für den Oberbau gilt (Taf. 60); auf dieser Höhe mußte die leichte Aufbiegung der Horizontalen und Einwärtsneigung der Vertikalen angelegt werden, wie sie in der klassischen dorischen Architektur angewandt wurde (Taf. 58).

Alle Handwerker mußten eine langdauernde und gründliche Ausbildung durchmachen, ganz gleichgültig, wie hochgezüchtet ihr spezielles Handwerk war. Ständige Ausübung war notwendig, wollte ein Mann ganz und gar mit seinem Handwerk vertraut werden. Hatte er es einmal erlernt, so mußte er fortfahren, seine Fähigkeit zu praktizieren, sonst konnten sie ihm verfallen oder ersterben – ebenso wie ein alter Stellmacher, der gegen Ende des letzten Jahrhunderts lebte, feststellen mußte, daß er verlernt hatte, eine bestimmte Art von Achse anzufertigen, die ihm in seiner Jugend ganz vertraut gewesen war, die dann aber erst spät in seinem Leben wieder verlangt worden war[150]. Nach dem Fall der mykenisch-griechischen Paläste um 1150 v.Chr. waren bestimmte Fertigkeiten in bestimmten Handwerkszweigen – keineswegs aber alle – in Vergessenheit geraten, da sie außer Gebrauch gekommen waren; sonst gab es keinen tiefgehenden Bruch in der kulturellen Kontinuität während der griechischen und römischen Zeit und auch keinen entscheidenden Verlust an Handwerksgeheimnissen. Doch gelang es nur durch beständige Ausübung, daß lebendige Traditionen als Kräfte erhalten blieben, die eine wirkliche Entwicklung im Handwerk bewirken konnten. Das Überleben nicht nur des Handwerkers, sondern auch seines Handwerks hingen von seiner andauernden berufsmäßigen Hingabe an seine Arbeit ab. Alexanders Lieblingsmaler Apelles zeichnete jeden Tag ein wenig, mochten auch andere Arbeiten noch so drängen[151].

Die literarischen, epigraphischen und archäologischen Zeugnisse sind, wie wir gesehen haben, unzureichend. Denn neben all den Handwerkszweigen, deren Erzeugnisse in einiger Menge überlebt haben – Keramik, Gebäude, Skulpturen, Münzen, Mosaiken und ein paar Gemälde, Glas und Metallarbeiten ornamentaler oder dekorativer Art – gibt es viele, für die wir nur geringfügige oder gar keine archäologischen Belege haben. Und obwohl wir aus der Literatur oder aus persönlichen Aufzeichnungen viele Künstler und Handwerker namentlich kennen, obwohl viele hochspezialisierte Handwerkszweige erwähnt werden, gibt es doch einige wichtige Gruppen von Arbeitern, die im Belegmaterial so gut wie gar nicht vertreten sind. Wir hören im Verlauf der griechischen und römischen Zeit von verschiedenen Textilarbeitern – sei es als Ausübende ihres Berufs oder als Individuen; da gibt es zum Beispiel einen Athener Wollarbeiter, der „neunzig untadelige Jahre lebte", wie sein Grabstein berichtet[152]. Aber wir erhalten keine Antwort auf die Frage, wer das Segeltuch für die Schiffe herstellte? Jeder Staat, der sich eine Flotte leistete, und jedes Fischerdorf brauchte ständig große Mengen davon, dennoch gibt es kaum irgendein Zeugnis für das Weben von Segeltuch oder überhaupt das Anfertigen von Segeln. Von wem und unter welcher Organisation wurden die etwa 60000 m² Segeltuch hergestellt, die notwendig waren, um die neue Flotte von 200 Trieren auszustatten, die Athen nach 483 baute[153]? Wer immer es gewesen sein mag, sie und ihre Nachkommen müssen imstande gewesen sein, ständige Werkstätten zu unterhalten, die die regelmäßige Belieferung der Flotte mit Segeltuch, wie sie (mit ein oder zwei Unterbrechungen) durch Generationen hinweg in großem Maßstab durchgeführt wurde, aufrechterhalten konnten. Dennoch haben diese speziellen Arbeiter keinerlei Zeugnis hinterlassen[154]. Ähnliche Probleme erheben sich bei anderen Handwerkszweigen; keiner läßt sich gänzlich nachzeichnen, keiner läßt sich vollständig rekonstruieren.

Die Mühen des Handwerkerlebens

Die athenischen Vasenmaler stellten gelegentlich Handwerker bei der Arbeit dar – den Schmied, den Schuhmacher, den Zimmermann, den Helmmacher, den Töpfer, den Bronzegießer, den Vasenmaler selbst (Taf. 18). In keinem Fall jedoch hat der Künstler die Szene so gezeigt, wie sie gewesen sein muß: lärmend und staubig, voller Aktivität, die für den Laien chaotisch gewirkt haben muß. Werkstattszenen spiegeln eben jene harmonische Stille wider, die den üblichen Themen der Vasenmalerei anhaftet; der Metallarbeiter hebt majestätisch seinen Hammer, während seine Kunden mit Bewunderung zuschauen (Taf. 30); Athena legt ganz gemächlich Lehmklumpen auf Lehmklumpen, wenn sie ihr Pferd modelliert (Taf. 38); sie krönt den Vasenmaler in einer Atmosphäre ruhiger Eleganz (Abb. 1); oder zwei Meister, würdige Gestalten in ihren Gewändern und Mänteln, stehen da und sehen zu, wie sich ihre Helfer in der Bronzegießerei abmühen (Taf. 39). Es ist nur natürlich, daß dieselbe idealisierte Sicht vom Schicksal des Handwerkers auch in den Weih- und Grabreliefs zum Ausdruck kommt: der Töpfer Pamphaios und der Schuhmacher Xanthippos sitzen lässig da (Taf. 6 und 19) und halten in der Hand eine Tonschale bzw. einen Schuh, während der gallische Steinmetz Amabilis mit Hammer und Meißel in der Hand über seiner Arbeit sitzend dargestellt ist (Taf. 85). Es gibt aber auch realistischere Porträts von Künstlern und Handwerkern bei der Arbeit, die etwas von dem Schmutz und dem Durcheinander ahnen lassen und von der körperlichen Anstrengung, die nötig war, um voranzukommen.

Töpfer

Töpferei verlangte mehr als die manuelle Geschicklichkeit des Formens und Malens[155]. Das Formen des feuchten Tons auf der

Abb. 1 Eine rotfigurige Athener Vase des mittleren 5.Jh. v.Chr. Vasenmaler werden in Anwesenheit der Athena von geflügelten Niken bekränzt. *Rechts* die seltene Darstellung einer Vasenmalerin, die an einem großen Volutenkrater arbeitet.

Scheibe und das Bemalen der Vase, wenn sie getrocknet war, machte nur die Hälfte – und zwar bei weitem die mühelosere Hälfte – beim Herstellungsprozeß bemalter Keramik aus (Taf. 14). Die Penteskouphia-Pinakes (Taf. 15) zeigen die Töpfer, wie sie ihre Brennöfen heizen und regulieren, indem sie auf sie hinaufklettern und riskieren, sich zu verbrennen oder sogar zu erblinden, wenn sie das Ventil zu weit aufmachten oder zuviel Brennmaterial hineinschlichteten. Das Aufbauen großer Brennöfen war zweifellos schwierig, und sie anzuheizen, war gefährlich genug (Taf. 16); es bedurfte genauer Kalkulation, um die richtige Temperatur für die richtige Zeitdauer zu erhalten. Um beispielsweise den richtigen Farbkontrast zwischen dem roten Ton und dem schwarzen Firnis zu erhalten, wie er für die attische Keramik charakteristisch ist, mußte die Hitze im Brennofen zuerst unter kräftigem Zug auf sehr hohe Temperatur gebracht werden, so daß der Eisenanteil sowohl im Ton wie im Firnis oxydierte und rot wurde. Dann mußte das Feuer mit grünem Holz gedämpft und der Zug abgestellt werden, so daß der Mangel an Sauerstoff das rote Eisenoxyd zu schwarzem Eisenoxyduloxyd verwandelt. Die dritte und schwierigste Phase umfaßte das Wiederaufheizen des Ofens, das nur gerade so lange dauern durfte, daß der poröse Ton wieder rot werden konnte, während der dichtere Ton schwarz blieb – wurde zuviel Luft zugelassen, dann wurde die ganze Vase rot, wurde jedoch das Feuer zu stark gedämpft, so verlor das Gefäß seine Form. Die Probleme der Töpfer werden in einem einzigartigen Beispiel griechischer „Arbeiterdichtung" – dem sogenannten Homerischen Hymnus der Töpfer – vorgetragen[156].

Bergleute und Schmiede
Metallarbeiter waren in viel stärkerem Maß als die Töpfer oder überhaupt irgendeine andere Gruppe von Handwerkern der Gefahr ausgesetzt, bei der Ausübung ihres Handwerks körperliche Schäden oder sogar Invalidität zu erleiden. Die Mißachtung der *banausoi* durch die übrige Gesellschaft zeigt sich im traditionellen Bild des Hephaistos: mag er auch ein olympischer Gott sein, so ist er doch ein lahmer Hanswurst und eine Zielscheibe des Spottes[157]. Im Bergwerk konnten Männer zu Krüppeln oder gar erschlagen werden, sie konnten bei Grubenbränden ersticken oder durch die giftigen Dämpfe der Schmelzöfen vergiftet werden; in der Schmiede waren Hände, Füße und Augen sicher nur allzu gefährdet, wenn geschmolzenes Metall in die Formen gegossen wurde, wenn rotglühende Barren vom Feuer zum Amboß gebracht und die Hämmer geschwungen wurden (Taf. 30); und die Muskelbildung eines Schmiedes konnte einer Deformierung gleichkommen und auch als solche betrachtet werden, wie die Homerische Schilderung des Hephaistos erkennen läßt[158].

Der Bergbau stellt die Tätigkeit dar, die am deutlichsten die Grausamkeit erkennen läßt, die in bestimmten Gruppen der antiken Gesellschaft herrschte. Antike Berichte über diese Arbeit übertreiben ihre Schrecken wohl nur sehr wenig; manche von diesen schlimmen Zügen lagen in der Natur der Tätigkeit begründet, doch wurden die Leiden der Arbeiter sicher oft durch ihren Status – Sklavenstand, Kriegs- oder Kriminalgefangenschaft – und die dem entspringende strenge Disziplin, der sie unterworfen waren, verstärkt. Wir haben Grund anzunehmen, daß sich die Zustände von Zeit zu Zeit änderten; am schlimmsten waren wohl jene in den Bergwerken und Steinbrüchen unter den hellenistischen Königen oder dem kaiserzeitlichen Rom. Dennoch muß selbst bei der folgenden Beschreibung der Bergwerksarbeit in Nubien unter den Ptolemäern berücksichtigt werden, daß zwar große Trupps ungelernter Arbeiter mit ständiger Grausamkeit dazu angetrieben werden konnten, das Rohmaterial aus den Stollen ans Tageslicht zu transportieren oder das Erz für das Schmelzen klein zu schlagen, daß aber doch beträchtliche Erfahrung und eine feste Organisation notwendig waren, um die Schächte anzulegen und die Stollen auszubauen. Es muß demnach viele Arbeiter in den Bergwerken gegeben haben, die zumindest frei von Fesseln waren, und manche, die zu kleinen Werktrupps gehörten, die sich von den Werkstattformationen der Töpfer und Steinmetzen nicht sehr unterschieden haben können; einige von ihnen mögen sich durch ihre Geschicklichkeit über den Status der übrigen zum Vormann erhoben haben[159]. Trotzdem kann kein Zweifel daran bestehen, daß die Mehrheit unter Bedingungen lebte, die jenen glichen, die Diodor beschreibt:

> Die Könige . . . verurteilen alle Verbrecher und Kriegsgefangenen zur Arbeit in den Bergwerken . . . sie arbeiten unaufhörlich – eine große Menge, alle in Ketten geschlagen – Tag und Nacht, ohne Pause, und ohne jede Möglichkeit des Entkommens . . . Die Arbeiten erfolgen unter Aufsicht eines Facharbeiters, der den goldhaltigen Stein aussucht und ihn den Arbeitern zeigt; . . . die körperlich Starken brechen den Stein mit

eisernen Hämmern, wozu sie keinerlei Kenntnisse, sondern nur Kraft anwenden müssen, und schlagen Gänge durch den Felsen, ... wo immer das Gold sie hinführen mag. Diese Leute nun, die in der Dunkelheit arbeiten müssen ... tragen Lampen auf der Stirn ... die Steinblöcke, die sie brechen, werfen sie auf den Boden, und sie arbeiten ununterbrochen unter den strengen Augen und den Schlägen der Aufseher. Die ... Knaben gehen durch die Schächte in die Stollen, die durch das Aushauen des Felsens geschlagen werden, ... und tragen die Brocken heraus. Die Männer über 30 Jahre nehmen die Steine von ihnen und ... zerstampfen sie mit Eisenstößeln ...; dann übernehmen sie die Frauen und die älteren Männer und zerreiben sie in Mühlen, ... bis sie so fein wie Mehl sind. Und da sie nie die Gelegenheit haben, sich um sich selbst zu kümmern, und da sie keine Kleider haben, um ihre Blöße zu bedecken, kann niemand diese unglückseligen Menschen anschauen, ohne Mitleid zu empfinden ... Sie arbeiten ohne Pause ... bis sie auf Grund der schlechten Behandlung mitten in ihren Leiden sterben[160].

Die Leiden christlicher Märtyrer in den numidischen Steinbrüchen waren nach dem heiligen Cyprian nicht geringer:

Der Körper ... kennt die Bequemlichkeit nicht, in einem wohlbereiteten Bett zu ruhen ... Die müden Glieder werden auf dem Boden ausgestreckt ... Der Körper wird abscheulich schmutzig in Ermangelung eines Bades ... Brot wird nur in kleinen Portionen verteilt ... Es ist kalt, es fehlt an Kleidung[161].

Es gibt keine Belege für ähnliche Leiden der Arbeiter in den Athener Minen; doch hätte die harte Behandlung einer Arbeitertruppe, die sich vor allem aus Sklaven zusammensetzte, kaum Anlaß zu Kommentaren in der zeitgenössischen Literatur gegeben. Die Arbeit des Bergbaus war von Natur aus unangenehm, gleichgültig aus welchem Grund man zu ihr gekommen war. In den Athener Minen maßen die Stollen etwa 1 m x 0,75 m. Die Bergleute arbeiteten die meiste Zeit auf Händen und Knien oder auf dem Rücken liegend. Arbeit unter Tag, welcher Art sie auch immer sein mag, war und ist unerfreulich; Theophrast sagt zu den Stollen, die zur Gewinnung von Walkererde angelegt wurden: „es ist in den Gruben von Samos nicht möglich, aufrecht stehend zu graben, sondern man muß auf der Seite oder auf dem Rücken liegen"[162]. Doch trotz des Platzmangels in den Athener Minen und trotz der Tatsache, daß sie durch massiven Felsen geführt werden mußten, leisteten die Bergleute hochqualifizierte Arbeit (Taf. 27)[163].

Die Belüftung stellte ein Problem dar; in den Athener Minen wurden Schächte und Stollen paarweise angelegt, und zwischen die Stollen wurden Türen gesetzt, die je nach der gewünschten Stärke des Zuges geöffnet oder geschlossen werden konnten. Es wurden Feuer entzündet, um so die Luftzirkulation zu verstärken. Die Athener Bergbauvorschriften enthielten nicht nur ein Verbot, Waffen zu tragen, sondern auch einen Absatz, nach dem es untersagt war, Rauch zu entwickeln, um damit seinen Nachbarn im nächsten Abschnitt zu stören – denn das mochte ihn nicht nur ärgern, sondern konnte ihn ebensogut töten. Was die Gefahr angeht, durch natürliche Gase vergiftet zu werden, so bestätigt etwa Plinius, daß bestimmte Silbererze schädliche Dämpfe abgäben, die für Menschen unzuträglich und für Hunde sogar besonders gefährlich seien. Der Rauch der Schmelzöfen war wahrscheinlich nicht nur unangenehm, sondern auch schädlich; Xenophon sagt von Laureion, es sei „ein bedrückender Ort", wobei er höchstwahrscheinlich die Luftverschmutzung meint, und nach Strabon brauchten die Silberschmelzöfen in Spanien hohe Schornsteine, damit sie die Dämpfe ableiten könnten[164].

Eine weitere Gefahr bildeten zusammenbrechende Stollen. Sicherheitsvorschriften aus Vipasca (Aljustrel) in Spanien aus der Zeit des Hadrian bestimmten, daß alle „Gruben sorgfältig abgestützt und gesichert werden sollen, und jeder soll in seinem Grubenabschnitt verfaultes Material ersetzen. Es ist verboten, Pfeiler oder Stützen zu zerstören . . . oder zu gefährden"[165].

Das Hauptgewicht liegt bei all diesen Vorschriften natürlich auf den Rechten und Verpflichtungen der Pächter und auf dem Schutz des Eigentums, nicht aber darauf, die Sicherheit der Arbeiter zu gewährleisten (auch heute noch oft ein sekundärer Gesichtspunkt).

Steinbrucharbeiter

Arbeit in den Steinbrüchen war ebenfalls anstrengend und nicht ohne Gefahren. Wahrscheinlich war das Los der Arbeiter in den kaiserlich römischen Steinbrüchen, in denen man oft Sträflinge einsetzte, besonders hart; doch es folgt schon aus der Natur der Tätigkeit und oft auch aus der Lokalisierung des Steinbruchs, daß jeder, welchem Stand er auch immer angehörte, die Arbeit hart fand. Man trifft fast regelmäßig auf die Annahme, daß ebenso wie die Bodenschätze auch die Hunderttausende Tonnen Stein, die in der Antike verbaut wurden (allein zwanzigtausend Tonnen für den Parthenon nach vorsichtiger Schätzung), durch die Arbeit von Myriaden von Sklaven, Kriegsgefangenen, Sträflingen und christlichen Märtyrern gewonnen wurden. Sicherlich wurden Steinbrüche gelegentlich als praktische Gefangenenlager, und das Steineklopfen als passende Strafe eingesetzt – vor allem von den römischen Kaisern, die sich in Verfolgungen hervortaten; und ebenso sicher ist es, daß oft große Arbeitermengen notwendig waren für die vielen gewaltigen Bauprogramme des Altertums. Dennoch forderte auch das Steinebrechen – ebenso wie die Arbeiten im Bergwerk und das Schmelzen der Erze – beträchtliche Sachkenntnis. Es war zwecklos, 5000 ungelernte Sträflinge oder Sklaven in den Steinbruch zu bringen und zu hoffen, sie würden auf Grund natürlicher Erleuchtung die richtige Menge richtig gehauener Steine produzieren. Denn während der ganzen Antike ging man nicht so vor, daß man roh behauene Steine aus dem Steinbruch kommen ließ, um sie dann anderswo von gelernten Steinmetzen zurechtschlagen zu lassen, sondern die Blöcke – aber nicht nur diese, sondern auch die Zylinder für Säulentrommeln – wurden in Größen, die oft nur um wenige Zentimeter von den endgültigen Maßen abwichen, unmittelbar aus dem Steinbruch geschnitten; man ließ nur soviel darüber hinaus an ihnen stehen, daß sie vor irreparablen Schäden auf dem Transport geschützt blieben (Taf. 63). Anweisungen an die Steinbrucharbeiter in Attika forderten im 4. Jh., daß pentelischer Marmor ins Heiligtum geliefert werde „ungebrochen, weiß und fehlerlos"[166]. Selbst Statuen wurden oft im Steinbruch grob herausgearbeitet, bevor sie *en bloc* ins Bildhaueratelier gebracht wurden. Eines der frühesten und größten Versuchsstücke der Naxier in Marmor, die aufgegebene Statue des Dionysos (Taf. 75), wurde ziemlich weitgehend ausgearbeitet, bevor der Stein von seiner Bettung gelöst wurde; und es gibt viele andere, spätere Beispiele von Skulpturen, die im Steinbruch begonnen wurden[167]. Ungelernte Arbeit hatte demnach nur begrenzten Wert.

Unter den pannonischen Steinbrucharbeitern zur Zeit des Kaisers Diokletian befanden sich fünf besonders ausgebildete Steinmetzen, von denen sich vier, Claudius, Castonius, Simpronianus und Nicestratus, heimlich zum christlichen Glauben bekannten. Der fünfte, Simplicius, wurde von Cyrillus, dem Bischof von Antiochia, der als Christensträfling – allerdings in Fußfesseln – ebenfalls im Steinbruch arbeitete, bekehrt und getauft. Diese fünf Arbeiter waren es, die Diokletian mit mehreren besonderen Aufträgen betraute, darunter eine Kolossalstatue des Sonnengottes zu Wagen und einige reich verzierte Porphyrsäulen, für die er sie in höchsten Tönen lobte. Die *philosophi* oder Steinbruchaufseher wurden sehr eifersüchtig und denunzierten die Steinmetzen schließlich als Christen und Zauberer. Sie wurden jedoch nicht aus diesem Grund zu Märtyrern, sondern deswegen, weil sie dem Kaiser den Gehorsam verweigerten, als sie eine Statue des Aesculapius arbeiten sollten, und weil sie die Herrschaft des Sonnengottes leugneten. Der Bericht über ihren Werdegang und ihr schließliches Märtyrerschicksal läßt keinen Zweifel daran, daß es sich um gut ausgebildete Leute handelte, die neue Adern guten Steins auftun und komplizierte Anweisungen beim Freischneiden des Steines durchführen konnten[168].

Wir haben allen Grund anzunehmen, daß die meisten, wenn nicht alle, Steinmetzen, die in den Steinbrüchen arbeiteten, durchaus in der Lage waren, auch am Bau zu arbeiten, ebenso wie die Steinmetzen, die die Blöcke für Statuen schnitten, auch die Bildhauer der Statuen gewesen sein können – denn wenn Michelangelo und Henry Moore ihre eigenen Steine in den Brüchen von Carrara schnitten, warum sollte das dann nicht auch Myron oder Praxiteles auf dem Pentelikon getan haben? Römische Legionäre konnten sowohl Steine brechen wie sie verbauen.

Ein Militär-Buchhalter in Ägypten bemerkte: „Ich danke Sarapis und Fortuna, daß ich, während alle den ganzen Tag im Steinbruch arbeiteten, als Offizier herumgehen kann ohne etwas zu tun"[169]. Einige Meutereien erklärt man durch die Abneigung der römischen Soldaten gegenüber solchen Arbeiten, und das spiegelt sich vielleicht in einer Felsinschrift aus der Nähe des Hadrianswalls wider: „Ich, Apollonius Daminius, wollte nicht (diese Arbeit tun)"[170]. Berufsmäßige Steinbrucharbeiter beschwerten sich 500 Jahre früher im ptolemäischen Ägypten verschiedentlich bei Kleon, dem verantwortlichen Architekten und Ingenieur; einmal war der Stein, den sie zu brechen hatten, viel härter als erwartet, und das bedeutete, daß ihre Werkzeuge viel schneller abgenützt wurden. Ein anderes Mal waren sie ärgerlich, daß sie nicht mit genügend Eisen versorgt wurden, das sie für die Keile brauchten, mit denen sie die Steine von der Felsoberfläche abzustemmen pflegten; überdies waren ihre Verpflegung und ihr Lohn nicht eingetroffen. Es handelte sich dabei um freie Arbeiter, die bessere Behandlung als Sträflinge oder Sklaven erwarten konnten; doch offensichtlich erhielten sie diese nicht immer[171].

Zu den größten Nachteilen gehörte bei vielen Handwerkern der Lärm, den sie verursachten – ein Faktor, der ebenso schlimm für die Arbeiter gewesen sein muß, wie er die Umwelt irritierte. Die Stadt Sybaris gab die Vorschrift heraus, daß lärmende Handwerksbetriebe aus der Stadt ferngehalten werden sollten; sonst wissen wir jedoch nur wenig von den Reaktionen auf Industrielärm, wenn wir von dem Vergleich des Aristophanes in den *Vögeln* absehen, wo er das Geräusch, das die Vögel bei der Materialbeschaffung für die Erbauung von Wolkenkuckucksheim verursachen, mit jenem der Schiffbauer in den Docks von Piräus gleichsetzt[172].

Gerber, Färber und Walker

Bestimmte Handwerkszweige waren noch mit einem anderen Nachteil behaftet, der gelegentlich zu ihrem Ausschluß aus der Stadt führen konnte. Besonders Gerbereien waren wegen ihres Gestanks berüchtigt, und es überrascht nicht, daß die Gerberei als eines der banausischsten Gewerbe galt. Schon bei seiner Erwähnung konnte man des Gelächters sicher sein und so zögerte etwa Aristophanes nicht, aus der Verbindung des demokratischen Politikers Kleon mit diesem Gewerbe Kapital zu schlagen, indem er im *Frieden* dessen „herakleischen Heldenmut beim Ertragen des Gestanks seines Gewerbes" lobte[173]. Ein viel späterer Autor bemerkt, daß die „Gerberei jeden belästigt, da der Gerber mit toten Tieren zu tun hat; er muß weit von der Stadt entfernt leben, und der Gestank verrät seine Gegenwart, auch wenn er sich verbirgt"[174].

Zwei Arbeitsvorgänge bei der Textilherstellung, das Färben und das Walken, müssen ebenfalls üblen Geruch verbreitet haben, doch scheint man sie nicht allgemein aus den Städten verbannt zu haben. Färber verwendeten verschiedene aus Pflanzen, Insekten und Mineralien gewonnene Farbstoffe, während die Benutzung von Extrakten aus einem bestimmten Schalentier durch die Purpurfärber insbesondere Tyros für seinen Geruch ebenso berühmt machte wie für seinen Reichtum. Für das Walken, durch das Wollgewebe weich und weiß gemacht wurden, war unter anderem das Verbrennen von Schwefel und Urin wichtig. Es besteht kein Zweifel daran, daß beide Arbeitsprozesse hochqualifizierte Arbeit verlangten; aber wie so viele andere Handwerkszweige machten sie dem Handwerker das Leben schwer[175].

Die Werkstatt

Diese Bezeichnung ist in gewissem Sinn irreführend, denn das, was in erster Linie zählte, war der Arbeiter, nicht die Arbeitsstätte; es gab keine Betriebsanlagen, die der Rede wert gewesen wären, so daß der Besitzer einer Werkstatt, der seinen Betrieb von einem Ort zu einem anderen verpflanzen wollte, einfach mit seinen Arbeitern davonzog. Brennöfen, Schmelzöfen und Gießereien konnten neu errichtet werden, und was den Rest der Ausrüstung anging, so brauchte der Facharbeiter nur seine Werkzeugtasche mitzunehmen, um mit seinem Handwerk weiterzumachen, wo immer er sich befand, vorausgesetzt, es gab die Materialien, die er für seine Arbeit benötigte. Die Baulichkeit, in der die Arbeit verrichtet wurde, war oft genug ein Hinterzimmer oder der Hof des Wohnhauses des Handwerkers; so sah es im Industriebezirk von Athen aus. Gelegentlich wurden Werkstätten eigens für einen bestimmten Zweck errichtet, etwa in Olympia für die Zeusstatue des Phidias (Taf. 32), in Epidauros für die Bildhauer der Giebelfiguren des Asklepiostempels, und auf der Athener Akropolis für die Bildhauer der Parthenongiebel; bei allen drei Beispielen handelte es sich um feste Bauten[176].

Die Belegschaft einer Werkstatt war gewöhnlich klein. Attische Vasenbilder des späten 5. und des 6. Jhs. lassen vermuten, daß beispielsweise in den Werkstätten für feine Keramik und für Bronzestatuen zwischen 6 und 12 Leute beschäftigt waren. Auch die schriftlichen Quellen lassen erkennen, daß die Werkstätten in der Regel die ganze Antike hindurch klein blieben; daß Großbetriebe in griechischer Zeit die Ausnahme bildeten, und daß ihr gelegentliches Auftreten in hellenistischer und römischer Zeit nicht so sehr aus neuen Entwicklungen in der industriellen Produktion resultierte, sondern daß es sich eher um Auswüchse jener Grundschemata handelte, wie sie sich in den kleinen Betrieben konstituiert hatten. Immer aber hatte die Eigenart der Arbeit und nicht irgendwelche willkürlichen und von außen herbeigeholten Überlegungen die Anzahl der Arbeiter – die Höchst- und die Mindestzahl jener, die sinnvoll eingesetzt werden konnten – bestimmt: ein Mann pro Webstuhl, pro Leisten, pro Zimmermannswerkbank, zu denen ein oder zwei Helfer hinzukamen, und ein halbes Dutzend Leute pro Bergwerksstollen, pro Töpferei, Steinmetzwerkstatt, Ziegelei oder Schmiede. Und die Eigenart der Arbeit änderte sich während der ganzen Antike nur wenig (Taf. 3, 4, 7, 11)[177].

Es gibt zumindest ein weiteres Handwerk, in dem in der Regel etwas größere Arbeitertrupps eingesetzt werden konnten – das Schiffbauerhandwerk. Mag es sich auch um eine Annahme handeln, die nicht verifizierbar ist, so ist es doch klar, daß eine bunte Fülle von Fertigkeiten notwendig war, bis ein Schiff gebaut und ausgerüstet war; es läßt sich jedoch auf keine Weise mehr sicher in Erfahrung bringen, ob 10, 20 oder 30 Mann erforderlich waren, um die Planken zu sägen und zusammenzufügen, die Ruder und Masten herzustellen, den Rumpf abzudichten usw.

Größere Gruppen von Arbeiten wurden gelegentlich etwa für öffentliche Arbeiten benötigt, doch während der griechischen Zeit entstanden diese gewöhnlich durch die befristete Verbindung verschiedener Werkgruppen; 6 Gruppen von Steinmetzen, von denen jede 5 bis 7 Mann umfaßte, waren gleichzeitig an der Ostfront des Erechtheions beschäftigt, wobei jede Gruppe jeweils eine der sechs Säulen nach exakt den gleichen Vorgaben kannellierte, aber doch unabhängig von den anderen arbeitete[178]. Im delischen Heiligtum tat sich der delische Zimmermann Phaneas zeitweilig mit einem Holzarbeiter aus Paros namens Peisiboulos zusammen, um 15 Deckenkassetten für den Apollontempel herzustellen; am Dach eines anderen Tempels arbeiteten Zimmerleute von drei verschiedenen Inseln – Deinikrates aus Delos, Theophantos aus Karystos auf Euboia und Xenophanes aus Syros[179].

Nicht nur öffentliche Arbeiten, sondern auch solche beim Hausbau konnten mehrere gewöhnlich unabhängig voneinander arbeitende Handwerker für die Dauer des Projektes zusammenbringen; anschließend trennten sie sich dann wieder und kehrten zu ihren kleineren Manufaktur- und Reparaturunternehmungen zurück. So ziemlich die einzigen permanenten Bautrupps, von denen wir erfahren, waren die kaiserlichen Sklaven, die die Kanalisation Roms und das Funktionieren der Aquädukte zu überwachen hatten, und jene 500 Bauarbeiter des Crassus, die als Spekulationsobjekt an Brandstätten zum Abreißen und zum

Wiederaufbau eingesetzt wurden[180]. Die Qualität der Handwerksarbeit hing vielleicht ebensosehr wie von irgendeinem anderen Faktor vom Zusammenhalt innerhalb der Werkgruppe ab. Ein großer Werkstattbetrieb hätte sicher den Nachteil zur Folge gehabt, daß die persönliche Anleitung an der zu leistenden Arbeit abgenommen hätte; in einer Werkstatt normaler Größe dagegen, wo jeder Arbeiter einen Anteil von einem Zwölftel bis zu einem Drittel oder sogar bis zur Hälfte der gesamten Arbeitskraft ausmachte, war der Kontakt zwischen Handwerksmeister und Helfer notwendig eng.

Handwerkerviertel

Manche Handwerke wurden notgedrungen getrennt vom Rest der Gesellschaft betrieben, da der Handwerker in der Nähe seiner Materialnachschubquelle arbeiten mußte. Deshalb entstanden Werkstattgemeinschaften etwa im Bergwerksdistrikt Attikas (Taf. 28), in Vipasca im römischen Spanien, oder in der Nähe der Bergwerke und Steinbrüche im östlichen Wüstenbezirk Ägyptens; das waren nicht einfache Arbeiterlager, sondern Dörfer oder kleine Städte – Vipasca rühmte sich einer Reihe von Annehmlichkeiten, von einem Barbier- und Walkladen bis hin zu Badehäusern und Schulen – und in vielen solcher Orte gibt es reichliche Belege über kultische Aktivitäten[181].

Wie oben gesagt, hieß es vom Gerber, daß er wegen der Unappetitlichkeit seines Berufes außerhalb der Stadt arbeiten müsse. Merkwürdig ist dabei, daß sowohl Kleon wie einige Gerber aus dem Metökenstand mit einem der Demen Athens verbunden waren; im Fall der Metöken ist es wahrscheinlich, daß sie in der Nähe ihres Arbeitsplatzes lebten – was bedeutet, daß es Gerbereien mitten im Herzen Athens gegeben haben muß. In Rom waren die Gerbereien außerhalb der Stadt gelegen, auf dem Westufer des Tiber[182]. Doch für die meisten Handwerker ergab sich keine Notwendigkeit dieser Art von Isolierung; waren die Städte erst einmal bis zu einer gewissen Größe herangewachsen, so fanden die Handwerker in der Regel ihren Platz innerhalb der Stadtmauern. Obwohl beispielsweise in Rom und in Alexandria man-

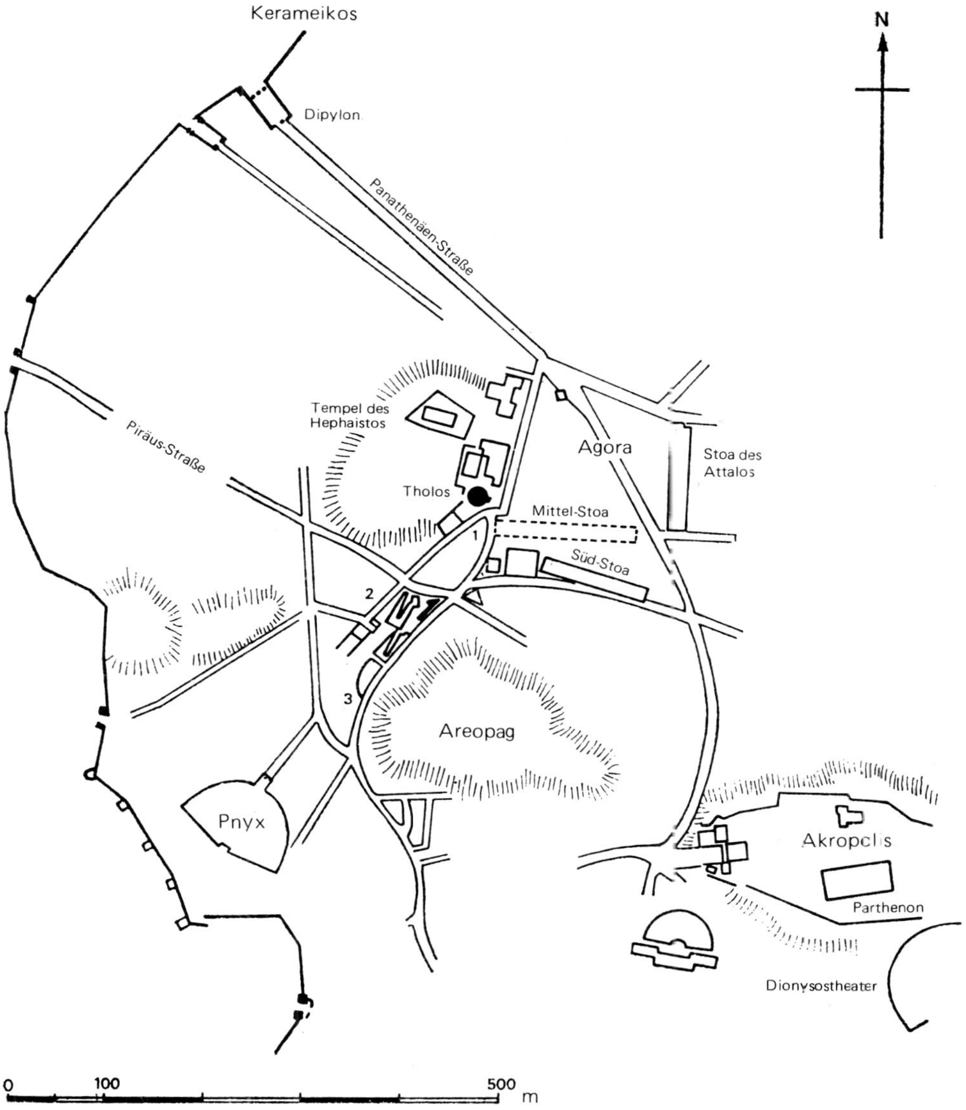

Abb. 2 Athen, die Agora und ihre Umgebung. 1 Simon, der Schuhmacher; 2 Straße der Marmorhandwerker; 3 archaischer Friedhof.

che Straßennamen vermuten lassen, daß jedes Handwerk in einem bestimmten Quartier zuhause war, etwa wie in den Bazaren der mohammedanischen Welt oder in den mittelalterlichen Städten, zeigt doch das archäologische Beweismaterial aus Athen, daß Handwerker jeder Berufsrichtung in jeder Straße innerhalb des Handwerkerviertels zu finden waren[183]. Viele Handwerker, deren Wohnstätten wir kennen, lebten in den Demen unmittelbar westlich der Agora – Kerameikos (in der Frühzeit der Sitz der Töpfer), Kolonos Agoraios, Melite und Kollytos; der Laden von Simon dem Schuhmacher lag am Nordrand von Kydathenaion, dem Akropolisdemos[184]. Die gewichtigsten Sammelpunkte industrieller Aktivitäten, die bisher gefunden wurden, werden durch die Bronzegießereien und Töpferwerkstätten auf dem Platz des Hephaisteions und in seinem Umkreis gebildet – sie stammen aus der Zeit vor der Mitte des 5. Jhs. –, und durch die verschiedenen Werkstätten im Tal zwischen Nymphenhügel und dem Areopag[185]. Ein Abschnitt dieses Gebiets, von den Ausgräbern als die Straße der Marmorhandwerker bezeichnet, enthielt mehrere Steinmetzwerkstätten, die eines Schmiedes und zeitweise jene von mehreren Terrakottafigurenherstellern. Manche Häuser wurden über längere Zeit hinweg von Ausübenden ein und desselben Handwerks bewohnt; das Haus des Mikion war von etwa 475 bis zum Ende des 4. Jhs. von Marmorhandwerkern bewohnt, erst dann starb hier dieses Gewerbe, bei dem es sich um einen Familienbetrieb gehandelt haben muß, aus. Mikion war vielleicht der erste Meister; er ist durch ein Werkzeug aus Bein, auf das er seinen Namen eingeritzt hatte, bekanntgeworden. Menon, dessen Namen auf einigen Gefäßen des späten 4. Jhs. auftaucht, mag der letzte gewesen sein[186].

Ausbildung und Tradition

Das Weitergeben von Berufsgeheimnissen innerhalb einer Familie von Generation zu Generation blieb immer der wichtigste Faktor im Entwicklungsgang eines Handwerks. Das geht nicht nur aus den Genealogien verschiedener mythischer Handwerker hervor – Daidalos (gut gearbeitet) war der Sohn des Metion (künstlich

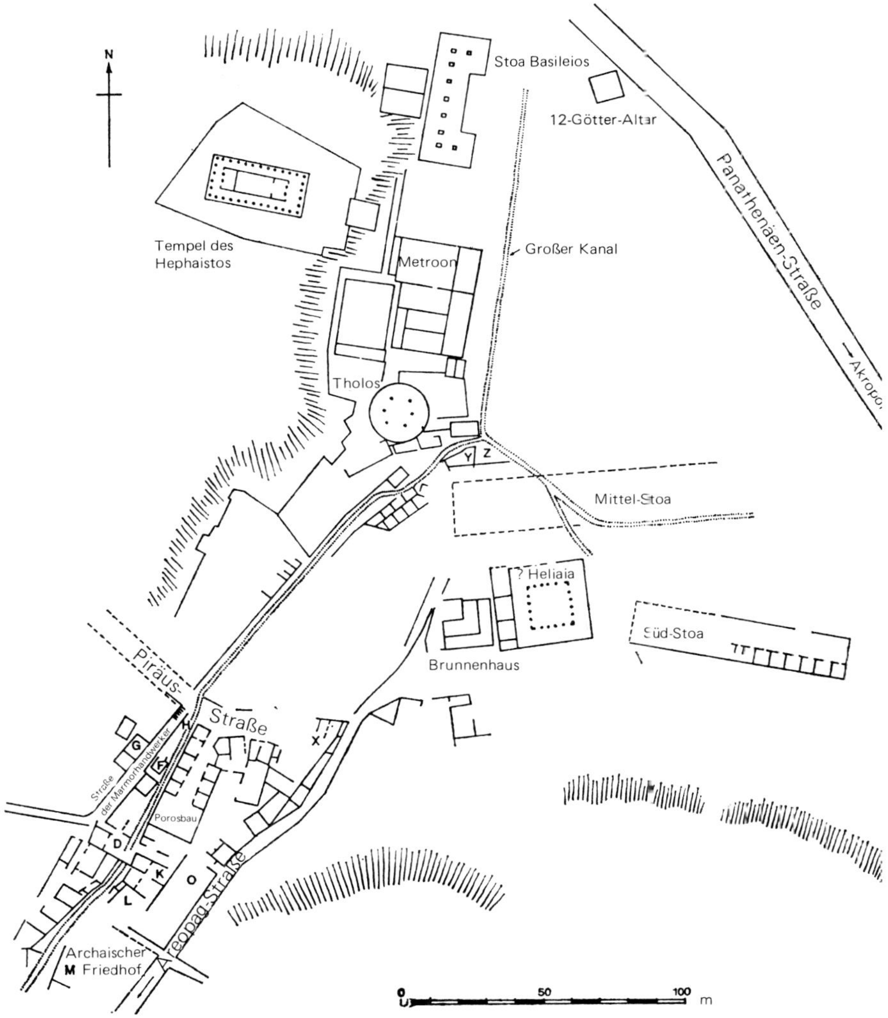

Abb. 3 Athen, die Agora und das Werkstattviertel, Porosbau, Marmorhandwerker, 5. und 4. Jh. v.Chr. D Schmiede des Aristaichmos (s.S. 196); F unidentifizierter Industriebetrieb; G, H, K Marmor-Steinmetzen; L Terrakottenfabrik, bis 1. Jh. n.Chr. tätig; M Römische Marmorwerkstatt; O Hellenistische Bronzehandwerker; X Mikion und Menon; Y Simon, der Schuhmacher; Z Grenzstein der Agora.

ersinnend) und der Enkel des Eupalamos (mit der geschickten Hand), und der homerische Schiffbauer Phereklos kam aus einer Familie von gelernten Holzhandwerkern, denn sein Vater war Tekton (Zimmermann) und sein Großvater Harmodios (der zusammenfügt) –, sondern auch aus den Genealogien sterblicher Handwerker[187]. Literarische Hinweise wie, noch wichtiger, zahlreiche persönliche Berichte zeigen, daß während der ganzen Antike Väter ihre Söhne und diese wiederum ihre Söhne in dem Handwerk unterwiesen, in das sie selbst hineingeboren worden waren. Weitaus die meisten solcher Berichte, die die Weitergabe handwerklicher Fähigkeiten über mehrere Generationen hinweg belegen, betreffen Bildhauer und Maler, aber es besteht kein Zweifel daran, daß Familieninteressen auch jedes andere Handwerk durchdrangen.

Eine Bemerkung Platons läßt erkennen, daß dies ebenso wie für die Bildhauerei und Malerei auch für die Keramikerzeugung gilt: „Wenn ein Töpfer sehr arm ist und Mangel an Werkzeugen hat, dann wird seine Arbeit von minderer Qualität sein (da er nicht imstande sein wird, seine ganze Sorgfalt auf seine Arbeit zu richten), und er wird seine Söhne oder andere, die er in der Lehre hat, zu schlechteren Werkmeistern heranbilden“[188]. In einem anderen Dialog konstatiert er, als ob es die natürlichste Sache von der Welt wäre, daß „die Söhne der *cheirotechnai* (Leute, die manuelle Facharbeit ausführen) das Handwerk von ihren Vätern lernen“[189]. Sehr häufig schließen Handwerkersignaturen auch ihre Vatersnamen mit ein; und es gibt genug Söhne, von denen wir durch literarische Hinweise mit Sicherheit wissen, daß sie dieselbe Laufbahn wie ihre Väter einschlugen, so daß wir ziemlich sicher sein dürfen, daß etwa der Bildhauer Kallonides aus Athen mit seiner Signatur „Kallonides, Sohn des Deinios“ sagen wollte, daß auch sein Vater Bildhauer gewesen sei, und er mit der Angabe seines Vatersnamens sich als gebührend ausgebildeter Handwerker – einer, der bei Deinios gelernt hatte – auswies[190]. Eine der frühesten Bildhauerinschriften auf einer Stele des 7. Jhs. besagt: „Die Söhne des Brentes haben mich gemacht“; und ein paar parische Bildhauer des 6. Jhs. signierten ihre Arbeiten ebenfalls: „Die Söhne des Charopinos"[191]. Da die Reste ihrer Statue gute Arbeit erkennen lassen, waren sie offensichtlich ebenfalls gut ausgebildet – durch Charopinos, dem sie als Vater wie als Lehrer durch ihre selbst verleugnende „Signatur" ihren Respekt zollten.

Paros blieb einer der Hauptlieferanten feinen Marmors und ebenso von Bildhauern. Skopas, einer der größten Bildhauer des 4. Jhs., war selbst Sohn eines Bildhauers namens Aristandros; zu ihren Nachkommen muß der spätere Skopas und *dessen* Sohn Aristandros gezählt werden[192]. Satyros, ein weiterer Parier des 4. Jhs., war der Vater eines Bildhauers namens Lykos und höchstwahrscheinlich der Sohn eines Bildhauers namens Isotimos[193]. In Sikyon, einem anderen bedeutenden Kunstzentrum, treffen wir im 5. Jh. auf die Brüder Aristokles und Kanachos, und später auf Lysippos, zu dessen Schülern sein Bruder Lysistratos und seine Söhne Daippos und Boidas gehörten[194]. In Argos kam es im 5. und 4. Jh. zu einer Ballung von Künstlern und Handwerkern, die von Polyklet I, seinem Bruder oder Sohn Naukydes und dem jüngeren Polyklet im 4. Jh. angeführt wurde[195].

Athenische Bildhauerfamilien sind in verhältnismäßig großer Zahl bekannt. Antenors Vater und Bruder waren beide Bildhauer, und Kritios und Nesiotes mögen jüngere Verwandte gewesen sein[196]; auf Myron, einen der größten frühklassischen Bildhauer, folgte sein Sohn Lykios[197]; und die Familie des Praxiteles und Kephisodot war über einige Generationen hinweg in diesem Beruf tätig – Kephisodotos I und Praxiteles I waren vielleicht Brüder, die im späten 5. Jh. arbeiteten, auf Kephisodots Sohn, den großen Praxiteles II, folgten dessen Söhne, deren Nachkommen sich bis in die Zeit um 200 in Pergamon und sogar noch später verfolgen lassen[198]. In der hellenistischen und römischen Zeit blieb die Familientradition ebenso stark – Eucheir, Sohn des Euboulides, war, um nur ein Beispiel zu nennen, der Vater eines weiteren Bildhauers Euboulides[199]. Der Sohn Boupalos des chiotischen Bildhauers Archermos aus dem späten 6. Jh. war ebenfalls Künstler[200]. Auf der Insel Rhodos, wo im 3. und 2. Jh. Bildhauer aus vielen Orten tätig waren, wurden ein paar Bildhauerdynastien begründet; eine davon läßt sich vielleicht über vier Generationen[201], eine andere über sechs Generationen hinweg verfolgen[202]. Aus den rhodischen Zeugnissen sind noch viele andere Bildhauerväter und -söhne bekannt, unter ihnen die Schöpfer der Laokoongruppe (Taf. 81).

Familienbetriebe lassen sich auch unter den weniger hochstehenden Handwerkszweigen nachweisen; der Steinmetzbetrieb des Neokleides aus Kephisia im Athen des 4. Jhs. wurde von seinem Sohn Antimachos fortgeführt[203], und der Berufsstand der argivischen Bildhauer wurde durch Steinbrucharbeiter und Steinmetzen wie Polyxenos und dessen Söhne Chremon und Lyaiadas bereichert, die Steine für die *Tholos* in Epidauros brachen und auch an deren Oberbau beschäftigt waren[204].

Was Töpfer und Vasenmaler angeht, so ist das Material wesentlich weniger reich, aber die Signaturen auf attischer feiner bemalter Keramik lassen vermuten, daß auch in ihrem Beruf Familientradition eine große Rolle spielte[205].

Bei den Malern folgt auf Euenor aus Ephesos, der vielleicht gleichzeitig auch Bildhauer war, sein Sohn Parrhasios; Polygnotos, einer der größten von allen, hatte wahrscheinlich bei seinem Vater Aglaophon aus Thasos gelernt[206]; Zeuxis aus Herakleia war vielleicht der Sohn oder Neffe des Zeuxippos aus Herakleia; und auch von Apelles heißt es, er stamme aus einer Malerfamilie[207].

Oft ließ sich innerhalb einer Familie ein Talent für mehr als eine handwerkliche Fertigkeit erkennen. Der wirklich hervorragende Handwerker beherrschte in der Regel zwei oder drei verwandte Handwerke, etwa Bildhauerei, Bronzegießerei, Architektur und Malerei. Phidias war Bildhauer, goß aber auch Bronzeskulpturen, überwachte das monumentale Bauprogramm auf der Athener Akropolis und verfertigte Gold- und Elfenbeinstatuen; er mag seine Laufbahn als Maler wie sein Bruder Panainos begonnen haben, der daneben ebenfalls in Silber und Bronze arbeitete. Es gibt mehrere Fälle, in denen Maler Väter oder Söhne von Bildhauern waren[208]. Vielseitigkeit dieser Art ist erwartungsgemäß nur auf den höheren Stufen des Handwerkslebens zu finden; Vertreter der rein utilitaristischen Handwerke wie Schuhmacher oder Weber konnten sich eine ähnliche Vielseitigkeit nicht leisten.

Bildhauerei und Architektur wurden oft innerhalb ein und derselben Familie oder sogar von einem Mann ausgeübt, so daß Familientradition in der Weitergabe beider Metiers die gleiche Rolle gespielt zu haben scheint[209]. Was die Übermittlung von Techniken auf dem Gebiet der Architektur angeht, so mag man die Bemerkung des Vitruv vergleichen: „Die Künstler selbst aber pflegten nur ihre eigenen Kinder oder Blutsverwandten auszubilden und machten sie zu ehrenhaften Männern, so daß ihrer Redlichkeit ohne Bedenken die Gelder für so große Arbeiten anvertraut werden konnten"[210]. So erfahren wir, daß Chersiphron und sein Sohn Metagenes gemeinsam am Bau des Artemistempels des 6. Jhs. in Ephesos arbeiteten; in Delphi hatte Agathon im 4. Jh. eine Zeitlang die Stelle des offiziellen Architekten inne, auf ihn folgte sein Sohn Agasikrates und auf diesen wiederum dessen Sohn Agathokles um 230 v.Chr.; der Architekt des römischen Theaters von Aspendos signierte als Zenon, Sohn des Theodoros (Taf. 73)[211].

Es ist klar, daß manche Architekten vor allem und von Haus aus Zimmerleute waren. Der delische Zimmermann Kaikos hatte drei Söhne, die alle drei Holzhandwerker waren und von denen zwei als Heiligtumsarchitekten angestellt wurden[212]. In römischer Zeit waren Ti. Claudius Vitalis und sein Sohn sowohl Zimmerleute wie Architekten, ebenso wie P. Cornelius Thallus, einer der Führer des *collegiums* der Zimmerleute in Rom um 130 n.Chr., Sohn eines Architekten war[213]. Auch im Schiffbauerhandwerk lassen sich vielleicht anhand der Namen der Schiffbauer im Athen des 4. Jh. Familienbeziehungen nachweisen – Archeneos, Archeneides und Archenikos waren wahrscheinlich Angehörige einer Familie, und dasselbe gilt wohl für Lysikles, Lysikrates, Lysikleidas und Lysistratos oder für Amphinomos, Amphidemos und Amphikrates[214]. Was weitere Beispiele von Familientradition innerhalb des Handwerks angeht, genügt es, an den Bergmann Xanthippos und seinen Sohn Charinos aus Thasos zu erinnern, die im 4. Jh. v.Chr. in Laureion arbeiteten, oder an die Weber

Akesas aus Zypern und seinen Sohn Helikon, die den speziellen Schultermantel anfertigten, den die Rhodier als Geschenk für Alexander in Auftrag gegeben hatten[215].

Aber, wie Platon bemerkte und wie jeder selbst sehen konnte, erfüllten die Söhne großer Väter sehr häufig die Erwartungen nicht, die man auf Grund ihrer Herkunft und Ausbildung auf sie setzen mochte. So war beispielsweise der Sohn des Polyklet dafür bekannt, daß er weniger Talent habe als sein Vater, und obwohl die Nachkommen des Phidias dazu verpflichtet gewesen sein sollen, die Goldelfenbeinstatue des Zeus in Olympia immer geölt und in gutem Zustand zu halten, weiß man doch von keinem Angehörigen seiner unmittelbaren Familie, daß er in seine Fußstapfen getreten wäre[216]. Es ist mehr als wahrscheinlich, daß viele Handwerker in allen Handwerkszweigen kinderlos blieben und daß sie selbst einzige Söhne waren, so daß sie keine jungen Verwandten hatten, die sie als Helfer und eventuelle Nachfolger in ihre Werkstätten holen konnten. Die Sterberate war während der Antike in der Regel hoch, und Leute, die Kinder hatten, mögen diese früh verloren haben oder selbst noch jung gestorben sein.

Lehrlinge

Um den Mangel an Talent oder Neigung innerhalb der eigenen Familie wettzumachen oder um überhaupt das Fehlen von Familienmitgliedern auszugleichen, konnten Handwerker, die in erster Linie in eigener Regie arbeiteten, drei Dinge tun. Sie konnten einen jungen Verwandten oder Freund als Erben adoptieren; sie konnten Söhne freier Männer, denen andere Mittel zum Erwerb ihres Lebensunterhaltes fehlten, oder Sklaven, deren Herren ihnen eine gute Ausbildung durch einen fähigen Meister zukommen lassen wollten, damit sie später selbst für ihn Geld verdienen könnten, als Lehrlinge annehmen; oder der Handwerksmeister konnte sich seine eigenen Sklaven kaufen und diese ausbilden. Denn die einzige Art und Weise, wie sich handwerkliche Fertigkeit erwerben ließ, war, sie in einer Werkstatt zu erlernen. Es kam nur selten in der alten Welt vor, daß eine Regierung die Ausbildung ihrer Jugend förderte, sieht man von der militärischen und körperlichen Ausbildung und den Grundlagen des Lesens, Schreibens und Rechnens ab; in der Tat kam es vor der späteren römischen Kaiserzeit überhaupt nicht in Frage, daß der Staat versucht hätte, die Anzahl der gelernten Arbeiter in irgendeinem Handwerk zu vermehren, indem er ihnen eine spezielle Ausbildung vermittelt hätte, mochten Arbeitskräfte auch noch so spürbar Mangelware sein. Auch gab es, so weit wir wissen, nie irgendwelche privaten Akademien, die im Unterschied zu jener praktischen Erfahrung, wie sie sich in der Werkstatt erwerben ließ, technische Lehrgegenstände theoretisch unterrichtet hätten. Man war sich darüber im klaren, daß theoretische Ausbildung nicht die Stelle von praktischer Ausübung einnehmen konnte; Xenophon sagte, „die Beobachtung selbst des klügsten Zuschauers reicht nicht aus, um einem Mann das richtige Wissen von der Arbeitsweise in einem Handwerk zu vermitteln“[217]. Während man anerkannte, daß ein großer Handwerker notwendigerweise von Natur aus für die *techne* begabt sein müsse, ließ sich ein solches Talent durch gute Ausbildung doch noch verbessern. Aristoteles bemerkte, daß die Handwerke lehrbar seien; „sonst würden gute Handwerker geboren und nicht ausgebildet“[218]. Platon betonte, wie notwendig es sei, in früher Jugend in einem Handwerk ausgebildet zu werden, was in der Regel sicher Ausbildung innerhalb der Familie bedeutete:

> Jeder, der etwas Gutes leisten will, muß das von Kindheit an üben, indem er all die zu dieser Beschäftigung notwendigen Werkzeuge in Arbeit und Spiel benützt . . . Ein Mann, der ein guter Baumeister werden will, muß im Spiel Spielzeughäuser bauen . . . Ein Zimmermann sollte von Kind an im Messen und Richten ausgebildet sein . . .[219].

Die Abhängigkeit des Handwerkers von der Tradition seines Handwerks kommt am deutlichsten in der Signatur zweier argivischer Bildhauer zum Ausdruck, die zusammen an den Statuen einer Familie von Olympiasiegern arbeiteten: „Eutelides und

Chrysothemis aus Argos haben diese Werke vollendet, nachdem sie die Kunst von ihren Vorfahren gelernt haben"[220].

Über das Ausbildungssystem in Griechenland oder Rom sind nur wenige Details bekannt. In der Tat reichen unsere Kenntnisse kaum über die Tatsache hinaus, daß ein solches bestand, wie es bereits in früheren (und so weit industrialisierten) Gesellschaften existiert hatte. Es gibt einen Hinweis auf „fähige *didaskaloi*" – d.h. Ausbilder – für „die geringwertigen Techniken" in Xenophons *Memorabilia*, und Platon stellt einen Vergleich an zwischen einem Rhetorik-Meister und seinen Lehrgeld zahlenden Schülern und Bildhauern wie Phidias und Polyklet und deren Lehrgeld zahlenden Schülern; etwas weiter unten nimmt er dann Bezug auf Zeuxis von Herakleia, der Malstunden gab[221]. Zwischen den Eltern oder Erziehungsberechtigten des zukünftigen Lehrlings und dem Handwerksmeister, der eingewilligt hatte, diesen anzunehmen, wurde eine Art formellen Übereinkommens abgeschlossen; die einzigen erhaltenen Belege für Verträge solcher Art stammen aus dem hellenistischen und römischen Ägypten und lassen vermuten, daß die Bedingungen einfachster Art waren; obwohl sich die politische und wirtschaftliche Organisation Ägyptens in vielen Hinsichten von der der übrigen Länder der alten Welt unterschied, können doch nach der Natur der Dinge die Bedingungen eines solchen Lehrlingsverhältnisses nicht sehr unterschiedlich gewesen sein. Gewiß, wir wissen von Lehrlingskontrakten nur aus einer begrenzten Anzahl von Handwerkszweigen – den Nagelschmieden, Flötenspielern, Webern, Kurzschriftschreibern, Coiffeuren und Hieroglyphenschreibern –, so daß wir nur annehmen können, daß derselbe Brauch auch in anderen Handwerkszweigen blühte[222].

Es scheint zwei Arten von Kontrakten gegeben zu haben, wobei es nach der einen darum ging, daß ein Lehrling für ein Honorar unterrichtet wurde, während bei der anderen der Meister nicht nur kein Honorar erhielt, sondern den Lehrling umsonst unterrichten und darüber hinaus auch noch unterhalten mußte. Die erste Art kam bei der Ausbildung in Kurzschrift oder im Flötenspiel zur Anwendung; die Scheidung in diese beiden Typen beruhte darauf, daß ein Kurzschriftschreiber oder ein Flötenspieler während seiner Ausbildung weder dem Meister noch sonst jemandem von Nutzen sein konnte, bevor er sein Handwerk gründlich gelernt hatte, während der Lehrling eines Nagelschmieds, eines Webers und sogar eines Hieroglyphenschneiders nutzbringend eingesetzt werden konnte, indem man ihm von Anfang seiner Ausbildung an die einfachsten Aufgaben in der Werkstatt übertrug. Sein Lehrer mußte ihn also nicht umsonst ausbilden, sondern konnte während der Ausbildungszeit von seiner Arbeitskraft profitieren.

Die ägyptischen Zeugnisse beziehen sich nur auf Minderjährige und Sklaven; es war sicher immer von Vorteil, sehr junge Lehrlinge anzunehmen, denn diese lernten schneller und behielten leichter, was sie gelernt hatten. Die Ausbildung begann wahrscheinlich in früherem Alter als in der Neuzeit; so zeigen auch die athenischen Vasenbilder mit Werkstattszenen, so weit man ihnen trauen darf, eine beträchtliche Anzahl von Jugendlichen und Kindern bei der Arbeit, und zwar nicht nur bei den einfachsten Aufgaben (Taf. 17). Grabinschriften erweisen, daß man von L. Arrius Secundus, der im Alter von 17 Jahren starb, bereits als einem Bildhauer sprechen konnte, und Eutychides, der im Alter von 16 Jahren starb, wurde mit dem großen Praxiteles verglichen, was kaum möglich gewesen wäre, wenn er zur Zeit seines Todes nicht wenigstens einigermaßen die Grundlagen seines Berufes beherrscht hätte. Ein Juwelier Pagus, von dem es heißt, er sei überaus geschickt in der Bearbeitung von Gold und Gemmen gewesen, starb im Alter von 12 Jahren; und C. Valerius Diophanes, von dem als völlig fertig ausgebildeten Silbergraveur gesprochen wird, war zur Zeit seines Todes erst elfeinhalb Jahre alt[223].

Die einzige Prüfung über das Können eines Lehrlings in seinem Fach bestand in der Qualität der Dinge, die er produzierte; und der einzige Nachweis für die Fähigkeit des Lehrers als Ausbilder konnte von den Handwerkern, die er ausbildete, geliefert werden. In den ägyptischen Quellen gibt es ein paar Hinweise auf die Prüfung einer Arbeit, die ein Lehrling ausgeführt hatte, durch andere Handwerksmeister, aber soweit wir feststellen können, hat keine der Handwerksorganisationen, der *collegia*, die vor allem in römischer Zeit blühten, irgendwelche Schritte unternommen, das Niveau des Handwerks zu schützen, indem sie nach Art der mittelalterlichen Zünfte Regeln festgesetzt hätte, nach denen Arbeiten durchgeführt und Lehrlinge ausgebildet werden sollten. Maßstäbe wurden von den Werkstattmeistern gesetzt, so wie sie es für gut hielten. Wenn der Meister seinen Lehrling nicht richtig unterrichtete, so machte er sich des Vertragsbruches schuldig, wie wir das vom Fall eines ägyptischen Webers her wissen; wenn ein Lehrling Lehrstunden versäumte und es nicht fertigbrachte, innerhalb der festgesetzten Zeit sein Pensum zu lernen, so war er verpflichtet, bei seinem Meister zu bleiben, bis er die Zeit wettgemacht hatte; wenn er jedoch schneller lernte, so konnte er den Meister verlassen, bevor seine Zeit abgelaufen war. Die Länge einer Lehrlingszeit hing von einer Menge von Faktoren ab – beispielsweise von der Arbeit, die der Lehrling lernen sollte, von seiner Fähigkeit und von der Tüchtigkeit seines Lehrers; ein Weber konnte seinen Beruf vielleicht in 2 oder 3 Jahren lernen, ein Schmied, Zimmermann oder Bildhauer dagegen mochte 5, 6 oder 10 Jahre brauchen, bis er alles beherrschte.

Viele Werkstätten waren natürlich ausschließlich mit Sklaven bemannt; aber wenn ein Handwerker in der Literatur als der Schüler irgendeines bestimmten Mannes beschrieben wird, so ist es oft unmöglich zu unterscheiden, ob es sich dabei um einen frei geborenen Arbeiter, einen Freigelassenen oder einen Sklaven handelt. Selbst wenn es Statusunterschiede gab, so hatte das bestimmt keinerlei Auswirkungen auf die Qualität der geleisteten Arbeit. Sobald alle den gleichen Stand des Könnens erreicht hatten, da sie ja alle auf die gleiche Weise ausgebildet wurden, gab es keinerlei Unterscheidung mehr zwischen einer von Sklaven geleisteten Arbeit oder einer solchen von Freien. Einige der Steinmetzgruppen, die die Säulen der Erechtheion-Ostfront kannelierten (Taf. 61) wurden von Bürgern geleitet, andere von Metöken; zu manchen gehörten Metöken und Freigelassene, zu anderen Sklaven. Alle taten die gleiche Arbeit, alle entsprachen sie den gleichen, sehr hoch geschraubten Anforderungen, und alle erhielten den gleichen Lohn[224]. Allein auf Grund des Könnens läßt sich im Falle des Demetrios, des Architekten des Artemistempels aus dem 4. Jh. in Ephesos, keineswegs von vorneherein die Möglichkeit ausschließen, daß es sich bei ihm, wie Vitruv berichtet, um einen Tempelsklaven handelte[225].

Die meisten Zeugnisse für die Bedeutung des Lehrer-Schüler-Verhältnisses bei der Übermittlung eines Handwerks betreffen wieder einmal die höchsten Ebenen. Phidias war natürlich Schüler und Lehrer einer Reihe weiterer Bildhauer[226]; dasselbe läßt sich von jedem anderen großen Bildhauer oder Maler behaupten. Auch die bescheideneren Handwerke liefern das eine oder andere Beispiel – der Mosaikarbeiter T. Sen. Felix aus Puteoli signierte einen seiner Böden gemeinsam mit seinem Schüler „Amor, Bürger von Carthago, *discipulus*"[227]; und der syrische Metallarbeiter T. Ascharenos Eutyches brachte zusammen mit seinem Schüler Paulos eine gemeinsame Weihung an Baal dar[228]. Was Schüler im Sklavenstand angeht, so besaß einer der Lehrer des Phidias, Hagelaidas aus Argos, einen Sklaven namens Argeias, der eine Gemeinschaftsarbeit zusammen mit einem gewissen Atotas signierte, der wahrscheinlich auch aus der Werkstatt des Hagelaidas stammte und selbst ehemaliger Sklave war[229]. Erigonos, der Sklavenassistent des sikyonischen Malers Nealkes, begann als Farbenmischer und wurde schließlich ebenfalls ein Maler[230]. Der römische Architekt L. Cocceius Auctus war der Freigelassene des Bürger-Architekten Postumus, und zweifellos war er auch dessen Schüler[231]. Beruflich gesehen standen Sklave und Freier auf derselben Ausgangsbasis, sie verwendeten ähnliche Werkzeuge und arbeiteten mit genau den gleichen Materialien. Das Erlernen eines Handwerks war für einen Freien ebenso schwierig wie für einen Sklaven; und umgekehrt konnte der Stolz eines Sklaven über seine Handwerkskunst ebenso groß sein wie der eines freien Mannes.

Disziplin in der Werkstatt

Die Zeugnisse zu diesem Thema bieten ein Bild von rigoroser Härte – einmal ein böotisches Vasenbild des 4. Jhs., das gräßliche

Szenen in einer Töpferwerkstatt zeigt; dann die Berichte über die Bedingungen in den Steinbrüchen und Minen; und weiter die haarsträubende Illustration eines juristischen Problems, das sich bei Prozessen wegen Körperverletzung erhob, und das in den *Digesten* ausgeführt wird. In dem gewählten Beispiel geht es um einen Handwerker und Werkstattbesitzer, der

> bei der Bestrafung einen Sklaven verwundet oder tötet – ist der Meister haftbar für einen Schaden, der gegen das Gesetz entstanden ist? ... Der Mann, der seinem Schüler bei der Bestrafung das Auge ausgeschlagen hat, ist haftbar ... Ein Schuhmacher, der einen freien „Sohn der Familie" als Lehrling hatte, schlug diesen mit einem Leisten, weil er nicht richtig nachmachte, was er ihm gezeigt hatte; dabei stieß er dem Knaben das Auge aus ...[232]

Irgendwie hatten die römischen Juristen einen ziemlich düsteren Eindruck davon, wie es in den Werkstätten vor sich ging. Inwieweit können Härten dieser Art in den Werkstätten gang und gäbe gewesen sein? Sicherlich hätte ein widerwilliger oder verängstigter Arbeiter weniger perfekte Erzeugnisse hergestellt als einer, der seine eigenen Vorstellungen entwickeln und diese auch realisieren durfte. Als Sokrates den Rüstungsschmied Pistias nach der Natur seines Handwerks fragte, zeigte dieser, daß er in der ihm angemessen scheinenden Zeit und mehr oder weniger aus eigenem Spaß an der Sache Brustpanzer herstellte, bei denen es sich um kleine Kunstwerke handelte[233]. Freiheit dieser Art blieb den Rüstungsschmieden, die während der späteren Kaiserzeit für die römische Regierung arbeiteten, versagt – das läßt sich folgenden Anweisungen entnehmen:

> Sechs Helme wurden von den Metallarbeitern in Antiochia und Konstantinopel innerhalb von dreißig Tagen bronziert, und dazu noch Wangenklappen mit gehämmerter Metallverzierung. In Antiochia wurden acht Helme und Wangenklappen versilbert und vergoldet, in Konstantinopel aber nur drei innerhalb von dreißig Tagen. Die Arbeiter in Konstantinopel sollen deshalb ... in dieser Zeit sechs Helme versilbern und vergolden[234].

Als das kaiserliche Verwaltungssystem immer starrer und die Zeiten immer schwieriger wurden, kam der Erlaß heraus, daß Rüstungsschmiede gebrandmarkt werden sollten, damit sie nicht desertieren könnten. Für schlechte oder „unkorrekte“ Arbeit wurde die Höchststrafe verhängt; das Gewicht eines fertiggestellten Gegenstandes wurde mit dem Gewicht des gelieferten Metalls verglichen, und vom Kaiser Valentinian heißt es, er habe einen Arbeiter, der einen Harnisch so stark poliert hatte, daß er leicht an Gewicht verloren hatte, zum Tode verurteilt[235].

Entwerfende und Ausführende

In allen Handwerkszweigen war die Macht der Tradition, was Formgebung, Techniken und Materialien anging, so stark, daß ein guter Handwerker nach seiner Ausbildung kaum noch direkter Anleitung von anderer Seite bedurfte, um sein Können auf dem laufenden zu halten. Mochte auch eine neue Vasenform von einem rhodischen oder athenischen Töpfer entwickelt worden sein, so war sie doch nicht grundlos der Phantasie des Töpfers entsprungen, sondern sie beruhte unmittelbar auf den ererbten Traditionen der Formgebung, die allen gut ausgebildeten Töpfern seiner Gegend gemeinsam waren, so daß die Reproduktion der Form für keinen der anderen auch nur das geringste Problem darstellte. Einem Bildhauer konnte es nie schwerfallen, einem anderen Bildhauer aus seinem Umkreis seine Ideen bezüglich der Modifizierung der ererbten Regeln bildhauerischer Methoden mitzuteilen, da beide auf den gleichen prinzipiellen Vorstellungen fußten und sich keiner mehr als nur einen kleinen Schritt von diesen entfernen konnte, in welche Richtung auch immer dieser führen mochte. Maurer auf einer Baustelle konnten ohne weiteres verstehen, was der Plan eines Architekten von ihnen erforderte, ohne daß es notwendig gewesen wäre, daß dieser in vereinfachter Form all die Bezüge zwischen den einzelnen Teilen oder die genauen mathematischen Begriffe, die er in die Proportionierung seines Entwurfes eingebracht haben mochte, darlegte[236].

In der Architektur aber mußte es immer jemanden geben, der das Gebäude entwarf – ein Tempel wuchs nicht einfach aus dem

Boden. Und es war der Entwerfende und nicht der Maurer, Zimmermann oder Dekorateur, der dem Tempel das vermittelte, was ihn an größerem Raffinement, an veränderter Proportionierung usw. von anderen Bauwerken unterschied; die Rolle des Architekten als Entwerfer und, wenn er das wollte, als Neuerer in seinem Handwerk, kam in seinem Titel *architekton* zum Ausdruck, während in anderen Handwerkszweigen der einzelne, der eine neue Form einführte oder eine neue Richtung wies, seine Kollegen im ganzen gesehen *beiläufig* beeinflußte. Die Vorsilbe *archi-*, „Haupt-" oder leitender Zimmermann oder Bauhandwerker im Gegensatz zum gewöhnlichen *tekton*, impliziert in ihrer Grundbedeutung keineswegs eine Art von allgemeiner Führerrolle im Handwerk, denn wäre das der Fall, so müßten wir erwarten, auf selbstbewußte Töpfer, Bildhauer, Bronzehandwerker und Weber zu stoßen, die Titel wie *archikerameus, archilatypos, archichalkourgos, archhyphanteus* beanspruchten – und das ist nicht der Fall[237]. Der *architekton* erhielt seinen Titel aus dem rein praktischen Grund, daß die Erbauung von Tempeln, Festungen oder Schiffen eine größere Anzahl und Vielfalt von Arbeitern erforderte als irgendein anderes Projekt. Es war die einzige Tätigkeit, die immer einen Weisungsgebenden und Koordinator brauchte; doch mußte das nicht immer gleichzeitig ein brillanter und wagemutiger Neuerer sein[238].

Dennoch war die Tradition im Handwerk nicht so stark, daß sie Individualität in Stil und Technik ausgeschlossen hätte. Ein sehr deutliches Beispiel dafür ist das Experiment des Töpfers Andokides, das im späten 6. Jh. zum radikalen Wechsel von schwarzfiguriger zu rotfiguriger Malerei in der gesamten feinen Keramik Athens führte[239]. Die Rivalität zwischen Euphronios und Euthymides bezüglich ihres Könnens läßt das Interesse an den neuen Möglichkeiten der Verkürzung erkennen. Formen, Stile und Signaturen geben einige Aufschlüsse über die Verhältnisse in den Töpfereien, und sie lassen vermuten, daß der Töpfer der leitende Mann war und die Maler anstellte; ob der Töpfer jedoch etwas zu sagen hatte in bezug auf Thematik und Stil der Dekoration seiner Gefäße, entzieht sich unserer Kenntnis.

Werke griechischer und römischer Bildhauer in Ton und Marmor

◁ **XIV** Terrakottagruppe des Zeus, der den Knaben Ganymed auf den Olymp entführt. Die überhalblebensgroße Gruppe zeugt von dem hohen künstlerischen und technischen Können korinthischer Terrakottahandwerker. Sie schmückte im Heiligtum des Zeus von Olympia wohl den First eines Schatzhauses. Um 470 v. Chr.

XV Das Zeusheiligtum von Olympia bot ein reiches Betätigungsfeld für die Marmorbildhauer aus ganz Griechenland. Zu den Hauptwerken gehören die überlebensgroßen Figuren aus den Giebeln des Zeustempels, die um 460 v. Chr. aus parischem Marmor gefertigt wurden. Im Ostgiebel, der die Wettfahrt zwischen Oinomaos und Pelops zum Thema hatte, sieht der bärtige Seher mit Sorge Tod und Niederlage des Oinomaos voraus. ▷

XVI Auch kleinere Heiligtümer waren Ziel von Statuenweihungen. Die Marmorstatue eines kleinen Mädchens mit Taube stammt aus dem Artemisheiligtum von Brauron, in dem athenische Mädchen als Dienerinnen der Göttin lebten. Ende des 4. Jhs. v. Chr. ▷▷

XVII Marmorstatue eines Knaben mit Ente. Das Bildnis des Kindes mit seinem Spieltier stand ursprünglich in einem Heiligtum bei Lilaia in Phokis, wo es die Eltern dem Flußgott Kephissos geweiht haben mögen. Anfang des 3. Jhs. v. Chr.

XVIII Für die römischen Bildhauer stellten die griechischen Bildwerke einen unerschöpflichen Vorbilderschatz dar. So wurde etwa die von Theseus verlassene schlafende Ariadne, wie sie ein griechischer Künstler im 3./2. Jh. v. Chr. konzipiert hatte, mehrfach von römischen Bildhauern kopiert und variiert. Die Kopie einst in Wilton House wird im 2. Jh. n. Chr. entstanden sein.

XIX Darstellung des Herbstes auf einem Vierjahreszeiten-Altar. Auf dem Feld der dekorativen Kunst gelangen den römischen Bildhauern wichtige Eigenentwicklungen. So ist auch der Gedanke, Jahreszeiten durch Putten darzustellen, zwar hellenistische Erfindung, doch erlebte er seine Blüte in römischer Zeit. Um 50 n. Chr.

XX Porträt eines Knaben. Auf dem Gebiet der Porträtkunst entwickelten die römischen Bildhauer wohl ihre größten Fähigkeiten, so daß sie ihrerseits wieder auf die griechische Bildniskunst einwirkten. So mag auch dieser Jünglingskopf in Athen entstanden sein, doch fügt er sich ganz in die Entwicklung der römischen Porträtkunst der 2. Hälfte des 2. Jhs. ein.

Manche Maler blieben lange Zeit mit einer Töpferei verbunden, aber alle Töpfer beschäftigten mehrere Maler, und es scheint, daß die meisten Maler während ihrer Laufbahn von einer Töpferei zur anderen wechselten[240]. Die Töpfer Nikosthenes und Pamphaios mögen gemeinsam eine Töpferei besessen haben; Signaturen zeigen, daß beide Gefäße anfertigten, daß Nikosthenes eines der Erzeugnisse des Pamphaios bemalte und daß sie beide dieselben 10 bis 15 Maler beschäftigten. Oltos, der im frühen 5. Jh. arbeitete, malte für mindestens vier verschiedene Töpfer. Der Töpfer Euphronios begann als Maler, kehrte diesem Metier dann aber ganz entschieden den Rücken, denn er scheint nie eines seiner eigenen Gefäße bemalt zu haben; er beschäftigte zumindest drei Maler. Einer von ihnen, Douris, war selbst Töpfer und auch ein Neuerer, denn er brachte zwei neue Gefäßformen in das Repertoire der Töpfer ein; er bemalte einige seiner eigenen Töpfererzeugnisse. Werkstattzusammenhänge waren offenbar unstabil; es herrschte ein ständiger Wechsel von Personal, Dekorationsweisen und Techniken. In den Töpfereien der späteren Zeit war die Situation jedoch ziemlich anders. Denn mit dem zunehmenden Gebrauch von in Formen hergestellten Reliefgefäßen (der sogenannten arretinischen Keramik, die vom späten 3. Jh. v.Chr. bis zum 2. und 3. Jh. n.Chr. beliebt war) bildete sich eine scharfe Trennung zwischen dem Entwerfenden, der die Form gestaltete, und den Herstellern, die diese einfach auf den Ton aufdrückten (Taf. 21)[241].

Aus all dem ergibt sich, daß wir zwar auf der einen Seite manche individuelle Züge feststellen können, daß aber auf der anderen Seite niemand überrascht sein sollte, daß viele Kunstwerke nicht das Erzeugnis eines einzelnen Künstlers waren, sondern in Zusammenarbeit von zwei oder noch mehr Beteiligten entstanden. Manche attische Vasen wurden offensichtlich von zwei Malern dekoriert[242]. Ein Relief mochte von einem Mann aus dem Stein gehauen und von einem anderen bemalt worden sein – ein Beispiel aus Rhodos ist signiert vom Bildhauer Timokles aus Knidos und vom Maler Protomachos aus Halikarnaß[243]. Viele, wenn nicht sogar alle Bronzestatuen waren das Produkt von zwei

Handwerksmeistern; Doppelsignaturen auf einer Reihe von Statuenbasen des 3. und 2. Jhs. v.Chr., wieder aus Rhodos, zeigen, daß für die Formgebung der Statue und für den Bronzeguß verschiedene Personen verantwortlich waren, während die Berliner Erzgießerei-Schale (Taf. 39, 40) zwei Meister zeigt, die der Arbeit ihrer Helfer an der großen Statue des Achilleus zusehen[244]. In allen Fällen dürfen wir annehmen, daß beide Meister in gleicher Weise an Aufbau wie äußerer Gestaltung einer solchen Statue beteiligt waren; der Verfertiger des Kerns oder der Form (die oft aus Ton bestand) bestimmte den Kontur und viele Details der Figur, doch muß der Bronzegießer maßgeblich daran beteiligt gewesen sein, wie die Glieder der Figur geführt werden sollten. Bestimmt wurde sein Urteil durch sein Wissen davon, was strukturell machbar sei, und er war es auch, der die Statue polierte und ihr den letzten Schliff verlieh, nachdem alle Teile zusammengefügt waren.

Nicht nur einer, sondern mehrere Bildhauer und Architekten waren unter der Leitung des Phidias am Bau und an der Ausschmückung des Parthenon beteiligt[245]. Das Telesterion des 5. Jhs. im Heiligtum von Eleusis wurde von Koroibos begonnen, von Metagenes und Xenokles und später von Iktinos weitergeführt, konnte aber erst im 4. Jh. von Philon von Eleusis fertiggestellt werden[246]. Theodotos, der Architekt des Asklepiostempels in Epidauros, muß in engem Kontakt mit Thrasymedes, dem Schöpfer der Kultstatue und dem Ausschmücker der Tempelcella, gearbeitet haben[247]. Das Grab des Mausolos in Halikarnaß wurde von vier Bildhauern geschmückt: von Skopas, Leochares, Timotheos und Bryaxis; obwohl zumindest 40 Bildhauer im 2. Jh. am Fries des großen Altars von Pergamon gearbeitet haben, ist doch der Stil des ganzen Monuments zwar vielleicht nicht völlig gleichartig, aber doch wenigstens sehr einheitlich[248]. In gleicher Weise wurde der Entwurf für die Säule des Trajan zweifellos zwar von einem einzelnen Mann festgelegt und bestimmt, aber von einer Vielzahl von Leuten ausgeführt[249]. Der Begriff des Plagiats war unbekannt.

Arbeitsteilung

Die Unterschiede in ihrer beruflichen Qualifikation konnten bei den gelernten Arbeitern so weit reichen, daß manche Arbeiter, die gründlich in einem bestimmten Handwerk ausgebildet worden waren, es doch nie mehr als gerade ausreichend beherrschten. Und schon um es ausreichend zu beherrschen, mußten sie sich ihm voll widmen. Xenophons Bemerkung, für einen Mann, der viele Berufe ausübe, sei es unmöglich, in allen gleich tüchtig zu sein, gemahnt an den späteren Merksatz, daß ein Hans Dampf in allen Gassen es nirgends zu etwas bringe. Das Entscheidende am Handwerkerwesen ist an erster Stelle und vor allem anderen die völlige Beherrschung der Technik[250].

Die wirklich großen Handwerker waren auf der anderen Seite jene, die technisch dazu in der Lage waren, in ganz unterschiedlichen Materialien und für ganz verschiedene Zweckbestimmungen zu arbeiten. Vielseitigkeit und Breite des Interesses kennzeichneten Leute wie Phidias, Polyklet, Lysipp, Pytheos, Vitruv, Apollodoros, Archimedes und Theodoros aus Samos, um von Daidalos, ihrer aller mythischem Vorläufer, ganz zu schweigen. Ein Töpfer konnte damit rechnen, permanent mit der Herstellung von Gefäßen beschäftigt zu sein; aber der Schöpfer kolossaler Gold-Elfenbeinstatuen kann mit solchen Projekten niemals ständige Arbeit gefunden haben. Er mußte sich deshalb, um seinen Lebensunterhalt zu verdienen, nach anderen Beschäftigungen umsehen, wie das mit Sicherheit auch für Phidias gilt.

Aber selbst die mittelmäßigen Handwerker, die sich auf ein einziges Handwerksprodukt beschränkten, mußten eine beträchtliche Anzahl von Arbeitsvorgängen lernen, um verstehen zu können (oder um instinktiv zu spüren, wie das für einen Handwerker unabdingbar ist), was in jedem Stadium mit dem Gegenstand geschah, an dem er arbeitete. Obwohl ihm sein Werkstoff vielleicht bereits vorbehandelt in die Werkstatt geliefert wurde, war es doch am besten, wenn der Handwerker Kenntnisse über seinen Ursprung besaß – wo Bauholz geschlagen und wie es gelagert worden war, oder wo der Marmor gebrochen worden war und wie jedes Stück gelegen hatte. Das Malerhandwerk konnte durch interessierte Forscher wie den Athener Bildhauer und Maler Mikon gefördert werden, der in den Silberminen von Attika eine neue Art von Ocker entdeckt haben soll[251]. Im normalen Werkstattbetrieb war es Aufgabe des Lehrlings, zu beobachten und dann jeden Prozeß nachzumachen – von der Herrichtung des Garns bis zum Weben kompliziert gemusterter Stoffe, wenn er ein Weber war, oder vom Reinigen und Mischen des Tons bis zum Formen der Vasen auf der Scheibe, wenn er ein Töpfer war. In kleinen Werkgemeinschaften dieser Art mochten gelegentlich alle Angehörigen dazu herangezogen werden, den Brennofen zu bauen, den Ofen zu heizen, die halbfertige Bronzestatue abzustützen, oder bezüglich der Figurenverteilung auf einem Steinrelief eine Meinung abzugeben. Es konnte keine völlige Arbeitsteilung, keine absolute Spezialisierung geben; Größe und Art der Werkstatt machten das unmöglich.

Dennoch wird häufig die Behauptung aufgestellt, daß von der homerischen über die klassische bis zur hellenistischen Zeit in Griechenland, und von der Zeit der frühen Republik bis zur Kaiserzeit in Rom die Spezialisierung im Handwerk beträchtlich zugenommen habe[252]. Es ist nicht klar, was die Vertreter dieser Ansicht wirklich meinen, noch wie sie sich die Art und Weise dieser zunehmenden Spezialisierung vorstellen. Man scheint anzunehmen, daß es nicht nur ein Fortschreiten von der Hauswirtschaft – jenem System, in dem jeder Haushalt die Mehrzahl der Dinge, die er benötigte, selber herstellte – zur Stadt- oder Staatswirtschaft gab, in der der hauptberufliche und professionelle Handwerker immer mehr von den Tätigkeiten übernahm, die früher der ungelernte Heimarbeiter ausgeübt hatte, sondern daß darüber hinaus gleichzeitig innerhalb jedes Handwerks die Spezialisierung und Arbeitsteilung zugenommen habe. Der erste Teil dieser Annahme ist zweifellos richtig, der zweite aber scheint mir auf einer unsicheren Grundlage zu beruhen, die vor allem aus den Namen für Spezialhandwerke gebildet wird, wie sie sich in den Quellen des klassischen und hellenistischen Griechenlands und des kaiserzeitlichen Roms finden. Im 8. und 7. Jh. erwähnen Homer und Hesiod nur die einfachsten Handwerksunterscheidungen – Bronzearbeit, Zimmermannsarbeit, Schiffbau, Holzfällen, Töpferei, Lederverarbeitung, Goldschmieden. In späteren Quellen aber finden wir viel feinere Unterscheidungen – Statuenmacher, Verfertiger von Augen für Statuen, Messerschmiede, Messerschleifer, Wagenbauer, Holzschnitzer, Bergwerksarbeiter, Schmelzer, Schmiede, Bronzeschmiede, Eisenschmiede, Silberschmiede, Goldschmiede, Juweliere, Goldfolienhandwerker, Silbergefäßmacher, Schildmacher, Helmmacher, Trompetenmacher, Wollhandwerker, Wollkrempler, Lumpenzupfer, Färber, Purpurfärber, Walker, Gerber, Ledernäher, Geschirrmacher, Schuhmacher, Stiefelmacher, Damenschuhmacher, Speerpolierer, Sichelschmied, Weinkrugmacher, Schlüsselmacher, Leimkocher usw.[253].

Die Tatsache, daß wir nicht zu jeder Zeit, weder in der Früh- noch in der Spätzeit, von solchen „Spezialisten" hören, bedeutet jedoch nicht, daß es die Art des Handwerkswesens, die ihnen im Athen des 5. und 4. Jhs. oder im kaiserzeitlichen Rom zur Blüte verhalf, zu anderen Zeiten nicht gegeben hätte. Das literarische Beweismaterial stellt immer eine Auswahl dar, und zwar vielleicht eine völlig willkürliche Auswahl, was die wirtschaftlichen und industriellen Bedingungen angeht, die es widerspiegelt; und für Inschriften gilt das gleiche. Weder Hesiod, Homer, Thukydides, Aristophanes, noch Plautus, Vitruvius, Cicero oder gar den Kompilatoren römischer juristischer Erlässe und Statuten ging es darum, einen umfassenden Bericht über die Wirtschaft und die Produktionsmethoden ihrer Zeit zu hinterlassen. Ihr Schweigen ist kein Beweis für die mangelnde Bedeutung dieser Themen. Jedenfalls läßt schon die handwerkliche Qualität erkennen, daß trotz des hohen Standards und der differenzierten Techniken der besten klassischen griechischen und kaiserzeitlich römischen Produkte ihnen doch auch die Erzeugnisse anderer Zeiten gleichkamen – bemalte korinthische Keramik des 7. Jhs. war ebenso fein wie die des späten 6. und des 5. Jhs. aus Athen, und beiden war die noch frühere sogenannte geometrische Keramik ebenbürtig. Die bemalten Terrakottaverzierungen an den Tempeln Etruriens und des republikanischen Roms waren in ihrer Art ebenso erstaunlich und schwierig herzustellen wie die marmornen Giebelfiguren des geläufigen griechischen Tempels. Ein *kouros* des 6. Jhs. war nicht weniger kunstvoll gearbeitet als eine hellenistische Skulptur – tatsächlich war der Durchbruch vom rechteckigen Block zur stehenden Figur für den Bildhauer des *kouros* eine viel größere Leistung. Umgekehrt heißt es nicht unbedingt, daß zu den Zeiten, in denen wir von spezialisierten Handwerksbezeichnungen hören, ein Speerpolierer sein ganzes Leben allein mit dieser Tätigkeit zugebracht haben muß; daß der *koniater* (Gipser), der die Gipsmodelle für den Schmuck des Asklepiostempels in Epidauros, die dann aus Stein gearbeitet werden sollten, anfertigte, nie in seinem ganzen Leben eine Kalksteinsäule stukkierte oder eine Hauswand verputzte; oder daß der Leimkocher sein ganzes Leben allein dieser unerfreulichen Tätigkeit widmete[254]. Zu allen Zeiten, ob in der Früh- oder in der Spätzeit, war das Interesse des Handwerkers an seiner Arbeit, ja vielleicht auch sein Eigendünkel Grund genug, hochtrabend klingende technische Begriffe und Berufsbezeichnungen zu erfinden. Es muß nicht notwendig so gewesen sein, daß diese erst dann entstanden, als irgendwelche neue und permanente Arbeitsteilungen ihre Definition verlangten. Handwerker und Publikum konnten in gleicher Weise ohne weiteres neue Bezeichnungen prägen. Wie konnte ein Musikinstrumentenmacher der Versuchung widerstehen, sich einen *salpingopoios* – einen Trompetenmacher – zu nennen? Eine andere von den Berufsbezeichnungen des Aristophanes – der *torneutolyraspidopegos*, der Leier-Dreher-und-Schild-Macher – war nicht nur ein reines Phantasiegebilde, sondern vielmehr die Fortführung athenischer Phrasendrescherei, die bis zu ihrem logischen (oder unlogischen) Ende geführt wird[255]. So mögen auch von den vielen Gewerbebezeichnungen, die in den Komödien des Plautus genannt werden, manche aus komischer Übertreibung entstanden sein; die hochspezialisierten Beschäftigungen, die in den Erlässen und Gesetzen des späteren römischen Kaiserreichs zutage treten, spiegeln vielleicht weniger eine realistische Aufzählung jener Arbeitszweige wider, die zu lenken, festzulegen, zu besteuern oder von Steuern zu befreien waren, als vielmehr einen Alptraum an Bürokratie[256].

Eine grundlegende Aufteilung innerhalb des Handwerks gab es immer: sie äußerte sich darin, daß Holzarbeiter in der Regel nicht umfangreichere Arbeiten in Metall oder Stein ausführten, während Metallarbeiter nicht den Versuch machten, in die zahlreichen Feinheiten der Holz- oder Steinbearbeitung einzudringen. Wollen wir aber auf dem Boden der Tatsachen bleiben, so können wir die Aufteilung nicht weiter differenzieren; ein Architekt, der Arbeiten in Stein und anderen Materialien leitete, mochte ursprünglich als Zimmermann ausgebildet worden sein, und ein Vasenmaler konnte der Sohn eines Bildhauers sein, während der Bildhauer häufig ebenso der Brecher des Steins, der Formgeber, der Polierer, der Dekorateur seiner Statue war, um vom eigentlichen Entwurf des Werks ganz zu schweigen.

Die Abrechnungen für geleistete Arbeiten im Heiligtum von Delos aus dem 3. Jh. v.Chr. zeigen, daß viele von den Holzarbeitern, die auf der Insel beschäftigt waren, durchaus in der Lage waren, auch andere Arbeiten auszuführen. So arbeitete zum Beispiel Theophantos von Karystos an den Dachbalken des alten Apollontempels, an einem hölzernen Karren für die Kultprozession des Dionysos, an Türen und an Hausdächern; er baute aber auch Ziegelmauerwerk und glättete den Boden des alten Tempels, was wahrscheinlich auch Steinmetzarbeit miteinschloß. Der Delier Phaneas arbeitete zusammen mit einem parischen Zimmermann an einigen Deckenkassetten für den Haupttempel des Apollon, und zusammen mit seinem Bruder Antigonos an den Tempeltüren; auch er errichtete und verputzte in einem anderen Heiligtum eine Ziegelmauer. Euphranor, ein weiterer Arbeiter, verfertigte eine Tür, zersägte einen Palmbaum und verlegte Dachziegel[257].

Auf der anderen Seite scheinen die Bauabrechnungen für das Erechtheion aus dem späten 5. Jh. eine sehr weit fortgeschrittene Spezialisierung erkennen zu lassen. Steinmetzen, Bildhauer, Wachsmodelleure, Holzschnitzer, Zimmerleute, Säger, Tischler,

Dreher, Maler, Vergolder und andere Handwerker lassen sich anhand der ganz spezifischen Arten von Arbeit unterscheiden, für die jeder bezahlt wurde[258]. Näheres Hinsehen jedoch zeigt, daß von den Wachsmodelleuren einer gleichzeitig auch ein Bildhauer und ein anderer ein Holzschnitzer war; ein Zimmermann arbeitete als Tischler, Holzschnitzer und als Arbeiter; und mehrere Steinmetzen arbeiteten auch als Arbeiter, wobei sie vielleicht für ihren eigenen Gebrauch Gerüste an den Säulen der Ostfront versetzten. Solche hochqualifizierte Facharbeiter hätten wohl kaum existieren können, hätten sie nicht auch derartige verwandte Arbeiten ausgeführt.

Obwohl sich in der Industrie für bemalte Keramik die meisten entweder für die Herstellung der Gefäße oder für ihre Bemalung entschieden, arbeiteten doch manche auf beiden Gebieten. Der Samier Douris, der zwischen den neunziger und sechziger Jahren des 5. Jhs. in Athen arbeitete, erwies sich sogar als noch vielseitiger; es scheint so, als sei er nach einer Karriere als Töpfer und Maler nach Samos zurückgekehrt und habe sich dort mit der Kunst befaßt, Buchstaben in Stein zu hauen[259]. Von der Verbindung von Malerei und anderen Handwerken innerhalb der einzelnen Familien war bereits die Rede. Die Kluft zwischen Vasen- und Wand- oder Tafelmalern kann nicht sehr breit gewesen sein; sicherlich verfolgten die Vasenmaler neue Entdeckungen sehr aufmerksam – so haftet beispielsweise dem Werk des Euthymides oder Euphronios absolut nichts Naives oder Zweitklassiges an. Sie liebten es auch, mit den großen Malern in Verbindung zu treten: nach 475 signierte nicht nur ein Vasenmaler, sondern mehrere verschiedene mit dem Namen Polygnotos, offensichtlich in Nachahmung des großen Polygnot von Thasos[260]. Ob dieser oder Parrhasios sich dazu herabgelassen hätten, Gefäße zu bemalen, ist vielleicht zweifelhaft, aber Vasenmaler mochten sich, wie auch Schiffsmaler, zu ungeahnten Höhen erheben[261].

Aus dem Bereich der Metallarbeiter kennen wir viele Spezialbezeichnungen, und es kann kein Zweifel daran bestehen, daß Bergbau und Metallschmelzen zu allen Zeiten eine Domäne der Spezialisten war. Aber obwohl wir von einem Bronzemischer

– einem denkbar höchst spezialisierten Handwerker – namens Sosinos im Athen des 5. Jhs. hören, wissen wir doch gleichzeitig aus den Abrechnungen, daß die Bronze für die Statue der Athena Promachos des Phidias eigens gemischt wurde, da die Abrechnungen Zinn, Kupfer, Heizmaterial und den Ofenbau unter den Kosten für die Statue aufführen[262]. Auch scheinen die Bezeichnungen der Schmiede eine Spezialisierung auf nur ein Metall anzudeuten – so der *chalkeus* oder Bronzeschmied, der bei Homer auftritt, und der Bronzeschmied Sotas aus dem Delos des 3. Jhs.[263]. Aber diese Unterscheidungen bedeuten wenig; Sotas lieferte Eisenwerkzeuge, und verschiedene andere delische Schmiede arbeiteten in Blei, Eisen und Bronze, wie denn auch in der Athener Werkstatt des Aristaichmos Abfälle sowohl von Bronze wie von Eisen gefunden wurden[264]. Diese verstreuten Beispiele genügen vielleicht, um zu zeigen, daß Spezialisierung und Vielseitigkeit im Handwerk keine Eigenschaften sind, die sich in besonderer Weise mit der einen oder anderen Periode, sei es in der Früh- oder in der Spätzeit, des griechischen oder römischen Handwerkslebens verbinden ließen. Sowohl im Griechischen wie im Lateinischen war man, gelinde gesagt, flexibel im Gebrauch technischer Bezeichnungen; zudem war man von der Flexibilität beeinflußt, die in den Handwerken selbst geherrscht haben muß. Nur selten wird irgendeine Überlegung darüber, was „professionell" sei, den einfachen Schuhmacher daran gehindert haben, ein Paar Soldatenstiefel oder ein Pferdegeschirr in Angriff zu nehmen, wenn sich die Gelegenheit dazu bot; und der Blattgoldhandwerker war sicherlich dazu in der Lage, eine Filigranarbeit herzustellen, wenn man ihn damit beauftragte (Taf. 41)[265].

Die Koordination verschiedener Fertigkeiten

Die größten Werke, die die antiken Künstler und Handwerker hervorbrachten, waren die Monumentalbauten – die Tempel, Theater, Aquädukte, Festungen und Häfen der griechischen und römischen Welt. Diese Werke wurden nicht in dem Sinn von Spezialisten erbaut, daß diese etwa ihr ganzes Arbeitsleben hindurch nichts anderes getan hätten, als die eine oder andere Art solcher Bauwerke zu errichten; sie wurden auch nicht in dem Sinn von Spezialisten errichtet, daß etwa jedes dieser Projekte von einem Fachmann nur in der Kunst des Tempel- oder Tunnelbaus geleitet worden wäre, – vielmehr wirkten daran Arbeitskräfte, die eigens zu dieser Gelegenheit aus vielen verschiedenen Feldern und Stadien der Produktion zusammengeholt wurden. Die Männer, die deren Arbeit koordinierten, waren die Architekten oder Ingenieure – Männer, die Erfahrung hatten auf dem Gebiet der vielen unterschiedlichen Materialien wie auf dem der verschiedenen Handwerksarten. So verließ sich selbst die römische Armee nicht auf eine Spezialtruppe ausgebildeter Ingenieure, sondern auf die Legionssoldaten, von denen erwartet wurde, daß sie die Kraft ihrer Arme nicht nur im Kampf, sondern ebenso bei verschiedenen Bauarbeiten in Stein und Holz einsetzten. Caesars Truppen in Gallien bauten in größter Geschwindigkeit Pfahlbrücken über Flüsse und sogar Schiffe[266]; und wir besitzen natürlich lebendige Schilderungen von den Bautätigkeiten der Armee in den Darstellungen der Trajanssäule (Taf. 67, 70).

Wer waren die Architekten und Ingenieure, und wie erwarben sie sich ihr Wissen? Ein gewisses Problem entsteht bei dieser Frage für uns daraus, daß die moderne Unterscheidung (die selbst jetzt nicht immer konsequent durchgeführt werden kann) zwischen Ingenieur und Architekt im Altertum nicht existierte; denn obwohl etwa Archimedes nicht besonders an Architektur interessiert war, und obwohl viele Bildhauer-Architekten sich wenig um Ingenieurarbeiten kümmerten, gab es doch viele Fachkräfte, deren Interessen sich auf beide Gebiete erstreckten. Vitruvius ist natürlich das Paradebeispiel für einen Architekten und Ingenieur, wie das Thema seines schriftlichen Werkes erweist. Was die einfacheren Handwerker angeht, so bauten die Zimmerleute, die im delphischen Heiligtum arbeiteten, Hebevorrichtungen, um damit die Steine vom Anlegeplatz auf die Karren, und vom Erdboden zu ihrem Platz im Oberbau zu heben[267]. Die Bildhauer Kleoitas und Aristeides modifizierten den Startmechanismus im Stadion von Olympia[268]; Befestigungen, Schiffsarsenale und Theater forderten ähnliche Steinbearbeitungstechniken und

Baumethoden, wie sie etwa bei Hallenweihungen und Tempelbauten angewendet wurden. Sollte man beispielsweise Sostratos von Knidos und Julius Lacer Architekten oder Zivilingenieure nennen? Sostratos baute den Pharos, den Leuchtturm in Alexandria, während Julius Lacer eine Brücke und gleichzeitig einen kleinen Weiheschrein am Ufer daneben erbaute[269].

Die Ausbildung des Architekten oder Ingenieurs konnte nur auf dem Bauplatz erfolgen, direkt bei der Ausführung öffentlicher Arbeiten. Erfahrungen, die er sich in der Werkstatt eines Zimmermanns, eines Metallarbeiters, oder eines Steinmetzen erworben hatte, spielten sicher eine Rolle, aber es gab keine Brükkenbau- oder Hafenbauwerkstätten, und ererbtes Familieninteresse an solchen Arbeiten reichte sicher nicht aus, um einen Lehrling im Baufach zu unterweisen. Hier tritt ein wirkliches Problem auf – wenn praktische Erfahrung auf der Baustelle einen wesentlichen Anteil an der Ausbildung eines Architekten ausmachte, wo und wann hatten dann die Architekten des Parthenon ihr Handwerk erlernt? Denn in der Zeit seit der Zerstörung des halbfertigen älteren Parthenon durch die Perser im Jahr 480 bis hin zu dem großen Bauprogramm, im Zuge dessen ab etwa 450 ein Dutzend Tempel und andere Projekte errichtet wurden, entstanden in Athen kaum oder überhaupt keine Tempelbauten. Die Architekten, die am alten Parthenon gelernt hatten, wären in den Jahren um 450 schon alte Männer und ihre Assistenten fast völlig unerfahren in Bausachen gewesen, es sei denn, Iktinos, Koroibos, Kallikrates, Mnesikles und die anderen Perikleischen Architekten hätten alle ihre Ausbildung bei der Arbeit als Steinmetzen oder Zimmerleute am Zeustempel von Olympia erhalten – dem einzigen bedeutenden Bau, der zwischen 480 und 450 auf dem griechischen Festland errichtet wurde[270]. Wo hatte Eupalinos von Megara sein offenkundiges Können als Tunnelbauer im gewachsenen Felsen erworben[271]? Eine Möglichkeit ist natürlich die, daß viele solcher Arbeiten kühne Experimente waren, die zufällig glückten; die Schiffsbrücke des Mandrokles war vielleicht die erste und letzte, die er je baute[272]. Die Erbauer von Tempeln jedoch brauchten nur selten zu experimentieren; wie lang auch immer die Zwischenzeit zwischen der Erbauung eines Tempels und des nächsten an ein und demselben Ort war, Bildhauer und Architekten, Steinmetzen und gelernte Dachdecker konnten von einem internationalen Fundus an Erfahrung im Tempelbau zehren – und ihrerseits wieder zu ihm beitragen.

Sokrates fragte, als er einem eingebildeten Studenten den Kopf zurecht rücken wollte, ob dieser Architekt werden wolle, „da ein Mann von Kenntnis auch in dieser Kunst notwendig ist"[273]. Die einzige erhaltene Abhandlung dazu, was ein Architekt und Ingenieur wissen müsse, ist die des Vitruvius, der sich dazu noch klarer und weit ausführlicher äußert. Mögen seine Ansichten auch idealistisch und unrealistisch erscheinen, so lohnt es sich doch, sie näher zu betrachten, da sie unmittelbar aus seinen eigenen Erfahrungen als Architekt und Militäringenieur herstammen[274]:

1. Des Architekten Wissen umfaßt mehrfache wissenschaftliche und mannigfaltige elementare Kenntnisse. Seiner Prüfung und Beurteilung unterliegen alle Werke, die von den übrigen Künsten geschaffen werden. Dieses Wissen erwächst aus fabrica (Handwerk) und ratiocinatio (geistiger Arbeit) . . .
2. Daher konnten Architekten, die unter Verzicht auf wissenschaftliche Bildung bestrebt waren, nur mit den Händen geübt zu sein, nicht erreichen, daß sie über eine ihren Bemühungen entsprechende Meisterschaft verfügten. Die aber, die sich nur auf die Kenntnis der Berechnung symmetrischer Verhältnisse und wissenschaftliche Ausbildung verließen, scheinen lediglich einem Schatten, nicht der Sache nachgejagt zu sein . . .
3. . . . (Der Architekt) muß . . . begabt sein und fähig und bereit zu wissenschaftlich-theoretischer Schulung . . . Und er muß im schriftlichen Ausdruck gewandt sein, des Zeichenstiftes kundig, in der Geometrie ausgebildet sein, mancherlei geschichtliche Ereignisse kennen, fleißig Philosophen gehört haben, etwas von Musik verstehen, nicht unbewandert in der Heilkunde sein, juristische Entscheidungen kennen, Kenntnisse in der Sternenkunde und vom gesetzmäßigen Ablauf der Himmelserscheinungen besitzen.

4. Die Gründe hierfür sind folgende: Schreibgewandt muß der Architekt sein, damit er durch schriftliche Erläuterungen (zu seinem Werk) ein dauerndes Andenken begründen kann. Zweitens muß er den Zeichenstift zu führen wissen, damit er um so leichter durch perspektivische Zeichnungen das beabsichtigte Aussehen seines Werkes darstellen kann. Die Geometrie aber bietet der Architektur mehrere Hilfen: und zwar vermittelt sie zuerst nach dem Gebrauch des Lineals den Gebrauch des Zirkels, wodurch sie ganz besonders das Aufzeichnen von Gebäuden auf dem Zeichenbrett und das Ausrichten rechter Winkel, waagerechter Flächen und gerader Linien erleichtert. Ferner wird, wenn man die Optik beherrscht, von bestimmten Stellen des Himmels das Licht richtig in die Gebäude geleitet. Durch die Arithmetik aber werden die Gesamtkosten der Gebäude errechnet, die Maßeinteilungen entwickelt, und die schwierigen Fragen der symmetrischen Verhältnisse werden auf geometrische Weise und mit geometrischen Methoden gelöst.
5. Mancherlei geschichtliche Ereignisse aber muß der Architekt kennen, weil die Architekten oft an ihren Bauten viel Schmuck anbringen, über deren Bedeutung sie denen, die danach fragen, warum sie ihn angebracht haben, Rechenschaft ablegen müssen . . .
7. Die Philosophie aber bringt den vollendeten Architekten mit hoher Gesinnung hervor und läßt ihn nicht anmaßend, sondern eher umgänglich, billig denkend und zuverlässig, und, was das Wichtigste ist, ohne Habgier sein . . . Außerdem gibt die Philosophie Aufklärung über das Wesen der Dinge . . . Ferner wird der, der die Schriften des Ktesibios, des Archimedes und anderer, die Lehrschriften derselben Art verfaßt haben, liest, sie nur verstehen, wenn er in diesen Dingen von Philosophen unterrichtet ist . . .
11. Da also diese Wissenschaft so umfassend ist, weil sie mit verschiedenen wissenschaftlichen Kenntnissen in großer Zahl ausgestattet ist und ein Übermaß davon in sich vereinigt, glaube ich, daß niemand sich mit Fug und Recht ohne lange Ausbildung Architekt nennen kann, sondern nur die, die von

frühester Jugend an dadurch, daß sie auf dieser Stufenleiter der Wissenschaften emporgestiegen sind, durch die Kenntnisse sehr vieler Wissenschaften und Künste gefördert schließlich zur höchsten Stufe, der Architektur, gelangt sind.

Dieselbe Verbindung von praktischem Experiment und der Theorie findet sich in den Schriften hellenistischer Mechaniktheoretiker wie des Heron von Alexandria:

> Im folgenden wollen wir die fünf Kräfte behandeln, durch die Lasten bewegt werden, und wir wollen ihre Prinzipien und ihre natürliche Wirkung erklären, auch werden wir von anderen Dingen sprechen, die beim Tragen und Heben von Lasten von großem Nutzen sind[275].

Und Pappos, der Mathematiker des 4. Jhs. n.Chr. spricht vom Keil als von einer Kraft

> von großem Nutzen, in großen Pressen für Parfum und bei sehr ausgedehnten Leimungen bei der Zimmermannsarbeit, vor allem aber dann, wenn es darum geht, Steine aus dem Steinbruch abzusprengen; keine der anderen Kräfte kann das leisten, . . . aber der Keil schafft das ganz allein, wenn man nur irgendwie darauf schlägt[276].

Vitruvius stimmt mit einem früheren Architekturtheoretiker, dem Pytheos von Priene, in dem Punkt nicht überein, wie weit in jedem Zweig der erforderlichen Fertigkeiten Spezialisierung zu erreichen sei. Pytheos sagte,

> ein Architekt müsse in *allen* Zweigen der Kunst und Wissenschaft mehr leisten können als die, die einzelne Gebiete durch ihren Fleiß und ihre Tätigkeit zu höchstem Glanz geführt haben[277].

Das, so sagt Vitruvius, ist nicht der Fall und kann es auch nicht sein:

Ein Architekt muß nicht und kann auch nicht ein Sprachkundiger sein, wie es Aristarchos gewesen ist, aber er darf nicht ohne grammatische Bildung sein; . . . ein Maler wie Apelles, aber er darf nicht unerfahren sein im Führen des Zeichenstiftes, ein Bildhauer wie Myron oder Polykleitos, aber er darf der Bildhauerkunst nicht unkundig sein, schließlich ein Arzt wie Hippokrates, aber er darf in der Heilkunde nicht unbewandert sein . . . Niemand kann nämlich auf so verschiedenen Gebieten die besonderen Feinheiten erreichen, weil es ihm kaum möglich ist, ihre theoretischen Grundsätze kennenzulernen und voll und ganz zu erfassen . . .
14. . . . sogar die, die für sich die Besonderheiten der Kunstgattungen beherrschen, bringen es nicht fertig, daß sie alle die höchste Spitze des Ruhmes erlangen[278].

Vitruvs Einschätzung der Möglichkeiten eines Architekten erweist sich demnach als etwas realistischer als die des Pytheos:

15. Also scheint in diesem Punkt Pytheos geirrt zu haben, weil er nicht bemerkt hat, daß die einzelnen Künste sich aus zwei Faktoren zusammensetzen, aus Ausführung und ihrer Konzeption, wovon das erstere, nämlich die Ausführung der Arbeit, eine eigene Sache derer ist, die auf speziellen Gebieten ausgebildet sind, das zweite aber Gemeingut aller wissenschaftlich Gebildeten ist.

Er ist der Meinung, daß die Allgemeinkenntnis der verschiedenen Disziplinen ausreicht, denn jene „denen die Natur soviel Talent, Scharfsinn und Gedächtnis verliehen hat, daß sie Geometrie, Sternkunde, Musik und die übrigen Wissenschaften voll und ganz beherrschen, wachsen über den Beruf des Architekten hinaus und werden Mathematiker".

Die Männer, die die Arbeiten an den Monumentalwerken der Antike leiteten, seien es nun kolossale Bronzestatuen, in den Felsen gehauene Wasserleitungen, der claudische Hafen in Ostia, Tempel, Theater, Pantheonbauten oder Belagerungsmaschinen, gehörten immer zu den vielseitigsten und außergewöhnlichsten Angehörigen des gesamten Handwerkerstandes. Spezialisierung hatte es in einem gewissen Sinn immer gegeben; wie Vitruv sagt, beherrschten viele nur die Elemente eines einzigen Handwerks. Aber die Vorstellung, jedes Handwerk in einzelne Arbeitsprozesse und die Werkgemeinschaft in Ausführende jeweils eines einzigen Arbeitsprozesses aufzugliedern, war niemals das natürliche Ergebnis handwerklicher Tätigkeit.

Gute, schlechte und mittelmäßige Handwerksarbeit

Bisher tendierte die Abhandlung dahin, das überaus hohe Qualitätsniveau hervorzuheben, das die besten Handwerker erreichen konnten. Aber es gab offensichtlich auch viele mittelmäßige und einige richtiggehend schlechte Handwerker; viele Dinge, die vielleicht recht gut aufgebaut und ausgeführt waren, ließen Stil vermissen. Während kein Handwerker, der auch nur entfernt dieses Namens würdig war, die strenge Werkstattausbildung durchgemacht hatte und sich auch weiterhin seinen Lebensunterhalt verdienen wollte, daran gedacht hätte, Stiefel anzufertigen, die nach kurzem Tragen auseinandergefallen wären, oder einen Pflug, der keine geraden Furchen zog, ein Messer, das nicht schnitt, oder eine Terrakottastatuette, die zu Staub zerfiel, so gab es doch Werkstätten, die schlecht proportionierte, im Detail verschwommene und ungenau gearbeitete Produkte herstellten, da sie, notwendig zum Schaden guter Handwerksarbeit, allzu flüchtig arbeiteten. Denn es wurde während der Antike keine Methode entwickelt, nach der man die Produktion beträchtlich hätte beschleunigen, dabei aber gleichzeitig den hohen Stand von Entwurf und Ausführung hätte bewahren können.

Das eindeutigste Beweismaterial für schlechte Handwerksarbeit kommt aus dem tonverarbeitenden Gewerbe. Unter der korinthischen Keramik des späten 7. und des frühen 6. Jhs. v.Chr. gibt es mehrere Beispiele für abgekürzte Arbeiten – der Töpfer drängte seine Vasenmaler, um einer Bestellung nachzukommen, so daß der Maler, statt die Vase angemessen mit einem Bild von sechs die Oberfläche füllenden Tieren zu schmücken, Zeit sparte und nur vier Tiere auf ihr ausbreitete, die allerdings eher katzenartigen Dackeln gleichen als den gewohnten adretten Löwen oder Panthern. Die Erzeugnisse der Terrakottastatuettenmacher, seien sie handgemacht, wie das für die Frühzeit gilt, oder seien sie aus der Form gewonnen, wie sie später zu Tausenden hergestellt wurden, waren in ihrer Mehrheit klägliche kleine Stücke; die Typen wurden zunehmend vereinheitlicht, und Details vernachlässigte man oder man verzichtete ganz auf sie. Denn obwohl der Gebrauch von Formen für Figuren, Gefäße – für die sogenannte arretinische Ware oder *terra sigillata*, die seit dem 3. Jh. v.Chr. immer mehr in Gebrauch kam – und Tonlampen nicht unbedingt von vorneherein bedeutete, daß die Ergebnisse unerfreulich sein müßten, gibt es doch sehr viele Stücke, die aus abgenützten Formen stammen oder aus Formen, die nicht auf Grund neuer Einfälle entstanden waren, sondern auf Motiven und Arrangements beruhen, die frühere Hersteller längst ausgemustert hatten; die Qualität von aus Formen gewonnenen Lampen, Statuetten und reliefverzierten Schalen konnte nur dann auf einem hohen Niveau gehalten werden, wenn ständig neue Formen in Gebrauch genommen wurden (Taf. 22, 23, 24).

So ungenau aber auch immer der Reliefschmuck einer Lampe sein mochte, so konnte sie doch Öl aufnehmen und leuchten, wenn sie angezündet wurde; so unerfreulich auch die Terrakottastatuette sein mochte, sie ließ sich doch verkaufen – und erfüllte die kultischen Zwecke, zu denen man sie erstanden hatte, ausreichend. Mochten auch Feinheiten ganz und gar fehlen, so war doch die eigentliche Absicht des Handwerkers – nämlich etwas zu liefern, das funktionierte – nicht verfehlt.

Woran entschied sich, ob die Öffentlichkeit Stiefel oder schön entworfene Stiefel erhielt; eine hölzerne Sitzgelegenheit mit Lehne oder einen fein gedrechselten Stuhl; eine hübsche Lampe oder eine, die aussah, als sei sie auf dem Grund eines Flußbetts abgeschliffen worden? Wer war verantwortlich für den Standard der Handwerksarbeit, der Kunde oder der Handwerker? Das sind

Fragen, die sich nicht leicht beantworten lassen; verschiedene Alternativen bieten sich an, doch keine von ihnen ist von sich aus schlüssig und alle führen zu weiteren Fragen.

Oft mag es ein entscheidender Faktor gewesen sein, daß die, die kaufen wollten, einfach nicht willens waren, den Preis für feine Waren zu zahlen, die mehr Zeit für die Herstellung brauchten und deshalb teurer waren als grobe Waren; so gab es in Myrina im 2. Jh. v.Chr. zahlreiche sehr schlechte Terrakottastatuetten aus der Werkstatt des Diphilos, während einige sehr gute Statuetten als Einzelstücke in der Werkstatt seines Zeitgenossen Menophilos hergestellt wurden – diese wohl für die Reichen, erstere für die Armen (Taf. 20)[279]. Gelegentlich blieb aber jener Teil der Öffentlichkeit, der bereit war, für gute Qualität zu bezahlen, unbefriedigt; das lag sicher daran, daß es nicht genügend gute Handwerker gab, die den Markt hätten zufriedenstellen können. Der athenische Mantelmacher, der immer so schnell ausverkauft war, wenn er nach Alexandria kam, bildet keinen Einzelfall[280]; die Bewohner Athens mußten sich im 1. und 2. Jh. n.Chr. mit sehr häßlichen Lampen zufrieden geben, obwohl die Stadt reich war und sich unter dem Patronat des Herodes Atticus mit neuen monumentalen Bauwerken schmückte. Es gibt mehrere Fälle, wo Planungen für Tempel oder andere monumentale Anlagen unterbrochen oder ernsthaft verzögert wurden, weil es an ausreichend ausgebildeten Arbeitskräften mangelte, die das Werk hätten ausführen können. Warum arbeiteten so viele Bildhauer und Architekten an so vielen verschiedenen Orten? Zum Teil vielleicht deswegen, weil ständige Beschäftigung an einem Ort, an dem sie seßhaft waren, nicht zur Verfügung stand; zum Teil aber auch deswegen, weil an anderen Orten, an denen Arbeitskräfte ihres Kalibers einfach nicht vorhanden waren, Nachfrage nach ihren Diensten bestand[281]. Läßt sich erst einmal nachweisen, daß es einen potentiellen Markt für gute Ware gab, so lag es am Vorhandensein bzw. am Fehlen entsprechend ausgebildeter Handwerker, ob solche guten Waren erhältlich waren oder nicht.

Aber wie sah die allgemeine Nachfrage nach fein bemalter Keramik in den griechischen Städten Süditaliens während des

4. Jhs. v.Chr. aus? Und welche Möglichkeiten gab es, diese Nachfrage zu befriedigen? Zahlreiche Beispiele erbringen den Nachweis dafür, daß hart gearbeitet wurde: die Formgebung ist reich, die aufgemalte Dekoration kompliziert. Häufig ist jedoch der Gesamteindruck nicht gerade günstig oder im besten Fall erheiternd; die Malerei ist oft sorglos, auch wenn sie überreich ist, die Kompositionen wirken chaotisch, und die Gefäße selbst sehen etwas unausgeglichen, wenn nicht überhaupt schlecht proportioniert aus. Lag das daran, daß es den Angehörigen der apulischen oder campanischen Oberklasse (oder wer immer diese Ware kaufte) so gefiel? Hätten sie nicht Vasen vorgezogen, die in ihrer Qualität der athenischen Ware, die die Vorbilder für den süditalischen Stil geliefert hatte, näher gekommen wären? Und verhielt es sich so, war dies dann das Höchste, was süditalische Töpfer und Maler leisten konnten? In diesem Fall hätte ihnen etwas gefehlt – nicht geeignetes Material, Kenntnis der Technik, oder gar die Eignung für schwere Arbeit, sondern jene undefinierbare Eigenart, die die athenischen Töpfer und Maler in so überreichem Maß besessen hatten. Wie kam es, daß diese wesentliche Nuance am einen Ort fehlte, am anderen jedoch vorhanden war?

Die überragende Qualität der Handwerksarbeit, die einen Gegenstand vom anderen absetzen konnte, gedieh gelegentlich, wenn auch selten, in der Abgeschiedenheit; ein einzelner mit überragend gutem Urteil oder besonders beweglichem Geist konnte die Entscheidung bringen, ob mittelmäßige oder hervorragende Arbeit entstand. Die Insel Melos, die sonst für ihre Handwerkskunst nicht berühmt war, scheint einen Tonhandwerker hervorgebracht zu haben, der genug Einfallsreichtum besaß, um eine Serie ganz ungewöhnlicher Tonreliefs zu schaffen[282]. Sie brachten mythologische Szenen in einem ganz charakteristischen Stil; dabei war der Hintergrund ausgeschnitten, so daß die Figuren fast frei standen, und sie waren speziell gehärtet, so daß sie als Wand- oder Truhendekoration dienen konnten. Der Zeitraum ihrer Produktion – von etwa 465 bis 435 v.Chr. – scheint das Arbeitsleben eines einzigen Mannes zu umreißen; nichts Ähnliches wurde je wieder hergestellt, weder in Melos noch andernorts. Bei den verhältnismäßig wenigen und mittelmäßigen Töpfern Böotiens im 5. Jh. entwickelte sich eine vergleichsweise schwungvolle Malweise, der Kabirenstil, der als „die einzige wirklich komische (Mal-)Schule“ in der griechischen Kunst beschrieben wurde[283]. Aber er hielt nicht lange vor und mag sein Auftreten dem Schaffen eines einzelnen Handwerkers verdanken, dessen Sinn für Humor keiner seiner Nachfolger teilte; dieser Stil hatte gewisse Nachwirkungen, wofür die Szene einer Bestrafung in der Töpferwerkstatt ein Beispiel ist. Damit kluge Einfälle jedoch überleben und überhaupt Resonanz finden konnten, dafür war die Umgebung einer Handwerker*gemeinschaft* notwendig.

Es entstanden einige Handwerkszentren, in denen über viele Generationen und manchmal (mit Schwankungen) über Jahrhunderte hinweg auf verschiedenen Gebieten hochqualifizierte Arbeit geleistet wurde. In Korinth zeichneten sich die Handwerker des 7. und 6. Jhs. nicht nur auf dem Gebiet der bemalten Keramik aus, sondern sie waren auch auf dem Feld der Tempelverkleidungen aus Terrakotta führend[284]; in der römischen Kaiserzeit stellten korinthische Tonhandwerker immer noch sehr feine Terrakottalampen her. Die korinthische Bauindustrie befaßte sich gleichermaßen mit Schiffbau wie mit monumentaler Architektur; in der Überlieferung heißt es, daß Ameinokles von Korinth nach der Rechnung des Thukydides bereits um 700 v.Chr. Schiffe für die Samier gebaut habe[285]; korinthische Architekten, Zimmerleute und Steinmetzen wurden – ebenso wie der korinthische Kalkstein – auf zwei bedeutenden Baustellen des 4. Jhs. eingesetzt: am Apollontempel in Delphi und bei verschiedenen Bauten im Heiligtum des Asklepios in Epidauros[286]; im 3. Jh. war es der korinthische Architekt Archias, der das Riesenschiff für Hieron von Syrakus baute[287]. An anderen Orten hielt die Kraft der Handwerkstradition weniger lange an; die Insel Samos erlebte im 6. Jh. Aufstieg und Niedergang einiger der größten Handwerker der damaligen griechischen Welt – jene Gruppe, die von der Familie des Rhoikos und Theodoros angeführt wurde und zu der Bronze- und Silberhandwerker, Architekten und Steinmetzen, die ionische Säulenbasen auf der Drehscheibe bearbeiteten, um genaue und messerscharfe Profile zu erzielen, Bildhauer, Goldschmiede und Ingenieure gehörten. Wie hoch hätten die samischen Handwerker noch aufsteigen können, wenn nicht die Perser die Insel unterworfen hätten[288]?

Vom 5. bis zum 3. Jh. waren die Bildhauer Sikyons international bekannt, denn es gehörte unter anderen Lysippos zu ihnen[289]. In Argos war vom 6. bis zum 4. Jh., wenn nicht sogar noch länger, eine Abfolge von kunstfertigen Männern am Werk: von Polymedes, dem Bildhauer des Kleobis und Biton über Hagelaidas, den Lehrer des Phidias, den älteren Polyklet, Bildhauer, Bronzegießer und Verfertiger mindestens einer Gold-Elfenbeinstatue, bis zum jüngeren Polyklet, der zusammen mit verschiedenen Steinmetzen aus Argos neben anderen Bauten für ein bis zwei der erstaunlichsten Bauwerke in Epidauros verantwortlich war[290].

In Athen läßt sich die Tradition hochqualifizierter Töpferarbeit vom 10. bis hinunter zum 4. Jh. nachweisen; qualitätvolle Terrakottastatuetten wurden während des 4. und 3. Jhs. angefertigt[291]. Die Bearbeitung des Marmors für Monumentalbauten und Skulpturen an den Hängen des Hymettos und Penteli begann im frühen 6. Jh. und setzte sich ohne ernsthafte Unterbrechung bis in die römische Kaiserzeit fort[292]. Zu den Orten, die besonders stimulierend auf gute Handwerker wirkten, gehörten im 3., 2. und 1. Jh. v.Chr. Rhodos und die Städte der hellenistischen Herrscher – Pergamon, Antiochia und Alexandria. Doch handelte es sich an diesen Orten, ebenso wie in Rom, weniger um einheimische Handwerker, die ihren eigenen Traditionsbereich entwickelten und ihr Qualitätsniveau beibehielten, sondern vielmehr um ausgebildete Handwerker, die durch die Auftragsmöglichkeiten seitens der Königs- und Kaiserhöfe verlockt hierher gekommen waren.

In einer gleichgestimmten Umgebung, so, wie sie eine Handwerkergemeinschaft darstellte, konnte sich das Handwerk entwickeln. Nur dort, wo das Handwerk Fortschritte machte, mochten diese auch noch so geringfügig sein und innerhalb enger Grenzen bleiben, konnten sich die Produkte über kompetente Mittelmäßigkeit hinaus erheben. Bildhauer arbeiteten zu allen Zeiten innerhalb sehr deutlich definierter Grenzen, dennoch genügte der Stilwandel innerhalb weniger Generationen – von den frühesten Beispielen lebensgroßer Steinplastiken bis zum Werk etwa des Polyklet und des Phidias –, um Plato zu der Aussage zu veranlassen: „wenn Daidalos jetzt geboren würde und solche Statuen machen würde wie jene, durch die er berühmt wurde, so würde er verlacht und verspottet werden“[293]. Das Hauptthema für Einzelskulpturen blieb im Gegensatz zu jenem für Giebelgruppen im wesentlichen dasselbe – die stehende menschliche Gestalt. Wie sehr sich aber das Grundkonzept dieses Themas vom Beginn dieser Zeit bis zu ihrem Ende veränderte, läßt sich an ein paar Beispielen ablesen: zuerst an dem *kouros* eines Bildhauers wie Euthykartides (Taf. 2), der eher zweidimensional, mit Vorder- und Seitenansicht, dargestellt ist, wobei die Figur steif und im Detail formelhaft bleibt, aber selbst in diesem Stadium nicht in Ruhe, sondern im Akt des Vorwärtsschreitens gezeigt wird; dann an der *kore* des Antenor, einer zwar immer noch formelhaften Figur, die aber doch so rundplastisch gestaltet ist, daß die Dreiviertelansicht ebenso überzeugend wirkt wie die Front- oder Seitenansicht, und die im Detail wesentlich realistischer ist; und schließlich an der vielleicht 80 Jahre später entstandenen geflügelten Siegesgöttin des Paionios, die in Proportionen und Gliederführung ganz lebensecht gefaßt ist, eine Figur in der Aktion des Niederschwebens, bei der die Wiedergabe der Gewänder fast feiner wirkt als originale Seide und Musselin. Nicht mehr als 200 Jahre trennen die erste Figur von der dritten; und vielleicht 300 Jahre vergingen von der Schaffung der Nike des Paionios bis zu jener der Laokoongruppe (Taf. 80, 81), die wieder ganz andere Vorstellungen von der Darstellungsmöglichkeit der menschlichen Figur erkennen läßt.

In der Architektur läßt sich sehen, wie in jedem neuen monumentalen Bauwerk traditionelle Formen leichte, aber unleugbare Wandlungen durchmachen; Proportionen verändern sich geringfügig, ohne daß sie sich jedoch je weit von der gewohnten Bahn entfernen – einer Bahn, die durch das unmittelbar vorangehende Werk bezeichnet wird, das sich wiederum auf das vorangehende bezieht, und so weiter bis zurück zur formativen Periode der griechischen Architektur (wann immer die gewesen sein mag). Die grundlegenden Elemente der dorischen und der ionischen Ordnung existierten bereits im frühen 6. Jh. Das Heraion in Paestum aus dem mittleren 6. Jh. und der Zeustempel in Nemea aus dem mittleren 4. Jh. sind beide im gleichen Stil erbaut – im dorischen, doch Unterschiede in Proportionen und Details machen sie leicht unterscheidbar. Die römische Interpretation klassisch griechischer Architekturmuster läßt sich am berühmten Maison Carrée in Nîmes ablesen; im korinthischen Stil erbaut, zeigt es die ganz andersartige Anordnung der Kolonnaden, die auf eine Säulenhalle an der Front reduziert und durch Halbsäulen an den Seiten und an der Rückseite ersetzt werden, wo die Cella bis zum Rand des Tempelpodiums reicht, statt daß sie an allen Seiten von Säulen umgeben wäre, wie das bei den meisten griechischen Tempeln der Fall ist.

Auf den ersten Blick bietet das Pantheon in Rom ein völlig neues Konzept einer architektonischen Form, das sich tiefgreifend von den gewohnten griechischen Anlagen unterscheidet. Aber das trifft nicht ganz zu; zum einen zeigt es eine ganz normale Säulenhalle mit Giebel an der Front, und zum zweiten hatte sich die klassische griechische Architektur, auch wenn für ihre tektonischen Vorstellungen die Konstruktion einer Kuppel ein völlig fremdes Element darstellte, doch an die Konstruktion kreisrunder Bauten mit Kassettendecke unter einem konischen Dach gewagt, wie etwa die *tholos* in Epidauros zeigt (Taf. 62).

Die stilistische Entwicklung in der Malerei scheint, und das war zu erwarten, ebenso schnell verlaufen zu sein wie in der Plastik. Die Vasenbilder aus dem Athen des 6. und frühen 5. Jhs. lassen Experimente mit den Möglichkeiten der Verkürzung und Auseinandersetzungen mit Schwierigkeiten erkennen, die auch weiterhin während der ganzen Antike die Angehörigen der graphischen Künste beschäftigten[294]. In hellenistischer und römischer Zeit wurden, wie erhaltene Wandgemälde erweisen, neue Themen aufgegriffen; Landschaften bildeten ein Thema, naturalistische Szenen aus dem Stadtleben ein anderes, phantastische Architekturen (die wohl durch die Kulissenmalerei im Theater angeregt waren) ein drittes. So erhielt der Maler Gelegenheit, seine Techniken neu zu überdenken, und damit wurde gewährleistet, daß das Handwerk nicht stagnierte.

Stilistischer Wandel in einer Sparte fand oft seinen Widerhall in einem anderen, verwandten Handwerkszweig. Einen guten Beleg dafür, wie mehrere verschiedene Handwerkszweige dieselbe Idee aufgreifen und ihr – jeder auf seine Art – nachgehen konnten, bringen die Erzeugnisse der miteinander konkurrierenden Maler Euphronios und Euthymides, und eine der geschnittenen Edelsteine, die Epimenes signierte; alle drei arbeiteten um 500 v.Chr. oder kurz danach, und alle drei zeigten das gleiche Bemühen um das Problem, das menschliche Bein in Verkürzung und nicht einfach im Profil zu zeigen. Es ist höchst unwahrscheinlich, daß diese Handwerker unmittelbar miteinander in Verbindung standen (abgesehen natürlich von den beiden Vasenmalern); dennoch kann die Ähnlichkeit der Arbeiten kaum reiner Zufall gewesen sein.

Der solide ausgebildete, oder um es anders zu sagen, der mittelmäßige Handwerker war imstande, die Tradition, in der er ausgebildet worden war, aufrechtzuerhalten. Dem großen Handwerker blieb es vorbehalten, traditionelle Vorstellungen zu verändern, und das nicht einfach dadurch, daß er einen gebräuchlichen Stil neu interpretierte, sondern auch dadurch, daß er mit neuen Materialien und Techniken experimentierte.

Die technologische Entwicklung in der Antike und ihre Grenzen

Solidität der Konstruktion, Genauigkeit im Detail, vollständige Erfüllung der Funktion, Einfallsreichtum und Kühnheit in der Erfindung – die besten Arbeiten der guten Fachkräfte boten viele, wenn nicht alle dieser Qualitäten. Mit recht einfachen Werkzeugen konnte der Handwerker einen Marmorblock völlig rechteckig machen und auf jeder Seite völlig plan herrichten;

wenn nötig, konnten die Flächen noch poliert werden. Er war imstande, winzige und komplizierte Entwürfe in Gemmen zu schneiden, ohne durch ein Vergrößerungsglas oder entsprechende Hilfsmittel unterstützt zu werden; seine Gefäße kamen aus dem Brennofen gerade an den Stellen rot oder glänzend schwarz gefärbt, an denen er es beabsichtigt hatte, mit klar konturierter Dekoration und mit den harmonischen Proportionen, die ihn sein Augenmaß gelehrt hatte; die Zimmermannsarbeit an den Schiffen, die er baute, hatte eher die Qualität, wie man sie in der Kunsttischlerei als beim Bootsbau erwartet, so fein waren die Fugen und so stabil die daraus resultierende Holzwand[295]; seine Schuhe waren aus dem besten und strapazierfähigsten Leder, sie paßten genau und erfreuten das Auge; die Reinheit des athenischen Silbers war fast sprichwörtlich – um es herzustellen, mußte der Schmelzer komplizierte Arbeitsprozesse durchführen, durch die es nicht nur aus dem Erz gewonnen, sondern auch von dem Blei getrennt wurde, das im Erz ebenfalls mit vorhanden war (Taf. 49, 50).

Gute Handwerksarbeit unter einer fähigen Leitung brachte jene glänzende Verbindung aus absoluter Nützlichkeit und architektonischer Anmut hervor, wie sie fast jedes römische Aquädukt vor Augen führt – der Pont du Gard (Taf. 74) bietet dafür ein hervorragendes Beispiel. Die Eleganz im Großformat, wie sie das Trajansforum oder die Straßen von Ostia besitzen, resultiert aus dem minuziösen und geordneten Übereinanderschichten von Ziegeln in Verbindung mit dem reichlichen Gebrauch des neu erfundenen Zements. Das Selbstvertrauen der Bildhauer, Bronzestatuenmacher und Architekten brachte es mit sich, daß sie bereit waren, innerhalb bestimmter Grenzen zu experimentieren; im Rahmen dessen lag es nahe, Statuen und Gebäude von normaler Größe ins Kolossale zu steigern. Ein frühes Beispiel für ein solches mißglücktes Experiment ist die verworfene Dionysosstatue in Naxos (Taf. 75); ein geglücktes aus ziemlich genau derselben Zeit – um 600 v.Chr. – ist die kolossale Apollonstatue der Naxier, deren Basis allein etwa 25 Tonnen wog und die im delischen Apollonheiligtum aufgestellt wurde[296].

Die Errichtung riesiger Tempel in Ionien während des 6. Jhs, in Athen und auf Sizilien während des 5. Jhs. und wieder in Ionien während hellenistischer Zeit bedeutete eine Risikobereitschaft bezüglich der Tragkraft von Marmorbalken, Säulen und Stützmauern und vor allem bezüglich der Überdeckung großer Weiten (obwohl es sicher ist, daß die antiken Architekten entschieden innerhalb der Grenzen der Belastbarkeit ihrer Materialien bauten). Um zur Bildhauerei zurückzukehren – bereits im frühen 6. Jh. hatten die Bildhauer begonnen, den Wünschen ihrer Auftraggeber nach Größe Folge zu leisten; im 5. Jh. bereicherte allein Phidias den Bestand an Kolossalmonumenten durch die 60 Fuß hohe Bronzestatue der Athena Promachos und durch die beiden Goldelfenbeinstatuen der Athena Parthenos und des olympischen Zeus, deren Höhe 40 Fuß und mehr betrug. Im 4. Jh. schuf Lysipp eine 70 Fuß hohe Bronzestatue für Tarent; sein Schüler Chares von Lindos übernahm zwischen 292 und 280 v.Chr. den Auftrag der Rhodier für eine kolossale Bronzestatue des Sonnengottes, die in einer Größe von vielleicht 120 Fuß aufrecht stand, bis sie fast ein Jahrhundert später durch ein Erdbeben gefällt wurde[297]. Die hellenistischen Schiffbauer stellten einige Riesenschiffe für die Herrscher Ägyptens, Syriens und von Syrakus her[298]. Und in römischer Zeit wurden nicht nur einzelne Monumente in kolossalem Maßstab entworfen – Architekten im römischen Syrien beschäftigten sich tatsächlich mit dem Plan und seiner Realisierung, einen 1500 Tonnen schweren Kalksteinblock für den Jupitertempel von Baalbek zu brechen und zu bewegen –, sondern es wurden ganze Städte angelegt und vollendet[299].

Kühner Erfindergeist sicherte dem Eupalinos bei der Anlage seines Tunnels in Samos den Erfolg, wobei es, soweit wir wissen, in Griechenland kaum oder überhaupt keine Vorbilder gab, an denen er sich hätte orientieren können, und obwohl er nur über die einfachsten Vermessungsgeräte verfügte, mit deren Hilfe er sicherstellen konnte, daß sich die beiden Tunnelhälften unter der Erde trafen und auch die notwendige Neigung von Norden nach Süden besaßen, die den Durchfluß des Wassers sichern konnte[300].

Verschiedene großangelegte Wasserregulierungsarbeiten wurden im Altertum unternommen – so die Trockenlegung des Kopais-Sees in Böotien durch einen der Ingenieure Alexanders[301]; die weit ausgedehnten Kanalisations- und Bewässerungsanlagen im ptolemäischen Ägypten (vor allem im Bereich des Fayum-Sees, dessen Umgebung zu einem sehr fruchtbaren Distrikt wurde)[302]; und die Trockenlegung des Fuciner Sees – ein wesentlicher Bestandteil der claudischen Planung für die untere Tiberregion, die die Anlage eines fünfeinhalb Kilometer langen Tunnels erforderte, der von einer Höhe von 600 m bis zum Meeresniveau führte und 42 Schächte hatte (durch die der Aushub erfolgte), die zwischen 17 und 122 m tief sind[303].

Mechanische Erfindungen setzten großen Enthusiasmus von seiten der Ingenieure und Investitionen von seiten der Auftraggeber in Bewegung – wenn es sich um Kriegsmaschinen handelte. Schleudermaschinen und bewegliche Belagerungstürme wurden in immer größerem und wirkungsvollerem Maßstab gebaut, und die Aufmerksamkeit, die man auf sie konzentrierte, verhalf einem ganzen Komplex mechanischer Theorien zum Leben; daneben aber bewirkte sie auch eine begrenzte Anwendungsmöglichkeit im täglichen Leben auf Grund des Prinzips, eine geringe Kraft so umzusetzen, daß sie eine Masse bewegen konnte, die das Vielfache ihres eigenen Gewichts besaß[304]. Verschiedene Methoden des Wasserhebens kamen in Gebrauch – die Schraube, das Wasserrad, die pneumatische oder die Vakuumpumpe – und schließlich wurde Wasserkraft auf Mühlsteine geleitet, um damit Korn zu mahlen[305]. Es gibt viele andere Beispiele für mechanische Erfindungen in der Antike, etwa die Startanlage für Pferderennen (deren Reste im Heiligtum von Isthmia bei Korinth ausgegraben wurden, und auf deren „Erfindung" in Olympia der Bildhauer Kleoitas Anspruch erhob)[306]; die *klepshydra* oder Wasseruhr, die die Redezeit der Redner in der Athener Volksversammlung bestimmte[307]; das *kleroterion*, das die Phyle auswählte, die im athenischen Rat während einer Prytanie präsidierte[308]; Mechanismen wie der automatische astronomische Rechner (Taf. 57) des 1. Jhs. v. Chr. mit seinem komplizierten System kleiner Zahnräder – solche Geräte waren keineswegs selten und in ihrer Weise waren sie ebenso fein gearbeitet wie die Uhren West-Europas –, außerdem raffinierte Spielzeuge wie singende Vögel und Wasserorgeln[309].

Die technologischen Fähigkeiten des antiken Handwerkers waren unterschiedlich; er konnte auf komplizierte Probleme mit ganz einfachen Mitteln antworten. Doch scheint es ernste Lücken in seiner technologischen Aufnahmefähigkeit gegeben zu haben[310]. So gelang es den Athener Silberraffineuren nur, etwa 70% des Silbers aus dem Erz zu ziehen; in der Tat schritt die antike Metallurgie in keiner Hinsicht weit über die Grenzen hinaus, die bereits während der frühen Eisenzeit erreicht wurden[311]. Wenn auch Wasserkraft für das Wasserrad und die Mühle angewendet wurde, so blieb die Windkraft allein auf den Bereich der Segelschiffe beschränkt; die Windmühle kam bis weit ins Mittelalter hinein niemandem in den Sinn, und die Fähigkeit, gegen den Wind zu segen, erlangten erst die Araber.

Wenn auch bei Belagerungsmaschinen Wunderbares geleistet, und wenn bei Monumentalbauten (auf die eine oder andere Art) große Lasten bis in beträchtliche Höhen gehoben werden konnten, so wurde doch kein Versuch gemacht, solche mechanische Erfindungsgabe auf die Produktionsprobleme im Bergwerk oder in der Werkstatt anzuwenden. Die Kraftreserven von Mensch und Tier wurden nur in sehr beschränktem Maß ausgenützt. Das Prinzip der Tretmühle war bekannt und es wurde auch angewendet; aber andere arbeitssparende Vorrichtungen – sehen wir von den wassergetriebenen Mühlsteinen und den Wasserhebemechanismen ab – wurden nicht entwickelt. Obwohl man an Transportmöglichkeiten für schwere Lasten experimentierte, gab es doch nur Zuggeschirre, die auf Rinder zugeschnitten waren; das Joch, das allenthalben benützt wurde, erlaubte Pferden und verwandten Tieren nicht, mit voller Kraft zu ziehen, weil es sie sonst erdrosselt hätte. Und wenn es darum ging, Kraft zu vervielfachen, um eine Last, die für ein Gespann zu schwer war, zu ziehen, wandte man so unzureichende Methoden an, daß die Kraft, die jedes Gespann einsetzen konnte, weitgehend reduziert wurde, und deswegen die gleichzeitige Verwendung von ganzen Tierherden notwendig machte[312].

Die deutliche Vorsicht in den Baumethoden brachte es mit sich, daß man, obwohl man in großem Maßstab bauen wollte, gewöhnlich viel massiver als notwendig baute, da man der Haltbarkeit einer leichteren Bauweise nicht traute; damit hielt man, abgesehen von allem anderen, die Kosten für das Steinebrechen und den Transport hoch. Die Architekten der Propyläen in Athen etwa fügten in einem Abschnitt des Baues ganz unnötig eiserne Verstärkungsbalken in die marmornen Epistylblöcke ein[313], und römische Bauleute verbauten ungeheure Materialmengen in ihre Stützmauern (Taf. 54, 55, 59).

Warum drängten die antiken Technologen angesichts ihres unleugbaren Einfallsreichtums nicht über die Grenzen dessen, was sie ohnehin so gut kannten, hinaus? Warum blieb die antike Welt, technologisch gesehen, in so vielen Hinsichten auf weitgehend derselben Ebene wie die bis zu zwei oder drei Jahrtausenden älteren bronzezeitlichen Kulturen?

Diese Frage muß zuerst umgekehrt werden warum machen Menschen überhaupt technische Fortschritte? Es muß eine Notwendigkeit oder ein leicht erkennbarer Nutzen gegeben sein, denen die neue Entwicklung zugute kommt; andernfalls kann die kluge Idee eines erfinderischen Handwerkers für die Zeit und Gesellschaft, in der er lebt, völlig belanglos bleiben, mag er auch noch soviel Initiative einsetzen. Demnach ist der Erfindungsreichtum an sich, die Fähigkeit, aus einer neuen Konstellation sich darbietender Umstände Nutzen zu ziehen, wirkungslos. Was vonnöten ist, ist die Aufnahmebereitschaft für neue Möglichkeiten; der Auftraggeber muß ebenfalls bereit sein, das Potential einer neuen Entwicklung zu erkennen. Wenn Arkwright im Athen des 5. Jhs, im hellenistischen Alexandria oder im kaiserzeitlichen Rom gelebt hätte, so hätte er keine große Wirkungskraft gehabt[314].

Aber es gab eine Zeit, in der neue Techniken den Bedürfnissen der Gesellschaft auf vielen Gebieten entgegenkamen, in der die Bereitwilligkeit der Auftraggeber, das Potential neuer Materialien und neuer Entwürfe zu akzeptieren, auf einem Höhepunkt stand – die Zeit vom späten 8. bis zum 6. Jh., als die dunklen Jahrhunderte zu Ende gingen und sich – neben anderen Dingen – die materielle Kultur der Griechen verfeinerte. Das war die Zeit, in der beispielsweise die Hoplitenrüstung mit all ihren politischen Nebenwirkungen weithin in Gebrauch kam; in der das Bewußtsein des Individuums in der Dichtung wie auf Grabsteinen und in den Signaturen der Handwerker auf ihren Arbeiten zum Ausdruck kam; in der Architektur und Bildhauerei in Stein – nach Jahrhunderten ärmlicher Erzeugnisse in Holz, Lehmziegeln und Terrakotta – aufkamen und die Hauptmarmorquellen entdeckt wurden.

Nach dieser Zeit kam es nur noch zu geringfügigen Weiterentwicklungen, und diese vollzogen sich in großen Abständen oder sie beschränkten sich auf einen schmalen Aspekt eines Handwerks oder auf ein eng begrenztes Interesse des Auftraggebers – wie beispielsweise Belagerungsmaschinen. Der Einfallsreichtum und die Aufnahmefähigkeit des 7. und 6. Jhs. kündeten nicht einen noch eindrucksvolleren technischen Durchbruch an; vielmehr kam es zu einer Stagnation, da keine der Techniken, die in dieser Zeit des Umbruchs aufkamen, eine Auswirkung auf die Grundstruktur der Gesellschaft und der Wirtschaft hatte, die (bei allen wechselnden politischen Institutionen) eine Ackerbau treibende Gesellschaft mit einer streng definierten sozialen Hierarchie blieb. Wenn im 6. Jh. der samische Bauer, Weber oder Schuhmacher einen großen Marmortempel vor sich sah, wo sein Urgroßvater nur eine Hütte aus Holz und Lehmziegeln bewohnt hatte, so mochte er diesen bewundern, doch seine Lebensweise wurde durch diese Tatsache nur sehr wenig verändert.

Wenn sich niemand veranlaßt sah, Dampfkraft für den Gebrauch in der Werkstatt oder im Bergwerk zu entwickeln, oder für den Einsatz im Hafen, um damit die Kräne zu betreiben, mit denen die Schiffe entladen wurden, so lag das daran, daß niemand die Notwendigkeit dafür empfand. Wenn niemand ein in breitem Rahmen verwendetes Mittel erfand, um möglichst effektiv schwere Lasten zu bewegen, so lag das daran, daß man sich nur relativ selten Gelegenheiten gegenübersah, bei denen man mit Lasten zu tun hatte, die schwerer waren, als daß sie ein einzelner Karren bewegen konnte – sie blieben auf öffentliche Arbeiten und militärische Angelegenheiten beschränkt.

Um das antike Versagen im Erfinden wirkungsvoller Hilfsmittel und bei der Mechanisierung zu erklären, wird oft argumentiert, daß die Verfügbarkeit über Sklavenarbeit die Notwendigkeit aufgehoben habe, arbeitssparende Mittel zu erfinden. Dem verwandt ist das Argument, daß die Sklaverei die Erfindungskraft der Handwerker unterdrückte, und daß Männer, die der Erforschung technologischer Verbesserungen Impulse hätten geben können, dadurch zurückgehalten wurden, daß die antike Industrie im Geruch des Banausischen, um nicht zu sagen der Sklavenbeschäftigung stand. Was nun die erste Begründung betrifft: die Menge an menschlicher Arbeitskraft, die im 18. und 19. Jh. zur Verfügung stand, verhinderte nicht die Mechanisierung der Industrie – den Menschen, die durch sie verdrängt wurden, schien die Zerstörung der Maschinen die einzige Antwort darauf zu bilden[315]. Zur zweiten Begründung: es gehörte während der ganzen Antike zum Leben in der Stadt, daß man zumindest soviel in das Handwerk investierte, daß man eine Werkstatt besaß und sich am Verdienst erfreute; solches Besitztum war *nicht* auf die Niederen, die Armen und die Leute ohne Initiative beschränkt – was jedoch fehlte, war die moderne Form des Profitdenkens. Es kam einfach niemand auf die Idee, daß man mehr Geld verdienen könnte, nicht indem man mehr Sklaven kaufte und mehr Werkstätten besaß, sondern indem man die Produktionsmethoden veränderte. Wenn es keine Sklaven oder keine anderen Arbeitskräfte gegeben hätte, dann hätten die Werkstattbesitzer nicht mechanisiert, sondern einfach eine Verringerung ihres Besitzes erlitten. Zudem haben, abgesehen von allem anderen, Überlegungen zu Stil und Geschmack gezeigt, daß der Handwerker angehalten war, seine Erfindungskraft, wie wir gesehen haben, innerhalb enger Grenzen einzusetzen – und auf Stil, Geschmack und die vorge-

ΔΙΟΣΚΟΥΡΙΔΗΣ ΣΑΜΙΟΣ ΕΠΟΙΗΣΕ

Griechische Malerei und Mosaikkunst

◁◁ **XXI** Ausschnitt aus dem „Alexandermosaik" mit der Darstellung eines persischen Adeligen, der ein Pferd am Zügel hält. Das 1831 im „Haus des Fauns" in Pompeji gefundene Mosaik zeigt den Kampf Alexanders des Großen gegen den Perserkönig Darius. In seiner höchst differenzierten farblichen Gestaltung, die durch die Verwendung winzigster Mosaiksteinchen (bis zu 30 auf einen Quadratzentimeter) bewirkt wird, gibt es zu erkennen, daß der Mosaizist um 80 v. Chr. ein Gemälde kopiert hat, das wohl um 300 v. Chr. von Philoxenos von Eretria angefertigt worden war.

◁ **XXII** Theaterszene mit Straßenmusikanten: gespielt wird eine Komödie des Menander. Das Mosaik aus der sog. „Villa des Cicero" bei Pompeji wurde von Dioskourides aus Samos um 100 v. Chr. verlegt und signiert. Wieder zeigt es auf Grund seiner komplizierten Farbigkeit, die sich nur mit Hilfe winziger Steinchen vermitteln läßt, daß ihm ein hellenistisches Gemälde aus dem 3. Jh. v. Chr. als Vorwurf zugrunde liegt. (Vgl. Taf. 88)

XXIII Mosaik aus dem „Haus des Fauns" ▷ in Pompeji. Die Schwelle zur Exedra, in der das „Alexandermosaik" ausgelegt war, wurde durch eine „Nillandschaft" geschmückt, die den Bewohnern des reichen Hauses nicht nur alexandrinische Kunstfertigkeit, sondern auch das exotische Tierleben Ägyptens vor Augen führte. 2. Jh. v. Chr.

990

XXIV Mosaikbild einer Frau mit Schiffskrone und Mastbaum über der Schulter. Man hat das in Ägypten gefundene, aber vom Griechen Sophilos signierte Werk auf Grund der Attribute als Personifikation der Seestadt Alexandria, aber auch als Porträt der Ptolemäerin Berenike II. gedeutet. Das Mosaik zeigt wieder eine durch Verwendung kleinster Steinwürfel erzielte Farbnuancierung, die ein gemaltes Vorbild aus der 2. Hälfte des 3. Jhs. v. Chr. vermuten läßt. Um 200 v. Chr.

XXV Mosaikbild des jugendlichen Metiochos, des Helden einer griechischen Liebesgeschichte. Nach Gestus und Tracht des jungen Mannes mag auch hier ein hellenistisches Vorbild aus der großen Malerei zugrundeliegen, doch bezeugen Steingröße und vereinfachte Farbigkeit eher die Zeit der Verlegung des Mosaiks im 2./3. Jh. n. Chr., als daß sie noch Reminiszenzen an die griechische Malerei zuließen. ▷

ΛΗΤΙΟ

Gesicht sprang – wie sie meinten, ein Zeichen dafür, daß Zeus nicht wolle, daß der Kanal angelegt würde[316].

Sicherlich war spezifisch die Ehrfurcht vor Steinen, die für heilige Bauten bestimmt gewesen waren, mit Grund dafür, daß eine Anzahl von halbfertigen Säulentrommeln des älteren Parthenon, der 480/79 von den Persern zerstört worden war, in der Nordmauer der Athener Akropolis an sehr prominenter Stelle angebracht wurden. Sie dienten sowohl einem nützlichen Zweck wie als Mahnmal[317]. Es gab andere Blöcke, die später nicht für einen weiteren Gebrauch zugeschnitten wurden, sondern auf der Akropolis liegen blieben – ein eindrucksvolles Beispiel dafür ist die Säulentrommel südöstlich des Parthenon (Taf. 63). Eine besonders irrationale Reaktion auf ein Stück aus dem Steinbruch geholten pentelischen Marmors belegt die 6 1/2 Tonnen schwere Säulentrommel, die nach Eleusis transportiert und anschließend wieder in den Steinbruch zurückgeschickt wurde – trotz der Tatsache, daß die Durchführung des Transports pro Weg drei Tage für 40 Joche Ochsen bedeutete[318]. Wenn, wie es am wahrscheinlichsten ist, der Block nach falschen Maßen zugeschnitten worden war, so wäre es sicher wirtschaftlicher gewesen, einen neuen aus dem Steinbruch zu bestellen, und den verschnittenen Block für irgendeine andere Verwendung im Heiligtum zu zerkleinern. Aber der Steinmetz dachte vielleicht in der Richtung: der Block war für die Halle des Telesterions bestimmt, aber irgendetwas an ihm stimmte nicht; deshalb muß er in den Steinbruch zurückkehren, aus dem er gekommen war.

Von Steinfiguren war man mit Sicherheit der Meinung, sie besäßen Persönlichkeit. Es war keine reizvolle Phantasterei und auch keine Unvertrautheit mit der Kunst zu schreiben, die die Künstler der Frühzeit dazu veranlaßte, ihre Werke mit „der und der hat mich gemacht" zu signieren; oder die Naxier dazu brachte, die Inschrift auf ihrem kolossalen Apoll in der ersten Person sprechen zu lassen „Ich bin aus ein und demselben Stein, sowohl Statue wie Basis". Auch anderen Objekten aus Stein wurde eine gewisse Individualität zugebilligt – so erklärt der Grabstein „ich bin das Mal des Grabes des soundso", und ein Stein in Athen „ich bin der Grenzstein der Agora"[319].

Das Gefühl, daß der Marmor eine ganz eigene Substanz sei, blieb auch weiterhin bestehen, und etwas später hören wir ein paar Ausführungen dazu. Plinius erzählt zwei Geschichten, die vielleicht beide bei Marmorsteinmetzen entstanden waren oder von solchen zumindest gefördert worden waren, und die die übernatürlichen Qualitäten des Steins illustrieren. In den Steinbrüchen von Paros fand sich in einem gespaltenen Stein das Bild eines Silens[320]; und von den italischen Steinbrüchen hieß es, daß „die Steinbrucharbeiter versichern, daß die Narben in den Bergen (die Stellen, wo Marmor gebrochen worden war) sich von selbst wieder schließen", ein Thema, das sein Echo in einem Epigramm der *Anthologia Graeca* findet[321]. Demnach sei ein Marmorblock von den Persern nach Marathon gebracht worden, und Phidias habe daraus eine Statue der Nemesis gemacht; sie spricht in der ersten Person, wie ein archaischer Grabstein: „Mich, den schneeigen Marmor, brach einst ein medischer Steinmetz mit der Schärfe des Stahls aus einem wachsenden Fels." Es gibt andere, noch erstaunlichere Berichte von Steinen unter den Epigrammen – wie etwa von dem Stein, der von Apollon in Megara verzaubert wurde und anfing, Leier zu spielen[322]. Diese literarischen Phantastereien hatten, mochten sie auch noch so weit von der Realität entfernt sein, doch sicherlich eine Grundlage im Glauben der Menschen – einschließlich der Steinmetzen – vom Wesen des Steins.

Zeugnisse für die Furcht der Handwerker vor dem Übernatürlichen in Verbindung mit anderen Materialien sind sehr selten, so daß sich annehmen läßt, daß sie im Denken der Handwerker in der Regel nur eine sehr geringe Rolle gespielt hat[323]. Doch die Verwendung des Feuers scheint in ihnen eine Angst erweckt zu haben, die nur durch Hinwendung zur Magie bewältigt werden konnte. Es war bereits die Rede von den Gefahren für den Handwerker wie von den Risiken, die den Erzeugnissen drohen konnten, wenn Feuer im Spiel war. Wenn das Feuer zu heiß oder nicht heiß genug war, konnten den Gefäßen im Brennofen, oder dem Metall in den Schmelztiegeln, oder dem Gegenstand, der gehärtet und mit Zange und Hammer bearbeitet werden sollte, schreckliche Dinge passieren. Selbst der geübteste Handwerker konnte sich nicht völlig darauf verlassen, daß die Dinge so ausfallen würden, wie er es beabsichtigte; deswegen hängten manche apotropäische Zeichen auf, gewöhnlich in Gestalt grotesker Masken, wie man sie bei der Szene in der Töpferwerkstatt beim Brennofen (Taf. 17) oder auf dem Graffito aus der Phidiaswerkstatt in Olympia hängen sieht (Taf. 32)[324]. Der Töpfer-Hymnus, der irgendwann zwischen 525 und 350 in Athen gedichtet wurde, mag demnach zumindest halb ernst genommen werden[325]:

> Wenn ihr mir mein Lied bezahlt, oh Töpfer,
> so komm, Athena, und halte deine Hand über den Brennofen!
> Mögen die Schalen und Gefäße alle schön schwarz werden,
> mögen sie gut gebrannt werden und den geforderten Preis einbringen . . .
> Wenn ihr [Töpfer] jedoch unverschämt und betrügerisch werdet,
> dann werde ich die Vernichter der Öfen herbeirufen,
> sowohl Syntrips [Zertrümmerer] wie Smaragos [Schmetterer]
> und Asbestos [Unlöschbarer] und Salaktes [Zerschüttler] und
> Omodamos [Bezwinger des Ungebrannten], die diesem Handwerk viel Schaden zufügen.
> Stampf auf Heizkanal und Brennkammer, und mag der ganze
> Brennofen durcheinandergewirbelt werden,
> während die Töpfer lauthals jammern.
> So, wie der Kiefer eines Pferdes mahlt, so mag der Ofen alle
> Gefäße in ihm zu Staub zermalmen.
> Und wenn sich einer niederbeugt, um durchs Guckloch zu schaun,
> so mag er sich das ganze Gesicht versengen, so daß alle es lernen, rechtmäßig zu handeln.

Die Kühnheit des Handwerkers wurde wahrscheinlich viel häufiger, als es die erhaltenen Zeugnisse erkennen lassen, durch irrationale Ängste vor dem Unberechenbaren in Schranken gehalten. Besonders wenn er Feuer einsetzte, stand er unvorhersehbaren Kräften gegenüber, und es mußten Maßnahmen ergriffen werden, damit sein Werk so weit wie nur möglich vor ihren Auswirkungen geschützt wurde. Eine der besten Methoden dabei war – abgesehen davon, die Werkstatt mit apotropäischen Zaubereien vollzuhängen –, damit fortzufahren, die Dinge zu verarbeiten „in der Art, wie wir es seit alters getan haben", ein Merksatz, mit dem jeder in der antiken Gesellschaft groß wurde, vor allem aber die Bauern und Handwerker.

Kapitel IV

HANDWERKER UND IHRE AUFTRAGGEBER

Gegenseitige Abhängigkeit

Ohne Auftraggeber war der Handwerker in jedem Sinn des Wortes in Verlegenheit. Fehlte ein Käufer fertiger Waren im Laden oder auf dem Markt, ein privater Kunde, der Spezialbestellungen aufgab, oder ein offizielles Komitee, das im Namen der Gemeinschaft Werke in Auftrag gab, so blieb der Handwerker arbeitslos und ohne Verdienst. Und wenn er versäumte, Markttrends oder den Geschmacksrichtungen und Bedürfnissen seiner Kunden Folge zu leisten, dann konnte selbst der geschickteste Handwerker nicht vorankommen; nie konnte er frei von Tradition und den ererbten Vorlieben arbeiten. Für den ambitionierten Handwerker war es von grundlegender Bedeutung, daß er mit seinem Auftraggeber Glück hatte; wie Vitruv eher mitfühlend bemerkt, fristeten viele hervorragende Handwerker im Verborgenen ihr Leben, da sie nie das Glück gehabt hatten, auf wohlhabende und einflußreiche Auftraggeber zu stoßen[326].

Ein wirklich gut ausgebildeter Mann, dem seine Arbeit um ihrer selbst willen am Herzen lag, konnte durchaus Gegenstände von hervorragender Qualität herstellen, auch wenn die Öffentlichkeit, für die er arbeitete, durchaus mit geringerer Qualität zufrieden gewesen wäre; doch es ist höchst unwahrscheinlich, daß er irgendetwas Neues – mochte das nun Größe, Material oder Technik betreffen – hätte versuchen können ohne die Ermutigung und praktische Unterstützung durch einen Auftraggeber. War ihm jedoch durch die Person eines extravaganten und ruhmsuchenden Auftraggebers die Möglichkeit gegeben, etwas anderes oder größeres als je zuvor dagewesen zu schaffen, dann zögerte der gute Handwerker sicher nicht, den Einfällen eines solchen Mannes Vorschub zu leisten.

Umgekehrt konnten der Käufer von Kochtöpfen auf dem Markt, die Familie, die ein spezielles Grabmal bestellte, die Gemeinde, die sich eine bessere Wasserversorgung wünschte, nur nach dem Facharbeiter Ausschau halten, der ihnen ihre Wünsche erfüllen konnte; stand dieser nicht zur Verfügung, mußten sie sich ohne ihn behelfen. Der große Mann, der Tyrann, der mächtige Aristokrat, der hellenistische Herrscher oder der römische Kaiser suchten sich die besten Handwerker aus, die sie finden konnten und förderten diese, damit sie so ihren eigenen Ruhm erhöhten, indem sie ihren Namen mit großen Werken und den Porträts verknüpften, die sie bei Bildhauern, Malern, Gemmen- und Münzbildschneidern in Auftrag geben mochten. Alexander der Große wählte die bedeutendsten unter den Handwerkern in seinen Diensten aus und bestand darauf, daß nur diese ihn porträtieren dürften; dem Augustus leisteten die Leute, die für ihn arbeiteten, ebensogute Dienste, wie die Qualität des Porträts auf dem *aureus* (Taf. 53) erkennen läßt, während Commodus vielleicht allzu hoch erhoben wurde (Taf. 82)[327].

Das Problem besteht darin zu entscheiden, wie buchstäblich der Handwerker den Vorschriften seines Auftraggebers zu folgen hatte und bis zu welchem Grad er selbst Entscheidungen treffen konnte, was Entwurf, Größe, Material usw. anging. Hätte der Bildhauer Paionios den Messeniern und Naupaktiern eine geflügelte Nike andienen können, wenn diese nicht ohnehin geneigt gewesen wären, einem solchen Monument zuzustimmen, da es besonders zeitgemäß sei, oder weil es im Gegenteil durch seine extreme Ausgefallenheit den Messeniern und Naupaktiern Ruhm einbringen würde wegen ihrer Weitsicht, mit der sie eine neue Richtung förderten? Angesichts der Kraft der Tradition im Handwerk und dessen, was sich die Menschen von der Kunst erwarteten, war es wohl so, daß Paionios kaum ein Monument hätte schaffen können, das so geartet gewesen wäre, daß es den Geschmack seines Auftraggebers verletzt hätte – ebenso wie kein Tempelarchitekt je hätte ausbrechen können, indem er Dachreiter und gotische Bögen in seinen Plan aufgenommen hätte. Zu keinem Zeitpunkt gingen Handwerker und Auftraggeber vom absoluten Nullpunkt aus. Die einzige Überraschung, die das Werk des Paionios hätte bereiten können, wäre vielleicht die hervorragende Arbeit gewesen, mit der er eine Figur schuf, die offensichtlich zur Erde niederschwebte und mit den feinsten Gewändern bekleidet war, die je in Stein gebildet worden waren.

Paionios war der Fachmann, der als einziger wußte, was sowohl in stilistischer wie in technischer Hinsicht machbar war und was nicht, und er mag das Darstellungsthema des Monuments vorgeschlagen haben, das die Messenier und Naupaktier weihen wollten; aber selbst in diesem Fall werden die Leute, die die Arbeit tatsächlich in Auftrag gaben, ihre Ansichten geäußert haben, die die endgültige Gestaltung der Figur durch Paionios beeinflußt haben mögen. Aristoteles versicherte natürlich, daß „der Benützer am besten Bescheid weiß"; daß beispielsweise der Steuermann eine weit klarere Vorstellung davon hat, was die Qualität eines Ruders ausmacht als der Schiffszimmermann[328]. Aber er überschätzte die Notwendigkeit beträchtlich, daß der Hersteller die Funktion des Gegenstandes, an dem er arbeitete, verstehen müsse, wenn er seine Arbeit richtig machen wolle. Es ist Sache des Handwerkers festzustellen, ob ein Messergriff gut in der Hand des Benützers liege; und nur das Wissen des Töpfers kann garantieren, daß sich aus einem Krug richtig gießen ließ. Aber offensichtlich konnte es zu Diskussionen kommen zwischen Hersteller und Benützer; und daß dies geschah, konnte ja nur Vorteil in der Praxis bringen, und zudem befriedigte es die Neugier des Laien; ein Mann, der ein Zaumzeug und eine Kandare für ein besonders lebhaftes Pferd bestellte, mußte sein Problem genau erklären, wenn die Kandare ihre Zwecke erfüllen sollte. Cicero versuchte, mit seinem Sklavenarchitekten Cyrus über die Fenster in einer Bibliothek, die er bauen ließ, zu diskutieren; er meinte, sie seien zu schmal, aber „als ich mit Cyrus darüber sprach, erklärte mir dieser, daß Gartenausblicke durch breite Fenster weniger angenehm seien – denn laß das Auge A sein, die Sichtobjekte B und C, und die Lichtstrahlen D und E . . . du kennst den Rest"[329]. Und wahrscheinlich mußte sich Cicero schließlich mit schmalen Fenstern zufrieden geben.

Und dennoch – mochte auch der Fachmann dazu neigen zu sagen: „das läßt sich nicht machen", wenn der Auftraggeber neue Wege vorschlug, so kamen doch die Experimente, die unternommen wurden, ebenso durch die Begeisterung des Auftraggebers für die bestimmte Idee wie durch die technologische Initiative des Handwerkers zustande. Naxische und parische Marmorhandwerker waren vielleicht in erster Linie für die Ausbeutung des heimischen Steins verantwortlich; aber es ist wohl eher unwahrscheinlich, daß sie sich an so kolossale Figuren wie den Naxier-Apoll auf Delos oder die *kouroi*, wie man sie in Südattika gefunden hat, gewagt hätten, wenn sie nicht von einem Auftraggeber dazu ermutigt worden wären – einem Auftraggeber, der auch dann für sie gesorgt hätte, wenn sich das Projekt als völliger Fehlschlag erwiesen hätte, wie etwa die Statue des bekleideten und bärtigen Dionysos, von der bereits die Rede war, und die auf Grund eines schweren Fehlers im Block aufgegeben werden mußte, nachdem sie bereits ein Stück aus ihrer Felsbettung entfernt worden war (Taf. 75).

Aber wer war verantwortlich für den ziemlich (wenn auch nicht völlig) ungewöhnlichen Tempel des Olympischen Zeus, der in Akragas gebaut wurde? Tempel dieser Größe waren nicht unbekannt – einige Riesenprojekte waren bereits in Ionien und auch in Sizilien selbst in Angriff genommen worden –, aber die *telamones*, die riesigen Figuren, die das Gebälk trugen, waren in Stil und Größe einzigartig; menschliche Figuren, welcher Art auch immer, waren als Architekturelement selten genug. Die Mädchen vom Siphnierschatzhaus in Delphi (ca. 525 v.Chr.) und die Korenhalle an der Südseite des Erechtheions in Athen sind von ganz anderer Art[330]. Die Wirkung in Akragas war sicherlich eindrucksvoll, vielleicht sogar erschreckend; Nachahmer fanden sich jedenfalls nicht. Das bedeutet jedoch nicht unbedingt, daß die Architekten und Bildhauer, die am Tempelbau beschäftigt waren, gegen ihr besseres Wissen handelten, als sie sich den, wie uns scheinen mag, megalomanischen Phantasien ihres Auftraggebers fügten. Und darüber hinaus war das Gebäude in seinen Grundzügen ein ganz reines Beispiel für die sizilisch-dorische

Bauweise. Ähnlich kann man sich fragen, wer das Pantheon in Rom möglich machte – Agrippa oder seine Architekten. Denn auch dieses war in vielen Hinsichten ein ungewöhnliches Bauwerk, da es eine bis dahin ganz ungewöhnliche Funktion erfüllte: es verband die Iulische *gens*, die Familie des Augustus, mit den Göttern und meinte mit seiner Kuppel vielleicht das Himmelsgewölbe (Taf. 64, 65).

Handwerker und Auftraggeber konnten miteinander nicht nur auf die traditionellen Pläne und Dekormotive zurückgreifen, um damit etwas ästhetisch Beeindruckendes zu schaffen; sie konnten sie auch für Propagandazwecke einsetzen wie im Fall des Parthenon. Alexander wurde mit der Löwenfellkappe des Herakles porträtiert; das Steinrelief wurde zum wichtigen Instrument kaiserlich römischer „historischer" Berichterstattung, wofür die Trajanssäule mit ihrer Darstellung des Dakischen Krieges und der Rolle der Armee, die ebenso durch Kampf wie durch Ingenieurtätigkeit den Sieg errang, ein Hauptbeispiel ist. Der Entwurf für dieses Monument kann nur auf Grund einer Reihe von Beratungen zwischen dem Kaiser oder seinen Sekretären und dem verantwortlichen Bildhauer entstanden sein.

Es ist auch möglich, einen Zusammenhang zwischen dem Stil eines Gegenstandes und der Stimmung der Zeit, in der er angefertigt wurde, herzustellen, selbst wenn der Entwurf keine jener Funktionen hatte, die dem Alexanderporträt oder den Reliefs oder gar dem Bau des Titusbogen anhaften (Taf. 66). Wie kommt es, daß eine Vase, ein verzierter Bronzegegenstand, eine Terrakottastatuette oder ein Silberspiegel ein deutliches Echo der kulturellen und intellektuellen Aktivitäten der Zeit, in der sie entstanden sind, vermitteln können? Der Handwerker, der sie machte, war Teil der Gesellschaft, für die er arbeitete; der gute Handwerker fing zum Teil instinktiv den Geist der Zeit in seinem Werk ein, und je bedeutender der Handwerker war, desto sicherer war sein Instinkt für solche Dinge – ebenso wie ein großer General ebensoviel Verstand wie Glück haben und mit einer angeborenen Fähigkeit versehen sein muß, eine Gelegenheit am Schopf zu ergreifen.

Die Familie der Alkmäoniden übernahm die Fertigstellung (wenn nicht überhaupt den gesamten Bau) des Apollontempels des 6. Jhs. in Delphi[331]. Die Giebelfiguren wurden von Antenor gegen Ende des Jahrhunderts gearbeitet, etwa zu der Zeit, als der Alkmäonide Kleisthenes seine Reform der Athener Verfassung vorlegte. Kleisthenes ging es vor allem um die richtige Gewichtsverteilung im Gefüge der Gesellschaft und um die Ausübung der Macht innerhalb dieser Gesellschaft. War es reiner Zufall oder Instinkt, daß Stil und Komposition der Giebelfiguren des Antenor die intellektuellen Ziele seines Auftraggebers widerspiegeln[332]? Da die *kore*, die er für den Töpfer Nearchos arbeitete, eine ähnliche Erhabenheit und Ruhe zeigt, ist es viel wahrscheinlicher, daß er genau wußte, was er tat, und daß das Thema der Giebel sehr genau überlegt war. Vielleicht war das in Absprache mit Kleisthenes selbst geschehen, dem keinesfalls verborgen geblieben sein kann, daß hier durch den Tempelbau im panhellenischen Heiligtum von Delphi eine Möglichkeit gegeben war, nicht nur seine Ideen, sondern auch das Ausmaß der Freigiebigkeit und des Einflusses der Alkmäonidenfamilie in internationalen Belangen vorzuführen.

Die gemeinsamen Grundlagen bei Männern der Theorie

Wenn Antenor nach Absprache mit seinem Auftraggeber und Handarbeitern bewußt einer ideologischen Richtung bei der Gestaltung seines Giebels folgte, dann ist immer noch sehr die Frage, ob er auch dem zugrundeliegenden philosophischen Denken von Ioniern des späten 6. Jhs. wie Anaximander wirklich folgen konnte. Man hat von diesem großen Bildhauer mit seiner hervorragenden Beherrschung des Handwerks gesagt, es „sei absurd anzunehmen, daß er Anaximander gelesen und daß er direkt und bewußt unter ionischem politischen Einfluß gestanden habe"[333]. Man meint, daß – wie es in der Antike geheißen hätte – die *banausoi* keinerlei Anteil an intellektuellen Aktivitäten gehabt hätten[334].

Dennoch war es, wie wir gesehen haben, für Cicero möglich, mit seinem Sklavenarchitekten auf gleicher Ebene zu verhandeln. Gemeinsamer Grund bei gelernten Arbeitern und Intellektuellen ist nicht schwer zu finden. Denn die Vertrautheit mit den Techniken der Handwerker war ein Charakteristikum der intellektuellen Betätigung, die ihre höchsten Leistungen in den Städten erreichte, in denen Künstler und Handwerker Arbeiten von höchster Qualität hervorbrachten und sich gleichzeitig philosophischen und mathematischen Ideen anschlossen. Insbesondere gilt das für das Ionien des 6. und das Athen des 5. Jhs. In Athen läßt sich der Kontakt zwischen Philosophen, Politikern und Facharbeitern am deutlichsten am Beispiel der Freundschaft des Perikles u.a. mit dem Astronomen Anaxagoras und dem Bildhauer Phidias nachweisen. Sokrates bietet mit seinen endlosen Gesprächen mit Handwerkern, in denen es um die Aufdeckung der Wirkungen des jeweiligen Handwerks geht, das höchste Beispiel für den Intellektuellen, der die Kluft zwischen Denkern und Handarbeitern überbrückt; die Arbeitslokale in Athen – etwa das des Barbiers – scheinen das Äquivalent zur Bar oder zum Club unserer Zeit gewesen zu sein[335]. Xenophon überliefert Gespräche zwischen Sokrates und dem Rüstungsschmied Pistias, dem Maler Parrhasios und dem Bildhauer Kleitophon[336]. Wir begegnen einem der Handwerkerfreunde des Sokrates sogar in einem Platonischen Dialog. Der Handwerker ist der Bildhauer Apollodoros, der nach Plinius wegen seines künstlerischen Eifers und seiner harten Selbstkritik als ‚der Verrückte' bekannt war und der im *Symposion* folgendermaßen beschrieben wird:

> Immer bist du der gleiche, Apollodor; denn immer schiltst du dich und deine Mitmenschen und scheinst mir kurz und gut alle außer Sokrates für arme Kerle zu halten, dich zuallererst. Nun, woher du seinerzeit eigentlich diesen Beinamen „Der Tolle" bekamst, weiß ich ja nicht; in deinen Reden bist du freilich immer so, daß du gegen dich und die anderen tobst, außer gegen Sokrates[337].

Die Sympathie des Sokrates für die Handarbeiter entsprang vielleicht nicht nur seiner intellektuellen Neugier, sondern auch der Tatsache, daß er in seiner Jugend als Steinmetz ausgebildet worden war; wenn das wirklich der Fall war – und es gibt kaum einen Grund, daran zu zweifeln –, so verstand er es, die Kommunikation zwischen Philosophen und Handwerkern in beiden Richtungen funktionieren zu lassen. Daß er eine besondere Vorliebe nicht für Steinmetzen, sondern für Schuhmacher hatte, läßt sich sowohl auf Grund der häufigen Verwendung des Schuhmachers als Illustrationsobjekt seiner Beweisführung durch Platon, wie auf Grund verschiedener anderer Anekdoten vermuten. Laut einer solchen Anekdote wurde Alkibiades von Sokrates getadelt, „weil er Schuhmacher verachte"; Plutarch überliefert folgendes rhetorische Paradigma: „Ich wünsche, ich wäre Schuhmacher im alten Athen, so daß Sokrates kommen und sich zu Perikles setzen und mit ihm in meinem Haus plaudern würde"[338]. Schuhgeschäfte gab es in der Nähe der Agora, und eines davon, das dem Simon gehörte, ist ausgegraben worden. Demnach mag es durchaus wahr sein, daß Sokrates und Perikles die Werkstatt des Schuhmachers Simon besuchten, der gesagt haben soll: „Ich gebe zu, ich bin ein Schuhmacher. Niemand ist ein besserer Philosoph als Simon, der Schuhmacher, und nie wird es einen besseren geben"[339].

Immer wieder zeigen schon allein die Details seiner Bezugnahmen auf Kunst und Handwerk durch ihre Genauigkeit, daß Platon sie wirklich verstand und eine Sympathie für sie aufbrachte, die ganz im Widerspruch steht zu der Verachtung, die aus seinen moralischen Urteilen über die *banausoi* spricht. Metaphern aus dem Bereich des Handwerks lagen ihm ebenso nahe wie Verbildlichungen aus anderen Sparten: er will versuchen, „wie der Schiffbauer, der den Kiel eines Schiffes auflegt", ein sicheres Fundament für das Schiff der Seele" auf seiner Fahrt durch das Leben zu schaffen"[340]. Auf diesem Gebiet gab es Männer, die in der absoluten Beherrschung der Rohmaterialien, mit denen sie zu tun hatten, zu einer solchen Höhe gelangen konnten, wie er sie bei all seiner Intelligenz nie zu erreichen hoffen konnte.

Tatsächlich gab es reichlich gemeinsamen Grund für Philosophen, Mathematiker, Naturwissenschaftler und die Handwerker – vor allem die Architekten, Ingenieure, Maler und Bildhauer. Pythagoreische Harmonietheorien im Bereich der Musik, der Mathematik und der Geometrie waren für beide Gruppen nicht nur im Griechenland des 6. und 5. Jhs., sondern während der gesamten klassischen Antike von Bedeutung. Die Schwierigkeit für die Philosophen, die Anwendung dieser Theorien durch die Handwerker vollkommen zu akzeptieren, bestand darin, daß der Handwerker ein berufliches Interesse am Gegenstand hatte und diesen nicht rein um seiner selbst willen studierte.

Nach Platon „gibt es zwei Arten von Arithmetik – die der Vielen und die der Philosophen"; die zweite ist die bessere, weil sie die reinere ist[341]. Offensichtlich wird hier zwischen reiner und angewandter Mathematik unterschieden; auch hätte kein Architekt einschließlich Vitruv je geleugnet, daß Architektur angewandte Wissenschaft sei, die sich abstrakter Inhalte für ihre eigenen Zwecke bedient. Aber im Studium dieser Prinzipien konnte der Architekt dem Philosophen sehr nahe kommen; Vitruv zitiert viele frühere Architekten, die über Harmonie und Proportion geschrieben haben, und er selbst räumt diesem Thema beträchtlichen Raum ein. Er zieht auch eine scharfe Trennungslinie zwischen den ausübenden Architekten und den philosophischen Gegnern der Künste: „Die aber, denen die Natur soviel Talent, Scharfsinn und Gedächtnis verliehen hat, daß sie Geometrie, Sternkunde, Musik und die übrigen Wissenschaften voll und ganz beherrschen, wachsen über den Beruf des Architekten hinaus und werden Mathematiker. Daher können sie sich leicht mit Fachleuten in diesen Wissenschaften in Streitgespräche einlassen, weil sie mit mehr Waffen der Wissenschaften ausgerüstet sind"[342].

Dem Tempelarchitekten ging es während der gesamten Entwicklungsgeschichte der Monumentalarchitektur um die Verhältnisse von Breite zu Höhe in den Einzelteilen wie in den Gesamtdimensionen des Bauwerks. Ein besonders eindringliches Beispiel für die Anwendung einer mathematischen Theorie auf ein Bauwerk durch einen Architekten scheint das Schatzhaus von Kyrene zu bieten, das um die Mitte des 4. Jhs. v.Chr. im Heiligtum von Delphi errichtet wurde[343]. Man könnte es fast als eine Interpretation in konkreten Begriffen von Teilen der pythagoreischen Zahlentheorie bezeichnen; die Masse und Proportionen des Gebäudes scheinen komplexe mathematische Verhältnisse zu verkörpern – die Cella war 17 Fuß im Quadrat, in den Gesamtdimensionen waren die Verhältnisse 5 : 7 und 13 : 20 vorhanden, einige Elemente der Front über der Säulenstellung enthielten die Verhältnisse 3 : 4 : 3, im Pronaos waren die Zahlen 7, 8, 9, 10 und 11 verwendet, während Brüche, Verdoppelungen und Quadrate dieser Zahlen in den Massen an anderen Stellen auftraten. Die interessantesten Proportionen fanden sich an der Säule; eines der grundlegenden Harmonieverhältnisse in der griechischen Architektur war das zwischen unterem Säulendurchmesser und Säulenhöhe, das in diesem Fall 30 zu 208 Zoll betrug. Auf den ersten Blick gibt es da keine signifikante Verbindung wie etwa 30 : 210 = 1 : 7, doch mit Hilfe eines Rechenschiebers, den der Architekt des 4. Jhs. nicht besaß, wird die Bedeutung des Verhältnisses offenkundig, denn 2.08 ist die Kubikwurzel aus 9, während drei ihre Quadratwurzel ist. Der Architekt wählte die Quadratwurzel für den unteren Durchmesser, der natürlich die Fläche der Säule bestimmte, und die Kubikwurzel für die Höhe, die ihr Volumen bestimmte. Aus diesen und anderen interessanten mathematischen Bezügen läßt sich der Schluß ziehen, daß der Architekt mit Hilfe welcher Berechnungsmittel auch immer ohne weiteres von abstrakter zu räumlicher Geometrie übergehen konnte; es ist nicht unvorstellbar, daß seine Steinmetzen auch gewisse Vorstellungen davon hatten, was da vor sich ging.

Wir wissen nicht sicher, wer der Architekt war[344]. Vielleicht läßt er sich mit dem Kyrenäer Euphranor identifizieren, von dem wir als offiziellem Vertreter im Heiligtum von Delphi hören, und dem Euphranor, dessen Interesse an pythagoreischer Theorie überliefert ist, und vielleicht auch jenem Euphranor, der über Harmonie schrieb. Kyrene war die Heimat des Mathematikers Theodoros, eines Freundes des Sokrates, der sich für Kubikwurzeln interessierte und die Eigenschaften der Zahlen bis 17 (dort machte er Schluß) studierte. Obwohl Euphranor viel zu jung gewesen wäre, um Theodoros noch selbst erlebt zu haben, konnte er ohne weiteres bei einem der Schüler des Theodoros gelernt haben; jedenfalls scheinen die Interessen des Theodoros auf dem Gebiet der Mathematik gerade in jenen Punkten bestanden zu haben, die am Schatzhaus demonstriert werden.

Ähnliche Interessen geben auch die Inschriften zu erkennen, die der Architekt Nikodemos – kurz Nikon genannt – im 2. Jh. n.Chr. in Pergamon aufstellte. Er läßt die Weihinschrift eines Neubaus folgendermaßen beginnen: „Nikon errichtete diesen Aufenthaltsort zum Nutzen der Facharbeiter und um die Erinnerung an ihn festzuhalten", und fährt dann fort, die zukünftigen Benützer der Halle daran zu erinnern, daß Geometrie der Fläche und des Raumes in der Theorie eng miteinander verwandt sind und daß sie von vornherein Grundlage jedes intellektuellen Begreifens und jeder praktischen Beschäftigung mit der realen Welt und dem sichtbaren Kosmos sind – offensichtlich war er der Meinung, daß all diese geometrisch-philosophischen Betrachtungen den Gemütern der Facharbeiter eingeprägt werden müßten, die die neue Stiftung besuchen und benützen würden[345].

Die Entwicklung der Harmonietheorie war von großer Bedeutung für die Bildhauerei; das gilt besonders für das 6., 5. und 4. Jh. v.Chr., während derer sich die Bildhauer vor allem mit der idealen Proportionierung des menschlichen Körpers befaßten. Die Überlieferung theoretischer Überlegungen zur Plastik geht nur bis zum Bildhauer Pythagoras von Rhegion zurück, der während des frühen 5. Jhs. arbeitete, aber das Interesse an der Harmonie muß bereits vorher vorhanden gewesen sein, selbst wenn es sich nicht in begrifflichen Formeln niederschlug; Pythagoras war „offenbar der erste, der die Prinzipien der Harmonie und Proportionierung zusammenstellte", und er gewann einen Wettbewerb, an dem auch Myron aus Athen teilnahm[346]. Von Myron nun hieß es, es läge ihm die Symmetrie in seinem Werk noch mehr am Herzen als dem Polyklet von Argos, dessen Harmonietheorie zur Plastik die ganze Antike hindurch berühmt blieb; das 5. Jh. scheint demnach den absoluten Höhepunkt in der Beschäftigung mit Proportionsgesetzen gesehen zu haben[347]. Eine interessante Querverbindung – diesmal zwischen bildender Kunst und Literatur – bringt die Orestie des Aischylos in jener Szene, in der Elektra den Fußabdruck ihres Bruders erkennt und mit dem ihren vergleicht; ihre Ausdrucksweise läßt vermuten, daß Aischylos mit den Theorien der Bildhauer zur Harmonie vertraut war: Orestes wird als *symmetros* beschrieben, das heißt, als gleich proportioniert wie seine Schwester[348].

Der *Kanon* des Polyklet, das schriftliche Werk zur Harmonie, dessen Grundsätze er in seinen Skulpturen anschaulich machte, spiegelte ebenso pythagoreische Philosophie wider, wie es diese beeinflußte[349]. Es überrascht nicht, wenn wir sehen, daß einer seiner Nachkommen, der Bildhauer und Architekt Polyklet II, mit dem Theater und der Tholos in Epidauros komplizierte Bauten errichtet, die Kreise und Kreisbögen in einer Vielfalt von Verhältnissen zueinander enthalten[350].

Andere Skulpturtheoretiker, an die man sich noch weit nach ihrer Zeit erinnerte und die man immer wieder zitierte, sind aus dem späteren 4. Jh. bekannt, doch wurde die Anwendung von Proportionstheorien während hellenistischer und römischer Zeit stark modifiziert. In der Malerei kam es schon im späten 6. Jh. v.Chr. zu Versuchen, durch Verkürzung Tiefenwirkung hervorzurufen; die Beschäftigung mit dem Problem, in einer zweidimensionalen Komposition die dritte Dimension sichtbar zu machen, setzte sich auch in römischer Zeit sowohl im Relief, wie in der Wandmalerei und in der Theaterdekoration fort[351]. Das Geheimnis der Perspektive wurde nie bewußt entdeckt. Aber man studierte die Wissenschaft der Optik; nach Vitruv begann sie mit dem Kulissenmaler Agatharchos von Samos im Athen des 5. Jhs.. Vitruv sagt, daß dessen Werk sowohl Anaxagoras wie den Atom-Philosophen Demokritos veranlaßte, über dieses Thema zu schreiben,

> „um zu zeigen, wie dem Blick der Augen und der geradlinigen Ausdehnung der Strahlen, wenn eine bestimmte Stelle als Mittelpunkt festgelegt ist, nach einem Naturgesetz Linien entspre-

chen müssen, damit von der undeutlichen Sache her deutliche Bilder den Anblick von Gebäuden bei den Bühnenmalereien wiedergeben und von dem, was auf senkrechten und ebenen Oberflächen gemalt ist, das eine zurücktretend, anderes hervortretend zu sein scheint"[352].

Euklids Vierte Definition befaßte sich mit Optik. Ob Vitruv nun recht hat oder nicht – es ist gut möglich, daß noch im fortgeschrittenen 4. Jh. und später Verbindungen zwischen Theoretikern und Praktikern auf dem Gebiet optischer Illusionen bestanden. Auch der Dichter Lucretius mag durchaus irgendein Gemälde vor Augen haben, wenn er sich auf die Perspektive einer Säulenreihe bezieht, die, von ihrem Ende aus gesehen, wirkt, als ob die Säulen zum anderen Ende hin kleiner würden, obwohl sie doch tatsächlich alle die gleiche Höhe haben; oder er dachte vielleicht an irgend eine theoretische Abhandlung über Probleme der Malerei[353].

Auch die Ingenieurarbeit zeigt deutlich die Verbindung zwischen mathematischer Theorie und praktischer Anwendung. Die ersten Theoretiker auf dem Gebiet der Mechanik scheinen Straton, ein Angehöriger der aristotelischen Schule, und Ktesibios, der praktizierende Mechaniker Alexanders, gewesen zu sein; beide waren im frühen 3. Jh. tätig. Der bedeutendste von allen – ob Praktiker oder Theoretiker – war Archimedes von Syrakus; doch trotz seiner glänzenden Leistungen als Ingenieur zog er die theoretische Mathematik vor und hinterließ nur ein Werk über Mechanik. Später waren die, die über Mechanik schrieben, in der Regel Theoretiker; aber ebenso wie das militärische Ingenieurwesen und die Probleme der Monumentalarchitektur weiterhin die Artilleristen und Architekten beschäftigten, fuhren auch die Mathematiker fort, dem Gebiet einige Aufmerksamkeit zu schenken; Zeugen dafür sind die verschiedenen Handbücher über Mechanik der späteren hellenistischen und römischen Zeit und deren arabische Nachfolger[354].

Zwischen Philosophen und einigen Handwerkern gab es Berührungspunkte auf höchster intellektueller Ebene. Wie aber war die Haltung des Mannes auf der Straße, der kein Philosoph war? Des einfachen Handwerkers, der sich wirklich nur auf Kochtöpfe, Seile oder Angelgerät verstand? Die öffentliche Meinung über die Neue Philosophie, wie sie in Athen ausgeübt wurde, kommt sehr schön in den Komödien des Aristophanes zum Ausdruck: in den *Vögeln* wird der Astronom und Geometer Meton verspottet, weil er gerade eine solche Mischung aus Theorie und Praxis vorführt, wie sie der Philosoph und Stadtplaner Hippodamos von Milet, der Architekt und Mathematiker Euphranor, oder der Ingenieur und Theoretiker Archimedes anwendeten. Meton verkündet, er sei gekommen, um die luftigen Gefilde des Wolkenkuckuckslandes der Vögel zu vermessen:

Nun leg ich an das Lineal und bild'
ein Viereck aus dem Kreis – hier in die Mitte
da kommt der Markt, und alle Straßen führen
schnurgrad zum Mittelpunkt und gehn wie Strahlen
von ihm, als kugelrundem Stern, gradaus
nach allen Winden –

Auf diesen gescheit-klingenden Unsinn antwortet einer: „Mach dich aus dem Staub . . . einmütig beschlossen ists, Windbeutel auszustäupen"[355]. Das Publikum, das darüber lachte, lachte auch über die Wolken des Aristophanes, die damit schließen, daß die Denkwerkstatt des Sokrates samt Besitzer und allem Zubehör niedergebrannt wird. Theorie war unnötig und sogar gefährlich. Der Handwerker, der sich auf sein Geschäft verstand, brauchte Erfahrung und ein gutes Auge, um seine Arbeiten richtig durchzuführen, nicht aber die Regeln der Geometrie oder ein ethisches System.

Die Löhne im Handwerkswesen

Ohne Aufträge verhungerte der Handwerker. Wie aber wurde der Wert seiner Arbeit in realen ökonomischen Begriffen definiert? Wieviel mehr, als er selbst für das verwendete Material aufgewandt hatte und als Minimum für den Unterhalt seiner Familie benötigte, konnte der Handwerker als Abgeltung für die Ausübung seiner Fachkenntnisse erwarten? Die römischen Juristen gefielen sich darin, mit solchen Problemen zu spielen wie: wem gehört ein Gemälde, während es entsteht, dem Maler oder dem Auftraggeber, dem es schließlich gehören würde? Wenn der Auftraggeber das Rohmaterial für ein Stück Gold- oder Silbergeschirr geliefert hatte, wie groß war dann der Anteil an dem fertigen Produkt, der dem Schmied zugebilligt werden konnte? Im ersten Fall kam es darauf an, ob das Objekt an den Auftraggeber verkauft werden sollte oder ob der Auftraggeber die Arbeit des Künstlers mietete; und im zweiten, welchen Wert man der Arbeit des Handwerkers zumaß[356]. Hinsichtlich der Frage, um wieviel die Herstellung des Objekts den Materialwert erhöhe, nahmen zumindest die römischen Juristen einen sehr prosaischen Standpunkt ein, wie folgende Entscheidung aus den *Digesten* erkennen läßt:

> Wenn eine Vase aus gestohlenem Silber angefertigt wurde, dann muß der Wert der Anfertigung zum Materialwert des Diebsgutes hinzugezählt werden; gerade so, wie wenn ein Kind gestohlen und groß geworden wäre, dann hätte das gestohlene Objekt als Jüngling und nicht mehr als Kleinkind zu gelten[357].

Das bedeutete vielleicht nicht viel mehr, als daß die Zeit und Mühe, die der Handwerker zur Anfertigung des Gegenstandes gebraucht hatte, ersetzt werden müßte; auf jeden Fall hilft es nicht bei der Entscheidung darüber, ob nun jemand wie Phidias oder Praxiteles jedesmal wesentlich höher bezahlt wurde als ein gelernter Steinmetz oder Schmied, weil sie, im Gegensatz zur reinen Kraft oder zur einfachen Beherrschung ihres Handwerks, wie sie jene einsetzten, in höherem Grad feine Handwerkskunst zur Anwendung brachten. Die fragmentarisch erhaltenen Abrechnungen für die Statuen der Athena Promachos oder Athena Parthenos geben keinen Hinweis darauf, was Phidias selbst erhielt; auf der anderen Seite lassen die Parthenonabrechnungen vermuten, daß die Bildhauer der Giebelfiguren das Jahr hindurch nur wenig mehr verdienten als die Steinmetzen und Zimmerleute, und nur doppelt so viel, als das offizielle Gehalt eines Architekten oder eines Soldaten im Feld betrug.

Im Epidauros des 4. Jhs. scheint feine Handwerksarbeit finanzielle Anerkennung gefunden zu haben. Thrasymedes, der parische Bildhauer der Gold-Elfenbeinstatue des Asklepios, verpflichtete sich auch, das Innere des Tempels auszuschmücken, wo seine Statue stehen sollte. Er erhielt die höchste von allen für den Tempel ausgehandelten Vertragssummen, dreimal so viel, wie beispielsweise für die Errichtung der gesamten äußeren Säulenstellung aufgewandt wurde[358]; die Materialien – Elfenbein und edle Hölzer, selbst der Leim für die Einlegearbeiten – wurden von anderer Seite geliefert, so daß er, auch im Falle, daß er mehrere Assistenten beschäftigte, offenbar beträchtlich an seinem Auftrag verdiente. Der Architekt Theodotos erhielt nur eine Drachme pro Tag[359]. Zeuxis soll sich über die Unbezahlbarkeit seiner Werke ausgelassen haben, während Apelles für ein Gold-Gemälde Alexanders in Ephesos ein Honorar von 20 Talenten erhalten haben soll – offenbar eine phantastische Summe, selbst wenn man annimmt, daß er das Gold selbst zu stellen hatte[360]; von Apelles heißt es auch, er habe seinem Künstlerkollegen Protogenes aus Rhodos geholfen, indem er die Preise für die Gemälde des Protogenes hochgetrieben habe – doch bis zu welcher Höhe und präzise mit welcher Auswirkung auf den rhodischen Kunstmarkt, erfahren wir nicht[361]. Der Maler Pamphilos nahm Schüler auf, die für einen 12jährigen Lehrgang ein Talent pro Person zu zahlen hatten, das bedeutet für jeden Schüler 500 Drachmen pro Jahr; wenn er drei oder vier Schüler gleichzeitig unterrichten konnte, dann ging es ihm nicht schlecht, selbst wenn man die Kosten für Verpflegung und Unterkunft der Schüler miteinrechnet[362]. Wieviel Lysipp für jede seiner Skulpturen erhielt, ist nicht überliefert, aber seine Ersparnisse von den 1500 Statuen, die er gearbeitet haben soll, beliefen sich angeblich auf 1500 Goldstatere[363].

Die Preise, die die römischen Kunstsammler bezahlten, mögen ordentliche Verdienste für die Künstler miteingeschlossen haben, doch ist es wieder schwierig, genau zu bestimmen, was mit dem Preis bezahlt wurde — nur die Arbeitskosten, oder auch das Material? Wieviel blieb dem Silberschmied Mentor von den 100000 Sesterzen, die Lucius Crassus für zwei gravierte Schalen bezahlte, als Reingewinn? Und wie hoch war der persönliche Gewinn des Bildhauers Arkesilaos von den 1000000 Sesterzen, die ihm Lukullus für die Anfertigung einer Statue bezahlte[364]? Selbst wenn ein geschickter Bildhauer seinen Auftraggeber dazu bringen konnte, ihm beträchtliche Summen zu bezahlen, so konnte er doch nicht mit einem regelmäßigen hohen Einkommen rechnen. Große Honorare hingen von den Launen der Reichen ab; und von öffentlichen Arbeiten konnte sich der Handwerker kaum mehr als einen Arbeiterlohn erwarten.

Die große Mehrheit der Werkstattbesitzer, die sowohl Facharbeiter wie Geschäftsleute waren, stieg in der Gesellschaft nicht sehr hoch auf, und die meisten lebten einfach. Die Frage ist: wie einfach? Wieviel verdienten sie im Durchschnitt und wie ist ihr Einkommen zu beurteilen im Vergleich zu dem Verdienst anderer Gesellschaftsgruppen? Die Situation des Beweismaterials macht es praktisch unmöglich zu sagen, wieviel auch nur ein einzelner über einen längeren Zeitabschnitt hinweg verdiente. Aber es kann keine Rede davon sein, daß sich während der gesamten klassischen Antike der ökonomische Status des Handwerkers einschneidend zum Besseren oder zum Schlechteren verändert hätte.

Wenn der Architekt Theodotos nur eine Drachme pro Tag erhielt, und wenn das sein einziges Einkommen war, dann wäre er nicht dazu in der Lage gewesen, sich Goldstickereien an seinen Gewändern zu leisten, wie das für den Maler Zeuxis überliefert wird[365]. Gab es demnach eine ökonomische Hierarchie innerhalb des Handwerkerstandes, die auf einer Fähigkeitsskala beruhte, auf der Architekten immer weit unter den Malern standen und dementsprechend schlechter bezahlt wurden?

Dieses ganze Thema wirft eine Reihe von miteinander zusammenhängenden Problemen auf, von denen keines präzis beantwortet werden kann. Griechische und römische Preise und Löhne können nicht zielführend diskutiert werden, da das Belegmaterial nicht ausreicht. So brauchen wir zuerst eine Vorstellung davon, wie hoch zu jeder Zeit jeweils der Grundlohn war. Ein paar Tagessätze sind bekannt, aber auch das wieder in recht speziellen Zusammenhängen, die ihre eigenen Schwierigkeiten aufwerfen. Es ist keineswegs sicher, inwieweit der Tageslohn von einer Drachme für Theodotos als typisch für Handwerkerlöhne in Epidauros oder gar in der gesamten griechischen Welt um 370 v.Chr. gelten darf. „Standard"-Taglöhne dieser Art waren keine realen Löhne, die gemäß der Beobachtung laufender Lebenskosten oder von Markttrends kalkuliert waren, sondern wir können sie eher als „konventionelle" Taglöhne bezeichnen, die sich nur in sehr allgemeiner Art nach den täglichen Lebenskosten richteten. Daß Preise schwankten – und zwar recht häufig –, besonders was die für Grundrohstoffe wie Weizen, Gerste, Olivenöl, Wein, Sklaven, Metalle angeht, ist reich belegt; manche Preisschwankungen – wie beispielsweise für Getreide – lassen sich leicht durch schlechtes Wetter usw. erklären. Aber es läßt sich nie genau in Erfahrung bringen, warum die in zwei Verträgen festgelegten Preise für Brechen und Transport der gleichen Sorte Stein und über die gleiche Entfernung hinweg von den korinthischen Steinbrüchen bis zum Asklepiosheiligtum in Epidauros sich um etwa 7 Drachmen pro Kubikmeter unterscheiden, obwohl sie vielleicht nur 2 oder 3 Monate auseinanderliegen[366].

Was immer das bedeuten mag und mochte, der Lohn des Theodotos von einer Drachme pro Tag scheint dem anerkannten „Standard"-Taglohn zu entsprechen, wie er im späten 5. Jh. in Athen bezahlt wurde. Hopliten im Feld erhielten 2 Drachmen für sich und einen Diener; die Sekretäre von Staatskommissionen erhielten 5 Obolen pro Tag; und Architekten, Zimmerleute, Tischler, Säger und Gerüstbauer, die am Erechtheion beschäftigt waren, erhielten 5 Obolen bis zu einer Drachme. Im Jahr 410 wurde der athenische staatliche Unterhalt für die Armen auf zwei Obolen pro Tag festgesetzt, so daß eine Drachme für den täglichen Bedarf einer Person ausgereicht hätte und noch etwas übrig geblieben wäre für Angehörige, Wohnung, Kleidung und andere Bedürfnisse[367]. Aber unsere Belege für Taglöhne kommen allein aus Staatsaufträgen; nichts gibt uns Auskunft darüber, was Handwerker, die in eigener Regie für Auftraggeber arbeiteten, am Tag oder im Jahr verdienten. Selbst wenn wir annehmen, daß viele der Geschichten von hohen Honoraren, die an griechische und römische Bildhauer gezahlt wurden, auch nur annähernd in den Bereich der Wirklichkeit gehören, so hätten wir doch noch immer keine Vorstellung davon, was einer von ihnen *im Durchschnitt* verdiente. Viele Handwerker wurden pro Stück bezahlt, so daß ihre Einkünfte je nach ihrer Arbeitsgeschwindigkeit höher oder niedriger ausfallen konnten; andere vereinbarten vertraglich einen Preis für ihre Arbeit, und selbst wenn wir wissen, um was für einen Auftrag es sich handelte, so gibt es doch keinen eindeutigen Hinweis darauf, wie lange sie brauchten, ihn durchzuführen oder wieviele Angestellte sie einsetzten. Doppelarbeit war wohl nicht unbekannt; sie war wahrscheinlich nicht selten einer der Gründe für die schweren Geldstrafen für Verspätung, die in einigen Bauabrechnungen verzeichnet werden, und dasselbe gilt für das Beharren in den Vertragsbedingungen darauf, daß die Arbeit innerhalb einer festgesetzten Zeit vollendet sein müsse[368]. Von den sechs Arbeitergruppen, die die sechs Säulen der Ostfront des Erechtheions kannellierten, erhielten jene, denen die bürgerlichen Arbeiter angehörten, für eine Prytanie (ein Zeitabschnitt von 36–37 Tagen im athenischen Staatskalender) weniger als die Gruppen aus Metöken und Arbeitern im Sklavenstand – 22–23 Drachmen im Vergleich zu 30 Drachmen und mehr[369]. Daraus muß man nicht unbedingt schließen, daß die bürgerlichen Arbeiter billiger lebten als die anderen, sondern daß sie diesen Lohn durch andere Arbeiten aufbesserten und es deswegen vorzogen, ihre Arbeit am Erechtheion über längere Zeit hinweg auszudehnen als die anderen. Es bedeutet aber auch nicht, daß sie insgesamt gesehen unbedingt mehr verdient haben müßten als die anderen, die den Hauptteil ihrer Arbeitszeit am Erechtheion verbrachten.

Wie sahen die Preise aus, die ein gelernter Arbeiter aus einem Einkommen von mindestens 300 Drachmen pro Jahr zu bezahlen hatte (wenn wir mit einem Taglohn von mindestens einer

Drachme pro Tag über einen Zeitraum von mindestens 300 Arbeitstagen pro Jahr rechnen)? Die einzige Grundlage für die Einschätzung der Preise für Haushaltsartikel zu dieser Zeit bieten die öffentlichen Verkaufslisten des Eigentums, das auf Grund des Vorwurfs der Gottlosigkeit von Alkibiades und anderen wohlhabenden Mitgliedern der Athener Gesellschaft im Jahre 415 eingezogen worden war. Diese zeigen zwar keine wirklichen Marktpreise, doch sind sie der Erwähnung wert, und sei es auch nur deswegen, weil es sich um tatsächliche Preise handelt, wie sie gerade zu jener Zeit, in der, wie wir wissen, ein gelernter Arbeiter eine Drachme und mehr pro Tag verdienen konnte, für identifizierbare Waren bezahlt wurden[370].

Weizen scheint 6 1/2 Drachmen pro Maß gekostet zu haben; sieben Maß, so rechnet man, genügten einer Person für ein Jahr, so daß die jährlichen Kosten pro Mann, Frau und Kinder auf 90–100 Drachmen gekommen wären. Das war wohl der größte Posten auf der Nahrungsmittelrechnung.

Was andere Waren angeht: Rinder beliefen sich auf 50–70 Drachmen pro Tier, und Ziegen auf etwa 10 Drachmen; wie hoch der Preis für Schlachtfleisch war, wissen wir nicht, doch stellte es immer einen seltenen Artikel auf dem täglichen Speisezettel des gemeinen Mannes dar. Haushaltsmobiliar, das bestimmt von viel besserer Qualität war, als es ein Arbeiter benutzt hätte, kostete folgendes: Stühle – 2 Drachmen; Tische – 4 Drachmen; Betten – 6 bis 8 Drachmen; dabei ist jedoch unsicher, ob es sich um einfache oder reich verzierte Stücke handelte, und es gibt keine anderen gleichzeitigen Preisangaben, mit denen man sie vergleichen könnte.

Sklavenpreise sind nicht unbedingt realistischer als der Rest. Ein gelernter karischer Goldschmied wurde für 360 Drachmen verkauft; für 50 Drachmen wohl ein Kind ohne Ausbildung. Selbst diese Summe wäre für einen Handwerker, der ganz von seinen Einkünften abhing und keinerlei Kapital im Hintergrund hatte, eine ziemliche Ausgabe gewesen, denn ein junger Sklavenlehrling mochte sich als unbelehrbar erweisen oder bei der nächsten Epidemie dahinsterben.

Auch Werkzeuge für Ackerbau und Handwerksbetriebe werden aufgeführt, doch sind keine Preise erhalten. Abrechnungen aus Eleusis für das Jahr 329 zeigen, daß Drillbohrer, Spitzhacken und andere Bohrer jeweils so viel kosteten, wie sich zu jener Zeit ein Taglohn belief (zwei bis zweieinhalb Drachmen), und soviel kosteten sie wohl auch 100 Jahre zuvor.

Große Vorratsgefäße, beispielsweise mit einem Fassungsvermögen von 1000 l oder mehr – von einer Art also, wie sie nur in wirklich großen Haushalten notwendig waren – kosteten 30–50 Drachmen; kleine Gefäße jedoch konnten für ein oder zwei Obolen erworben werden, und Panathenäische Amphoren konnten bis zu 2 1/2 Obolen steigen. Körbe kosteten mehr; ein großer Korb, der sich zur Aufbewahrung von trockenen Gütern eignete – Wolle, Flachs oder selbst Getreide – kam auf 3 1/2 Drachmen, also sechs- oder siebenmal soviel, wie eine bemalte Panathenäische Amphora kostete.

Darüber hinaus kann nicht viel über die wahrscheinlichen Lebenshaltungskosten eines Facharbeiters im Athen des späten 5. Jhs. gesagt werden. Der Lebensmittelbedarf mag in manchen Fällen – bei den Handwerkern im Bürgerstand – durch einen Anteil an der Gemüseernte aus dem väterlichen Bauernhof oder aus dem Küchengarten bereichert worden sein; und selbst Metöken konnten sich einen Schrebergarten pachten und dort in ihrer Freizeit arbeiten. Eine weitere unbekannte Größe machen die Kosten für die Unterbringung aus; vielleicht waren sie nicht sehr hoch, da es wieder manchem Handwerker im Bürgerstand möglich gewesen sein mag, ohne Mietkosten in Winkeln oder Kellern der Häuser von Verwandten zu leben. Wenn sie Miete bezahlen mußten, dann begnügten sich offensichtlich viele Arbeiter mit einem Raum, in dem Werkstatt und Wohnung kombiniert waren, während andere in bescheidenen Häusern lebten, von denen die Werkstatt einen Teil einnahm[371]. Für die Mehrheit der Bevölkerung war der Lebensstandard niedrig. Oder, um es anders zu sagen, ein Mensch konnte mit sehr wenig Geld ganz erträglich leben.

Es gab einige Handwerker, die ganz beträchtlich über dem hier geschilderten Niveau lebten; es sind jene, die bekanntermaßen aus guter Familie stammten und über eigene Mittel verfügten[372]. Architekten und Ingenieure, die für eine bestimmte Zeit von Stadtstaaten oder Heiligtümern zu einem festgesetzten Taglohn angestellt waren, müssen nicht immer nur von ihren Einkünften von seiten des Staates abhängig gewesen sein, da sie entweder gleichzeitig noch an etwas anderem arbeiten oder sich auf ihren ererbten Reichtum stützen konnten[373]. Sei dem, wie ihm wolle, was repräsentierte der Taglohn des Architekten wirklich? Ich habe die Vermutung ausgesprochen, daß es sich um einen Konventionallohn handelte, der nicht unmittelbar mit der Marktlage zusammenhing, um eine finanzielle Anerkennung für geleistete Dienste, die nicht unbedingt entsprechend den Realkosten oder im Vergleich mit den Löhnen anderer Handwerker, selbst anderer Architekten, kalkuliert war. Dennoch zeigen sich ausgeprägte Differenzen in den Löhnen für offizielle Heiligtumsarchitekten in den Arbeitsabrechnungen aus Delphi im 4. Jh. und aus Delos im 3. Jh; es ist deshalb möglich, daß man die Höhe der beruflichen Fähigkeiten genau abschätzte und mit den Taglöhnen für jeden einzelnen in Beziehung setzte[374].

In Delphi erhielt Agathon im Jahr 345 zwei Drachmen pro Tag; und Kallinos, der als „Unter-Architekt" – vielleicht ein Lehrling – bezeichnet wird, bekam ein Drittel davon, oder 4 Obolen. Ebenso erhielt Xenodoros im Jahr 356 1/2 Drachme, im Jahr 345 billigte man ihm zwei Drachmen und 2 Obolen zu (im Jahr 344 allerdings erhielt er nur zwei Drachmen – für diesen Abstieg gibt es keine einleuchtende Erklärung). Die delischen Abrechnungen lassen weniger Logik hinsichtlich der verschiedenen Sätze für Architekten erkennen; manche erhielten vier und andere zwei Drachmen, während wieder andere mit nur 1 1/2 Drachmen abgespeist wurden – und zwar alle im Verlauf der gleichen paar Jahre. Es mag sein, daß das Ausmaß des Ruhmes mancher Architekten das Ausmaß ihrer Lohntüten beeinflußte; vielleicht aber wurde die ganze Angelegenheit durch ganz andere Faktoren als durch ökonomische Logik bestimmt. Das Architektengehalt mag oft, wie schon oben angedeutet, eine Art Honorar gewesen sein und nicht Teil einer Unterhaltszahlung. Manche haben vielleicht Architektendienste für Stadt oder Heiligtum als öffentliche Pflicht und nicht als Mittel, den Lebensunterhalt zu verdienen, betrachtet. Demnach wäre dann die Entlohnung nicht gemäß gebräuchlichen Standes- oder Gewerkschaftssätzen erfolgt, sondern je nach dem, was die Verwaltung für angemessen und der Architekt für annehmbar hielt. In manchen Fällen mögen das vier, in anderen zwei Drachmen gewesen sein, ohne daß deswegen einer dem anderen böse gewesen wäre. Ob dieselben Motive Architekten während der römischen Kaiserzeit veranlassen konnten, rein symbolische Löhne zu akzeptieren, läßt sich nicht mehr feststellen. Jene, die in kaiserlichem Dienst standen, waren wahrscheinlich auf rein geschäftsmäßiger Basis angestellt, doch mag es manchmal vorgekommen sein, daß Architekten, die von der Regierung ihrer Heimatstadt für Bauprojekte herangezogen wurden – zumal zu der Zeit, als die Städte des Reiches untereinander mit öffentlichen Prachtbauten wetteiferten –, ihre Dienste umsonst oder für einen geringen Lohn zur Verfügung stellten.

Besonders schwierig ist es abzuschätzen, was Bildhauer verdienten. Die klassischen Zeugnisse sind, wie wir sahen, nicht besonders erhellend, und Beweismaterial anderer Art läßt keine genaue Analyse zu. So sagt zum Beispiel auf der einen Seite der Dichter Simonides, daß Arkesilaos 200 Drachmen für eine Statue der Artemis erhielt, die er im frühen 5. Jh. für die Parier anfertigte – doch wie groß war sie, woraus war sie, wie war sie gearbeitet[375]? Auf der anderen Seite zeigen die Bauabrechnungen aus Epidauros, daß Hektoridas und ein anderer Bildhauer, dessen Namen halbzerstört ist, jeweils 3010 Drachmen für die Giebelfiguren erhielten[376]. Dabei bleibt alles unsicher: sie mögen bis zu einem Jahr für diese Arbeit gebraucht haben, vielleicht auch viel weniger, vielleicht arbeiteten sie mit drei oder vier Helfern, vielleicht mit weniger, vielleicht mit mehr; sie und ihre Helfer mögen jeder bis zu 600 Drachmen an diesem Auftrag verdient haben[377]; es kann aber auch sein, daß die Bildhauer selbst den pentelischen Marmor zu besorgen hatten, in welchem Fall ihre

Ausgaben höher und ihr Gewinn beträchtlich geringer gewesen wäre, wenn sie nicht überhaupt ein Verlustgeschäft machten[378]. Was den Gewinn des Phidias für seine kolossalen Gold-Elfenbeinstatuen in Olympia und Athen angeht, so kennt jeder die Geschichte, wie er der Unterschlagung des Goldes (oder, nach anderen, des Elfenbeins) von der Statue der Athena Parthenos (Taf. 79) angeklagt wurde[379].

Das römische Beweismaterial liefert wenig hinsichtlich der Verdienstmöglichkeiten von Künstlern und Handwerkern. Es bestätigt nur den allgemeinen Eindruck, daß keine Facharbeit, wie immer sie geartet gewesen sein mag – sehen wir von den Metallarbeitern ab –, konsequent hoch bezahlt wurde. Das soll nicht heißen, daß einzelne nicht sehr gut an ihrem Handwerk verdienten, oder daß manche Auftraggeber – vor allem Mitglieder des Kaiserhauses – nicht sehr üppig für gute Arbeit zahlten. Aber bis hin zum Beginn des 4. Jhs. n.Chr. gibt es keinerlei feste Grundlage, um Verdienst und Kaufkraft von Facharbeitern zu beurteilen. Und selbst dann können wir uns nicht auf tatsächliche Arbeitsberichte stützen, sondern auf ein Regierungsdekret, das fast schon zu dem Zeitpunkt, an dem es herauskam, überholt war[380]. Das Edikt des Diokletian vom Jahr 301 versuchte nach Jahrzehnten einer fürchterlichen Inflation, eine obere Grenze für Preise und Löhne festzusetzen; das ist immerhin etwas, aus dem sich ersehen läßt, was man von Staats wegen für eine realistische Bezahlung für geleistete Dienste hielt, und wieviel man meinte, daß Facharbeiter für Essen, Kleidung und die Erziehung ihrer Kinder (vorausgesetzt sie konnten sich einen solchen Luxus leisten) zahlen könnten.

Die Taglöhne wurden zusätzlich zum Unterhalt (Verpflegung, ohne Unterkunft) berechnet. Am untersten Ende der Skala kamen Schäfer und Landarbeiter mit 10–25 *denarii* pro Tag. Ein guter Leinwandweber sollte 40 Den. erhalten; Steinmetzen, Tischler, Zimmerleute, Kalkbrenner, Mosaikarbeiter, Wagner, Schmiede und Schiffbauer, die Flußschiffe herstellten – 50 Den.; Marmorbodenverleger, Wandmosaikkünstler, Schiffbauer für seetüchtige Schiffe – 60 Den.; Wandmaler und Gipsmodellmacher –

75 Den.; und Figurenmaler — 150 Den. Andere Zahlungen sind nach Stückzahl berechnet, so daß sich der Durchschnittsverdienst eines Rüstungspolierers, der 100 Den. pro Scheide erhielt, oder eines Spitzengoldschmieds, der 2400 Den. für jede verarbeitete Goldunze bekam, unmöglich ausmachen läßt. Was die Lebenskosten nach dem Edikt angeht, so konnte sich ein Mann, der pro Tag über seine eigenen Bedürfnisse hinaus 50 Den. verdiente, für diesen Taglohn kaufen: ein halbes Maß Weizen, was für drei Wochen oder mehr ausreichte; oder fast ein ganzes Maß Gerste; ein Viertel Maß Reis; oder knapp einen Viertel Liter bestes Olivenöl; oder einen Liter guten Wein; oder 6 Liter gallisches Bier; oder 112 1/2 Liter ägyptisches Bier; oder vier Pfund Schweinefleisch; oder 1 1/2 Pfund Schweinewurst; oder ein Fünftel gemästeten Fasan; oder ein Paar Hühnchen; oder 12 Haselmäuse; oder 50 Austern; oder 25 Artischocken; oder 50 Eier; oder 6 Pfund Frischkäse.

Wenn er ein paar Arbeitsstiefel brauchte, mußte er 2 1/2 Taglöhne ausgeben; ein Paar Frauenschuhe — 1 Taglohn; ein Soldatenmantel der besten Qualität — 80 Taglöhne; ein Hemd — 12 Taglöhne; und der Lendenschurz des gemeinen Mannes oder des Sklaven — zwischen vier und 8 Taglöhne. Wenn er wollte, daß sein Sohn griechische und lateinische Literatur las und Geometrie lernte, mußte er bis zu vier Taglöhne pro Monat geben.

Die Liste der Taglöhne läßt eine bestimmte Hierarchie der Facharbeiten erkennen, wie sie der Staat im frühen 4. Jh. festlegte. Die Gebührenskala für den Unterricht in verschiedenen Fächern spiegelt genau die gleiche Einstellung zu den Dingen wider: ein Gymnastiklehrer sollte 50 Den. pro Schüler im Monat erhalten; ein Lehrer für Arithmetik und Kurzschrift — 75 Den.; für Architektur — 100 Den.; für griechische und lateinische Literatur oder Geometrie — 200 Den.; für Rhetorik — 250 Den. Architektur wurde immer noch weit unter Literatur und reiner Mathematik eingestuft.

Facharbeiter konnten auf Grund der Natur der Dinge nie auf hohe Einkommen hoffen, mochten sie auch noch so dünn gesät, nützlich oder sonst irgendetwas sein. Wenn es Arbeit gab, brauchten sie nicht zu verhungern; Arbeitsmangel an einem Ort zwang sie dazu, andernorts eine Anstellung zu suchen. Vom Maler Protogenes hieß es, er habe sich, während er an einem Projekt arbeitete, von eingeweichten Hülsenfrüchten ernährt, nicht weil es ihm besonders schlecht ging, sondern weil „er so sowohl Hunger wie Durst stillen konnte und es gleichzeitig vermied, seine Sinne durch allzu üppiges Essen abzustumpfen“[381]. Es läßt sich schwer sagen, ob Zeuxis mehr als ein mit Goldfäden besticktes Gewand besaß. Er brauchte sich nur einmal auf Grund eines lukrativen Auftrags eine solche Extravaganz zu leisten, und der Ruhm des Goldfadens wäre ihm für den Rest seines Lebens sicher gewesen.

Staatliche Intervention

Es gab verschiedene Weisen, auf die der Staat sich für den Handwerker bei der Arbeit bemerkbar machen konnte. Gelegentlich erließ er Luxusgesetze, die die Summen, die für Luxusgüter ausgegeben werden durften, begrenzten; manchmal erließ er Gesetze bezüglich der Arbeitsmethoden und belegte die Handwerkserzeugnisse mit Steuern; als Arbeitgeber bei öffentlichen Arbeiten konnte er die Vertragsbedingungen, unter denen der Handwerker zu arbeiten hatte, festsetzen; und er konnte aktiv die Zahl der verfügbaren Facharbeiter beeinflussen, indem er sie durch Gewährung von Privilegien an sich zog oder durch Beschränkung der Bewegungsfreiheit abschreckte. Was dem Staat absolut nicht einfiel, war, die Arbeiten der Handwerker durch Zensurgesetze zu kontrollieren: man hielt es nicht für notwendig, die öffentliche wie die private Moral – was die bildende Kunst anging – durch Gesetze zu schützen.

Luxusgesetze wurden vor allem ökonomisch begründet, doch spiegeln sie auch die Sorgen der Moralisten um das Allgemeinwohl wider. Übertriebenes Zurschaustellen von Reichtum – sei es in der persönlichen Ausstaffierung oder in den Geschenken an die Götter, in Tempeln oder Grabmonumenten – war korrupt und korrumpierte andere. Platons anscheinend sehr strenge Einschränkungen, die er am Schluß seiner *Gesetze* äußert, stellten nicht durchaus eine Übertreibung der Art von Gesetzen dar, wie sie tatsächlich existierten. Für Grabmonumente schrieb er vor, daß der „Grabhügel nicht höher sein solle, als ihn 5 Leute in 5 Tagen aufwerfen könnten; auch soll der Stein darüber nicht größer sein, als daß er für die Preisung des Toten vier heroische Verse aufnehmen kann"[382]. Von Solon heißt es, er habe in seine Gesetzgebung eine Verordnung aufgenommen, die den Brauch des „Sich-Zerkratzens bei Begräbnissen" untersagt habe . . . „Die Opferung eines Ochsen am Grab wurde verboten, ebenso wie die Mitgabe von mehr als drei Gewändern"[383]. Dabei ist nicht von einer speziellen Verordnung bezüglich der Grabsteine die Rede, aber der spätere athenische Gesetzgeber Demetrios von Phaleron, der seine Gesetze bewußt daran orientierte, was er für die Zielsetzung Solons hielt, verbot im Jahr 316 v.Chr. das Aufstellen von Grabreliefs vollständig[384]. Mit dieser Maßnahme versetzte er einem überaus blühenden Zweig des Steinmetzgewerbes in Athen, der bis zu diesem Zeitpunkt viele qualitätvolle Arbeiten hervorgebracht hatte, den Todesstoß.

Auch die Gesetze im frühen Rom bestimmten Grenzen bei Begräbnissen. Die zehnte der Zwölf Tafeln setzte fest, daß sowohl Zeremonien wie Opfer beschränkt werden müßten auf

> drei Schleier, eine kleine Purpurtunika, 10 Flötenspieler . . . kein kostspieliges Versprengen von Parfum . . . keine langen Girlanden . . . keine Räuchergefäße. Nicht mehr als ein Begräbnis für jeden Toten, und eine Bahre . . . Kein Gold soll bei den Begräbnissen dabei sein (es sei denn in den Zähnen der Toten) . . .

Es wurden Versuche gemacht, andere Arten von Ausgaben – etwa für Schmuck, oder Gold- und Silbergeschirr – einzuschränken; Luxusgesetze dieser Art mögen vorübergehend einen Rückschlag für die Goldschmiede, Seidenweber, Juweliere, Innendekorateure und Möbeltischler mit sich gebracht haben, im ganzen gesehen aber waren sie unwirksam. Solon beschränkte den Schmuck, den Frauen tragen durften, und die Menge an Gepäck,

XXVII Das Freskenfragment mit dem auf einem Omphalos thronenden Apollon mit Kithara stammt aus der Gegend des Palatins in Rom, in der Augustus den Baukomplex aus Apollontempel und seinem Wohnhaus errichten ließ. Es verarbeitet hellenistisch-alexandrinische Anregungen in typisch klassizistisch-augusteischer Sprache. Um 30 v. Chr.

Römische Wand- und Porträtmalerei

◁ **XXVI** Ausschnitt aus den Wandmalereien der ,,Mysterienvilla'' vor den Toren Pompejis. Dieser größte erhaltene Zyklus antiker Malerei ist im einzelnen nicht gedeutet, doch verraten bukolische Szenen wie die mit dem flötenden Satyrknaben und dem Satyrmädchen, das einer Ziege die Brust reicht, die romantische Sehnsucht des reichen Städters nach dem einfachen Leben in der Natur. Diese Sehnsucht, die sich seit dem späten Hellenismus immer deutlicher äußerte, prägte letztlich die charakteristische Villenkultur der reichen Römer. Um 50 v. Chr.

XXVIII Fresken aus einem Zimmer im Haus des Augustus auf dem Palatin. Die Theatermasken, die dem Raum ihren Namen gegeben haben („Raum der Masken"), weisen auf die Zusammenhänge solcher augusteischer Wanddekorationen mit hellenistischen Theaterkulissenmalereien hin.
Um 30 v. Chr.

XXIX Zur Dekoration der Häuser in den Vesuvstädten gehören Bilder, die die Umgebung und das Leben der Bewohner zum Thema haben. Aus Herculaneum stammt eine Gelageszene: ein Paar hat sich auf der Kline niedergelassen, vor dem ein Tischlein mit kostbarem Silbergeschirr steht. Der Mann trinkt aus einem Rhyton, eine Dienerin bringt der Frau ein Geschenk. 1. Jh. n. Chr.

◁◁◁ **XXX** Gemälde aus dem Lararium in der Casa del Centenario („Haus der Hundertjahrfeier"), Pompeji. Das Hausheiligtum schildert die nächste Umgebung und ihre Vorzüge: neben dem Berg Vesuv erscheint der über und über mit Weintrauben behängte Bacchus, der einen Panther, sein heiliges Tier, mit Wein aus seinem Kantharos tränkt. 1. Jh. n. Chr.

◁◁ **XXXI** Kundschaft im Bäckerladen. Diese Szene, die ein Maler um 70 n. Chr. in Pompeji (in der sog. „Casa del Panettiere") festgehalten hat, zeigt, daß auch Alltagsszenen es wert waren, auf den Wänden der Häuser festgehalten zu werden.

◁ **XXXII** Erst in den letzten Jahren vor dem endgültigen Untergang Pompejis sind die Gemälde im „Ixionzimmer" des Vettier-Hauses entstanden. Immer noch liefert der griechische Mythos lohnende Themen: Der Bildhauer Daidalos führt der kretischen Königin Pasiphae die hölzerne Kuh vor, die er für sie angefertigt hat. Im Vordergrund sitzt ein Lehrling — des Künstlers Sohn Ikaros? — an der Werkbank. Kurz vor 79 n. Chr.

XXXIII-XXXVI Aus Ägypten stammen kostbare Beispiele antiker Porträtmalerei in Wachsfarben auf Holz. Unter römischem Einfluß hat man sich dort seit dem 1. Jh. n. Chr. dazu entschlossen, die traditionell mumifizierten Toten mit realistisch gemalten Porträtbildern zu kennzeichnen. Klima und Bodenbeschaffenheit haben vor allem in der Oase Fayum viele solcher Bilder überleben lassen. ▷▷

XXXIII Bildnis der Demos. Um 90 n. Chr.
XXXIV Bildnis einer Dame mit Diadem. Um 100 n. Chr.
XXXV Bildnis einer Dame im Purpurmantel. Um 120 n. Chr.
XXXVI Bildnis eines Mannes in der mit Purpurstreifen besetzten Toga des Adels. 2. Hälfte 2. Jh. n. Chr.

33257

nen malte, denen er stets das Gesicht seiner Geliebten gab"[389]. So hatte man Phidias beschuldigt, den Namen eines Freundes in den Daumen der Athena Parthenos eingeritzt zu haben und auch ein Porträt des Perikles in ihre Ausschmückung miteingeschlossen zu haben[390]. Aber das war weder schlechte Kunst noch Pornographie; es war schlicht und einfach eine Ungehörigkeit, um nicht zu sagen eine Gottlosigkeit (Taf. 78, 79).

Was die Kontrolle der Arbeitsmethoden angeht, so hatte der Staat insofern dabei mitzureden, wie eine Arbeit ausgeführt werden sollte, als er der Vertragspartner bei öffentlichen Arbeiten war[391]. War der Baubeschluß gefaßt, dann wurde ein offizieller Architekt bestellt; er war der Planer und technische Leiter des Projekts, indem er die Baukommission beriet, die theoretisch sowohl Auftraggeber als auch Durchführungsorganisator für den Staat war, die aber im allgemeinen selbst nicht genug von den Organisationsproblemen der Aufgabe verstand, um diese selbst zu lösen. Die Qualität der Arbeit wurde ständig überprüft, da Zahlungen aus der Vertragssumme nur nach Inspektion und Billigung durch den Architekten geleistet werden konnten; manchmal wurde in dem Vertrag festgelegt, wieviele Leute angestellt werden sollten — „nicht weniger als vier", nach einer delischen Aufzeichnung aus dem frühen 3. Jh. —, wie schnell sie arbeiten sollten — „den ganzen Tag und jeden Tag" — und präzise, welches Werkzeug und anderes Material der Handwerker zu benützen hatte (abgesehen vom Stein, der in der Regel auf Grund eines anderen Vertrags beschafft wurde). Eine Terminfestsetzung und andere Strafklauseln wurden eingefügt, bei deren Überschreitung natürlich der Handwerker zur Verantwortung gezogen wurde, wenn er der Vertragspartner war und nicht einfach von dem, der den Vertrag eingegangen war, für den Auftrag angemietet worden war. Im letzteren Fall war er nur seinem unmittelbaren Vorgesetzten gegenüber verantwortlich und nicht der Baukommission; der Vertragsinhaber seinerseits gab dem Handwerker nur solche Aufträge, wie er sie für richtig hielt. Die Weigerung des Staates, den Vertrag zu erfüllen, betraf den jeweiligen Handwerker ebenso unmittelbar, wenn auch auf ganz andere Weise; die wenigen Arbeitsstreitigkeiten, von denen wir aus der römischen Kaiserzeit hören, scheinen alle aus Vereinbarungen entstanden zu sein, die der Staat gebrochen hatte[392].

In Kriegszeiten requirierte der Staat Facharbeiter und Vorräte und übernahm darüber hinaus die Leitung wesentlicher Industrien: so beschloß in Athen im Jahr 408 die Volksversammlung, daß Schiffbauer nach Makedonien gehen sollten und dort Schiffe aus Holz bauen sollten, das der König der Makedonen bereitstellte, andernfalls würden sie vor Gericht gebracht; und vorher im 5. Jh. hatte die Volksversammlung beschlossen, daß nicht weniger als 40 Leute die Schiffe aus dem Wasser an Land ziehen und nicht weniger als 20 Leute sie wieder hineinziehen sollten, während die Mindestzahl an Leuten, die beim Abdichten und Verpichen von Schiffsrümpfen und beim Wechseln oder Setzen der Besegelung eingesetzt werden sollten, wieder durch Dekret festgelegt wurde[393]. Sonst läßt sich in bezug auf Eingriffe in die Werkstätten durch die Regierung in griechischer Zeit kaum etwas oder überhaupt nichts sagen.

In Rom bedeutete ein ähnliches Interesse an der Sicherstellung der Versorgung in Kriegszeiten, daß die Regierung auf die betreffenden Arbeiter Druck ausübte. Im Jahr 205 v.Chr. machten die Vorbereitungen für den entscheidenden Feldzug gegen Hannibal in Africa die Erhebung von Beiträgen seitens aller Bundesgenossen in Italien notwendig: Arretium lieferte 3000 Schilde, 3000 Helme und jeweils 50000 Spieße, Wurfspeere und Lanzen, zusammen mit genügend Äxten, Schaufeln, Sicheln, Eimern und Handmühlen, um 40 Kriegsschiffe auszurüsten. 30 neue Schiffe wurden in Auftrag gegeben und Scipio selbst trieb die Arbeiter so erbarmungslos bei ihrer Arbeit an, „daß 45 Tage, nachdem das Bauholz gefällt worden war, die Schiffe vom Stapel gelassen, voll ausgerüstet und aufgetakelt waren“[394]. Während der Kaiserzeit wurden die staatlichen Waffenschmiede zunehmend strenger kontrolliert und ihre Erzeugnisse mit überaus kritischem Auge geprüft. Bei Geschäften in Friedenszeiten griff der Staat nicht so leicht ein; das Walkergesetz von 220 v.Chr. bietet das einzige Beispiel – die Zensoren versuchten dadurch, die Kleidung der Bevölkerung vor billigen und zersetzenden Reinigungsmitteln zu schützen[395].

Der Staat griff jedoch auf andere Weise ein, die der Einstellung der antiken Regierungen zum Handel ähnelt. Obwohl die Ein- und Ausfuhr von Waren völlig der Initiative von Privatleuten überlassen war, bot sie doch die Möglichkeit, Steuern zu erheben; in gleicher Weise war das Handwerk Objekt aktiver Aufmerksamkeit von seiten des Staates nur insofern, als es mit Steuern belegt werden konnte. Doch sieht es so aus, als ob diese Praxis in Griechenland unbekannt gewesen wäre. Eine Steuer auf Handwerksarbeit – sei es, daß sie sich nach der Produktionsmenge richtete, oder daß es sich um eine festgesetzte Summe handelte, die jeder Handwerker zu entrichten hatte – wird in der *Ökonomik* erwähnt, die dem Aristoteles zugeschrieben wird; sie taucht dort unter der Satrapenwirtschaft auf, was bedeutet, daß es sich um einen Zug der persischen Reichsverwaltung handelte[396]. Von Zahlungen seitens der Handwerker für das Recht, ihren Beruf auszuüben, hören wir aus dem hellenistischen Ägypten, dessen Wirtschaft sich in vielen Hinsichten von der der griechischen Staaten unterschied[397]; im Römischen Reich waren viele Berufsgruppen mit Produktionssteuern belegt, und das galt nicht nur für die Handwerker. Während des 2. Jhs. n.Chr. wurden in Rom die Steuern für Kaufleute gestrichen und statt dessen den Produktionsbetrieben auferlegt[398]. Die *collatio lustralis*, eine alle fünf Jahre fällig werdende Steuer, die von Constantin all jenen auferlegt wurde, die kauften oder verkauften oder Löhne welcher Art auch immer bezogen, betraf auch die Handwerker; nach 374 wurden Handwerker auf dem Lande davon ausgenommen, nicht aber jene in der Stadt. Diese Steuer, die in Silber oder Gold zu entrichten war, wog schwer, ein „unerträglicher Tribut . . . der die Leute vor dem Eintreffen der gefürchteten fünfjährlichen Erhebung schaudern läßt". Die Handwerker traf es am härtesten – „die Kaufleute benützen das Meer als Fluchtweg, und die Leidtragenden sind jene, deren mühselige Handarbeit ihnen kaum ihr Brot verschafft. Nicht einmal der Flickschuster entkommt. Ich habe oft gesehen, wie sie ihre Ahlen in die Luft warfen und schworen, daß das alles sei, was sie besäßen. Doch das befreit sie nicht von den Eintreibern, die sie anknurren und nur gerade nicht beißen"[399]. Extreme Maßnahmen wurden ergriffen, um das Geld zusammenzubringen, mit dem der Steuereintreiber bezahlt werden konnte – man hört selbst vom Verkauf der Kinder in die Sklaverei. Nicht die Armut war ein Charakteristikum für die Arbeiter der späteren römischen Kaiserzeit, sondern der beständige Druck von seiten des Staates.

In Zeiten nationaler Not war der Staat bemüht, Facharbeit zu dirigieren, so wie das in Athen während des Peloponnesischen Krieges der Fall war. Die Situation während der späteren römischen Kaiserzeit ließe sich als andauernde nationale Notlage beschreiben, als deren Folge nicht nur die Industrie für Kriegsausrüstung, sondern jede produzierende Tätigkeit kontrolliert wurde, so daß sie laut Gesetz erblich und die Mitgliedschaft im zuständigen *collegium* obligatorisch wurde. Bis zu einem gewissen Grad bestätigten diese Vorschriften nur das, was bereits herrschender Brauch war: das Handwerk wurde weitgehend als ganz natürliche Sache vom Vater an den Sohn weitergegeben, und Mitgliedschaft in einem *collegium* war für viele Handwerker schon lange ganz üblich, wenn nicht sogar wesentlich für ihr berufliches und privates Leben gewesen. Doch nun wurde jede Entscheidungsfreiheit, den Beruf zu wechseln, unterbunden; selbst das Recht, in einen anderen Teil des Landes zu ziehen, existierte nicht mehr, wie folgendes Edikt zeigt:

> Sachverständige Richter sollen die Aufgabe übernehmen, die Mitglieder eines *collegiums* zurückzuholen, und sie sollen befehlen, daß jene, die sich weiter entfernt haben, mit all ihrer Habe in ihre eigenen Munizipien zurückgebracht werden. . . . Wenn Mitglieder des *collegiums* sich von ihren Municipien entfernen, sollen sie zu Zwangsarbeit in ihren Municipien zurückgerufen werden[400].

Mildere Methoden, Facharbeiter in der Gemeinschaft festzuhalten, wurden sowohl von den griechischen Städten wie vom römischen Staat angewandt – sie ermunterten jene auf aktive

Weise zu bleiben, indem sie ihnen verschiedene politische Privilegien gewährten. So bezog die Stadt Ephesos unter jene Leute, denen das volle Bürgerrecht gewährt wurde, auch die beiden athenischen Töpfer Bakchios und Kittos mit ein – wegen der Arbeiten, die sie geleistet hatten[401]. Im 3. und 2. Jh. v.Chr. bot die reiche Insel Rhodos vielen Bildhauern und Bronzebildnern aus allen Teilen der griechischen Welt Arbeitsmöglichkeiten, und mehreren von ihnen wurden bürgerliche Ehren erwiesen – Phyles von Halikarnaß erhielt den Titel eines „Wohltäters"[402]; der vielseitige Künstler Boethos von Kalchedon wurde zum *proxenos* ernannt, ein Titel, der nur Leuten von Einfluß und Ruf verliehen wurde[403]; und andere erhielten bestimmte Aufenthaltsprivilegien – Charmolas von Tyros und sein Sohn Menodotos, Ploutarchos von Apameia, Theon von Antiocheia, Charinos von Laodikeia, und Epicharmos von Soloi, von denen die letzten drei sich dieses Privilegs in ihren Signaturen rühmten, indem sie den Satz beifügten: „dem *epidamia* gewährt wurde"[404]. Der Architekt Epikrates von Byzanz, der nach Olbia geholt wurde, um die Verteidigungsanlagen der Stadt zu entwerfen, erhielt dafür die *proxenia* und das Bürgerrecht von Olbia[405]. Ehrungen dieser Art wurden von den griechischen Städten auch noch während der römischen Kaiserzeit verliehen – der Mosaikhandwerker P. Aelius Harpokration wurde vom Rat und der Volksversammlung Perinths geehrt[406]. Im 2. Jh. n.Chr. wurde in Kyrene der Maler Loukios Sossios Ratsmitglied, höchstwahrscheinlich in Anerkennung für seine Leistungen als Maler[407]. Die Tatsache, daß solche Ehren verhältnismäßig selten verliehen wurden und daß solche bürgerliche Auszeichnungen eifersüchtig gehütet wurden, auch wenn sie ihren tatsächlichen politischen Wert weitgehend verloren hatten, läßt vermuten, daß es sich dabei nicht um leere Ehren handelte.

Was die römische Welt betrifft, so führte der Maler M. Plautius Lykon einige Malereien für den Tempel in Ardea aus und erhielt dafür das Bürgerrecht der Stadt[408]. Der römische Staat selbst scheint nie auf diese Weise oder aus solchen Gründen Ehren verliehen zu haben; aber man bemühte sich in der späteren Kaiserzeit, die Handwerker insgesamt nicht nur durch Zwang bei ihrer Arbeit zu halten, sondern sie auch dazu zu motivieren, indem man sie von bestimmten öffentlichen Pflichten befreite. Constantin trieb die Förderung von Architekturstudien in der Provinz Africa voran, indem er Bewerber von bestimmten Pflichten befreite und ihnen Zuschüsse gab; solche Freistellungen gewährte er auch vielen Facharbeitern in den Städten – Architekten, Ärzten, Tierärzten, Malern, Statuenmachern, Marmorhandwerkern, Mosaikfußbodenlegern, Direktoren der Wasserversorgung, Töpfern, Verfertigern von Kassettendecken, Steinschneidern, Steinmetzen, Bildhauern, Mosaizisten, Vergoldern, Goldschmieden, Glashandwerkern, Installateuren, Verputzern, Silberschmieden, Waffenvergoldern, Graveuren, Kupferschmieden, Metallgießern, Spiegelmachern, Elfenbeinhandwerkern, Kürschnern, Zimmerleuten, Bauhandwerkern, Stufenmachern, Tischlern, Grobschmieden, Purpurfärbern, Wagnern und Walkern[409]. Mechaniker, solche, die Geometrie betreiben, und Architekten, „die die Unterteilungen und die Glieder aller Teile beobachten", und die geübt waren im Betreiben von Bewässerungsanlagen und die andere darin ausbilden konnten, sollten gefördert werden. Frei geborene Malprofessoren waren von der Kopfsteuer ausgenommen und, solange sie nur ihre eigenen Werke verkauften, auch von der Handelssteuer; ihnen sollten keine Truppeneinquartierungen zugewiesen werden, und sie brauchten keine Pferde für den öffentlichen Dienst zu stellen und konnten in jeder Stadt leben, in der sie wollten. Sie konnten ihre Ateliers gebührenfrei auf öffentlichen Plätzen errichten, solange sie sie nur für ihre eigene Malerei benützten. Schließlich „sollten sie von den Richtern nicht gezwungen werden, ohne Bezahlung heilige oder kaiserliche Bilder zu malen oder öffentliche Bauten auszuschmücken"[410]. Durch dieses großzügige Zugeständnis hob die Gesetzgebung der späteren römischen Kaiserzeit die Geschäftsposition des Handwerkers wieder auf jenen Stand des Handwerker-Unternehmers, wie er vor 500 oder 700 Jahren in Epidauros oder im republikanischen Rom existiert hatte, wo es nie in Frage gekommen wäre, daß der Staat Handwerker dazu zwingen konnte, unter solchen

Bedingungen zu arbeiten. Demnach erinnert der Tenor dieser ganzen Passage aus dem Codex Theodosianus weit mehr an die autokratischen Herrschaftssysteme des Nahen Ostens als an die (vergleichsweise) freien Gesellschaften der griechischen Städte und des republikanischen Roms, in denen die Handwerker freiwillig ihre Vereinbarungen mit den Auftraggebern abgeschlossen hatten.

Kapitel V

AUSSERHALB DER ARBEITSZEIT

Wenn die Arbeitszeit des Handwerkers völlig den speziellen Anforderungen seines Berufes gewidmet war, so bedeutet das nicht, daß sich auch seine privaten Interessen tiefgehend von jenen anderer Leute unterschieden. Die Handwerker nahmen am Leben der Gemeinschaft soweit teil, als ihnen das ihre persönliche Neigung und ihr Status erlaubten; also nicht als Handwerker, die sich gegen den Rest der Gesellschaft zusammengetan hatten, sondern als Reiche oder als Arme, als Bürger oder als Nichtbürger, je nach der Prägung der Klassenstrukturierung. Das bedeutet nicht, daß nicht auch gelegentlich der Berufsstolz oder auch der Wunsch, sich professionell zu identifizieren, seinen Ausdruck fand; doch wenn solche Empfindungen geäußert wurden, so kam darin kein wirkliches Gefühl der Trennung zwischen Handwerkern und der übrigen Gesellschaft zum Ausdruck.

Öffentliche Angelegenheiten

Philon von Eleusis, der Architekt des mittleren 4. Jhs. v.Chr., der am Telesterion arbeitete und die gewaltigen Schiffsarsenale im Piräus entwarf, übernahm um 340 auch eine Trierarchie[411]. Sein Status als wohlhabender Mann (was er gewesen sein muß, um Trierarch zu werden) hinderte ihn in keiner Weise daran, sich der Architektur zu widmen; noch hinderte ihn andererseits seine ernsthafte Beschäftigung mit der Architektur auf Grund der damit notwendig erfolgenden Verbindung mit banausischen Berufen daran, höchst respektabel zur Verteidigung der Stadt beizutragen. Vitruv, ein Architekt mit weitreichender Erfahrung und beträchtlichem Wissen, gehörte einer angesehenen römischen

Familie an, von der andere Mitglieder öffentliche Ämter bekleideten[412]. Sostratos von Knidos, der Erbauer des Pharos (Leuchtturms) für Ptolemaios II. wurde in Delphi und im Heiligtum von Delos geehrt, ohne Zweifel zum Teil wegen seiner Verbindung mit dem hellenistischen Herrscher, aber auch, weil er selbst ein Mann von Bedeutung war[413].

Der einfachere Handwerker verfügte weder über Reichtum und eigene Bedeutung, noch über Bedeutung, die der Person seines Auftraggebers entsprang. Seine Berührung mit öffentlichen Angelegenheiten und sein Einfluß auf sie war sicher an den meisten Orten und zu den meisten Zeiten verschwindend gering. Aber in der griechischen Demokratie und in den kleinen Munizipien der römischen Welt konnten Handwerker jeder Art und jeder Stellung auf irgendeine Weise an der Politik teilnehmen – und sei es auch nur so, daß sie sich dem städtischen Pöbel anschlossen. In Athen hatte während des späteren 5. Jhs. bis hin zum Jahr 322 v.Chr. (als die Demokratie ihr Ende fand) jeder, der als Bürger geboren war, mochte er auch noch so arm sein, das Stimmrecht in öffentlichen Angelegenheiten. Die Handwerker mit Bürgerrecht hatten demnach all die Macht, die ihnen die Teilnahme an Zusammentreffen der Volksversammlung verleihen konnte; dort hatten sie das Recht, über jedes vorgebrachte Thema (von der Wahl eines Tempelarchitekten bis hin zur Entscheidung zwischen Krieg und Frieden) abzustimmen, und die Gelegenheit, bei der Wahl der wichtigsten Staatsbeamten – der zehn Generäle – mitzuwirken: Rechte, die der reichste Aristokrat wie der arme, aber ehrliche Schuster in gleicher Weise besaßen. Und da die Handwerker dazu neigten, sich in Athen und Piräus zu konzentrieren, stellten die Bürger unter ihnen wohl einen größeren Teil an der Teilnehmerschaft in der Volksversammlung dar, als sie ihn von der Gesamtbürgerschaft ausmachten; denn für die Bauern, die bis zu 30 oder 40 km entfernt wohnten, war es sicher schwierig, bis zu 40mal im Jahr in die Stadt zu kommen. Demnach gibt es eine reale Grundlage für die bitteren Bemerkungen des Sokrates und Platon, daß die Volksversammlung überlaufen sei von Banausenpack.

Die ärmeren Leute in Athen, unter ihnen (mit ein paar wenigen wohlhabenden Ausnahmen) auch die Handwerker mit Bürgerrecht, zogen Vorteile aus der Einführung der Demokratie. Ganz offensichtlich bestand eine Verbindung zwischen der kaufmännischen Aktivität der Athener Gesellschaft und dem Zusammenbruch des alten aristokratischen Monopols auf die Macht im Staat, den Solon in die Wege geleitet hatte; derselbe politische Prozeß vollzog sich natürlich auch andernorts, und zwar aus ziemlich denselben Gründen. Aber wie etwa in Korinth – ein kommerzielles und industrielles Zentrum wie kaum ein anderes – führte er nicht als logische Folge zu einer voll ausgereiften Demokratie. In Athen trieb der Alkmaeonide Kleisthenes die politische Entwicklung viel weiter voran, als er im Jahr 508 den Kampf um die politische Macht den Parteizentralen der Aristokratie entriß und ihn an die Öffentlichkeit vor die Volksversammlung brachte. Dennoch geht man leer aus, wenn man auf seiten der Handwerker nach Unterstützung der Politik des Kleisthenes im Gegensatz zu anderen Teilen der Bevölkerung innerhalb oder außerhalb der Volksversammlung sucht – oder später etwa nach einer Arbeiterpartei, die ohne Rücksicht auf den Rest des *demos* nach Vorteilen für ihre Mitglieder strebt[414]. In Wirklichkeit hören wir weder in Athen noch sonstwo in der antiken Welt von irgendeiner Arbeitergruppierung, die auf revolutionäre Maßnahmen zugunsten der Arbeiter drängte – Maßnahmen, die eine totale Zerstörung der alten Ordnung, der Wirtschaft und der damit verbundenen zutiefst verwurzelten Überzeugungen, des Stadtstaates und aller politischer Macht, wie man sie damals verstand, bedeutet hätten.

Die einzigen Erhebungen, die als Arbeiteraufstände bezeichnet werden können, sind die sogenannten Sklavenkriege des späten 2. Jhs. v.Chr. in Sizilien, die jedoch nicht durch die Idee einer neuen Ordnung, in der es beispielsweise keine Sklaverei mehr geben sollte, initiiert worden waren, sondern einfach durch die Ablehnung des eigenen Sklavenstatus von seiten der Sklaven und ihren Wunsch, frei wie ihre römischen Herren zu sein[415]. Sonst entsprangen die Streitigkeiten zwischen Arbeitern und Verwaltung, wie sie in ptolemäischen Steinbrüchen oder bei römischen

Bauvorhaben vorkamen, einem angeblichen Vertragsbruch seitens der Verwaltung, oder einem Versagen bei der Beschaffung der richtigen Ausrüstung, ausreichender Nahrungsmittel, oder der vereinbarten Löhne[416].

Wenn beispielsweise die Handwerker von Athen einen gewissen beruflichen Corpsgeist besaßen, dann bedeutete das keineswegs, daß das den Handwerkern mit Bürgerrecht so sehr am Herzen gelegen hätte, daß sie gefordert hätten, die vollen Rechte müßten auf alle Handwerker, gleichgültig welchen Standes auch immer, ausgedehnt werden. Werkstattverbindungen und politische Privilegien waren zwei ganz verschiedene Dinge. Der Handwerker mit Bürgerrecht war nicht weniger eifersüchtig auf seine Rechte als Bürger bedacht als der große Landbesitzer oder der Bauer im Hoplitenstand. Was die Befreiung von Handwerkern aus dem Sklavenstand anging, so hätte der Handwerker mit Bürgerrecht Angestellte im Sklavenstand nur dann freigelassen, wenn das für ihn selbst zuträglich gewesen wäre, mochte er ihre Arbeit und Person auch noch so hoch einschätzen – *nicht* aber aus Prinzip, etwa mit einer Begründung wie „gleiche Rechte für alle Facharbeiter".

Während der Handwerker mit Bürgerrecht Gelegenheit hatte, an politischen Angelegenheiten teilzunehmen, so blieb doch noch eine große Anzahl von Metöken- und Sklavenhandwerkern in Athen, die keine Stimme in der Politik besaßen und oft genug auch kein Interesse an der Sache hatten. Aber selbst der Nicht-Bürger konnte nicht umhin, etwas – und mochte es auch noch so wenig sein – vom Lauf der öffentlichen Ereignisse mitzubekommen: denn einer der wichtigsten Faktoren im politischen Leben Athens war, daß man darüber sprechen konnte. Die Werkstätten waren anerkannter Treffpunkt für Diskussionen jener Art, wie sie Sokrates in der einen oder anderen von ihnen geführt haben soll[417]. Die Bemerkungen, die in einem Prozeß in der Zeit um 400 v.Chr. fielen, besagen dasselbe: der Kläger behauptete, daß die Werkstatt des Angeklagten das Hauptquartier einer Bande von Raufbolden und Schlägern sei, worauf der Angeklagte antwortete, daß jede Werkstatt in Athen ein Treffpunkt sei und daß alle Athener gewohnt seien, sie zu besuchen, besonders die in der Nähe der Agora[418]. Das war natürlich genau dort, wo Simon, der Schuhmacher, der Erzählung nach mit Perikles und Sokrates zum philosophischen Gespräch zusammentraf (Abb. 3)[419].

Wenn der Handwerker mit Bürgerrecht an der Wahl der höchsten Beamten im Staat teilnehmen, wenn er Mitglied des Rates der Fünfhundert werden konnte (vorausgesetzt, daß er, noch im 5. Jh., reich genug war, um sich für den Hoplitenstand zu qualifizieren), gab es dann für ihn noch irgendeine Hoffnung, noch höher zu steigen und genügend Rückhalt zu finden, um selbst General zu werden? Es lohnt sich, dieser Frage nachzugehen, und zwar allein schon deswegen, weil es im 5. Jh., und besonders in dessen zweiter Hälfte, einige Leute in hohen Stellungen gab, die in irgendeiner Weise mit dem oder jenem Handwerk in Verbindung standen. Das Problem dabei besteht darin, die Natur der Verbindung zu beurteilen, von der wir nur deswegen wissen, weil es eine der gewohnten Waffen im politischen Kampf in Athen war, dem Gegner, besonders (oder vielleicht nur) wenn er ein Demokrat war, vorzuwerfen, er sei selbst ein *banausos* oder der Sohn eines solchen. So wurde der Tragödiendichter und General Sophokles unterschiedlich als Sohn eines Zimmermanns, Schmiedes oder Messermachers bezeichnet; der Staatsmann Kephalos als Sohn eines Töpfers (und ein Töpfer Kephalos ist durch seine Signaturen bekannt); Kleon als Gerber; und Kleophon und Anytos, die späteren Führer der radikalen Demokraten, als Leiermacher bzw. als Gerber (um vom Flaschenmacher Hyperbolos ganz zu schweigen)[420].

Der Grund für diese Art der Beleidigung konnte einfach der sein, daß jeder dieser Männer eine Werkstatt besaß, die mit diesen Gewerben in Verbindung stand – und genau das besagt eine der Versionen der *vita* des Sophokles; und Geld, das durch solche Betriebe erworben wurde, war im Vergleich zu dem Reichtum, der auf Grundbesitz beruhte, schmutziges Geld. Aber wenn dies der Fall war, weshalb benützten dann die radikalen Demokraten nicht dieselbe Waffe gegen den gemäßigten Nikias, der doch genug politische Feinde hatte, unter ihnen Kleon? Warum wurde

Nikias nie mit dem Spitznamen „der Bergmann" versehen angesichts der hohen Summen, die er in Bergwerksklaven investiert hatte[421]? Der Unterschied mag vielleicht darin zu suchen sein, daß Nikias den Einsatz seiner Sklaven völlig einem Verwalter überließ, während Kleon und die übrigen enger mit dem Geschäftsgang ihrer Betriebe verbunden waren — vielleicht sogar so eng, daß sie die Bücher führten und gelegentlich die Arbeiten kontrollierten, selbst wenn sie nicht tatsächlich selbst in den Bottichen herumplantschten oder mit eigener Hand die Seiten auf eine Leier aufzogen. Eine gewisse Stütze für die Annahme, daß Kleon und die übrigen zumindest als Manager in die Geschäfte ihrer Väter eingesetzt waren, liefert der Bericht des Xenophon über das Streitgespräch zwischen Sokrates und Anytos, der einer seiner Ankläger vor Gericht war; es betraf die Erziehung von Anytos' Sohn, der, wie Sokrates sagte, nicht ins Gerbergeschäft gesteckt werden sollte, da sein Vater ein hohes Staatsamt innehabe. So, wie die Sache sich verhielt, waren Kleon, Kleophon, Hyperbolos und Anytos nicht Handwerker, die mit schwieligen Händen nach dem Amtsstab hoher Regierungsposten griffen; aber sie waren vielleicht Geschäftsleute und Städter im Gegensatz zum Landbesitzer Perikles und zum großen Rentenbezieher Nikias[422].

Sie waren reiche Leute — aber ihr Reichtum entsprang der Arbeit anderer, nicht ihrer eigenen. In einer Gesellschaft, in der solche Leute durch ihre rein geschäftlichen Interessen am Handwerk dennoch den Ruf des *banausos* auf sich ziehen konnten, konnten selbst die Arbeitskollegen auch einen noch so reichen Handwerker nicht als Führer akzeptieren. Handwerker und Bauern suchten ihre Staatsmänner immer noch unter den Höhergeborenen; aristokratische Ideale starben nicht so leicht.

Es gab eine Sphäre, in der der Handwerker durch Anwendung seiner Fähigkeiten dem öffentlichen Interesse dienen und soziale oder sogar politische Bedeutung gewinnen konnte, die ihm sonst versagt blieb — das war der Militärdienst. Die Leute, deren Arbeit für den Staat von strategischer Bedeutung war — der Steinmetz oder Zimmermann, der Befestigungen bauen konnte, vielleicht auch der Trierenbauer – wurden unter ihren Nachbarn sicher höher geachtet als der Töpfer, der Juwelier oder der Damenschuhmacher. Die Bedeutung in militärischer Hinsicht, die im griechischen Stadtstaat Steinmetzen und Zimmerleute zugebilligt wurde, läßt sich schwer abschätzen, da die Bürger von Feldzug zu Feldzug ausgehoben wurden und nicht ein stehendes Heer bildeten, angemietete Söldner aber keine Belege über ihre Rolle in den militärischen Künsten und Handwerken hinterlassen haben. Doch der griechische Soldat wurde oft dazu aufgerufen, im Feld Befestigungen zu bauen, und gelegentlich wurden Mauerbauer von einer Stadt an eine andere, die sich in aller Eile befestigen wollte, ausgeliehen; manchmal beliebte es einer Stadt, der solche Dienste geleistet worden waren, den Leuten, die ihr geholfen hatten, bürgerliche Ehren zu verleihen[423]. Sicher bedeutete es viel im Leben eines Militär-Zimmermanns, wenn er mit dem Bürgerrecht einer anderen Stadt versehen nach Hause kam.

Auf der anderen Seite stellte der Dienst in der römischen Armee, besonders seit den Reformen des Marius, eine eigene Karriere und Lebensweise dar. Er bot den Status des römischen Soldaten und daneben gute Berufsaussichten für Bauleute, Ingenieure, Steifelmacher, Zimmerleute, Maurer und Schmiede, wie sie ihnen in den meisten Städten und Dörfern nicht offengestanden hätten[424]. Der Militäringenieur hatte natürlich eine wichtige Funktion und er konnte in der Armee entsprechend hoch aufsteigen. C. Vedennius Moderatus aus Antium in der Nähe von Rom schloß sich im Jahr 60 n.Chr. einer in Germanien stationierten Legion an; seine genaue Herkunft ist unbekannt, aber seine Karriere in der Armee besagt wohl, daß er so viel besser vorankam, als wenn er Zivilist geblieben wäre[425]. Er wurde schließlich *architectus armamentarius* der Prätorianergarde, des Elitekorps der Armee, und wurde zuletzt an das kaiserliche Arsenal in Rom überstellt – wohl als Spezialist für den Bau von Katapulten, von denen eines auf seinem Grabstein dargestellt ist (Taf. 56). Die meisten der *architecti*, deren Grabsteine erhalten sind, scheinen Militäringenieure und nicht Zivilarchitekten gewesen zu sein; und zweifellos hingen die meisten Schiffbauer, von denen wir hören, mit der römischen Flotte und nicht mit privaten Schiffswerften zusammen. Ein Mann aus dem Militär konnte ganz anders auftreten als ein reiner Zivilist.

Private Verbindungen

Die Mehrheit der Facharbeiter kann nur in geringem Maß vom öffentlichen Leben oder dem öffentlichen Dienst berührt worden sein. Ebenso wie Leute aus allen Gesellschaftsschichten die Befriedigung ihrer religiösen Bedürfnisse nicht so sehr in den Staatskulten und öffentlichen Festen fanden, sondern eher in der Durchführung privater Kultrituale — sei es zu Haus, in der Sippe, im *demos* oder anderen lokalen Gruppierungen, oder auch in der Kultgemeinde einer neuen Gottheit — so suchten sie auch einen weniger unpersönlichen sozialen Zusammenhalt als jenen, den die Gemeinschaft als Ganzes bot. So sind beispielsweise die Kultverbindungen des klassischen Athen, in denen sich die Mitglieder nicht nur auf Grund ihres Glaubens, sondern auch ihres sozialen Hintergrunds oder sogar ihrer Berufsinteressen zusammenschlossen — so waren, um ein extremes Beispiel zu nennen, in den *thiasoi* der thrakischen Göttin Bendis in Athen ansässige Metöken-Kaufleute aus Salamis in Zypern von zypro-phönizischer Nationalität verbunden — den viel häufigeren und formeller organisierten Vereinen der römischen Welt einigermaßen ähnlich: den *collegia*[426].

In solchen Verbindungen konnte man dem Bedürfnis nachkommen, einer identifizierbaren Gruppe anzugehören, in die man sich direkt einbezogen fühlen konnte, wie das für den Staat nicht galt, der zu groß und entfernt war und vor allem für viele Handwerker ohne Bürgerrecht völlig außer Reichweite lag und deshalb ohne Bedeutung blieb; auch fand man hier einen gewissen Ausgleich für die Tatsache, daß nur allzuoft das Schicksal der Gemeinschaft, in der man lebte, völlig jenseits der eigenen Kontrolle oder des eigenen Einflusses lag. Im *collegium* hatte jedes Mitglied nicht nur die Aussicht auf gute Mahlzeiten in regelmäßigen Abständen und auf ein respektables Begräbnis nach dem Tod, sondern jeder hatte auch noch die angenehme Sicherheit, daß er frei war, für sich selbst zu entscheiden – mochten die Entscheidungen, die getroffen wurden, auch nur Bagatellen betreffen –, und daß ihm nicht einfach die Ergebnisse aufgezwungen wurden.

In der griechischen Welt scheint es im Vergleich zur Anzahl der „professionellen" Organisationen in der römischen Gesellschaft nur sehr wenige Kultverbindungen gegeben zu haben, die sich rein aus Handwerkern zusammensetzten. In einer Inschrift des frühen 4. Jhs. aus Kos wird beschrieben, wie ein Opfertier auf vier Gruppen von Spezialisten aufgeteilt werden soll, von denen jede, wie man annimmt, eine bestimmte Bedeutung im Kult für die Gemeinschaft hatte – es sind das die Ärzte, die Flötenspieler, die Töpfer und die Schmiede[427]. Die Vereinigung von 12 Kleiderreinigern, die eine Weihung an Pan, die Nymphen und den Fluß Acheloos im Athen des 4. Jhs. aufstellten, muß nicht eine dauernde gewesen sein; und wenn sie es war, dann scheint sie ungewöhnlich gewesen zu sein. Dasselbe gilt für die 11 Bergwerkarbeiter, die etwa zur selben Zeit im Gebiet von Laureion eine Weihung darbrachten[428].

Das römische *collegium*, mochte es sich nun um eines für Handwerker, Geschäftsleute, Priester oder Soldaten handeln, war in erster Linie eine Kultorganisation mit starker Betonung der sozialen Aufgaben. Die Handwerkerorganisationen waren nur insofern beruflich gebunden, als die Mitglieder alle ein und demselben oder einem nächst verwandten Handwerk angehörten; ihre hauptsächliche, wenn nicht überhaupt einzige Funktion bestand darin, in sozialer Hinsicht und bei Begräbnissen Leistungen zu erbringen – wie der Grabstein eines Militär-Waffenschmiedes erkennen läßt: „Julius Vitalis, Waffenschmied der 20. Legion Valeria Victrix, 9 Jahre im Dienst, 29 Jahre alt, vom Stamm der Belger, mit einem Begräbnis auf Kosten des *collegiums* der Waffenschmiede – hier liegt er"[429]. Und da die Werkstatt einen solch großen Teil im Handwerkerleben bestimmte, war es nur natürlich, daß sich die Handwerker nach ihrer Arbeitszeit vor allem mit ihren Arbeitskollegen zusammentaten. Das *collegium* setzte sich nicht zum Ziel, gerechte Arbeitsbedingungen und angemessene Löhne für seine Mitglieder zu garantieren, noch hatten die Mitglieder des *collegiums* irgendein kollektives Interesse an den Methoden der Lehrlingsausbildung oder an der Qualität der Arbeit ihrer Kollegen. Die Handwerkerverbindungen konnten keinen wirklichen politischen Einfluß ausüben, ihre Mitglieder konnten nicht für die Durchsetzung einer spezifischen *Arbeiter*politik sorgen, selbst wenn ein hemmungsloser Agitator wie Catilina sich unter anderem auch um ihre Unterstützung bemühen mochte: das hatte nur zum Ergebnis, daß der Senat von dieser Zeit an bis zur Herrschaft des Augustus die *collegia* völlig unterdrückte[430].

Während der Kaiserzeit blieb offene politische Macht natürlich jedermann versagt. Die *collegia* konnten jedoch in der Lokalpolitik eine gewisse Rolle spielen, obwohl es gar nicht in Frage kam, daß sie etwa ihre eigenen Kandidaten aufstellten; es war einfach so, daß kollektive Unterstützung für diesen oder jenen Kandidaten viel effektiver sein konnte als lautstarkes Verkünden oder Plakatieren von Wahlslogans des einzelnen. So wurde in den Munizipalwahlen von Pompeji C. Cuspius Pansa bei seiner Bewerbung um das Amt eines Ädilen von mehreren Gruppen – unter ihnen die Goldschmiede und Holzarbeiter – und nicht nur von einem *collegium* unterstützt[431].

Dennoch war der kaiserlichen Verwaltung nie so ganz wohl wegen dieser Organisationen, denn gelegentlich bildeten sie den Kern bürgerlicher Unruhen, und oft hatte man sie im Verdacht, potentielle gefährliche Strömungen, die sich gegen die zentrale Macht richten mochten, zu nähren. So kam es unter Nero zu einem schrecklichen Aufruhr und einem Massaker, in die offenbar die *collegia* mitverwickelt waren, zwischen den Bewohnern von Pompeji und der Nachbarstadt Nuceria anläßlich eines Gladiatorenkampfes, den ein politisch Unzufriedener ausgerichtet hatte; daraufhin wurden die *collegia* für 10 Jahre aufgelöst[432]. Trajan erlaubte nicht, daß die Bauleute von Nikomedeia eine Vereinigung zur Feuerbekämpfung bildeten, eben weil er fürchtete, diese könne den Nährboden für bürgerliche Unruhen abgeben[433].

Aber die wirkliche „politische" Bedeutung der *collegia* lag, wie bereits angedeutet, im internen Bereich. Ein Mann konnte einer Gruppe angehören, die außerhalb seiner Familie und seiner Werkstatt lag und größer war als diese, und konnte durch seine Mitgliedschaft eine Bedeutung gewinnen, die ihm sonst versagt geblieben wäre. Die soziale und amthaltende Bedeutung des *collegiums* geht klar aus den Satzungen der römischen Vereinigung der Elfenbein- und Einlegehandwerker aus hadrianischer Zeit hervor:

> Hiermit wird bestimmt: wenn irgend ein anderer als ein *negotiator eborarius* oder *citrarius* unter Vorspiegelung falscher Tatsachen in dieses *collegium* gewählt wird, so sollen die Namen der *curatores* oder Beamten, die dafür verantwortlich sind, von den Listen des Vereins getilgt werden . . . Es wird bestimmt, daß pünktlich am 1. Januar dieselben Beamten aus der Kasse des Vereins 15 *denarii* auszahlen sollen . . . (zu einem bestimmten Zeitpunkt) sollen ein Lorbeerkuchen, Datteln, getrocknete Feigen und Pfirsiche dargebracht werden. 8 Tage nach den Kalenden des Februars sollen für den Geburtstag Hadrians 15 Essenszuweisungen dargebracht werden, und die Vereinsbeamten sollen Brot, Wein und warmes Wasser hier und dort für jene ausgeben, die gekommen sind, um zusammen zu speisen . . . Und jedes Jahr sollen jeweils vier *curatores* (ausgewählt werden) von der Liste (der Mitglieder). Sie sollen den in der Vereinskasse verbliebenen Überschuß in gleiche (Teile) aufteilen . . . Bei der Wahl zum Mitglied des *collegiums*, soll jeder 10 *denarii* in die Kasse geben . . .[434]

Es scheint keine feste Regel, ja nicht einmal eine eingeführte Praxis gegeben zu haben hinsichtlich der Frage, welche Handwerke sich zu Vereinen zusammenschlossen. Die Zimmerleute und Bauhandwerker bildeten die meisten und gehörten mit zu den größten (so weit wir das beurteilen können), dicht gefolgt von den Lederhandwerkern, den Färbern und den Walkern. Einige Handwerke scheinen unter den *collegia* gar nicht vertreten gewesen zu sein; so gibt es beispielsweise keines für Bildhauer oder Maler. Und merkwürdigerweise gab es nur sehr wenige *colle-*

gia für Metallhandwerker, obwohl doch ihre Erzeugnisse beständig benötigt wurden.

Es läßt sich gar nicht sagen, wie wichtig oder wie exklusiv die Mitgliedschaft in einem *collegium* war, da wir weder die Gesamtzahl der Handwerker innerhalb einer beliebigen Gesellschaft kennen, noch die Anzahl jener, die zu einer Vereinigung gehörten; manche waren sehr groß, so etwa das *collegium* der Zimmerleute und Bauhandwerker in Ostia, das vielleicht 1000 oder 1200 Mitglieder umfaßt haben mag: sicher die meisten, wenn nicht überhaupt alle Zimmerleute und Bauhandwerker der Stadt[435].

Die Mitgliedschaft wurde vielleicht allein schon dadurch etwas in Grenzen gehalten, daß in der Regel Beitrittsgebühren erwartet wurden, mit denen ein Beitrag zu den gemeinsamen Mählern, den Gemeinschaftsweihungen und den Begräbnissen der anderen Mitglieder geleistet werden sollten; weitere Spenden an die Vereinskasse brachten dem Geber Ehrungen ein. Vielleicht wurde der arme Handwerker, dem von seinem Tagesverdienst kaum etwas übrigblieb, dadurch vom Beitritt abgehalten. Aber *collegia* waren nicht ausnahmslos auf die Wohlhabenden oder die größeren Städte beschränkt. Jede Gruppe von Facharbeitern konnte sich dazu entschließen, aus ihrer Arbeitsgemeinschaft gleichzeitig eine formelle soziale Einheit zu machen. Zu einer Anzahl von Steinmetzen aus dem Sklavenstand in den Steinbrüchen von Luna (Carrara) gehörten im frühen 1. Jh. n.Chr. vier Arbeiter, die jährlich gewählt wurden, um bei offiziellen Angelegenheiten aufzutreten. Hilarion, der im 6. Jahr nach der Gründung des *collegiums* zu diesen Beamten gehörte, schätzte die Bedeutung seines Amtes so hoch ein, daß er es für seine Pflicht hielt, eine Liste jener aufzustellen, die bisher das Amt innegehabt hatten – daher unser Wissen von seiner Existenz und der der anderen[436].

Eine offizielle Stellung im *collegium* gab dem Betreffenden zumindest Möglichkeiten, sich zu beschäftigen und (das war wohl ebenso wichtig) den Kollegen zu zeigen, daß dies der Fall war. Aber wie viele diese Möglichkeiten hatten, wissen wir nicht; es wäre denkbar, daß die Ausübung eines Amtes oft nur auf eine kleine Kerngruppe beschränkt blieb – es gibt einige Hinweise darauf, daß Söhne die gleiche Rolle spielten wie ihre Väter. Als Beamter eines *collegiums* war man in gewissem Sinn ein Mann von Bedeutung, und dessen konnte man sich rühmen. Das Grabmal des Ti. Flavius Hilarion, von dem schon die Rede war, belegt das, und darüber hinaus zeigt es, daß dieser bestimmte Zimmermann mit seinem *collegium* über mindestens 35 Jahre hinweg verbunden war[437]. Der Zimmermann und Bauhandwerker Q. Candidus Benignus aus Arles gehörte laut seinem Grabstein zu einem *collegium*[438]; Camillus Polynices, „von Nationalität ein Lyder, von Beruf ein Goldschmied", gehörte ebenfalls zu einem *collegium* der Zimmerleute und Bauhandwerker, „unter dessen Mitgliedern er jedes Amt verwaltete", und sein Sohn Camillus Paulus folgte ihm in Beruf und Verein[439].

Es war demnach keineswegs so, daß Werkstattbekanntschaften an der Werkstattür zu Ende waren und bis zum nächsten Arbeitstag vergessen wurden. Und obwohl manches dafür spricht, daß Handwerker an öffentlichen Diskussionen teilnahmen, wenn und wo sie die Möglichkeit dazu hatten, so ist es doch offensichtlich, daß sie einen großen, wenn nicht den größten Teil ihrer Zeit in der Gesellschaft anderer Handwerker zubrachten – entweder in den Handwerkervereinigungen oder auf weniger formeller Ebene. Beweismaterial für persönliche Beziehungen gibt es so gut wie überhaupt nicht. Wir können nur annehmen, daß die Ähnlichkeit der beruflichen Betätigung manche Leute zusammenbringen mochte; daß andere, wie sich die Dinge nun einmal verhalten, ständig vor Konkurrenzgeist vibrierten und alle potentiellen Rivalen ablehnten; und andere wieder mochten es vorziehen, Arbeit und Privatleben allein zu verbringen. Ein Bleitäfelchen liefert eine Illustration für die Intensität des Gefühls, wie sie im Bereich der Arbeiterklasse im Athen des 4. Jhs. entstehen konnte:

> Bei den Göttern der Unterwelt verfluche ich Aristaichmos, den Bronzeschmied, und Pyrrias, den Bronzeschmied, und sein Werk, und beider Seelen, und Sosias von Lamia, und sein Werk und seine Seele . . . und Hagesion, die Frau aus Böotien . . .[440]

Die Tatsache, daß die Arbeit von Handwerkern mit einem Fluch belegt und daß das Täfelchen in einem Schmiedegeschäft gefunden wurde (Haus D in der Straße der Marmorhandwerker, Abb. 3), läßt es fast sicher erscheinen, daß der Mann, der den Fluch aussprach, ebenfalls ein Schmied war. Aber der Streit betraf wahrscheinlich die böotische Frau und keine Werkstattangelegenheiten.

Soweit ich weiß, läßt sich die ganze Antike hindurch sonst kein Einblick in das persönliche Verhältnis der Arbeiter untereinander gewinnen. Wenn sie sprachen, so tun sie das, wie in den unten genannten Aufzeichnungen, formell und wohlüberlegt.

Religiöse Bräuche und persönliche Aufzeichnungen

Bei den Gelegenheiten, an denen Handwerker Weihungen aufstellten und zum Gedenken an sich Grabsteine beschriften ließen, hielten sie sich an fest eingeführte Bräuche. Die Frage ist, wie eng sie sich an diese Bräuche hielten und in welcher Hinsicht sie sich – wenn überhaupt – auf Grund ihrer speziellen Aktivitäten als Handwerker davon absetzten. Weihinschriften, Berichte auf Stein darüber, wer was welcher Gottheit geweiht hatte, geben uns einen Einblick in die religiöse Glaubenswelt jener, die sie aufstellen ließen; gleichzeitig können wir vorsichtige Schlüsse über ihre Kosten und demzufolge über den Reichtum des Weihenden ziehen. Problematisch bleibt dann allerdings festzustellen, *wie verbreitet* der Brauch war, Weihungen darzubringen, die so groß waren, daß sie erklärende Berichte auf Stein verlangten; dasselbe Problem erhebt sich auch im Fall der Grabsteine, denn obwohl es auf den ersten Blick so scheinen mag, als ob jeder, der in der alten Welt etwas darstellte und sich einen Grabstein oder gar ein monumentales Erinnerungsmal leisten konnte, das auch tatsächlich getan hätte, war das doch nicht unbedingt der Fall. Handelte der Mann, der auf der Athener Akropolis die Töpferstele weihte (Taf. 19), völlig normal und seinem Status und Beruf angemessen? Folgten P. Longidienus' Erben einem allgemeinen Brauch, als sie sein schönes Grabrelief aufstellten (Taf. 9)? Die Anzahl der erhaltenen Weih- und Grabinschriften läßt vermuten, daß sie zur Zeit ihrer Anfertigung die Ausnahme und nicht die Regel darstellten. Aus Athen sind für einen Zeitraum von etwa 900 Jahren etwa 300 Weihungen bekannt, was etwa 0,1 Prozent der gesamten bürgerlichen Bevölkerung ausmacht[441]. Die Verhältniszahl der weihenden Handwerker war noch viel geringer. In der römischen Welt war das Verhältnis von Weihenden zu Nichtweihenden wahrscheinlich nicht viel höher, obwohl auf den ersten Blick die wesentlich reichere Fülle an erhaltenem epigraphischen Material das Gegenteil vermuten läßt. Grabsteine waren gebräuchlicher. Aber selbst in Athen, wo bei weitem die meisten aus der gesamten griechischen Welt erhalten geblieben sind, sind nur etwa 8000 Grabsteine gefunden worden, was für etwa 0,25 Prozent der gesamten bürgerlichen Bevölkerung ausreicht. Und von diesen 8000 können höchstens 60 mit Handwerkern in Verbindung gebracht werden. Römische Grabsteine sind viel häufiger, unter ihnen auch solche von Handwerkern[442]. Aber selbst dort hob man sich durch den Besitz einer Grabinschrift von den übrigen ab. Deshalb erhebt sich die Frage, bis zu welchem Grad uns diese Berichte erlauben, über Glauben und Lebensbedingungen der Handwerker allgemein Schlüsse zu ziehen. Sollten wir bei dem Individuum stehen bleiben, dessen Bericht wir lesen? Ein paar Ausnahmen können wir wagen: zum einen können wir auf Grund der Tatsache, daß der Töpfer Nearchos eine so schöne Weihung wie die *kore* aufstellen konnte, und andere Töpfer etwa zur selben Zeit bekanntermaßen Weihungen auf der Athener Akropolis dargebracht haben, schließen, daß die Töpfer ziemlich wohlhabend gewesen sein müssen; und da vergleichbare Weihungen von anderen Handwerkern fehlen, darf man sie als die erfolgreichsten Handwerker jener Zeit einschätzen – obwohl sie natürlich sicher nicht alle so reich waren wie Nearchos. Und noch eine andere Ausnahme können wir machen: das Darbringen von Gaben an die Götter war während der Antike grundlegend für den religiösen Glauben fast aller Menschen, welchen Standes auch immer, und die Handwerker aller Sparten werden sich diesem Brauch angeschlossen haben, selbst wenn wir nicht mehr im Stande sein mögen, ihre billigeren Gaben aus dem über Jahrhunderte hinweg angesammelten Sammelsurium herauszufinden; und gerade deshalb dürfen wir die Weihungen, deren Zweck in einer begleitenden Inschrift festgehalten wird, als Hinweis auf die Kulte nehmen, denen die Handwerker sich in der Regel anschlossen. Wenn demnach die meisten Weihinschriften beispielsweise Hephaistos oder Vulcan (oder Prometheus als Handwerkerheros) nennen würden, dann dürften wir ziemlich sicher sein, daß die meisten Handwerker diesem Kult anhingen. Es scheint jedoch, als hätten sich die Handwerker in ihrem religiösen Glauben keineswegs so spezialisiert.

Zu den frühesten Beispielen für die Weihung von Marmorskulpturen und gleichzeitig zu den frühesten bekannten persönlichen Aufzeichnungen aus der griechischen Welt überhaupt und zu den frühesten Arbeiten mit Handwerkersignatur gehört jene Statue, die der naxische Bildhauer Euthykartides gemacht hatte. Weihungen aus dem 7. Jh. kennen wir wenige genug, aber als Gabe eines Handwerkers ist sie die einzige ihrer Art, von der wir auch für geraume Zeit danach hören. Es ist anzunehmen, daß Euthykartides sowohl ein Bildhauer wie auch ein wohlhabender Mann war, dessen sozialer Status verlangte, daß er eine religiöse Verpflichtung auf kostspielige Weise erfüllte. Aber zur Absicht der Weihung des Euthykartides gehörte vielleicht auch jener Gedanke, der sicherlich auch andere Handwerker dazu veranlaßte, ihre Gaben darzubringen – Dankbarkeit für den Erfolg, der dem betreffenden in seinem Beruf vergönnt war, und die Bitte um eine glückliche Zukunft. Zu wem betete der Handwerker?

Wenn die Handwerker daran glaubten, daß es neben dem allgemeinen göttlichen Schutz im Leben eine eigene göttliche Führung bei ihrer Arbeit gab, dann müßte diese Tatsache in ihren Weihungen zum Ausdruck kommen. Wenn sie eine besondere Verehrung für einen bestimmten Gott im Gegensatz zu den übrigen empfunden hätten, wenn es irgendwelche spezifischen Handwerkskulte für Handwerksgötter gegeben hätte, dann wären es diese Gestalten gewesen, denen sie ihre Weihungen dargebracht hätten.

Hephaistos, der lahme, hinkende, häßliche Schmied, war gleichzeitig einer der 12 olympischen Götter. Prometheus, der Feuerbringer, der den Menschen technische Intelligenz vermittelt hatte, wurde in Athen zusammen mit Hephaistos und Athena verehrt; der Feuergott Vulcan, der in Rom seit frühester Zeit verehrt wurde, wurde schließlich als römisches Gegenstück zu Hephaistos betrachtet – ebenfalls als Schmiedegott; und Athena stand häufig mit dem Handwerk in Verbindung, besonders in Athen.

Und dennoch ist von den erhaltenen Handwerkerweihungen nicht eine an Hephaistos, Prometheus oder Vulcan gerichtet, nicht einmal an Athena in ihrer Eigenschaft als Schutzherrin des Handwerks. Auf der anderen Seite legen die antiken Quellen nahe, daß die athenischen Handwerker besonders dem Kult des Hephaistos im Töpferviertel anhingen[443]. Hephaistos war weithin anerkannt und seine Person war im Volksbewußtsein real genug, daß die Geschichte aufkommen konnte, er habe seine Werkstatt auf den vulkanischen liparischen Inseln[444]. Er war eng mit der Insel Lemnos verbunden, wo er aufschlug, als er von Hera aus dem Olymp geschleudert wurde; hier lernte er das Handwerk der Metallbearbeitung[445]. Die Bedeutung des Hephaistos für die Bewohner der Insel Lemnos wird durch den Namen ihrer Hauptstadt – Hephaistia – demonstriert und durch die Art und Weise des Rituals, mit dem alljährlich neues Feuer auf die Insel gebracht wurde: denn Hephaist war, wie Vulcan, in seiner Urform ein Feuergott; zum Schmied wurde er erst später[446].

Doch welche Rolle spielte Hephaist in Athen? Um die Mitte des 5. Jhs. wurde der Kult des Hephaist durch einen großen dorischen Tempel ausgezeichnet, fast sicher den größten Bau, der dem Gott je in der griechischen Welt geweiht wurde. Davor wurde er in einem wesentlich einfacheren Schrein am selben Platz verehrt[447].

Der Tempel nahm ein Gebiet ein, das vorher von Töpfern und Bronzeschmieden bewohnt worden war – eine Tatsache, die sicherlich jener Vorstellung, daß vor allem Töpfer und Schmiede am Kult des Hephaist hingen, Farbe verleiht[448]. Aber das Ziel der Förderer des Kultes war es vielleicht gar nicht, den Handwerkern eine Freude zu machen; vielleicht ging es ihnen vielmehr darum zu demonstrieren, daß die gesamte Gemeinschaft wieder auflebte, und daß die wohltätigen Kräfte, die zum Nutzen der Gesellschaft und zur Weiterführung des zivilisierten Lebens wirkten, in der Stadt anwesend waren. Hephaistos hätte damit nicht nur speziell die Nützlichkeit des Handwerks symbolisiert, oder jedenfalls nicht nur diese, sondern überhaupt das Fundament einer geordneten Gesellschaft, für das sein spezifisches Element, das Feuer, grundlegend war (siehe die Prometheussage).

In Rom äußerte sich die Anerkennung der Bedeutung des Feuers für das Leben allgemein zum einen im Kult der Vesta, und zum anderen in der Verehrung des Vulcan als des Gottes des Feuers[449]. Die Volcanalia, das Fest des Vulcan, treten bereits im ältesten religiösen Kalender Roms auf, und von der frühesten historischen Zeit an scheint dem Gott ein heiliger Bezirk geweiht gewesen zu sein. Er besaß keinen Tempel; in seinem Bezirk gab es verbrannte Gegenstände, die vom Blitz getroffen worden waren (und deshalb nicht gerade glückverheißend waren), und Waffen, die man von Feinden im Krieg erbeutet hatte – dieser Brauch wurde noch im 2. Jh. v.Chr. praktiziert – Schlimmes bringende Waffen wurden durch Feuer vom Übel gereinigt. Die einzige gezielte Bemerkung zur Schmiedetätigkeit des Vulcan begegnet bei dem Dichter Ovid, wenn er von den Tubilustria berichtet, dem Fest, bei dem es um die heiligen Trompeten ging, die Vulcan angefertigt hatte[450].

Hier scheint wiederum der Fall aufzutreten, daß sich der Kult des Feuergottes auf das Wohlergehen der gesamten Gesellschaft bezieht, und daß jede Verbindung mit dem Handwerk zufällig oder von sekundärer Bedeutung war. Es gibt ein Zeugnis dafür, daß Handwerker, die mit Feuer arbeiteten, sich an Vulcan wandten – danach riefen Töpfer, wenn sie die gebrannten Gefäße aus dem Brennofen nahmen, dreimal den Gott an, um damit die Gefäße beim Abkühlen vor dem Zerspringen zu schützen[451].

Allgemein gesagt: die Handwerker akzeptierten jeden Kult, der gerade in ihrem Gebiet vorherrschte. Euthykartides machte eine Weihung an den delischen Apollon, nicht weil der Gott eine besondere Bedeutung für Bildhauer und Marmorbearbeitung hatte, sondern weil das delische Heiligtum das wichtigste auf den Kykladen und im weiteren Umkreis war und damals unter naxischem Patronat stand (625 v.Chr.)[452]. Und obwohl Athena in Athen als Schutzherrin des Handwerks galt, spielte sie ihre Hauptrolle doch als Schützerin der Stadt – und als solche wurde sie von den Handwerkern ebenso wie von jedem anderen verehrt. Das Auftreten der Athena auf Vasenbildern läßt sich vielleicht als Äquivalent zu einer amüsanten literarischen Bezugnahme betrachten, doch besagt es in Wirklichkeit kaum etwas oder gar nichts über das religiöse Gefühl der Töpfer, Vasenmaler oder Statuenmacher (Abb. 1, 4).

Die religiösen Bräuche der Töpfer in Korinth waren ebenso konventionell. Im Töpferviertel am westlichen Rand der Stadt wurden mehrere kleine Schreine aufgedeckt; keiner kann jedoch als Kultzentrum einer Gottheit identifiziert werden, die in besonderer Weise mit der Tonverarbeitung zusammenhängt – das gilt weder für Hera, noch für Aphrodite, noch für die Halbgöttin Erosa[453]. Auch wenn die korinthischen Töpfer Weihungen in das Heiligtum des Poseidon in Penteskouphia südwestlich der Stadt brachten, folgten sie herrschenden Bräuchen; die bemalten Tafeln, die dort gefunden wurden, waren zum größten Teil von Abenteuer suchenden Kaufleuten dorthin geweiht worden, die um den Schutz des Gottes für ihre Schiffe baten. Unter den Tafeln gab es mehrere, die die Keramikherstellung in ihren verschiedenen Stadien zeigten und die ins 7. oder 6. Jh. zu datieren sind – eine Zeit, zu der die korinthische Keramikproduktion besonders aktiv war (Taf. 13). Sie sind sicherlich ungewöhnlich, wenn nicht überhaupt einzigartig in ihren aufgemalten Darstellungen der Arbeit in der Lehmgrube, des Heizens eines Brennofens, oder sogar der Gefäße, wie sie im Ofen liegen; aber der Zweck ihrer Weihung war genau der gleiche wie der der anderen Weihegaben: es ging darum, den Schutz der Götter für die Gefäße während des gefährlichsten Teils ihrer Herstellung zu gewinnen.

Es gibt eine Gruppe von Handwerkern, bei denen sich vielleicht ein spezifisches Kultinteresse aufzeigen läßt. Im allgemei-

Abb. 4 Ein rotfiguriges Vasenbild des frühen 5. Jhs. v.Chr. zeigt von links: Bronzehandwerker, Statuen, einen Vasenmaler bei der Arbeit, eine Bronzestatue der sitzenden Athena und einen weiteren Bronzehandwerker, wahrscheinlich den Meister, dessen Werkzeug und Hephaistos-Mütze hinter ihm an der Wand hängen. Von der Akropolis, Athen.

nen hatte Apollon nichts Näheres mit Steinbrüchen oder Marmor zu tun, aber es gibt aus dem hellenistischen Delos eine Weihung an *Apollon marmarios* – und wer sonst könnte eine solche Weihung dargebracht haben als ein Marmorsteinmetz[454]? Strabon erwähnt auch einen Schrein des *Apollon marmarinos*, der sich in der Nähe der Marmorbrüche von Karystos in Euböa befand[455]. Darüber hinaus scheint auch der ephesische Schafhirt Pixodaros, der nach Vitruv zufällig im 6. Jh. v.Chr. in der Nähe der Stadt Marmor fand, als die Stadtverwaltung gerade dabei war, sich zur Beschaffung des Baumaterials für den Tempel der Artemis bis nach Prokonnesos zu wenden, und der dafür noch zu Lebzeiten verschiedene bürgerliche Ehren verliehen bekam und nach dem Tode heroisiert wurde, bis ins 4. Jh. n.Chr. hinein Gegenstand der Verehrung gewesen zu sein – vermutlich durch Steinmetzen, denn wer hätte sich sonst lange genug in der Umgebung der Steinbrüche aufgehalten, um sich mit solchen Dingen abzugeben?[456]

Weihungen können vielleicht einige Hinweise auf die wirtschaftliche und soziale Lage des Weihenden geben. Der Brauch, Weihegaben auf der Athener Akropolis aufzustellen, blieb sicher auf die verhältnismäßig Wohlhabenden beschränkt. Die Töpferstele war vermutlich die Weihung eines reichen Töpfers (Taf. 19), vielleicht des Pamphaios, des Kompagnons des produktiven Töpfers Nikosthenes[457]. Antenors *kore* wurde vom Töpfer Nearchos geweiht (S. 198). Der Töpfer Aischines brachte der Göttin „ein Zehntel seines Werkes" dar, womit er vermutlich einen angemessenen Anteil seines Verdienstes meinte[458], und die Töpfer Andokides, den wir sowohl durch seine Signaturen wie durch seine handwerklichen Neuerungen gut kennen, und Mnesiades, von dem wir sonst nichts wissen, brachten eine gemeinsame Weihung dar[459]. Obwohl wir nur von einem guten halben Dutzend Töpfern wissen, die diesem Brauch folgten – ein sehr geringer Anteil an den 500 oder noch mehr Handwerkern, die während des späten 6. und des 5. Jhs. mit der Herstellung feiner Keramik befaßt waren – so genügt das doch, um vermuten zu lassen, daß es den athenischen Töpfern im Vergleich mit anderen Handwerkern recht gut ging[460]. Selbst als dieser Brauch im frühen 4. Jh. seine Beliebtheit verloren hatte, konnte es der Töpfer Kittos – vielleicht ein Bruder des bekannten Bakchios I, von dem weiter unten die Rede sein soll – immer noch für richtig halten, eine Weihung darzubringen[461].

Manche Gegenstände spiegelten deutlich das Berufsinteresse des Weihenden wider, so etwa die Töpferstele oder jene Beispiele feiner bemalter Keramik, die auf die Akropolis geweiht wurden. Oft genug aber scheint es auch Usus gewesen zu sein, *keine* eigenen Erzeugnisse zu weihen, und überraschenderweise war keine der bisher gefundenen Vasen mit Werkstattszenen – nicht einmal jene, die Athena in Verbindung mit den Handwerken zeigen – für die Göttin bestimmt[462].

Wenn es demnach ein paar Töpfern und Malern gelang, auf diese Weise in die Reihen der Gottgefälligen und Gesellschaftsfähigen vorzustoßen, so sah die Situation bei den ebenso ausgelasteten und (wie man meinen möchte) noch wichtigeren Herstellern von Marmormonumenten ganz anders aus. Von Bildhauern und Steinmetzen sind so gut wie keine Weihungen bekannt, doch entzieht sich der Grund dafür jedem Erklärungsversuch, da das Belegmaterial für ihren allgemeinen sozialen und wirtschaftlichen Status allzu geringfügig ist. Wir wissen nur, daß sie durch sehr wohlhabende Auftraggeber reichlich mit Arbeit versorgt waren[463].

Die Weihung des Bildhauers oder Steinmetzen Archedamos von Thera bietet ein schönes Zeugnis für seine Person, besagt aber nichts über seinen Status, da sein in den Fels gehauenes Selbstporträt und die Inschriften, die sich auf Pan und die Nymphen beziehen, ihn vermutlich nicht mehr gekostet haben als Zeit und Arbeit[464]. Immerhin bekräftigt sie die Annahme, daß Handwerker in ihren religiösen Verrichtungen den allgemein anerkannten Regeln folgten. Denn Pan und die Nymphen waren Gegenstand zahlreicher Weihungen im Athen des 4. Jhs., so auch des Reliefs der 12 Kleiderreiniger (S. 192).

Keine einzige Weihung eines Metallhandwerkers ist aus Athen bekannt. Schmiede standen sich gleich den Steinhandwerkern aus irgendeinem Grund nicht so gut wie die Töpfer oder auch die Kleiderreiniger. Und wie immer sie zu Hephaistos gestanden haben mögen, sie haben kein Wort darüber hinterlassen. Die einzigen Metallhandwerker, über deren religiöse Bräuche sich etwas sagen läßt, sind die etwa 50 oder 60 Bergleute und Schmelzer (und die von ihnen Abhängigen) aus den Silberminen von Laureion[465]. Ihre schriftliche Hinterlassenschaft liefert einige Hinweise auf die Lebensumstände der einzelnen, sie sind aber natürlich kaum repräsentativ für die Zehntausende von Männern, die die Arbeitskräfte in den Bergwerken stellten. Dennoch sind diese Weihungen an sich – mögen sie auch noch so wenige sein – insofern von Interesse, als sie zeigen, daß die Weihenden, obwohl ihrer Herkunft nach meist Nicht-Griechen, ihrem Status nach in Attika Sklaven oder Freigelassene, und nach Sprache und Glauben Fremde, dennoch in der Lage und auch willens waren, der geläufigen attischen Art, Weihungen darzubringen, zu folgen, indem sie ihre eigenen auf griechisch und oft (wenn auch nicht immer) an griechische Götter darbrachten (allerdings wieder *nicht* an Hephaistos). Die meisten stammen aus dem 4. Jh. oder noch späterer Zeit. Elf Bergleute vereinten sich zu einer Weihung an Mēn; der Asiate Azaratos weihte an Herzos; der Phryger Mannes an Artemis (in einem der verschiedenen Schreine für die Göttin im Bergwerksdistrikt)[466]. Mēn, eine asiatische Variante des Herakles, war ebenfalls Gegenstand mehrerer Weihungen; er mag nicht nur deshalb bei den Bergleuten beliebt gewesen sein, weil viele von ihnen ebenfalls aus Kleinasien kamen, sondern weil er, wie die Weihungen an Mēn in Verbindung mit Pan und den Nymphen aus Athen und Piraeus zeigen, auch von den Griechen akzeptiert wurde[467].

Wesentlich weniger Handwerkerweihungen sind aus dem gesamten übrigen Griechenland erhalten. Soviel wir sehen können, lassen sie kaum mehr als eine ähnliche Übereinstimmung mit den allgemein herrschenden Glaubensrichtungen erkennen. Der Bildhauer Grophon durfte die Statue, die er für Ekphantos machte, mit seiner eigenen Weihung beschriften: „Kind des Zeus [Athena], empfange diese makellose Statue von seiten des Ekphantos. Denn Grophon hat sie vollendet, nachdem er zu dir gebetet hatte“[468]. Im 4. Jh. stellte der Bildhauer Pausanias in Stylis in Thessalien eine Weihung an Asklepios auf[469]. Und noch ein anderer Bildhauer, Damophon von Messene, scheint im 2. Jh. v.Chr. die Vollendung eines Werkes mit einer Weihung in Megalopolis gefeiert zu haben[470].

Eine der ungewöhnlichsten Weihungen war vielleicht die des Samiers Mandrokles, der die Brücke ersann, auf der Dareios den Hellespont überquerte, um im Jahr 512 v.Chr. im Land der Skythen einzufallen. Herodot, der bei seinem Aufenthalt in Samos die Weihung vermutlich mit eigenen Augen gesehen hat (leider ist nichts mehr davon erhalten), sagt:

> Darauf beschenkte Dareios, weil er so wohl zufrieden war mit der Brücke, den obersten Baumeister derselben, den Mandrokles von Samos, mit allen möglichen Schätzen. Und Mandrokles ließ von den Erstlingen derselben sich ein Gemälde machen.

Darauf war abgebildet die ganze Brücke des Bosporos und König Dareios saß auf einem Thron, und sein Heer ging hinüber. Das ließ er abbilden und weihte es in das Heiligtum der Here mit folgender Inschrift:

Dieses Denkmal hat der Here geweiht Mandrokles
Welcher des Bosporos fischwimmelnde Fluten bedrückt.
Für sich selber gewann er den Kranz, für die Samier Nachruhm,
Weil er den Herzenswunsch König Dareios erfüllt[471].

Mandrokles weihte seine Ingenieurtat der Schutzherrin von Samos – gerade so, wie er gehandelt hätte, wenn er einen militärischen Sieg errungen, oder etwas ähnlich Nützliches zum Gemeinwohl geleistet hätte – etwa eine Verfassungsreform oder die Finanzierung eines gesamten Tempelbaues; und er weihte sie ihr nicht als einer Göttin, die speziell mit dem Handwerk des Brükkenbaus verbunden gewesen wäre. Mandrokles war ein Mann der Öffentlichkeit, und er reagierte so, wie es sich für einen Mann in seiner Position gehörte. Ähnlich brachte der Bildhauer Boethos von Nikomedeia eine Weihung an die Athena Lindia in Rhodos dar aus Dank für seine Ernennung zum rhodischen *proxenos*[472].

Ganz die gleichen Bräuche auf Grund ganz ähnlicher Motive herrschten in der römischen Welt. Ein Unterschied besteht darin, daß es wesentlich mehr Gruppenweihungen gibt, besonders von den *collegia* der Handwerker. In der griechischen Welt wurden die meisten Handwerker durch die Kosten und das Gewicht der ihnen entgegenstehenden Tradition davon abgehalten, eigene Weihungen aufzustellen; in der römischen Welt konnten sie, selbst wenn sie immer noch der Meinung waren, es sei ein Brauch, der ihnen nicht zukommt, sich zu einer gemeinsamen Weihung zusammentun. Wie bereits bemerkt, zeigten die Handwerker der römischen Welt nicht mehr Hinneigung zu irgendeiner bestimmten, mit ihrem Handwerk verbundenen Gottheit als die Griechen; es genügte ihnen vollständig, ihre Verehrung der nächsten verfügbaren Gottheit zu zollen, sei es nun Baal (für den syrischen Griechen), Asklepios oder Aesculapius (das hing davon ab, auf welcher Seite des Mittelmeeres man sich befand), Mars, der Name

Goldschmiedearbeiten

◁◁◁ **XXXVII** Der Naiskos mit Dionysos und Satyr aus Goldblech diente wohl als Hausaltar. Er zeigt den mit Weinlaub bekränzten, vom Feiern und vom Weingenuß ermüdeten Gott, wie er sich auf einen herbeieilenden Satyr stützt. Die mit Halbedelsteinen geschmückte, nur 14,5 cm hohe Miniaturarbeit zeugt vom Können hellenistischer Goldschmiede. 2. Jh. v. Chr.

◁◁ **XXXVIII-XXXIX** Große Goldgeräte sind im eigentlichen griechischen Raum eher selten. Häufiger finden sie sich im Hausrat von Herrschern in den Randgebieten, wie die goldenen Rhyta aus dem Schatz von Panagjurischte, die sicherlich einem thrakischen König gehört hatten. Eines von ihnen, in Form einer Amphora mit Kentaurenfiguren als Henkeln, zeigt in Reliefdarstellung den Kampf der Sieben gegen Theben (XXXVIII), das andere ist als Amazonenkopf gestaltet mit einer Sphinx als Henkel (XXIX). Aber nicht nur in Stil und Thematik erweisen sie sich als griechische Werke, ihre Gewichtaufschriften bezeugen, daß sie von Goldschmieden im kleinasiatischen Lampsakos gefertigt worden sind. 4./3. Jh. v. Chr.

XL Goldene Ähren aus der Gegend von Syrakus. Sie dienten wohl als Grabbeigaben und stellten ein Symbol der Wiedergeburt dar. 4./3. Jh. v. Chr. ▷

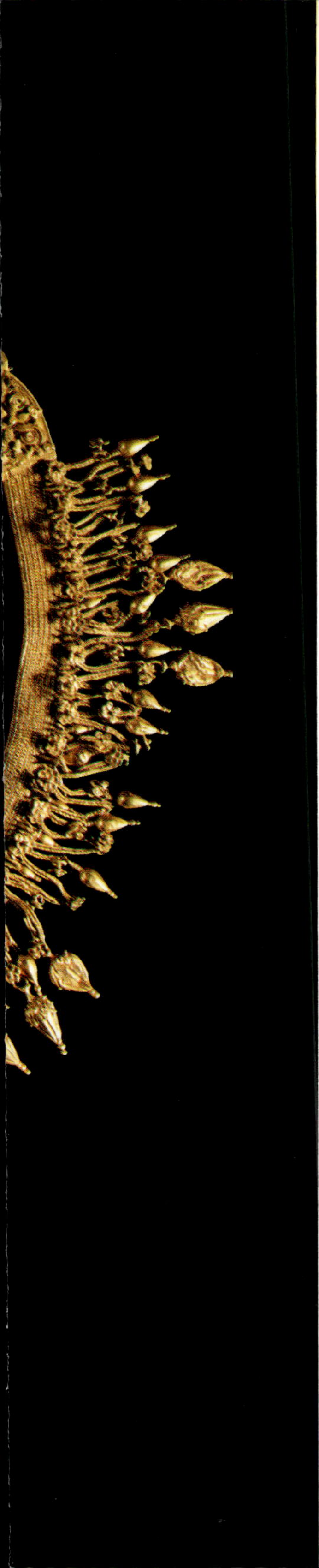

XLI-XLII Auch reicher griechischer Goldschmuck spätklassischer Zeit findet sich vor allem in Fürstengräbern der Randgebiete: in Thrakien, Nordgriechenland, Unteritalien und Südrußland. Er weist durchweg eine kaum je wieder erreichte Qualität der Filigranarbeit und Granulation auf und muß von ,,wandernden'' Handwerkern geschaffen worden sein. Diese Eigenschaften zeigen auch das Halsband mit den Amphorenanhängern (XLI) und der Ohrschmuck mit den geflügelten Knäblein, den Palmettenranken und den Amphoriskosanhängern (XLII), die beide aus Trapezunt stammen sollen. Ende 4. Jh. v. Chr.

collegiums der Pflasterer" dar[484]. Dieser Brauch fand sein genaues Gegenstück in der Verehrung des *genius loci* oder der Hausgötter, der *lares* und *penates*; damit sollte Schutz nicht für die Arbeit der Mitglieder in ihrer Werkstatt, sondern für das Gemeinschaftsleben des *collegiums* erlangt werden.

Berufliche Solidarität aber wird deutlicher in den Weihungen der kaiserzeitlichen römischen Steinbrucharbeiter (siehe oben die Bemerkungen zur Frömmigkeit der griechischen Steinbrucharbeiter). Der Zweck der Weihung war, den Erfolg im Steinbruch zu sichern. So finden wir in den römischen Steinbrüchen Galliens folgende Äußerung des Triumphs und der Dankbarkeit: „Dem Gott Silvanus und den numidischen Bergen: Weihung des Q. Julianus und Publius Crescentius, die als erste hier 20 Fuß lange Monolithen schneiden und herausbringen konnten"[485]. Das Auftreten der numidischen Berge als Gottheiten ist auf den ersten Blick überraschend, doch sicher handelt es sich hier um ein Beispiel für eine spezifisch handwerksorientierte Gottheit – die Quelle einer der besten Steinsorten der römischen Welt.

Eine andere Weihinschrift feiert in einiger Ausführlichkeit die Eröffnung eines neuen Steinbruchs:

> An Jupiter Optimus, Ammon, Chnubis, Königin Iuno, unter deren Schutz dieser Berg liegt; da zum erstenmal unter der Herrschaft des römischen Volkes in diesem sehr glücklichen Zeitalter unserer Herrn [der Severer] . . . neue Steinbrüche in der Nähe von Philae entdeckt wurden und viele große Säulen und Orthostaten hier gebrochen wurden unter der Herrschaft des Sabatianus Aquila, Präfekt von Ägypten, und unter der Leitung des Aurelius Heraclidas, von den maurischen Hilfstruppen[486].

Andere Steinbruchweihungen spiegeln meist Sorgen wider, die weniger offensichtlich mit dem Beruf verbunden und weniger eng gefaßt sind. In den lunensischen Steinbrüchen „stellte unsere Werkstatt (diese Weihung) auf an Hercules, den Helfer, für unsere Sicherheit"[487]. In Africa weihte Primus, ein kaiserlicher Freigelassener und Procurator des Steinbruchs, einen Altar und „den heiligen Ort", was immer das sein mochte, den *lares Augusti*[488]. Und ein ägyptischer Architekt oder Steinbruchaufseher zu Trajans Zeiten machte eine Weihung an Zeus, die Große Sonne, und Sarapis „für die Erhaltung seiner selbst und aller seiner Werke[489]. Diese beiden letzten waren Beamte und weihten vielleicht nur auf Grund ihres offiziellen Status, und nicht auf Grund irgendwelcher handwerklicher Leistungen. Das Relief aus Linares in Spanien, das wohl auch ein Weihrelief war und eine Gruppe von Bergleuten auf dem Weg zum Stollen zeigt, mag ebenfalls von einem Beamten geweiht worden sein[490].

Die Errichtung eines Grabmals bot neben aller religiösen Bedeutung, die dahinter stehen mochte, zusätzlich die Möglichkeit, Vermögen und Bedeutung des Betreffenden zu demonstrieren. Es wurde bereits angedeutet, daß Erinnerungsmale aus Stein weniger üblich waren, als wir hätten erwarten mögen, und daß in Griechenland und sogar in Athen ihre Aufstellung die Ausnahme darstellte; in der römischen Welt gedachte man eines etwas größeren Teils der Bevölkerung auf diese Weise, und dieser schloß auch einen wesentlich größeren Teil an Handwerkern mit ein. Die athenischen Handwerker, die sich selbst als solche in ihren Grabinschriften deklarierten, bildeten eine Ausnahme in der Ausnahme; es widersprach allen Gepflogenheiten, daß man seine Laufbahn oder seinen Status in der Grabinschrift erwähnte, und dennoch zogen es etwa 60 Männer und Frauen von den 8000 oder mehr, deren Grabsteine erhalten sind, vor, daß man sich ihrer auf Grund ihres Berufes erinnern möge – darunter waren Töpfer, Textilhandwerker, Kindermädchen, Schauspieler und ein Artillerist[491]. Während es die feine Art war, nur in den lakonischsten Ausdrücken die Identität des Verstorbenen festzuhalten, wurden diese Leute für alle Zukunft als Berufsausübende – und im Fall der Handwerker natürlich als *banausoi* – deklariert.

Weder Bildhauer noch Bauhandwerker oder Architekten erscheinen auf den erhaltenen Grabsteinen. Ein einziges Denkmal eines Metallhandwerkers kennen wir aus Athen selbst – das des Sosinos, auf dem festgehalten wird, daß er ein hier ansässiger

Fremder aus Gortyn in Kreta war, und daß er als Beruf das Kupferschmelzen (oder vielleicht das Mischen von Bronze) ausübte; das Relief selbst zeigt ihn als müßigen Herrn, und die Inschrift beschreibt ihn im übrigen in den konventionellsten Sätzen[492]. Demgegenüber haben die Bergleute von Attika sowohl durch ihre Weihungen wie auch durch ihre Grabinschriften mehr Zeugnisse ihrer Existenz hinterlassen. Von den wenigen, die auf uns gekommen sind (angesichts der Gesamtzahl von Leuten, die im Bergwerksdistrikt lebten und arbeiteten), halten noch weniger ausdrücklich fest, daß der Betreffende ein Bergarbeiter war; der Rest läßt sich allein durch die Tatsache bestimmen, daß er sich im Umkreis der Bergwerke fand. Am ausführlichsten ist die Grabinschrift des Atotas, die auch in anderer Hinsicht bemerkenswert ist:

Atotas, der Bergmann

> Atotas, der großherzige Paphlagonier, von den Küsten des Schwarzen Meeres, hat von seinen Mühen in diesem fernen Land abgelassen. Keiner kam mir an Geschicklichkeit gleich. Ich bin vom Stamm des Pylaimenes, der starb, gezähmt von der Hand des Achilleus[493].

Die Hexameter sind ihrem Stil nach homerisch und dem Inhalt nach episch; der Tod des Pylaimenes wird in der Ilias erwähnt. Darüber hinaus rühmt sich Atotas seiner Herkunft von der herrschenden Dynastie in Paphlagonien und wohl auch seiner Zugehörigkeit zu ihr. Wenn das stimmt, wie kam er dann dazu, Bergmann in Attika zu werden? Es gibt einige Hinweise dafür, daß Paphlagonier relativ häufig in die Sklaverei und nach Athen gerieten, sei es auf Grund von Unternehmungen von Sklavenhändlern in Nord-Kleinasien, oder sei es durch die Tätigkeiten von Räubern, die brauchbares Material für den Sklavenmarkt fingen; vielleicht war Atotas das Opfer einer dynastischen Intrige geworden, und man hatte ihn weit weg von der Heimat seiner Vorfahren in die Sklaverei abgeschoben. Ein anderer Bergmann, Thous, dessen Grabrelief erhalten geblieben ist, mag in den gleichen oder einen ähnlichen Umsturz verwickelt gewesen sein, denn er trug denselben Namen wie ein paphlagonischer Herrscher des mittleren 4. Jhs.[494].

Das Grabrelief des Thous ist von ganz üblicher Form und bringt keinerlei Hinweise auf das Leben im Bergwerk, vielmehr zeigt es ihn sitzend, eine Hand zu einer Frau ausgestreckt, die neben ihm steht – ein Schema, wie es für viele athenische Grabreliefs typisch ist. Auch das Grabmal des Äthiopiers Skiapos verzichtet auf jede Erwähnung seines Bergmannsberufs; statt dessen zeigt ihn das Relief als Soldaten, bewaffnet und in Aktion – ohne Zweifel erinnert es dadurch an die wesentlich vornehmere Rolle, die er im Leben gespielt hatte, bevor er gefangen und auf den Sklavenmarkt gebracht wurde[495].

Das einzige weitere Grabmal eines Bergmannes, das auf die Tätigkeit des Verstorbenen anspielt, ist das des Ianibelos, eines Phoinikers oder Karthagers der römischen Zeit, der *archikamineutes* oder Oberschmelzer gewesen war[496].

Die kulturellen Bestrebungen mancher Töpfer, die sich um 500 und später veranlaßt fühlten, Weihungen aufzustellen, erstreckten sich, soweit wir sehen können, nicht auf das Gebiet der Grabmäler – aber schließlich sind ja ohnehin nur sehr wenige Grabmäler, welcher Art auch immer, aus dieser Zeit bekannt. Es sind jedoch zwei Töpfer-Grabmäler des 4. Jhs. erhalten – das des Leptines, von dem wir sonst nichts wissen, und das des Bakchios, der viele Stücke seiner schwarzgefirnißten Ware signiert hat, und dessen Grabstein seinen Erfolg als Töpfer kräftig hervorhebt:

> Bakchios, Sohn des Amphis – vom Demos Kerameus. Ganz Griechenland hielt Bakchios von all seinen Handwerkerkollegen für den ersten wegen seines angeborenen handwerklichen Geschicks in der Kunst, Erde, Wasser und Feuer zusammenzubringen bei den Wettbewerben, die die Stadt ausrichtete. Er erwarb alle Kränze[497].

Jene, die die Erinnerung an ihn wachhalten wollten, gaben scheinbar einen sehr individuellen Rechenschaftsbericht von den Leistungen des Bakchios. In der Tat aber kam es dahin, daß die

Berufsausübenden sich eigene Konventionen schufen, denn die Grabinschrift des Bakchios hält in eleganterer Formulierung jene Gefühle fest, die auch aus der Grabinschrift des Holzhandwerkers Mannes sprechen, und sie entspricht weitgehend der Fassung der Grabinschrift des gleichzeitigen komischen Schauspielers Euthias[498]. Die Wendung, mit der die Spitzenstellung im Handwerk ausgedrückt wurde, benützte auch der Maler Parrhasios in ein paar rühmenden Versen, mit denen er seine Signatur auf einem seiner Werke begleitete[499]. Die Frage ist, wie es dazu kam, daß die schriftliche Fassung solcher Feststellungen kanonisch werden konnte – geschah das auf Grund des engen Kontakts innerhalb der gesamten Gruppe der Handwerker, oder durch das Wirken eines professionellen Grabinschriftenschreibers? Die erste Alternative ist die viel ansprechendere.

Wir wissen von zwei Lederhandwerkern – beide Schuhmacher: Xanthippos wird als solcher durch den Schuh identifiziert, den er hält, während er ruhig dasitzt, und sich seine kleinen Töchter um ihn scharen (Taf. 6); Thraix ist Hersteller von Damenschuhen (und seiner Herkunft nach wohl ein Thraker; zur Zeit seines Todes war er demnach vielleicht ein Freigelassener oder Metöke?)[500]. Es sind keine Grabsteine für Gerber ans Licht gekommen. Mehrere Textilhandwerker, die alle im 4. Jh. lebten, sind bekannt: Dionysios, der Mantelmacher; der Ägypter Hermaios, „ein Wollhandwerker aus Theben"; „der höchst ehrenwerte Mannes, ein Wollzupfer" und der „Wollhandwerker, der 90 Jahre ohne Tadel lebte"[501].

Andernorts in Griechenland ist das Verhältnis von identifizierbaren Handwerkergrabsteinen zu solchen der restlichen Bevölkerung so gut wie Null. Einer läßt sich finden: der des Bildhauers Theon aus Antiocheia; das jedoch nur deswegen, weil die Aufschrift seines Grabsteines wiederholt, was er in seine Signatur miteinschloß – die Feststellung nämlich, daß ihm die Rhodier Wohnrecht gewährt hatten[502].

In der römischen Welt identifizierten sich Handwerker sehr viel häufiger durch ihren Beruf. Das lag nicht daran, daß der Komplex der *banausia* weniger stark war, sondern eher daran, daß sie so eine notwendige Ergänzung ihrer Identität in einer Gesellschaft erreichten, die eben doch viel komplizierter in ihrer Struktur war als die der griechischen Stadtstaaten. Römische Grabinschriften enthielten in der Regel mehr biographische Details als die meisten griechischen Beispiele, darunter Angabe des Alters, der Ämter und Ehren (wenn nicht sogar eine ausführliche Berufsbeschreibung) und Familiendetails. Die Handwerker folgten diesem Brauch; und in den Grabinschriften taucht fast jedes bekannte Handwerk samt seinen Unterarten auf.

Manche brachten auch viel mehr als eine formelle Berufsbezeichnung des Verstorbenen und kamen bei der Betonung seines Erfolges als Handwerker jenen athenischen Beispielen gleich, die die Fähigkeiten ihres Besitzers herausstellten. Grabreliefs, die den Verstorbenen bei der Arbeit zeigen, wie er sie im Leben durchgeführt hatte, sind in römischer Zeit etwas häufiger. Ein gutes Beispiel dafür ist der Grabstein des P. Longidienus Camillus (Taf. 9); die Bedingungen in Gallien scheinen der Erinnerung an Handwerker mit Hilfe der bildlichen Darstellung seiner Tätigkeit in der Werkstatt recht förderlich gewesen zu sein – das bedeutet, hier sind ein paar erhalten geblieben, während in den meisten anderen Gebieten keine auf uns gekommen sind[503].

Die meisten römischen Grabinschriften sind jedoch nur wegen der Monotonie ihrer formelhaften Wendungen bemerkenswert. Das gilt auch für die Denkmäler von Architekten und Ingenieuren. Nur ganz wenige sagen etwas mehr als das Geläufigste – dazu gehört die Grabinschrift und das Relief des Heeres-Katapultmachers C. Vedennius Moderatus (Taf. 56 und S. 190). Dem kaiserlichen Freigelassenen und Architekten Phosphorus, der dem iulisch-claudischen Haushalt angehörte, galt ein Erinnerungsmal, das seine Frau „dem besten der Gatten, C. Julius P(h)osphorus, Architekt, Sohn des Lucifer“ errichtet hatte[504]. Sowohl Vater wie Sohn hießen „Lichtträger“, der eine auf lateinisch, der andere auf griechisch; dieses Wortspiel war sicherlich beabsichtigt.

Die Aufzeichnungen von Bildhauern und Steinmetzen sind meist konventionell und nicht sehr erhellend. L. Arrius Secundus aus Catania, der im Alter von 17 Jahren starb, erhielt ein

Grabmal von seinen „Marmorhandwerkerkollegen", wobei die Mitglieder seines *collegiums* gemeint sind, die so eine der wichtigsten Funktionen dieser Vereine erfüllten[505]. Die Grabinschrift des kaiserlichen Freigelassenen Agrypnus besagt, daß er erst dem Maecenas gehört hatte, später aber in den Haushalt des Augustus überführt wurde, wo er zur Dienerschaft der Livia gehörte und den Titel *a statuis* führte – verantwortlich für die Statuen –; gemeint waren damit zweifellos die kaiserlichen Grabmonumente[506]. Es gibt auch Aufzeichnungen von griechisch sprechenden Bauhandwerkern in der römischen Welt; so der kaiserliche Freigelassene Aurelius Agathias, ein Syrer, der in Rom starb und dessen man auf griechisch als *marmorarios* – Marmorhandwerker – gedachte; Gorgias von Nikomedeia, ein Marmorhandwerker, der in Ostia arbeitete und starb; Pallas, ein griechisch sprechender Äthiope in Ägypten, „Aufseher in den Steinbrüchen von Antinooupolis"[507].

Manche Grabinschriften von Bildhauern betonten besonders das Können ihrer Besitzer. Während des 2. Jhs. n.Chr. arbeitete eine Gruppe von Bildhauern aus Aphrodisias in Rom; auf dem Grab der Familie des Zenon war folgende Versinschrift:

> Mein, des Zenon, höchst gesegnetes Vaterland ist Aphrodisias. Ich habe viele Städte besucht, auf meine Kunst vertrauend ... ich baute dieses Grab und stellte den Grabstein auf für meinen Sohn Zenon, der gerade gestorben ist; ich selbst habe den Stein gebrochen und das Relief gearbeitet, und habe so dieses bemerkenswerte Werk mit eigener Hand hergestellt, und drinnen habe ich ein Grab für meine Frau und alle unsere Nachkommen gebaut[508].

Des 16jährigen Eutychides, eines Milesiers, der in Athen starb, gedachte man folgendermaßen: „ich blühte als Steinhandwerker, dem Praxiteles nicht unterlegen"[509]. Und der römische Bildhauer Novius Blesamus hatte eine achtzeilige Grabinschrift, die schloß: „Dieser Mann schmückte die Stadt und die Welt [*urbem decoravit et orbem*] mit seinen Skulpturen. Die Öffentlichkeit bewahrt die

Erinnerung an seinen Namen; dies ist die Ruhestätte seines Körpers"[510].

Von den Grabreliefs aus Gallien zeigen zwei den Bildhauer bei der Arbeit; eines stellt den Iulius Cadgat mit Hammer und Meißel dar, und das andere den Amabilis, der innerhalb des Gehäuses, das ihn umschließt, an einem Kapitell arbeitet (Taf. 85)[511].

Grabinschriften von Malern sind in großer Zahl bekannt, doch die meisten identifizieren ihren Besitzer nur durch den Berufstitel und sonst nichts. Ein ausführlicherer und viel individuellerer Bericht über die Fähigkeiten des Malers und seine Stellung im öffentlichen Leben kommt aus der griechisch sprechenden Welt: Loukios Sossios, ein bedeutender Maler, der sein Können großzügig einsetzte, wurde Mitglied des Stadtrates von Kyrene[512]. Eine nahe Parallele zu dieser Grabinschrift bildet jene für den Mosaikhandwerker P. Aelius Harpokration aus Perinthos: „Ich übte meine Kunst in allen Städten vor allem als Mosaikhandwerker aus, versehen mit den Gaben der Pallas (Athene). Ich hinterlasse einen Sohn, Proklos, Mitglied des Stadtrates und mir ebenbürtig im Handwerk. Ich nehme nun dieses Grab ein im Alter von 80 Jahren"[513].

Diese Berichte unterscheiden sich in Ton und Inhalt deutlich von dem ganz konventionellen Grabmal des Malers C. Vettius Capitolinus in Rom, der im Alter von 13 Jahren starb und der von seiner Mutter in wenig überzeugenden Sätzen als Wunderkind beschrieben wird[514]. Des Juweliers aus dem Sklavenstand Pagus, der im Alter von 12 Jahren starb, wird ausführlich und mit tiefer Bewegung gedacht: „Weint, alle die ihr hier vorbeigeht . . . Pagus war die Freude seines Herrn . . . er war wunderbar geschickt bei der Arbeit mit Gold und beim Einsetzen kostbarer Edelsteine . . ."[515].

Ein ganz formeller Bericht vom Leben eines Goldschmiedes in der Schweiz lautet folgendermaßen: „Den Göttern der Unterwelt. Camillus Polynices, von Herkunft ein Lyder, von Beruf ein Goldschmied, vom *collegium* der Zimmerleute und Bauhandwerker, der alle Ehrenstellen im *collegium* innegehabt hat"[516]. Das Denkmal war von seinem Sohn, ebenfalls Goldschmied und Mitglied des gleichen *collegiums*, errichtet worden. In ausgeprägtem Gegensatz dazu steht die sehr persönlich gehaltene Grabinschrift des Freigelassenen M. Canuleius Zosimus, die dessen Patron in Rom aufstellte: „Er hat nie Übles gesprochen, noch tat er etwas gegen den Willen seines Patrons . . . Er hatte immer Zugang zu großen Mengen von Gold und Silber, doch hat er nie etwas davon begehrt. Er ragte in der Kunst des Clodischen Gravierens hervor"[517]. Das ist ein ungewöhnliches Zeugnis, in dem es mehr um den Charakter als um das Können eines offensichtlich beliebten Klienten und Handwerkers ging; in gewisser Weise läßt es sich mit der Grabinschrift des Silbergraveurs C. Valerius Diophanes in Spanien vergleichen: „C. Valerius Zephirus hat dieses Monument für C. Valerius Diophanes errichtet, der im Alter von 11 Jahren und 5 Monaten starb, und der sein Nachfolger werden sollte und sein gelehrigster Schüler war"[518].

Verschiedene der mehr für den täglichen Gebrauch arbeitenden Metallhandwerker werden durch ihre Berufsbezeichnungen und die Embleme ihres Handwerks auf ziemlich einfach gestalteten Grabreliefs charakterisiert[519]. Kommentare zu hervorragenden metallurgischen Leistungen sind dagegen überaus selten; der gallische Grobschmied Vireus Vitalis von Lyon war „ein junger Mann von Talent ohnesgleichen im Handwerk der Eisenbearbeitung . . . und ein Mitglied des *collegiums* für Bauhandwerker und Zimmerleute. . . . Er war von Valerius Maximus Vitricus adoptiert worden, der ihn in seinem Handwerk ausgebildet hatte; auf ihn hatte er seine Hoffnungen für die Zukunft gesetzt"[520].

Von Schiffbauerberichten ist der des P. Longidienus Camillus in Ravenna der persönlichste (Taf. 9). Er verbindet höchst Konventionelles – das Relief der trauernden Gruppe und den Bericht über seine soziale und berufliche Stellung – mit dem Individuellen – die Illustration des Schiffbauers an der Arbeit und die Bildunterschrift, die auf sein Bestreben hinweist, mit der Arbeit voranzukommen, was für ihn charakteristisch gewesen sein muß. Unter den Holzhandwerkern ganz allgemein wird der Grieche P. Beitenos als „Möbelmacher" identifiziert; als solcher wird er auch auf seinem Relief gezeigt (Taf. 8). Von zwei anderen ist detaillierter die Rede: des Maximus, eines römischen Freigelassenen und gebürtigen Bithyniers, wird in einer Form gedacht, die an den Bergmann Atotas erinnert. Seine Abstammung und sein Geburtsort Astakos in Bithynien, sein Beruf als „mit Holz arbeitender Häuserbauer", und sein Können werden verzeichnet, wobei letzteres als „ohnesgleichen" definiert wird. Einige der Ausdrücke zeigen homerischen Stil, und der ganze Bericht ist, obwohl der Betreffende in Rom groß wurde, auf Griechisch abgefaßt[521].

Des anderen erwähnenswerten Holzhandwerkers wird (auf Lateinisch) folgendermaßen gedacht:

> Den Göttern der Unterwelt
> Q.Candidus Benignus, Mitglied des *collegiums* der Zimmerleute und Bauhandwerker von Arles. Er war ein Bauhandwerker ersten Ranges, ein Kenner der Bautheorie, und zudem bescheiden; große Handwerker werden ihn wohl immer Meister nennen. Keiner war gelehrter als er, keiner konnte ihn übertreffen. Er wußte alles über Bewässerungsanlagen und Straßenbau. Er war von milder Gemütsart und wußte seine Freunde zu unterhalten – ein Mann von sanftem und eifrigem Charakter und ein gütiger Geist[522].

Obwohl das wie ein rein persönlicher Tribut an eine hervorragende Persönlichkeit klingt, scheinen doch auch hier wieder (wie im Fall des athenischen Töpfers Bakchios) viele der Wendungen aus einem Fundus von festen Formulierungen bezogen zu sein, wie sie sich in Grabinschriften aller Arten finden. Dennoch handelt es sich wohl um spezifische Bezüge auf Benignus selbst, wenn seine Umgänglichkeit und seine berufliche Qualifikation betont werden; dabei legt die Tatsache, daß er überhaupt zur Errichtung eines Denkmals dieser Art Anlaß gab, nahe, daß er, gleich allen jenen Handwerkern, die in der Lage und willens waren, Grabsteine aufzustellen, auf irgendeine Weise unter seinen Kollegen wie überhaupt in der Gesellschaft hervorragte.

Kapitel VI

VORSTELLUNGEN VOM WESEN DES HANDWERKS

Einführung

Handwerk bedeutet die Anwendung von Techniken entsprechend traditionellen Regeln, so daß das Endprodukt in Form und Funktion allen Anforderungen entspricht. Die Frage ist, bis zu welchem Grad die antike Welt dem Handwerker Eigenverantwortung für sein Werk zugestand. Auf welche Weise, meinte man, habe er die hervorragende Marmorplastik, die völlig ausgewogene Bronzeschale zustande gebracht, deren Qualität ja weit über bloße Brauchbarkeit hinausging? Es wurde bereits angemerkt, daß auch Auflagen des Auftraggebers bezüglich der Form des gewünschten Gegenstandes jenen Traditionen unterlagen, die sowohl seinen eigenen Geschmack wie auch die Art, in der der Bildhauer arbeitete, beeinflußten. Dennoch behielt der große Handwerker innerhalb dieser Grenzen ein wenig Raum, seine eigene Initiative einzusetzen und sich selbst auszudrücken, so daß etwas wirklich Eigenständiges entstand –, und an diesem Punkt offenbarte sich das, was wir künstlerische Phantasie oder Genie bezeichnen würden. Ob das ein Charakteristikum war, das Kenner und Auftraggeber im antiken Handwerker erkannten, oder dessen sich die Handwerker selbst bewußt waren, ist eine andere Frage, auf die die Antwort zu lauten scheint: nicht so ganz. Beide scheinen darin übereingestimmt zu haben, daß große Werke allein als Ergebnis bedeutender technischer Fähigkeiten entstehen könnten.

Der Mensch als Technologe

Nach Aristoteles ist das Endergebnis der *poiēsis* – des Machens – etwas anderes als die Sache selbst; für das Endergebnis der *praxis*

— des Tuns — gilt das nicht, denn ihr Ziel ist die *eupraxia* — etwas gut zu tun[523]. Es folgt daraus, daß für Aristoteles wie für jeden anderen, der sich mit der Durchsetzung politischer und moralischer Ideale befaßte, der Handwerker durch sein Handwerk nie wirkliche Tugend gewinnen konnte, so hervorragend die Qualität der von ihm geleisteten Arbeit auch sein mochte. Technologische Entwicklung an sich war entweder völlig unwichtig für das Gesamtgefüge der Dinge, oder sie bezeichnete ein Kindheitsstadium, ein Vorspiel zur höchsten Aktivität des Menschen — das Nachdenken über das immer Gültige. In der Sicht des Philosophen, der sich mit den Begriffen der Wirklichkeit befaßte, war die Tätigkeit des Handwerkers unwichtig, da sie sich mit dem Künstlichen befaßte; wie Antiphon kühl bemerkte „wenn ein hölzernes Bettgestell eingegraben werden . . . und dann austreiben würde, so würde es Holz hervorbringen und nicht Betten"[524].

Für viele andere, gleichgültig ob es sich nun um Philosophen oder weniger tief denkende Mitglieder der Öffentlichkeit handelte, waren die Tätigkeiten des Handwerkers und die Natur seiner Arbeit Dinge von geringer Bedeutung; man konnte sie einfach als gegeben hinnehmen, als Teil der natürlichen Umwelt. Da gab es nichts, worüber man nachdenken mußte; der Handwerker betrieb sein Gewerbe, wie eine Biene Honig sammelte und eine Spinne ihr Netz webte, und damit hatte es sich. Und wenn Plato und Aristoteles beim Hinweis auf die Tätigkeit der Handwerker als notwendige Hilfe bei der richtigen Ordnung der Gesellschaft so weit gingen, anzudeuten, daß die feinste Handwerksarbeit neben einer guten Ausbildung in der besten Tradition des Handwerks auch einer angeborenen Fähigkeit des betreffenden Handwerkers entspringe, so bedeutete das nicht, daß sie damit irgendein individuelles Talent anerkannt hätten, oder irgendeine persönliche Befriedigung, die der Handwerker aus seiner Beschäftigung ziehen mochte[525]. Natürliche Begabung betrachtete man einfach als das Schmiermittel, dank dessen die Maschine besser lief.

So wenig wert jedoch die Arbeit der früheren wie der zeitgenössischen Handwerker in den Augen mancher sein mochte, so wurde doch die Aufmerksamkeit vieler wissenschaftlicher Geister von der Frage in Anspruch genommen, wie es zur Existenz der menschlichen Gesellschaft und der technischen Errungenschaften, die zu ihrer Erhaltung notwendig sind, gekommen sei. Die Erkenntnis, daß der Mensch in einem Stadium des Unwissens (oder, je nach Standpunkt, der Unschuld) begonnen habe und dann schrittweise zunehmend an Welterfahrenheit gewonnen habe, war natürlich keineswegs nur auf die Griechen beschränkt. Einzigartig waren sie jedoch darin, daß sie die Notwendigkeit spürten, eine Erklärung insbesondere für die technische Entwicklung zu suchen. Der Gebrauch des Feuers, die Kunst der Sprache, die Fertigkeit der Metallverarbeitung, des Bauens, des Kochens usw. wurden nicht einfach als Elemente in einem von Gott besorgten und geordneten Kosmos hingenommen, in dem der Mensch nur ein Ding der Götter war, das lediglich in ihnen und für sie existierte, sondern als Mittel zu einem zivilisierten Leben, die sich der Mensch langsam und oft mühevoll selbst erringen mußte[526]. Während eine Betrachtungsweise, der unter anderen Hesiod und Platon anhingen, dahin ging, daß Technologie und ihre Entwicklung nur Übel seien, die notwendig wurden, als sich der Mensch immer weiter von seinem ursprünglichen Dasein entfernte, in dem für materielle Bedürfnisse vollauf gesorgt war, waren die griechischen Anthropologen der Meinung, daß die technischen Errungenschaften der Menschen keinen Rückschritt, sondern einen kulturellen Fortschritt darstellten, der in historischen Begriffen als natürlicher Prozeß zu beschreiben sei[527].

Es ist eine andere Frage, wie hoch man den Anteil der Initiative von seiten der Menschen einschätzt, von der man meinte, sie habe diesen kulturellen Fortschritt ermöglicht. Waren es aktiver Erfindungsgeist, ein Resultat von Überlegung und ein tatsächliches Bewußtsein jener Probleme, die gelöst werden sollten, die technologische Entwicklungen hervorgerufen hatten? War dies der Fall, welche Anerkennung zollte man dann den Handwerkern als den Experten auf dem Gebiet der Technik? Die Ansichten darüber, wie die Zivilisation entstanden sei und wer oder was diesen Prozeß in Bewegung gesetzt habe, waren natürlich unterschiedlich; für Aischylos begann alles mit dem Titan Prometheus, dem Feuerbringer, und seiner Tat zugunsten der Menschen, mit der er Zeus Trotz bot; für Lucretius und ebenso für Vitruvius war alles durch den Zufall und das Wirken eines natürlichen Prozesses bedingt; der Dichter Moschion wollte es entweder als Werk des Prometheus oder der „Notwendigkeit", oder als Teil eines natürlichen Ablaufes sehen.

Obwohl die Theorien der Anthropologen, die wir kennen, sich recht weitgehend auf die technologischen Aspekte des kulturellen Wachstums der Menschheit konzentrieren, sind sie doch höchstwahrscheinlich Abkömmlinge von weiter gespannten Überblicken über die menschlichen Lebensbedingungen, zu denen unter anderem Herodots Geschichtswerk und sehr wahrscheinlich auch ein verlorenes Werk des Atom-Philosophen Demokrit aus dem 5. Jh. v.Chr. gezählt werden können. Die gewaltige Wirkung, die die anthropologischen Denker dieser Zeit auf die philosophische Tradition ausübten, ist weniger offenkundig, als sie es sein könnte oder zu sein verdiente; das liegt zum Teil daran, daß ihre Vorstellungen jenen des Platon und Aristoteles diametral entgegengesetzt waren und diesen zu Unrecht unterlagen. Die Grundlage ihrer Argumentation, die für das 5. Jh. glaubhaft war, galt im 4. Jh. nicht mehr, da sie keine genügend erhabene Erklärung für die Entwicklung der menschlichen Institutionen bot. Dennoch kam ihre Denkweise in hellenistischer Zeit und sogar noch später wieder zu neuer Geltung.

Von den fünf erhaltenen Versionen der Anthropologen über die Geschichte der Technologie, ist jene die überraschendste und tiefschürfendste, die sich bei dem römischen Dichter Lucretius findet (etwa 100 v.Chr.). Und auch der Versuch des Vitruv, dieses Thema abzuhandeln, kann als solcher besonderes Interesse beanspruchen – nicht nur, weil er selbst von Beruf Handwerker war[528]. Die Situation, die alle fünf Versionen darstellen, ist ungefähr diese: zuerst lebten die Menschen wie die Tiere, ihre Intelligenz war noch nicht erwacht, sie kannten keine soziale Organisation, keine Behausung, kein Mittel zur regelmäßigen Nahrungsbeschaffung und keine Kleider. Dann kam die Entdeckung des Feuers im Wald und auf Grund der Verlockung durch seine

Wärme die Überwindung der anfänglichen Furcht, dann das Zusammenkommen mehrerer, um daran teilzuhaben, und dann, mit der Erkenntnis der Vorteile, die die Erhaltung des Feuers mit sich brachte, die Gründung einer sozialen Organisation. Die Notwendigkeit der Kommunikation zu diesem Zwecke brachte die menschliche Sprache hervor, und so wurde das Fortschreiten zu mehr und besseren Techniken möglich. Die Entdeckung des Metalls barg die Möglichkeit in sich, Werkzeuge zu gestalten, und diese wiederum führten zu den Künsten des Webens, des Ackerbaus und der Zimmermannsarbeit; danach wurde die Gesellschaft zunehmend zivilisierter, und es kam zur Entstehung der gesellschaftlichen Regeln und der schönen Künste, die die Leistungen des Menschen als Technologen krönten.

Wie meinte Lucretius, daß dieser Vorgang zustandegekommen sei? Zur Entdeckung des Feuers kam es dadurch, daß ein Blitz in einen Baum einschlug – *zufällig;* für Vitruvius war es der Sturmwind, der die Zweige eines Baumes sich aneinander reiben ließ und sie so entzündete – wieder *zufällig*. Die Menschen reagierten anfangs ganz natürlich oder instinktiv auf die neue Situation, schließlich aber mit Intelligenz, so daß sie die neuen Möglichkeiten ausnützen konnten, die sich vor ihnen entfalteten. Als nach Lucretius die Existenz von Metallen offenkundig wurde – wieder durch das zufällige Feuerfangen eines Baumes auf Grund eines Blitzeinschlages und das daraufhin erfolgende Ausschmelzen von Silber aus den Felsen darunter –, da brachte die Art, wie das geschmolzene Metall in Vertiefungen im Boden lief, die an Ort und Stelle beobachtenden Menschen auf den Gedanken an Werkzeuge. Alles nämlich „hat der Bedarf und zugleich die Erfahrung des rastlosen Geistes mählich gelehrt die Menschen, die vorsichtig Fortschritte machten ... Denn sie sahen im Geiste sich eins aus dem andern erhellen, bis in den Künsten sie kamen zum höchsten Punkt der Vollendung“[529]. So spricht auch Vitruv vom Menschen als einem Lebewesen, „das von Natur aus zur Nachahmung geneigt und gelehrig ist“; zu ihren natürlichen Gaben hinzu „übten sie im Wetteifer ihre Erfindungskraft und wurden von Tag zu Tag zu Menschen mit besserem Urteil“; und so schritten sie von der Entwicklung der Architektur – hier zeigt Vitruv eine ganz natürliche Voreingenommenheit – zu der anderer Wissenschaften voran[530].

Offensichtlich gab es in der Begriffswelt der Rationalisten kein göttliches Wesen als Auslöser des ganzen Vorganges[531]. Auch heißt es nicht von einem einzelnen Individuum oder selbst von einer klar definierbaren Gruppe von Menschen, sie hätten als *erste* das Feuer gesehen oder sonst einen anderen wesentlichen Schritt vorwärts getan. Der Zufall war die ausschlaggebende Kraft; die Entdecker waren in der Mehrzahl und anonym – sie wurden mit Sicherheit nie als *Handwerker* bezeichnet –, und obwohl dem Menschen Überlegung und Geisteskraft in seiner Art der *Reaktion* auf die jeweilige Situation, mit der er auf dieser technologischen Hindernisbahn konfrontiert wurde, zugestanden wird, wurde er nie als ein aus eigener Initiative heraus handelndes Wesen dargestellt[532].

Der Mensch benützte seine Erfindungskraft, er reagierte intelligent auf die Herausforderung, er war aufnahmebereit für Anregungen bezüglich neuer Formen, Materialien und Ideen, aber nie heißt es von ihm, er habe erst den Mangel empfunden und sich dann daran gemacht, für dessen Behebung zu sorgen – oder gar er habe experimentiert, um zu sehen, was dabei herauskomme.

Das Entscheidende ist nicht, ob die Anthropologen recht oder unrecht hatten in ihrer Einschätzung des Problems der Technologie – in der Tat waren sie in vielen ihrer Urteile höchst scharfsinnig –, sondern daß dem Menschen allgemein und dem Handwerker im besonderen in der Entwicklung der Technik keinerlei Autonomie zugestanden wird. Das Handwerk war einfach ein Ergebnis der Fähigkeit des Menschen, auf äußere Anregungen im Bereich technischer Erfordernisse nutzbringend zu reagieren – und weiter nichts.

Götter, Menschen und das Handwerk

Für den strengen Anthropologen begann die kulturelle Entwicklung des Menschen durch Zufall; von dort aus ging sie entsprechend seinen Fähigkeiten, die gebotenen Möglichkeiten zu ergreifen, voran. Der erste Schritt wurde von anderen als bewußte Handlung eines übernatürlichen Wesens aufgefaßt: so stahl Prometheus mit Vorbedacht und aus Anteilnahme mit den schutzlosen Menschen das Feuer und gab es, zusammen mit dem Wissen um die Techniken, die für ein zivilisiertes Leben unabdingbar sind, den Menschen; dafür wurde er grausam bestraft. Die eindrucksvollste Darstellung des Prometheusmythos war die Trilogie des Aischylos, von der nur der erste Teil und Fragmente vom zweiten und dritten erhalten sind. Sie entstand in Athen wohl um die Mitte der 50er Jahre des 5. Jhs., zu einer Zeit, in der die anthropologische Vorstellung von der Entwicklung des Menschen die Gemüter denkender Menschen bei den Griechen immer stärker erhitzte. Es war die Zeit, in der man sich in Athen Gedanken machte über die physische Erneuerung der Kultzentren und, wie oben angedeutet, die Neubekräftigung der kulturellen Werte der Stadt, wie sie durch den Wiederaufbau der zerstörten Tempel und insbesondere die Förderung des Hephaistoskults symbolisiert wurden[533]. Es war sicher kein reiner Zufall, daß Aischylos im *gefesselten Prometheus* eine Verherrlichung der Techniken brachte, auf denen die Zivilisation beruhte und die Prometheus als Wohltäter den Menschen gebracht hatte.

Prometheus spricht von sich und seinen Leistungen so:

> Im Narthexstengel wohl verhüllt, erbeut des Feurs
> Urquell ich heimlich, der als Lehrer aller Kunst
> dem Erdvolk sich erwies und Helfer voller Macht . . .
> Das hört nun: wie ich jene, kindisch blöd zuvor,
> verständig machte und zu ihrer Sinne Herrn . . .
> . . . ohne Verstand war all
> ihr Handeln, ehe nunmehr ihnen Aufgang ich
> der Sterne zeigte und schwer deutbarn Untergang . . .
> Auch spannt als erster ich ins Joch mächtig Getier,
> Kummet und Lasten tragend Fron zu tun . . .
> . . . endlich was der Erdenschoß
> verbarg dem Menschenvolk an Schätzen hohen Werts,

als Erz und Eisen, Silber sowie Gold, wer mag
behaupten, daß er früher es entdeckt als ich[534]?

Das breite Repertoire an Techniken, die Prometheus den Menschen lieferte, war als Grundlage eines zivilisierten Lebens gedacht; es umfaßte Sprache, Zahlen, Buchstaben, Medizin, Sehergabe, Navigation und Ackerbau. Das Handwerk wird hier nicht eigens hervorgehoben, und obwohl von der Entdeckung des Metalls die Rede ist, wird das einzige andere Gewerbe, das speziell mit dem Feuer verbunden ist, nämlich die Keramikerzeugung – im Athen des mittleren 5. Jhs. immer noch eine der wichtigsten Industrien – überhaupt nicht erwähnt. Es kann also nicht die Rede davon sein, daß Aischylos insbesondere die Handwerker preisen wollte; wieder einmal wird das Handwerk lediglich als ein Aspekt der gesamten kulturellen Leistungen betrachtet.

Prometheus vermittelte den Menschen das Feuer, er war der „Vorbedacht", ohne den sie nichts für sich selbst in Bewegung setzen konnten. Aber er selbst erfand das Feuer nicht, er stahl es von Hephaistos[535]. Dennoch wird im Stück des Aischylos nicht gesagt – ebensowenig wie irgendwo sonst –, daß Hephaistos das Feuer erfand oder schuf. Auch sehen wir nie, daß er etwas anderes tun würde, als den Sterblichen verschiedene Techniken weiterzuvermitteln, die er selbst von anderen gelernt hatte (s.u. S. 233f.).

Ein anderer Weg, die technischen Entwicklungen zu erklären, war, das Gesamtbild außer acht zu lassen und das Unternehmen darauf zu beschränken, die Erfindung einzelner Techniken dieser oder jener Person oder Volksgruppe zuzuschreiben. Es gibt verschiedene mehr oder weniger vollständige Kataloge, von denen manche vielleicht auf ausführlichere Berichte darüber zurückgehen, wie es zu einer solchen „Erfindung" kam, selbst wenn sie selbst mittlerweile nur noch die jeweilige Technik und den Namen dessen, der mit ihrer Entdeckung verbunden ist, verzeichnen[536]. Es entstand eine merkwürdige Mischung aus Phantasie und vernunftmäßiger Erklärung; so schließt die Liste des Plinius die Entdeckung des Feuers mit Hilfe des Feuersteins durch Pyrodes (feurig), Sohn des Cilix (Feuerstein) neben jener des vierrädrigen Wagens durch die Phryger mit ein und nennt drei verschiedene Namen, die für die Erfindung der Techniken des Bergbaus und des Schmelzens in Anspruch genommen werden[537]. Es gibt ein paar merkwürdige Lücken. Alles, was Plinius über das Brechen von Steinen sagt, ist, daß es von Kadmos aus Theben erfunden worden sei; weder er noch irgendjemand sonst erwähnt die Marmorhandwerker von Naxos, die fast sicher die ersten ihres Metiers in Griechenland waren, oder die späteren und noch berühmteren Arbeitsstätten auf Paros oder dem Pentelikon in Attika[538]. Trotz aller Mängel aber scheint dieses Konzept der „ersten Entdecker" doch zumindest eine gewisse Anerkennung der Tatsache sichtbar zu machen, daß der einzelne etwas mit dem technischen Fortschritt zu tun hatte und daß manche Menschen von Natur aus geeigneter als andere sind, Dingen auf den Grund zu gehen, und besser dazu imstande, die Möglichkeiten auszunützen, die neue Umstände bieten, so daß sie in der Tat erfinderischer sind. Das gilt, obwohl häufig Glück und Zufall als eigentliche Anreger einer Erfindung auf den Plan treten; so stolperten gewissermaßen die Phoiniker über die Entdeckung des Purpurfärbens erst bei der Gelegenheit, als sie einen Hund beobachteten, der auf eine Murexschale gebissen und eine farbige Schnauze bekommen hatte[539].

Die „ersten Entdecker" dürfen nicht einfach als rhetorische Figuren oder als folkloristische Schöpfungen abgetan werden. Sie verkörpern eine bestimmte Würdigung der technologischen Entwicklung (gewiß auf einem anderen gedanklichen Niveau als jenem der „Anthropologen"), und viele von ihnen sind das Ergebnis wirklicher Bewunderung für das Handwerk und jene Vertreter des Handwerks, die die Grenzen des Wissens hinausschieben konnten. Der Stolz auf das Handwerkertum der eigenen Stadt war sicherlich die Grundlage mancher Erfindungsgeschichte: „Waffen wurden auf der Insel Lemnos erfunden, und die lemnischen *demiourgoi* waren die ersten Waffenschmiede in Griechenland"[540]. In vielen solchen Feststellungen steckt ein bestimmter wahrer Kern; daß „die Ägineten die ersten waren, die doppeltgeschweifte Schiffe besetzten und mit beschwingten Segeln über das Meer flogen", wird teilweise bestätigt durch Zeugnisse für frühe Kontakte zwischen Ägina und dem östlichen Mittelmeerraum zu einer Zeit, in der nach den dunklen Jahrhunderten (etwa 1100–750) Handelsbeziehungen aufblühten[541]. Argivischer Patriotismus war der Grund für eine Reihe von anspruchsvollen Behauptungen – Palamedes war eine lokale Variante des Prometheus; Münzwesen, Gewichte und Maße wurden von König Pheidon erfunden usw.[542]. Die seefahrenden Korinther zählten unter ihre frühesten Berühmtheiten den Schiffbauer Ameinokles, von dem es hieß, er habe um 700 v.Chr. für die Samier eine neue Art von Schiffen gebaut[543] Das Samos des 6. Jhs. wiederum bot eine der reichsten und technisch fortschrittlichsten Gemeinschaften in Griechenland; die Handwerker, die zu dieser Zeit arbeiteten und deren Namen erhalten sind, waren zweifellos historische Persönlichkeiten, aber sie erhielten den Status von Sagengestalten auf Grund der sagenhaften Leistungen, die ihnen zugeschrieben wurden. Rhoikos und Theodoros, Vater und Sohn oder Brüder (oder eine Kontamination von mehr als zwei Generationen aus ein- und derselben Familie) bauten in riesigem Maßstab und waren für die ersten beiden großen Tempel der Hera verantwortlich, von denen der zweite gleichzeitig den ersten Marmortempel dieser Größe auf Samos darstellte; sie entdeckten, wie man große Bronzestatuen gießen konnte; sie bauten Wunderdinge wie das sogenannte lemnische Labyrinth; sie schnitten Edelsteine wie jenen Unglück bringenden Smaragd, den Theodoros zu einem Siegelring für den Tyrannen Polykrates umwandelte; oder sie berieten die Ephesier bei einem komplizierten architektonischen Problem, das daraus entstand, daß jene das Artemision aus religiösen Gründen auf sumpfigem Untergrund errichten mußten. Theodoros war auch ein hervorragender Silberschmied, der große Kessel für den König Kroisos von Lydien schuf, die dieser in das Heiligtum von Delphi weihte; und als Goldschmied arbeitete er, um einen Baum herzustellen, der in den Besitz der Perser kam; darüber hinaus fand er die Zeit, das Winkelmaß, das Lot, die Drehbank und die Wasserwaage zu erfinden, wodurch er mit jenem anderen, noch größeren Handwerker-Erfinder Daidalos in Wettstreit trat[544].

Sowohl Korinth wie Athen erhoben Anspruch auf die Erfindung aller Techniken der Tonbearbeitung. Auf der einen Seite wird von Hyperbios aus Korinth behauptet, er habe die Töpferscheibe erfunden; auf der anderen Seite – in Athen – schrieb man entweder dem Skythen Anacharsis oder auch dem Koroibos all jene Erfindungen zu, die mit dem Töpferhandwerk zu tun haben[545]. Wie sehr solche Geschichten die Töpfer ansprachen, und in wieweit diese eventuell selbst an ihrer Entstehung beteiligt waren, mag sich jeder selbst ausdenken. Was wir wissen, ist, daß Kritias, ein Aristokrat und Rationalist (um nicht zu sagen in jeder Hinsicht ein politischer Extremist), sich im späten 5. Jh. zu der Feststellung veranlaßt sah, Athen sei „die Stadt, die . . . die Töpferscheibe erfand und jenes ihr entstammende Produkt aus Ton und Brennofen, die Keramik, die überaus berühmt und nützlich im Haushalt ist“[546].

Verhältnismäßig wenige Erfindungen lassen sich mit realen Handwerkern verbinden. So sind etwa Rhoikos und Theodoros etwas überlebensgroß geschildert, und auf keinen Fall erfahren wir irgendwelche Einzelheiten darüber, wie sie zu ihren angeblichen Erfindungen kamen oder wie sie ihre erstaunlichen Werke zuwege brachten[547]. Von Erfindungen aus historischer Zeit sind einige – wie zu erwarten – bei Vitruv genannt; dazu gehört jene Vorrichtung der Architekten Chersiphron und Metagenes von Knossos aus dem 6. Jh. v.Chr., die am Artemision in Ephesos arbeiteten. Sie diente dazu, große Marmorblöcke unbeschädigt vom Steinbruch zur Baustelle zu transportieren. Vitruv erklärt nicht, wie sie darauf kamen; wir nehmen einfach an, daß sie ihre Erfindung als Ergebnis eines Prozesses von überlegten Versuchen und Fehlschlägen machten – so wie es jeder denkende Handwerker mit einem Problem machen würde, das er zu lösen hätte[548].

Es gibt jedoch drei Fälle, in denen Vitruv seine Meinung darüber verrät, was er für die eigentliche Ursache von Erfindungen hält. Offenbar sieht er sie als Verbindung aus persönlicher Initiative und reinem Glück als auslösendem Element; damit unterstützt er die anthropologische Anschauungsweise, der er bei seinem ganzen Bericht über den technischen Fortschritt der Menschheit anhängt. Der Bildhauer und Kunstschmied Kallimachos erfand um die Mitte des 5. Jhs. v.Chr. die korinthische Ordnung nicht gewissermaßen aus seinem eigenen Kopf heraus und auch nicht auf der Baustelle oder am Zeichenbrett, sondern als Ergebnis äußerer Anregung, durch Zufall. Bei seinem Aufenthalt in Korinth sah er zufällig eine Akanthuspflanze, die aus einem Korb herauswuchs, in dem sie auf das Grab eines jungen Mädchens niedergestellt worden war; schlagartig kam ihm die Erkenntnis, daß sich das Motiv als Bauschmuck eigne. Sein Können und seine Erfahrung als präziser Handwerker ermöglichte es ihm dann, aus dieser zufälligen Beobachtung Nutzen zu ziehen; es wird nicht angedeutet, daß er und nur er die neue Ordnung auf Grund eines speziellen Talents, das kein anderer Handwerker besaß, habe erfinden können[549].

Der Fall des Archimedes ist weniger eindeutig. Auf der einen Seite erkannte man, daß er höchst sinnreich theoretisches Wissen zur Lösung praktischer Probleme einsetzte und daß seine Erfindungen oder seine Ingenieursleistungen von einer Geistesschärfe herrührten, wie sie nicht bei allen Mathematikern oder Ingenieuren vorkam. Doch was sein Gesetz des spezifischen Gewichts angeht, so lag die Brillanz dieser Erfindung nach dem Bericht Vitruvs nicht darin, daß er sich im Vorhinein die Möglichkeiten überlegte, die die Verdrängung seines Badewassers mit sich brachte, sondern sie beruhte in seiner Fähigkeit, im Nachhinein die Implikationen des Ereignisses zu realisieren und dementsprechend zu handeln[550].

Das dritte Beispiel bringt die in vollem Ernst vorgetragene Erzählung, wie in der Mitte des 6. Jhs. in Ephesos Marmor entdeckt wurde[551]. Es kann nicht die Rede davon sein, daß zu der Entdekkung auch nur in irgendeiner Hinsicht die Initiative oder die Spezialkenntnisse eines Handwerkers beigetragen hätten – es war der Schäfer Pixodaros, der den Marmor bemerkte, nachdem einer seiner Widder bei einem Kampf zufällig mit dem Horn an einen Felsen gestoßen war und ein Stück davon abgebrochen hatte, das dessen leuchtend weiße Farbe sichtbar werden ließ. Demnach will uns der Architekt Vitruvius glauben machen, daß diese neue und für Ephesos wichtige Materialquelle zutage kam – nicht als Ergebnis einer gezielten Suche durch einen der zahlreichen Architekten oder der hochqualifizierten Steinmetzen, die zu diesem Zeitpunkt in Ionien und gerade in Ephesos zur Verfügung gestanden haben müssen, als der Tempel der Artemis bereits geplant wurde, sondern durch die zufällige Beobachtung eines Hirten – eines Mannes also, der nicht die geringste Verbindung mit dem Handwerk des monumentalen Steinbaus hatte.

Einige Entdeckungen – weniger, als wir erwarten möchten – wurden göttlichem Wirken zugeschrieben. Aber das Interesse des Gottes an dem Handwerk, das er erfunden oder den Menschen vermittelt hatte, war oft ziemlich gering, so daß es in manchen Fällen so aussieht, als habe man ihm die Erfindung zugeschrieben, um den Stammbaum durchzuziehen und Lücken in der Überlieferung zu schließen. Was Prometheus angeht, so war man natürlich der Meinung, daß dieser Gott an der Lebensqualität insgesamt interessiert sei und nicht nur an einer bestimmten Technik. Was Hephaistos betrifft, so war die Metallurgie sein Spezialgebiet, aber es waren die Vor-Olympier, die Titanen, die Daktylen, die Telchinen, die Kyklopen oder die Chalyben, die dieses Handwerk als erste entdeckten; so waren es zum Beispiel die Telchinen und nicht Hephaistos, die den Dreizack des Poseidon machten[552]. Und wenn es von Hephaistos und Athena – den beiden einzigen Göttern, die der Überlieferung nach permanentes Interesse am Handwerk zeigten – gelegentlich heißt, sie hätten den Menschen die Techniken der Metallbearbeitung, der Zimmermannsarbeit, des Webens, des Schiffbaus oder des Töpferns beigebracht – wenn die Handwerker selbst glaubten, ihre Ausbildung in der Werkstatt sei in irgendeiner Weise durch göttliche Anleitung ergänzt worden, so gibt es nur wenige Belege für diese Tatsache (Taf. 34). Der Grabstein des Mosaikhandwerkers Harpokration, auf dem es heißt „Pallas lehrte mich meine Kunst“, gibt vielleicht eher einen literarischen Topos als persönliche Überzeugung wieder[553]. So sind vielleicht die wenigen Vasenbilder aus

Abb. 5 Detail von einer rotfigurigen Amphora: Hephaistos fertigt die Rüstung für Achilleus an. Boston, Museum of Fine Arts.

dem Athen des 5. Jhs., die Athena in der Werkstatt bei Töpfern und Malern oder Bronzeschmieden zeigen, Genrebilder, die eher zur Erheiterung angefertigt wurden und nicht unbedingt, um die Überzeugungen vorzutragen, die die Handwerker selbst über die Natur ihrer Arbeit hatten (Abb. 1, 4). In der Tat scheinen es weniger die Götter gewesen zu sein, die die Werkstätten beeinflußten, als vielmehr umgekehrt die Tätigkeiten in den Werkstätten, die die Überlieferung bezüglich der Götter und ihrer Verbindung mit dem Handwerk beeinflußten; denn ihre Kenntnisse der Techniken entsprang der antiken Auffassung nach nicht ihrer eigenen göttlichen Macht, sondern der *Einweisung* durch irgendein anderes übermenschliches Wesen. So waren es die Kyklopen, „die Zeus mit dem Donnerkeil ausrüsteten, sie waren die ersten geübten Handarbeiter, die Hephaistos und Athena all die Techniken feiner Arbeit lehrten, wie sie unter dem Himmel ausgeübt wird"[554]. Weder Hephaistos noch Athena waren Schöpfer eines jener Handwerke, die sie an die sterblichen Menschen weiterreichten; die Macht, die man ihnen in der Tat bei ihrem Wirken in den Werkstätten zusprach, kann allenfalls darin bestanden haben, daß sie den Fähigkeiten, die sich der Handwerker auf gewohnte Art und Weise durch die Ausbildung bei einem guten Meister erworben hatte, den letzten Schliff gaben.

Eine andere Frage ist es, wie man sich hinsichtlich des Wesens jener Kraft zu entscheiden hat, die Hephaistos als göttlicher Handwerker in seiner Schmiede einsetzte. Und wie meinte man, daß der erste menschliche Handwerker Daidalos seine Arbeit geleistet habe? Man ist versucht, im Wirken solcher Techniker nach übernatürlichen Kräften Ausschau zu halten und in ihrer Arbeitsweise etwas Magisches zu erkennen[555]. Und soviel ist sicher: viele von den Erzeugnissen des Hephaistos hatten etwas deutlich Unheimliches und auch Erschreckendes an sich: der Schild des Achilleus, der in Gold und Silber mit so lebensechten Szenen geschmückt war, daß sich in einer von ihnen die Erde, die vom Pflug gewendet wurde, schwarz verfärbte – so wie es auf einem echten Feld unter einem echten Pflug der Fall gewesen wäre; die goldenen Dreifüße, die auf ihres Meisters Geheiß herumliefen; die bronzenen Dienerinnen, die gänzlich lebendig wurden; Pandora selbst, eine lebendige Frau, geschaffen aus Ton, die Quelle großen Unglücks für die Menschheit; Talos, der Mann aus Bronze, der eine Blutader am Knöchel hatte, eine Schreckensgestalt in Kreta und Sizilien, der nach einigen Berichten die Argonauten mit Steinen bewarf, sie dann packte und mit ihnen in eine Feuergrube sprang; Athenas Ägis, ein Werk voll gewaltiger Kraft; der Bronzehund, von dem die Molosser abstammen sollen; oder der bronzene Tempel in Delphi, der auf jenen aus Wachs und Federn folgte[556].

Daidalos war zuerst und vor allem ein Zimmermann und der Erfinder der Säge, der Axt, des Lots, des Bohrers, des Leims und des Fischleims; er war der Vorläufer aller Bildhauer und der Erfinder des Schiffsmastes und der Takelage. Auch seine Werke hatten oft genug einen geheimnisvollen oder erschreckenden Beigeschmack; die hölzerne Kuh, die er für Pasiphäe, die Frau des Minos von Kreta, wegen ihrer Leidenschaft für den kretischen Stier schuf; das Labyrinth in Knossos, das erbaut wurde, um Minos – die Frucht dieser Leidenschaft – zu verbergen; seine Flucht aus Kreta mit Hilfe von Flügeln, die er aus Federn gemacht und mit Wachs zusammengefügt hatte; die Bilder der Götter, die ihre Augen bewegen und herumgehen konnten, obwohl sie nicht gänzlich lebendig wurden wie die Figuren des Hephaistos, der unter anderem auch das Zaubermesser für Peleus angefertigt hatte (Taf. 12)[557].

Handwerksarbeit dieser Kategorie konnte beim Laien und vielleicht sogar beim Handwerker selbst nicht nur Bewunderung, sondern sogar Furcht hervorrufen. Homer sagt vom Schwertgehenk, das Herakles auf

der Schulter trug, daß es „schrecklich sei . . .,
„golden glänzte das Band von wunderbaren Gebilden,
Bären und grimmigen Ebern und Löwen, funkelnden Auges,
Schlachtengewühl und Kampf und Mord und Würgen der Männer.
Nie versuche der Bildner noch ein Gleiches zu schaffen,
der dies Schreckenswerk mit seinen Künsten gebildet!“[558]

Wenn die allgemeine Öffentlichkeit bereit war, in großartiger Handwerksarbeit etwas Erschreckendes zu sehen, so lag das zum Teil natürlich daran, daß der Laie einfach nicht verstand, wie das Werk angefertigt worden war. Wichtiger ist dagegen die Frage, ob die Handwerker selbst von der Vorstellung geprägt waren, daß sie auf einem geheimnisvollen und bis zu einem gewissen Grad unberechenbaren Feld arbeiteten. Gab es da ein Element, das ihrer Überzeugung nach nur mit Hilfe anderer Mittel als der qualifizierten Handwerksarbeit zufriedenstellend in den Griff zu bekommen war? Wir haben bereits gesehen, daß es ein paar Belege gibt, die die Annahme unterstützen können, daß Handwerker ebenso wie andere Menschen gelegentlich abergläubisch waren und daß sie bisweilen dazu neigten, Zaubermittel gegen böse Geister einzusetzen[559]. Die richtige Antwort auf Schwierigkeiten in der Werkstatt, auf der Baustelle, im Bergwerk oder am Brennofen war jedoch nicht das Herbeten von Zaubersprüchen, sondern die Anwendung der Ergebnisse von Ausbildung und Erfahrung. Daidalos konnte fliegen, und Hephaistos konnte seine Bronzen zum Leben erwecken – doch das geschah nicht durch magische oder übermenschliche Kräfte, sondern durch *techne:* sie waren einfach überaus kluge Handwerker, ebenso wie der Held Odysseus, dessen vielseitige Klugheit auch die Geschicklichkeit des Handwerkers miteinschloß. Daidalos führte seinen Flug erfolgreich durch, nicht weil er die richtigen Zaubersprüche kannte, sondern weil er seinen Kopf benützte; Ikaros stürzte zu Tode, weil er törichterweise der Sonne zu nahe kam.

Daß Magie in der Werkstatt keine Rolle spielte, wird besonders deutlich in Plutarchs Leben des Königs Numa, aus dem gleichzeitig hervorgeht, daß sie in anderen Sphären des menschlichen Handelns durchaus ihre Wirkung zeigte. Numa selbst stand in Verbindung mit dem Übernatürlichen; er konnte eine Göttin herbeirufen und sich mit Jupiter auf dem Aventin besprechen. Ihm gelang es auch, die beiden Halbgötter Picus und Faunus – italische Äquivalente der griechischen Daktyloi, wilde Waldwesen und obendrein primitive Techniker – zu fangen, und er zwang sie, ihm viele Dinge vorauszusagen; sie gaben ihm einen Zauber gegen Donner und Blitz, für den Menschenhaar, Zwiebeln und Sprotten benötigt wurden. Als Rom von einer Seuche heimgesucht wurde, ereignete es sich, daß ein Bronzeschild vom Himmel fiel und in die Hände der Numa gelangte; mit ihm stand die Botschaft in Verbindung, die Stadt würde gerettet werden, wenn der Schild bewahrt bliebe, daß aber 11 genaue Kopien angefertigt werden müßten, um jeden eventuellen Dieb zu verwirren. Numa rief die Handwerker Roms zusammen, doch alle lehnten den Auftrag ab, mit Ausnahme des Mamurius Veturius, dessen hervorragende Handwerksarbeit – *und nichts anderes* – sicherstellte, daß die 11 Kopien vom Original nicht zu unterscheiden waren[560].

Techne oder das Wesen der Handwerksarbeit

Das Geheimnis der Leistungen des Daidalos lag in der Verbindung seines eigenen fachlichen Könnens, der Fähigkeit *daidala* oder fein gearbeitete Gegenstände herzustellen, die er durch die innerhalb der Familie erfolgte Ausbildung im Handwerk gewonnen hatte, mit der Kunstfertigkeit, die er von seinem Vater Metion, dem „Vorbedacht", und seinem Großvater Eupalamos, „Geschickte Hand", ererbt hatte[561]. So zeigen die Eigenschaften des ersten menschlichen Handwerkers gerade jene Elemente, aus denen sich die *techne* zusammensetzte. Das waren die Charakteristika jener Werke, die Kenner als groß bezeichneten; und obwohl sich die meisten erhaltenen Kommentare zu diesem Thema auf die schönen Künste beziehen, ist es doch offenkundig, daß sowohl Handwerker wie Käufer *techne* auch in der Herstellung einfacherer Dinge suchen und finden konnten.

Ein Zitat nach dem anderen läßt sich anführen, um zu zeigen, daß die Bewunderung und die analytischen Kommentare seitens des gebildeten Publikums durch die Art und Weise hervorgerufen wurden, wie eine Statue oder ein Gemälde ausgeführt war und wie der Bildhauer und Maler absichtliche Effekte erzielt hatte. Die Bewunderung guter Handwerksarbeit wird in den Homerischen Gedichten ganz deutlich; die Beschreibung, wie Hephaistos den Schild des Achilleus anfertigte, betrifft göttliche und nicht menschliche Handwerksarbeit, doch ist das ein gradueller, nicht ein qualitativer Unterschied:

Erst nun formte der Meister den Schild, den großen und starken,
ganz ihn verzierend, und legte darum einen schimmernden
Reifen,
dreifach und blank, verbunden mit silbernem Tragegehänge.
Schichten zählte man fünf an dem Schild, und oben auf diesem
formte er zierliche Bilder viel mit erfindsamem Geiste;
bildete oben darauf die Erde, das Meer und den Himmel,
ferner den vollen Mond und die unermüdliche Sonne,
dann auch alle Sterne dazu, die den Himmel umkränzen
. . . , ein Wunder von künstlicher Arbeit"[562].

Man vergleiche die Worte des Odysseus zur Schlafkammer in seinem Palast in Ithaka:

. . . „Es gab ein großes Geheimnis
bei meinem Bett, das ich selber mir zimmerte und kein andrer.
Drin im Gehöfte wuchs mit den schmalen Blättern ein Ölbaum,
. . .
Rings um den Baum her führte ich mit dichten steinernen
unsere Kammer auf und legte die Decke darüber, [Mauern
zimmerte auch die Türen selbst, gutschließende, starke"
. . . (und dann zum Bett selbst:)
„Zierte es schön mit Elfenbein, mit Gold und mit Silber,
und bespannte den Rahmen mit purpurfarbenen Riemen"[563].

Auch hier handelt es sich um mythische Handwerksarbeit, aber mit welchem Reichtum an untergeordneten Details wird sie geschildert!

Cicero weist darauf hin, wie wichtig es für den wahren Kenner sei, genau die Qualität der Arbeit des betreffenden Handwerkers einschätzen zu können: „Wer zum Beispiel von denen, die ihre Aufmerksamkeit auch einmal Dingen von geringerem Gewicht zuwenden, sähe nicht, wie die Bildwerke des Kanachos zu steif sind, als daß sie die lebendige Wirklichkeit wiedergeben könnten[564]? Ebenso wie für das homerische Publikum bestand auch für den hellenistischen Mann von Geschmack das künstlerische Ideal im Erreichen eines absoluten Realismus. Die Methoden, durch die große Maler ihre Effekte erzielten, sind Thema folgender Passage bei Quintilian:

> Dann brachten Zeuxis und Parrhasios ... der Kunst die größte Steigerung. Der erstere soll die Technik von Licht- und Schattengebung erfunden, der zweite die Linienführung verfeinert haben. Denn Zeuxis gab den Gliedern des Körpers mehr Fülle. ... Parrhasios aber bestimmte alle Formen so genau, daß man ihn den Gesetzgeber nennt, weil der Darstellung ... so, wie er sie überliefert hat, alle übrigen, als müßte es so sein, sich anschließen ... [Von späteren Malern:] Denn an Sorgfalt ist Protogenes, an Überlegung Pamphilos wie auch Melanthios, an Leichtigkeit Antiphilos, in der Erfassung lebhafter Vorstellungsbilder ... Theon aus Samos, an Genialität und Liebreiz ... Apelles der vorzüglichste[565].

Seine Bemerkungen zur Plastik verraten die gleiche Vorliebe für die Technik:

> Die Sorgfalt und Anmut ist bei Polyklet größer als bei allen anderen, dem zwar von den meisten der Siegespreis zuerkannt wird, jedoch glaubt man ... es fehle ihm an Gewicht. Denn wie er der menschlichen Gestalt eine mehr als natürliche Anmut verliehen habe, so scheint er das achtunggebietende Wesen der Götter nicht voll wiedergegeben zu haben. Ja auch vor dem würdigen Alter soll er zurückgescheut sein und sich an nichts weiter als an glatte Wangen gewagt haben[566].

Polyklets Arbeitsweisen führten nur in bestimmten Fällen zum Erfolg.

Dem Tenor solcher Bemerkungen begegnet man bei Diodor wieder, wenn er sagt (von Bildhauern, die viele Generationen vor ihm gearbeitet hatten): „Selbst für diese Leute war es nicht möglich, so erfolgreich bei ihren Arbeiten zu sein, daß es ihnen gelungen wäre, ein Ergebnis ihrer Kunst vorzustellen, das ganz ohne Tadel geblieben wäre"[567].

Das Erscheinungsbild, der Umriß, die Komposition der Teile, die das Ganze ausmachten, und die Techniken, die angewandt wurden, um eine möglichst perfekte Darstellung zu erzielen – das waren die Kriterien, und zwar die einzigen Kriterien, die die Kenner herausgriffen. So bemerkte Plinius zu einer kolossalen Bronzestatue, dem tuscanischen Apoll: „man muß sich fragen, ob das Erz oder die Schönheit an ihm bewunderungswürdiger ist"[568]. Vom Bronzebildner Aristonidas sagt er: „Als der Künstler Aristonidas darstellen wollte, wie der Wahnsinn des Athamas, nachdem er seinen Sohn Learchos in die Tiefe gestürzt hatte, der Reue wich, mischte er Kupfer und Eisen, damit der durch den Glanz des Erzes durchschimmernde Rost des Eisens die Röte der Scham ausdrücken solle"[569]. Welche Schritte ergriff der Handwerker in der Praxis, um die erwünschte Wirkung zu erzielen? Das ist die Frage, um die es Plinius ging.

Dieses Interesse an der Technik führte zur Bewahrung, ja gelegentlich sogar zur Schaffung von „Eingeweihten"-Anekdoten über Handwerker und ihre Arbeitsmethoden – von denen manche sicherlich literarische Versatzstücke sind, die von den tatsächlichen Gegebenheiten in den Werkstätten ziemlich weit entfernt sind. Eine davon ist die Geschichte vom Wettbewerb zwischen den Malern Zeuxis und Parrhasios; Zeuxis soll eine Weintraube so realistisch gemalt haben, daß ein paar Vögel herbeigeflogen kamen, um vergeblich an den Früchten zu picken. Parrhasios antwortete darauf mit dem Bild eines Vorhangs, das so naturgetreu war, daß Zeuxis meinte, es sei ein echter Vorhang, der das für den Wettbewerb angefertigte Bild des Parrhasios verhülle[570]; Was war demnach der wichtigste Aspekt an diesen Übungsstücken hoher Malerei? Die Nähe zur Realität, die beide Maler allein durch technische Brillanz erreichen konnten.

Der Kenner stand bewundernd vor den mechanischen Qualitäten des Handwerks. Plinius, der aus eigener Erfahrung spricht, sagt vom Bildhauer Zenodoros: „Wir bewunderten in der Werkstatt des Künstlers nicht nur die ungemeine Ähnlichkeit des Tonmodells (der Kolossalstatue des Nero), sondern auch das Gerüst aus kleinen Hölzern, das das erste Stadium des Kunst-

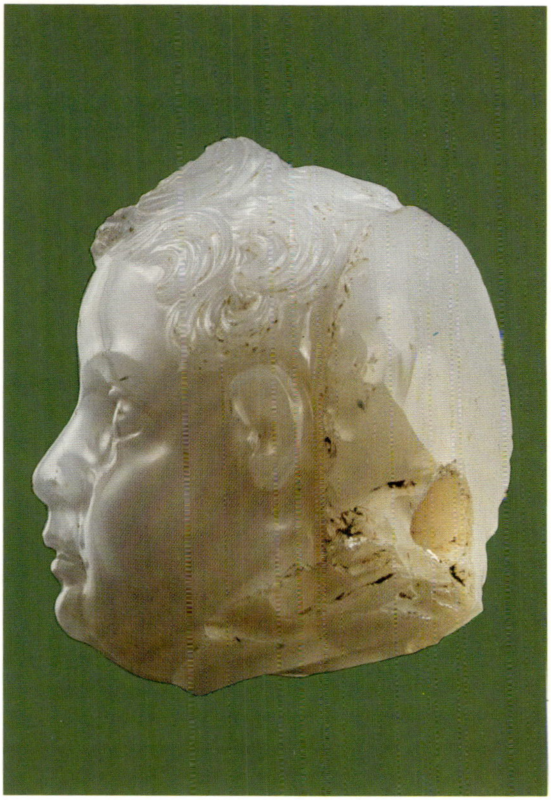

Griechische und römische Steinschneidekunst

◁ **XLIII** Zweifellos hat der hellenistische Künstler, der um die Mitte des 2. Jhs. v. Chr. das rundplastische Kinderköpfchen aus einem kostbaren großen Chalcedon gearbeitet hat, damit nicht irgendein beliebiges Kind gemeint. Diese Spitzenleistung der antiken Glyptik stellt sicher einen Angehörigen eines hellenistischen Königshauses dar, vielleicht Antiochos, den Sohn des Seleukos IV.

XLIV Wie kostbar offenbar ein rundplastisches Porträt aus Halbedelstein war, zeigt das ▷ 16 cm hohe Porträt des Augustus aus Sardonyx aus der Gegend von Zaragoza. Das Bildnis wurde offenbar wiederverwendet: ursprünglich stellte es vielleicht Domitian dar, jedenfalls wurde es erst nachträglich unter Trajan zu einem Augustusporträt umgearbeitet. Um 100 n. Chr.

XLV-XLVII Geläufiger als solche vollplastischen Werke in Halbedelstein sind während griechischer und römischer Zeit Kameen und Gemmen mit Reliefdarstellung bzw. vertieftem Bild.

XLV Sardonyx-Kameo mit Darstellung der Artemis-Selene. Der Schneider des Kameos hat für die Reliefdarstellung der Göttin, mit der vielleicht auch eine späthellenistische Fürstin gemeint sein kann, eine weiße Schicht im sonst braunen Halbedelstein benützt. 2./1. Jh. v. Chr. ▷

XLVI Nicolo-Gemme mit der Darstellung des jugendlichen Caracalla als Hercules mit Löwenfell und Keule. Solche Halbedelsteine mit vertieften Darstellungen dienten in der Regel als Siegelsteine. 200/210 n. Chr. ▷▷

XLVII Sardonyx-Gemme mit Brustbild des Caracalla in weiter fortgeschrittenem Alter. Sie zeigt ihn als siegreichen Feldherrn mit Panzer und Lorbeerkranz. 210/220 n. Chr. ▷▷▷

werkes darstellte“[571]. Das steht ganz im Einklang mit dem reichen anekdotischen Beiwerk, das uns bei Plinius begegnet – etwa daß Famulus beim Malen seine Toga anbehielt, daß Protogenes von Linsen lebte, um beim Malen einen klaren Kopf zu behalten, oder daß Pasiteles, der für seine Kopien von früheren Bildwerken berühmt war, von einem Panther angegriffen wurde, als er vor einer Schiffsladung von erst vor kurzem ausgeladenen wilden Tieren nach der Natur arbeitete[572]. Es mag sein, daß all diese Anekdoten auf wahren Ereignissen beruhen; doch der Grund für ihre Übernahme in die literarische Überlieferung lag im Interesse des Kenners für die *techne* und für die Kriterien, durch die sie sich feststellen ließ. Aber akzeptierte man denn keinen anderen Faktor?

Dem Kenner gelang es auf Grund seines detaillierten Wissens von den Techniken, die der gute Handwerker anwandte, das Werk eines Mannes von dem eines anderen zu unterscheiden. Stile ließen sich nicht nur nach Schulen, Gruppen oder Typen unterscheiden (wie etwa das ziselierte Silber aus der Fabrik des Furnius, Clodius oder Gratius), sondern auch – und zwar vor allem – nach Personen. Aber selbst wenn Plinius und seine Quellen auf Grund ihrer umfassenden Kenntnisse darüber, wie Aristonidas dies und jenes zusammenmischte, um eine eindrucksvolle Darstellung des reuevollen Athamas zu realisieren, in der Lage waren, andere Werke desselben Mannes zu identifizieren; wenn sie gelernt hatten, was die Anlage der Proportionen in den Statuen des Polyklet charakterisierte; oder wenn sie auf einen Blick die Schatteneffekte des Malers Zeuxis erkennen konnten – so bedeutet all das nicht, daß sie etwa eingeräumt hätten, daß sich ein Teil der *Persönlichkeit* des einzelnen Künstlers in der Konzeption seines Werkes äußere, oder daß man stilistische Unterschiede irgendwie anders begründen könne als durch Unterschiede bei der Anwendung von traditionellen Techniken und beim Einsatz der Werkzeuge, in deren Handhabung sie ausgebildet worden waren. Ebenso wie sich die Begeisterung des Auftraggebers an Oberflächeneffekten, an der Balance, an der Glätte, der Blässe oder an der Feinheit in Detail und Ausführung – Momenten der *techne* –

entzündete, sah man im Bildhauer, Maler oder Architekten einen Mann, der rein auf äußerliche Stimuli reagierte; man verstand ihn nicht als Mann, der auf Grund einer Einsicht, die seiner Art eigentümlich ist, ein wunderbares Werk hervorgebracht hatte. Künstlerisches Temperament hielt man für irrelevant und für das Handwerk nicht für notwendig. Das Feuer, mit dem Apollodoros seine eigenen Werke kritisierte, scheint ihm weder Sympathie eingetragen zu haben, noch Zustimmung in der Hinsicht, daß durch solch extremes Vorgehen sein Werk vielleicht noch verbessert werden könnte; vielmehr verhalf es ihm zu dem Spitznamen „der Verrückte"[573]. Wenn *techne* nicht alles erklären konnte, so konnte es das künstlerische Flair oder der Genius des einzelnen schon gar nicht, sondern nur der Zufall. Protogenes mühte sich vergeblich ab, ein malerisches Problem zu lösen; schließlich warf er voller Wut einen nassen Lappen auf das Bild und erzielte so ganz zufällig eben jenen Effekt, um den er sich bemüht hatte[574].

Dennoch läßt die Tatsache, daß soviele Namen von Bildhauern und insbesondere von Malern aus literarischen Quellen bekannt sind, und daß sich so zahlreiche Anekdoten mit ihrem Werk und ihren Gewohnheiten beschäftigen, vermuten, daß man in gewisser Weise den hochqualifizierten Handwerker als Individuum und nicht nur als ein Etikett für einen bestimmten Stil oder ein Produkt akzeptierte. Man hat sogar die Ansicht geäußert, daß sich nicht nur eine zunehmende Anerkennung der Einzelpersönlichkeit und ihrer Leistungskraft herausbildete, sondern daß die Handwerker und ihre Tätigkeit in der öffentlichen Einschätzung stiegen, und daß in der späteren Antike die Auffassung vom handwerklichen Schaffen – der *techne* – der Idee eines echten persönlichen Genies Platz gemacht habe. Die Zeugnisse scheinen mir eine solche Interpretation nicht zuzulassen; die meisten namentlichen Bezüge auf Handwerker erfolgen im Dienst moralischer, philosophischer oder rhetorischer Erörterungen – sie werfen deshalb nur wenig Licht auf die Frage, wie die Leistungen der Handwerker in ihrer Zeit beurteilt wurden.

Mit Namen versehene Individuen wurden zum ersten Mal in der griechischen Welt während des 7. Jhs. v.Chr. festgehalten und anerkannt. Danach hielt man, wie wir sahen, die Namen von Handwerkern verschiedener Art (vor allem aber Bildhauer, einige Maler und ein paar Architekten) in der Überlieferung der Orte, in denen sie tätig waren, fest (ebenso wie in den Signaturen, die sie sehr oft ihren Werken beischrieben), so daß, – um nur ein einziges Beispiel zu nennen –, Pausanias, der im 1. Jh. n.Chr. schrieb, vom Bildhauer und Architekten Gitiades sprechen konnte, der in der Frühzeit ein Bild der Athena für die Spartaner anfertigte[575]. Wo es einen Mangel an Überlieferung gab, konnte diese natürlich ausgeschmückt oder sogar erfunden werden; die Lücke zwischen den historischen Bildhauern und ihren unbekannten Vorläufern wurden einerseits durch Gestalten wie Smilis, Dipoinos und Skyllis aus Kreta und Schüler des Daidalos aufgefüllt, und andererseits durch Männer, die Pausanias in vollem Ernst als verantwortlich für bestimmte Werke, die zu seiner Zeit noch existierten, nennt[576].

Mochte man sich auch an den Namen erinnern – in den meisten Fällen war sonst nur sehr wenig erhalten geblieben. Das gilt auch noch für die klassische Zeit, denn obwohl mehr Details aus ihrem Leben bekannt blieben und die Leistungen vieler Bildhauer und Maler in der späteren Antike sprichwörtlich wurden, kann man vom Maler Polygnot nur sagen, daß er bestimmte Bilder malte, daß er aus Thasos kam, daß er seine Großzügigkeit dadurch unter Beweis stellte, daß er die Stoa Poikile der Athener auf eigene Kosten ausmalte (eine Handlung, die ihn von den *banausoi* absetzte), daß er der erste war, der Frauen in durchsichtigen Gewändern malte, und daß er den Gesichtern in seinen Bildern Ausdruck verlieh[577]. Wir haben jedoch keinen unmittelbaren Eindruck davon, wie er selbst seine Arbeit verstand. So wurde auch Polyklet von Argos zu seiner Zeit sprichwörtlich wegen seiner Theorien zur Harmonie in der Plastik – und er blieb den Rest der Antike hindurch sprichwörtlich; als Persönlichkeit aber entzieht er sich uns. Mit den Geschichten, die den Namen Phidias umgeben, kommen wir einer realen Person etwas näher, und wäre es auch nur deswegen, weil man sich seiner Verbindung mit Perikles erinnerte; seine persönlichen Ansichten jedoch über seine Arbeitsmethoden und seine Meinung über die Arbeiten, die er schuf, treten in den erhaltenen Zeugnissen nicht zutage. Deshalb können wir nur aus seinen Erzeugnissen und aus den Berichten über Selbstporträts und Darstellungen von Freunden, die er an seinen Athenastatuen unterbrachte, den Schluß ziehen, daß er eine sehr selbstbewußte und selbstsichere Persönlichkeit war (Taf. 78)[578].

Erst im 4. Jh. kam die wachsende Wertschätzung der Kraft der Persönlichkeit, die ihre Wurzeln in der politischen und geistigen Entwicklung des 7. und 6. Jhs. hatte, zur vollen Blüte[579]. Alexander der Große war es, in dem Moralisten, Biographen und die Registratoren der Eigenschaften der Größe den potentiell bedeutendsten Menschen der Geschichte sahen; sie begannen noch zu seinen Lebzeiten, ihn zu propagieren. Es überrascht kaum, daß die Handwerker, die mit ihm in Verbindung standen, in denselben Prozeß der Erhöhung der Persönlichkeit miteinbezogen wurden.

Apelles, ein Ostgrieche und Angehöriger einer Malerfamilie, erhielt den Auftrag, das Porträt Alexanders zu malen. Welches bessere Mittel konnte man ihm bieten, seine eigene Stellung in den Augen der Nachwelt zu sichern? Es kann kein Zufall sein, daß wir mehr von seinen Arbeitsmethoden und seiner Einstellung seinem Werk gegenüber erfahren als von irgendeinem seiner Vorgänger. Sein höchstes Ziel war natürlich vollendeter Realismus, und zu diesem Zweck gab er sein Werk der Kritik der Vorübergehenden preis, „da er die einfachen Leute als sorgfältigere Richter als sich selbst vorzog"; aber ein Schuhmacher durfte nur zu der Sandale Stellung nehmen, nicht zu dem Bein auf der Darstellung des Gemäldes[580]. Daß nur der Experte sich zu dem Gegenstand äußern sollte, in dem er ausgebildet worden war, macht die Pointe der Anekdote über den Besuch Alexanders im Atelier des Apelles aus; als Alexander fortwährend über Malerei sprach, von der er nichts verstand, legte ihm Apelles taktvoll nahe, er solle schweigen, da die Knaben, die die Farben mischten, über ihn lachten[581].

Protogenes von Kaunos, der lange Zeit in Rhodos malte, kommt nach allem, was wir aus der Welt der Handwerker wissen, am ehesten dem nahe, was wir einen Exzentriker nennen. Er war nicht eng mit dem Hof Alexanders verbunden, kannte aber Apelles gut genug, um von diesem in einer ernsten finanziellen Notlage unterstützt zu werden. Es heißt von ihm, er habe als armer Mann, als Schiffsmaler, begonnen; später gedachte er seiner bescheidenen Anfänge, indem er auch „kleine Bilder von Kriegsschiffen" in der Vorhalle des Athenatempels von Athen anbrachte, die er ausmalte. Man sagte auch von ihm, „er sei ganz seiner Kunst hingegeben und deswegen nicht sehr produktiv" – wahrscheinlich konnte er nicht die Finger von einem Bild lassen, bevor es nicht in seinen Augen perfekt war[582]. Die Geschichte vom Mallappen legt nahe, daß er sich leichter durch technische Schwierigkeiten erregen ließ als andere Maler; auf der anderen Seite konnte er um seiner Arbeit willen Härten ertragen, denn er lebte nicht nur von Hülsenfrüchten, um einen klaren Kopf zu behalten, sondern er ignorierte auch die Gefahren durch die Belagerungsmaschinen des Demetrios Poliorketes vor der Stadt Rhodos, als er sich weigerte, den kleinen Garten am Stadtrand zu verlassen, wo er gerade arbeitete. Er bietet ein schönes Bild des hellenistischen Menschen: hochsinnig, gefühlsbetont, ein Angehöriger einer erregenden Zeit, verbunden mit den großen Männern dieser Jahre[583].

Das berühmteste Mitglied der Handwerkergruppe um Alexander war der Bildhauer Lysipp, ein „Autodidakt", wie behauptet wurde. Es heißt, er sei in seiner Jugend Kupferschmied gewesen und sei dadurch zur Bildhauerei gekommen, daß er den Maler Eupompos sagen hörte, „man sollte die Natur nachahmen, nicht andere Leute (das heißt, deren Werke oder Stil)"[584] Natürlich kann er nicht völlig mit jeder Tradition gebrochen haben, doch scheint die Auffassung vom autonomen Künstler, der sich seine eigenen Regeln aufstellt und seinen eigenen Stil schafft, für einen kurzen Zeitraum in der Person und in den Äußerungen des Lysipp greifbar zu werden. Was genau er gesagt hat und was er präzise damit gemeint hat, bleibt natürlich ganz fraglich; aber die geistige Unabhängigkeit, die in den überlieferten „Bemerkungen“ zum Ausdruck kommt, beruht sicherlich auf der realen Person – „seine Vorgänger hatten Menschen gebildet, wie sie wirklich waren, er aber machte sie so, wie sie erschienen“.

Bei diesen wenigen Gestalten handelt es sich um die Handwerker, von denen in den erhaltenen Quellen am meisten die Rede ist. Die wachsende Begeisterung für Biographien in hellenistischer und römischer Zeit scheint nicht dazu geführt zu haben, daß die Informationen über Leben und Wirken späterer Handwerker zugenommen hätten; selbst die Bildhauer, Architekten und anderen, die für den Kaiser Augustus arbeiteten, blieben weitgehend anonym – sein Gemmenschneider Dioskourides bildet eine der verschwindend wenigen Ausnahmen[585]. Und dennoch wurde sehr viel gute Arbeit in hellenistischer und römischer Zeit geleistet, nicht weniger als von den viel ausführlicher belegten Handwerkern in früherer Zeit; wir können also die Tatsache, daß die Quellen nun vergleichsweise schweigsam bleiben, sicher nicht damit erklären, daß sich ein Qualitätsunterschied abzeichne, und auch nicht durch die Annahme, daß kein Handwerker im kaiserzeitlichen Rom sich je über seine Arbeit geäußert oder genügend scharf darüber nachgedacht hätte, wie er sein Handwerk ein wenig über den Punkt voranbringen könne, an dem er es ursprünglich erlernt hatte. Ausdrückliche Bewunderung für zeitgenössische Handwerker scheint sich trotz all der Namen, Werke und Stile, die so detailliert und häufig in der Literatur zitiert werden, auf jenen einzigen Bericht zu beschränken, den der ältere Plinius über seinen Besuch in der Werkstatt des Bildhauers Zenodoros liefert.

Worin lag dann also der Sinn all jener Erwähnungen von Kunstwerken und ihren Schöpfern? Können sie überhaupt irgend etwas darüber aussagen, was man wirklich von Handwerksarbeit und von den Leuten, die sie ausübten, dachte? Verrät auch nur ein einziges von den 35 hellenistischen Epigrammen in der Anthologia Graeca über den Bildhauer Myron und seine besonders berühmte Kuhstatue irgend etwas, das von einem tieferen Verständnis für die Kunst Myrons zeugte, als es frühere Betrachter an den

Tag legen konnten[586]? Es scheint so zu sein, daß berühmte Kunstwerke und bis zu einem gewissen Grad auch die Männer, die sie geschaffen hatten, zu modischen Redewendungen bei den Literaten wurden – etwa in der Weise, wie die „schmutzigen" Bilder des Malers Peiraikos ankamen, oder wie die Epigrammatiker gelegentlich zu recht einfachen Themen griffen, um zu erheitern und zu unterhalten[587]. Wenn der neuplatonische Philosoph Plotinus beschreiben zu müssen meinte, wie Phidias in einem Traum die „göttliche Inspiration" erhielt, das Gold-Elfenbeinbild des Zeus in Olympia zu schaffen und keine Modelle benützte, sondern den Gott so zu bilden versuchte, wie er ihn tatsächlich gesehen hatte, so wollte er damit nicht unbedingt die Theorie vortragen, daß man Handwerker ebenso in ihrem Werk inspiriert sehen müsse, wie man das bei Dichtern seit eh und je getan hatte; er benützte nur eine farbige Metapher, um seinen eigenen Gedankengang weiterzuführen, in dem es nicht um das Handwerk, sondern um das Streben nach dem Guten ging[588].

Plotinus kann sich in der Tat kaum sehr dafür interessiert haben, wie Phidias oder irgendein anderer Bildhauer oder Maler zu seinen Ideen kam oder diese realisierte. Er selbst weigerte sich, sein Porträt malen zu lassen (obwohl es so scheint, als sei der Maler Karterios sein persönlicher Freund gewesen), und deswegen mußte es heimlich gemalt werden[589]; noch bezeichnender aber für die Kluft zwischen seinen philosophischen Interessen und realem Handwerkertum ist die Tatsache, daß das Beispiel, das er aus dem Bereich des Handwerks wählte, eines war, das schon lange zum rhetorischen Klischee geworden und 700 Jahre von seiner eigenen Zeit entfernt war.

Die zahlreichen Zitate aus dem Gebiet des Handwerks dienten in erster Linie rhetorischen Zwecken. Wenn ein konkretes Bild benötigt wurde, oder ein gebildeter Hinweis auf die Künste am Platz war, um eine Erörterung zu bereichern oder sie dem Mann auf der Straße anzunähern, so konnte jede beliebige Anzahl von Repertoirefiguren eingesetzt werden – einschließlich der Kuh des Myron. Nur Arbeiten und Arbeiter der Vergangenheit konnten diese Aufgabe erfüllen – zeitgenössischen Bildhauern, Gemmenschneidern, Malern, Bronzestatuengießern fehlte die notwendige kulturelle Patina.

Die Idee vom Genie, im Sinne der Zeit nach der Renaissance oder der Moderne, trat in der Antike weder in der Frühzeit noch später jemals auf. Im frühen 6. Jh. v.Chr. hatte Solon unterschieden: der Bildhauer arbeitet mit seinen Händen, aber es ist der Dichter, der als das Maß der viel begehrten Weisheit gilt – und dabei blieb es[590]. Die Musen sprachen zu Homer, Hesiod, Vergil; aber keine göttliche Stimme ermunterte Onatas, Phidias, Parrhasios, Protogenes oder Pasiletes. Nur der Dichter arbeitete in der Sphäre der *sophia* – innere Weisheit, Einsicht – und nur der Dichter war wirklich inspiriert[591]. Der Handwerker arbeitete mit *techne*, der Kunstfertigkeit, die von außen eingebracht worden war, der Kunstfertigkeit, mit Hilfe derer Oberflächeneffekte erzielt werden konnten. Eines der grundlegenden Elemente in der Haltung des gebildeten Publikums gegenüber den Handwerkern war nicht das Erwachen eines tieferen Verständnisses dafür, wie eng der Schöpfer mit seinem Werk verbunden ist, sondern die hartnäckige Unterscheidung zwischen dem Hersteller und seinem Produkt, die sich klar in der Bemerkung des Plutarch ausdrückt: „Wenn auch die Werke des Phidias und Polyklet bewundert werden, so wird dennoch kein richtig denkender junger Mann wünschen, Phidias oder Polyklet nachzueifern". So hatte Homer die Olympischen Götter dargestellt, die die Handwerksarbeiten des Hephaistos bewunderten, über den lahmen Gott selbst aber lachten.

Des Handwerkers Gefühl der Identität mit seinem Werk

Die Einstellung des Handwerkers, die nur in einer Handvoll von persönlichen Aussagen expliziert wird, liegt doch auch den zahlreichen Signaturen zugrunde, die nicht nur den Skulpturen beigeschrieben wurden, sondern einer breiten Vielfalt von Werken – von Steinblöcken für den Bau bis hin zu verputzten Wänden. Zeugnisse dieser Art reichen kaum aus, um die eigenen Vorstellungen der Facharbeiter davon, wie sie arbeiteten, und was sie von ihrer Arbeit dachten, darzulegen; sie reichen gerade aus, um den Schluß zuzulassen, daß es ebenso wie es während der Antike keinen tiefgreifenden Wandel in der Einschätzung von Handwerksarbeit durch Auftraggeber oder Kenner gab, auch die Ansichten des Handwerkers mehr oder weniger die gleichen blieben, nachdem diese erst einmal formuliert waren.

Denn obwohl wir argumentieren mögen, daß nur im intellektuellen Klima des 4. Jhs. v.Chr. Lysipp in der Lage war, solch selbstsichere Bemerkungen über seine Arbeit zu machen – daß nur zu dieser Zeit derart individuelle Bemerkungen entstehen konnten und daß nur in diesem Stadium der Entwicklung der Plastik ein Handwerker daran denken konnte, sich von allen früheren Arbeitsweisen zu lösen –, so scheint es doch, wenn wir alles in Betracht ziehen, nur einen sehr geringen Unterschied zu geben, was die Intensität des persönlichen Engagements und die Absicht der Aussage angeht, zwischen den obengenannten Aussprüchen des Lysipp und dem, was der naxische Bildhauer Alxenor etwa 150 Jahre vorher gesagt hatte[592] In seiner Signatur auf einem Relief, das die Resultate seiner Experimente auf dem neu entdeckten Feld der Verkürzung vor Augen führt, erklärt er: „Alxenor der Naxier hat dies gemacht. Schaut nur!"

Ebenso wie es die *techne* war, die der Kenner als das Wesentliche an der Handwerksarbeit betrachtete, war es die *techne*, die der Handwerker als entscheidenden Faktor seiner Tätigkeit als gelernter Arbeiter ansah. Im 2. Jh. n.Chr. ließ der Maler Loukios Sossios aus Kyrene in seiner Grabinschrift erklären, daß seine *techne* überragte (zu ergänzen ist: die eines jeden möglichen Rivalen):

> Falls du, Wanderer, vom Figurenmaler Loukios Euthykles gehört hast – ich, der ich den Palast von Kyrene berühmt unter den Völkern gemacht habe durch meine überragende *techne* – ich, der ich als große Wohltat für meine Vaterstadt die Abbilder der Götter geliefert habe – hier an diesem Platz, wo ich unter den Mitgliedern des Rats hervorragte, hier liege ich[593].

Im 6. Jh. v.Chr. hatte der chiotische Bildhauer Archermos in seiner Signatur eines Werkes, das Mikkiades von Paros geweiht hatte, gesagt: „weit schießender Apollon, empfange diese schöne Statue, eines der Werke, das Archermos mit seiner Weisheit gearbeitet hat" (gemeint ist hier technisches „Know-how")[594]. Die Gemeinschaftssignatur der argivischen Bildhauer Eutelidas und Chrysothemis aus der Zeit um 500 v.Chr. sagt, daß sie „ihre *techne* von ihren Vorfahren gelernt hatten"[595].

Mit diesen prägnanten Feststellungen lassen sich die Empfindungen vergleichen, die aus den Epigrammen sprechen, die dem selbstsicheren Maler Parrhasios zugeschrieben werden; etwa:

> Ein Mann von üppiger Lebensweise, der die Tugend ehrt, hat diese Worte geschrieben – Parrhasios aus Ephesos, seiner berühmten Heimat. Auch habe ich nicht meines Vaters vergessen, Euenor, der mich ehelich gezeugt hat, damit ich den ersten Preis im Handwerk (*techne*) unter den Griechen davontrage.

Ein anderer seiner Sprüche lautete:

> Auch wenn sie es hören, ohne es zu glauben, sage ich doch: ich behaupte, daß schließlich die klaren Grenzen dieser *techne* erreicht wurden durch meine Hand. Die Grenze, die ich festgesetzt habe, ist nicht mehr zu überschreiten. Doch nichts, was die Sterblichen geschaffen haben, ist fehlerlos[596].

Ganz ähnliche Gedanken werden in der Grabinschrift des Töpfers Bakchios ausgedrückt, der um 370/60 v.Chr. starb, vielleicht ein späterer Zeitgenosse des Parrhasios:

> Bakchios, Sohn des Amphis – aus dem Demos Kerameus. Bei den Wettbewerben, die die Stadt veranstaltete, bei denen es um das Zusammenbringen von Erde, Wasser und Feuer geht (d.h. Töpferei) beurteilte ganz Griechenland den Bakchios als den ersten, sowohl vom Wesen wie von der Leistung her. Er trug alle Kränze davon[597].

Etwa gleichzeitig gedachte man des Bergmanns Atotas folgendermaßen: „Keiner kam mir an *techne* gleich"[598]. Viel später erinnerte man an den griechischen Zimmermann und Häuserbauer Maximus als „ohne Rivalen in der *techne*"[599]. Im südlichen Kleinasien signierte der Bildhauer oder Steinmetz Paion ein Grabrelief: „Paion, Sohn des Mousaios aus Perge, der beste in seiner *techne*"[600]. Und in Perinthos signierten der Bildhauer Kapiton und der Bauhandwerker Ianouarios einen kleinen Tempel am Stadttor, wobei sie die Feststellung hinzufügten, daß der Tempel errichtet worden sei von „Männern weise im Handwerk [sophotechneies]. Sie arbeiteten ihn mit Reliefs und schönen Ritzzeichnungen. Dein [des Gottes] Kleitos Kapiton machte die Skulpturen mit Unterstützung des Ianouarios, der dir lieb ist, und er gravierte in frommer Verehrung . . ."[601]. Ebenfalls in Perinth und etwa zur selben Zeit – dem mittleren 2. Jh. n.Chr. – hatte der Mosaikhandwerker Harpokration seine Kunstfertigkeit kommentiert[602]. Der Bildhauer Zenon, der zu der Gruppe aus Aphrodisias gehörte, die sich in Rom niederließ, äußerte sich folgendermaßen: „Ich reiste durch viele Städte, vertrauend auf meine *technai* . . . Ich machte dies Grab mit eigener Hand und leistete so eine staunenswerte Arbeit"[603].

Sie alle waren Griechen. Die wenigen erhaltenen Äußerungen von lateinisch sprechenden Handwerkern zeigen die gleiche Einstellung. Nach der Grabinschrift des Zimmermanns Q. Candidus Benignus war dieser hervorragend kenntnisreich in seinem Handwerk – „niemand konnte ihn übertreffen"[604]. Ebenso konnte ein Patron von seinem Goldschmied M. Canuleius Zosimus sagen, daß „er alle übertraf in der Kunst des Silberziselierens nach Art des Clodius"[605].

So wenige es auch von solchen Äußerungen geben mag, so legen sie doch nahe, daß sich der Handwerker zu keinem Zeitpunkt während der Antike veranlaßt fühlte, ein anderes Thema anzuschlagen. *Techne* war die einzige Qualität, die einen Kommentar hervorrief.

Seitens der geringeren Handwerker läßt sich eine gewisse Sorge bezüglich ihrer geringeren oder mangelnden *techne* feststellen.

Durch die Übernahme des Namens eines berühmten Vertreters ihres Handwerks hofften sie, die Qualitäten dieses großen Mannes auf sich zu ziehen. Im Bereich der athenischen Vasenmaler des zweiten Viertels des 5. Jhs. v.Chr. wird deutlich, daß eine Reihe von verschiedenen Händen mit dem Namen Polygnotos signierten – die einzige Erklärung dafür ist, daß sie dem großen Gemäldemaler nacheiferten[606]. Myron tritt als Bildhauername beträchtliche Zeit nach dem Bildhauer des 5. Jhs. um 200 v.Chr. in Theben und noch später in Rom wieder auf[607]. Man kennt einen argivischen Bildhauer des 3. Jhs. namens Polykleitos, und selbst wenn er ein Nachkomme des berühmten Polyklet war, so bedeutete es doch eine berufliche Hilfe, wenn er dessen Namen annehmen konnte, wie im Falle des späteren Praxiteles und des Skopas aus Paros des 2. Jhs.[608]. Der sikyonische Bildhauer Daidalos aus der Zeit um 400 v.Chr. muß seinen Namen in Erinnerung an den mythischen Vorläufer aller Bildhauer erhalten haben; doch wenn das der Fall ist, so bleibt es einigermaßen merkwürdig, daß es nicht mehr Handwerker dieses Namens gab[609]. Ein paar Handwerker scheinen Namen angenommen zu haben, die eine in ihrem Handwerk enthaltene Eigenschaft ausdrückten (oder diese andeuten sollten); abgesehen von den mythischen Gestalten Daidalos, Metion und Eupalamos und den Terrakottahandwerkern, die mit dem vertriebenen Demaratos von Korinth nach Italien gegangen sein sollen – Eucheir, „der mit der geschickten Hand", Diopus, „der mit dem scharfen Auge" und Eugrammos, „der gut zeichnet" – nannte sich ein korinthischer Bildhauer aus der Zeit um 525 v.Chr. Eucheir, ebenso wie das ein Athener in der Zeit um 200 v.Chr. tat; sein Sohn hieß Euboulides, „der gut ratende" oder „gut beratene"[610]; Cheirisophos, „der mit der weisen" oder „kunstfertigen Hand", war der Name eines kretischen Bildhauers des 6. Jhs. v.Chr. ebenso wie der eines kaiserlichen Freigelassenen und Silberschmieds, der während des 1. Jhs. n.Chr. in Rom arbeitete (Taf. 37)[611]. Der Bildhauer Theokosmos von Megara, der dort um die Mitte des 5. Jhs. eine Gold-Elfenbeinstatue des Zeus geschaffen haben soll, hieß „der Gottschmücker"[612].

Den offenkundigsten Nachweis für die Überlegenheit eines Mannes über einen anderen in der *techne* lieferten die Handwerkerwettbewerbe, wie sie der Töpfer Bakchios gewann. Wie oft es zu solchen Ereignissen kam, wissen wir nicht, aber der Töpferwettbewerb in Athen war wahrscheinlich Teil eines Festes, in dem die Gemeinde die *techne* ihrer Handwerker feierte, indem sie ihnen Gelegenheit gab, sich aneinander zu messen und Rivalen von auswärts zu schlagen[613].

Die Malerwettbewerbe – zwischen Zeuxis und Parrhasios, Parrhasios und Timanthes, und Timanthes und Kolotes – waren vielleicht, wenn sie tatsächlich stattgefunden haben und nicht nur rhetorische Erfindungen sind, rein private Angelegenheiten. Wahrscheinlicher aber ist, daß sie sich um einen Auftrag bewarben – etwa um die Ausschmückung irgendeines öffentlichen Gebäudes –, der auf das Ergebnis des Wettbewerbes hin erteilt wurde. Dieser Art scheint jedenfalls der Bildhauerwettbewerb zwischen Phidias, Polyklet, Kresilas und Phradmon in Ephesos gewesen zu sein; sie nahmen an dem Wettbewerb mit Amazonenstatuen teil, die die Ephesier alle vier ankauften und im Heiligtum der Artemis aufstellten[614]. Eines solchen Sieges brüstet sich der Bildhauer Paionios in seiner Signatur der geflügelten Siegesgöttin, die er für die Messenier und Naupaktier in Olympia machte (Taf. 80).

Paionios ergänzte seine Signatur, indem er den Beweis für seine überragende Fähigkeit anführte. So hatte Alxenor auf sein eigenes Können hingewiesen. Grophon „machte die fehlerlose Statue, nachdem er zu Athena gebetet hatte". Der Bildhauer und Gelegenheitsingenieur Kleoitas schrieb einer Statue, die er für die Athener gemacht hatte, folgenden Zweizeiler bei: „Der als erster die Startanlage für die Pferderennen in Olympia erfand, Kleoitas, Sohn des Aristokles, hat mich gemacht". Und in der römischen Kaiserzeit signierte Aristainetos den Tempel, den er für Hadrian in Kyzikos erbaut hatte, folgendermaßen: „Der edle Aristainetos baute mich von Grund auf mit Hilfe vieler Arbeiter und Gelder aus ganz Asien."

Die Signatur des Bildhauers allein sagte eine ganze Menge aus – die Schwierigkeit ist nur abzuschätzen, wie viel. Die frühesten bekannten Signaturen sind Ausfluß des neuen Gefühls des Individualismus, das sich im 7. Jh. v.Chr. manifestierte und das seit dieser Zeit eines der Merkmale war, das die Griechen ganz eindeutig von den Völkern des alten Nahen Ostens abhob. Und diese selbe Absicht lag immer dem Akt des Signierens zugrunde – der Handwerker sagte damit eigentlich: „hier ist meine Antwort auf die technischen und stilistischen Probleme, die bei diesem Werk auftraten." Der Töpfer oder Vasenmaler des 7. Jhs., Chares aus Korinth, und der Bildhauer Euthykartides verwendeten bereits jene Formel, die von da an mit nur ganz geringfügigen Variationen bis zum Ende der Antike benützt wurde: „Der und der hat mich gemacht". Hierin liegt demnach ein Beweis für die vielleicht grundsätzlichste Einheitlichkeit der Vorstellung, die es je unter Handwerkern gab: nicht nur waren sie sich immer darüber im klaren, daß in der *techne* die beherrschende Qualität ihres Handwerks liege, sondern bereits im 7. Jh. – fast schon mit den ersten Beispielen dafür, daß man dem persönlichen Standpunkt als dem öffentlichen religiösen oder epischen entgegengesetzt zum Ausdruck verhalf – empfanden sie ein gewisses Maß an persönlicher Verantwortung für ihre Arbeiten, daß sie auch äußern wollten. Und dieses Gefühl lebte fort, ohne daß sich die Vorstellungen sichtbar weiterentwickelt hätten. Im 7. Jh. hatten die Handwerker damit aufgehört, anonym zu bleiben; nie wieder in der Antike ereignete sich ein solch bedeutsamer Wandel in ihrem Status oder in ihren Gedanken zu diesem Thema.

Dieser Brauch gewann jedoch nicht allgemeine Geltung, sondern trat immer am häufigsten bei den Bildhauern auf. Fast sicher waren sie es, die diese Idee aufgebracht hatten; und der Grund dafür kann nur darin liegen, daß die Anfänge des Schaffens von Monumentalplastik mit dem neuen Bewußtwerden der eigenen Identität zusammenfielen und sicherlich dadurch bedingt wurden. Die Statuen selbst besaßen eine Art Persönlichkeit, wie die frühe Form der Handwerkersignaturen „der und der hat mich gemacht" erkennen läßt – eine Vorstellung, die sich nicht nur in gleicher Weise auf Gefäße erstreckte, sondern gelegentlich auch für Bausteine galt, etwa für jenes Beispiel, das vom Steinmetz Parmenon signiert wurde (Taf. 72); besonders deutlich äußert sich das in der Inschrift der Naxier auf der Basis ihres Apollons im Heiligtum von Delos um 600 v.Chr.: „ich bin aus ein und demselben Stein, sowohl Statue wie Basis"[615].

Von da an wurden, wenn nicht alle, so doch die meisten Statuen, die als Weihungen gedacht waren, von Bildhauern signiert, gleichgültig, wer der Auftraggeber war. Weih- und Grabreliefs, und manchmal auch die Reliefs an öffentlichen Monumenten wurden ebenfalls signiert – wie im Fall der Friese am Großen Altar von Pergamon[616]. Aber es gab auch viele solche Reliefs, die nicht signiert waren, etwa die Weihung der 12 Athener Kleiderreiniger. Warum das so ist, ist keineswegs klar; die mindere Qualität einer Reihe von signierten Werken macht deutlich, daß es keine Regel gab, die besagte, daß nur Werke von hoher Qualität signiert werden sollten; auch besteht kein besonderer Anlaß anzunehmen, daß manche Auftraggeber einfach Einspruch dagegen erhoben hätten, daß die Ausführung einer guten Arbeit gebührend hervorgehoben werden solle.

Für die Anonymität der Mehrzahl an Skulpturen, die für öffentliche Monumente geschaffen wurden – das heißt für Friese und Giebel von Tempeln und für Denkmäler der römischen Kaiser – läßt sich eine gewisse logische Begründung finden. So bleiben die Bildhauer der Giebel des Zeustempels von Olympia bis heute namenlos; auch besteht keine wirkliche Sicherheit darüber, wer die Trajanssäule entwarf und die Arbeiten an ihr leitete, und dasselbe gilt für zahlreiche andere „historische" Reliefs. Bei solchen Aufgaben arbeitete der Bildhauer nicht unabhängig bei Entwurf und Ausübung seines Handwerks, sondern als kaiserlicher Archivist – nicht als Initiator der Komposition, sondern als Propagandist. Aber selbst auf diesem Arbeitsfeld wurde gelegentlich eine Signatur beigeschrieben – meist ganz diskret, wie es beispielsweise M. Ulpius Orestes auf dem Fuß eines Opferstieres auf einem Relief vom Trajansforum tat (Taf. 67); oder Theophilus auf der Ferse der Kolossalstatue eines (unbekannten) Kaisers;

oder M. Epidius Eros auf dem Gewandsaum des Jupiter Ammon in Rom[617].

Sein Werk zu signieren, war ursprünglich ein griechischer Brauch, und auch in der römischen Welt blieb es vor allem ein Anliegen der Griechen. Aber bis zu einem gewissen Grad übernahmen diesen Brauch auch Handwerker in der lateinisch sprechenden westlichen Hälfte der alten Welt. Bildhauer, die lateinisch signierten, hielten sich in der Regel an die gewohnte Formel: „Der und der hat mich gemacht", aber es gibt ein paar Varianten. So zogen es beispielsweise Paulus in Rom und Iulius Musticus in der Gallia Narbonensis vor, präziser zu sagen: „ . . . haben mich modelliert"[618]. Und selbst in den abgelegensten Teilen der römischen Welt befaßten sich Handwerker damit, namentlich zu signieren – in Britannien etwa Priscus und Sulinus in Bath[619].

Bei einem Architekten konnte das Gefühl der persönlichen Verbindung mit dem Bau, den er aufgeführt hatte, naturgemäß nicht so stark sein wie das des Bildhauers mit seiner Statue. Darüber hinaus war der griechische Tempelarchitekt dem Bildhauer untergeordnet, der für den Skulpturenschmuck und vielleicht auch für die Kultstatue im Tempel verantwortlich war. In der römischen Welt war die Situation etwas anders. Architekten identifizierten sich viel bereitwilliger mit ihren Werken. So signierte zum Beispiel C. Postumius Pollio das Stadttor von Formia und einen kleinen Tempel in Terracina[620]. In Alexandria signierte Pontios sowohl auf lateinisch wie auf griechisch eine der vier Bronzeklauen, die die Basis für einen Obelisken abgaben[621]. In Antibes setzte Sextus Iulius Caecilianus seinen Namen auf einen Bogen; und in Herculaneum hielt man die Erinnerung an die Arbeit des P. Numisius am Theater fest – natürlich unter dem Namen des für das Projekt verantwortlichen Beamten und in kleineren Buchstaben[622]. Vielleicht in Anlehnung an dieses Selbstbewußtsein der römischen Architekten faßten auch einige griechischen Architekten in römischer Zeit den Mut, ihre Werke zu signieren: „Kleon, der Lakedaimonier, war der Architekt", stand auf einem Gebäude in Sparta. Das Theater von Aspendos

ASINVS

Erzeugnisse römischer Glashandwerker

XLVIII-XLIX Zu den kostbarsten Erzeugnissen römischer Glashandwerker gehören die Goldgläser. Sie bestehen meist aus einer dünnen ausgeschnittenen und gravierten Goldfolie zwischen zwei Deckgläsern und wurden seit dem 3. Jh. n. Chr. angefertigt. Während ihrer Blütezeit im 4. und 5. Jh. zeigen sie gewöhnlich biblische Darstellungen, doch fehlen auch heidnische Themen und Szenen aus dem Alltagsleben nicht. In der Regel wurden sie als Markierungen der Wandgräber in den Katakomben verwendet.

XLVIII Goldglas mit Darstellung eines springenden Wildesels, der als Jagdwild beliebt war. 3. Jh. n. Chr.

XLIX Goldglas mit der Darstellung des Schiffbauers Dedalius in seiner Werkstatt. Rings um ihn arbeiten Gehilfen mit Säge, Beil, Bohrer, Hammer und Meißel, Hobel. Minerva wacht als Schutzgöttin über seine Tätigkeit. 4. Jh. n. Chr. ▷

L Auch bescheidenere Erzeugnisse dieser Industrie fanden ihren Absatz. Drei bemalte Glasschalen, die sicherlich in Rom hergestellt, aber in Dänemark gefunden wurden, belegen die Beliebtheit römischer Glaswaren und das weitgespannte Handelsnetz der Weltstadt. Dargestellt sind auf den Schalen ein Vogelfries, ein Tierkampf in der Arena und exotische Raubkatzen. 2./3. Jh. n. Chr. ▷▷

scher Zeit weniger weit verbreitet gewesen wäre; erstaunlich wenige der erhaltenen Gemälde sind signiert — so ist auch etwa der Garten der Livia (Taf. 86) nicht signiert. Dabei ist es ausgeschlossen, daß es sich bei allem Erhaltenen nur um zweitklassige Arbeiten handelte und daß nur die größten Maler ihre besten Arbeiten signiert hätten, die jedoch ausnahmslos irgendwie zugrunde gegangen wären.

Ganz anders scheint die Situation im Fall des tiefer stehenden Handwerks der Mosaikgestalter gewesen zu sein. Nie konnten diese eine ähnliche Bewunderung auf sich ziehen wie die Maler von Gemälden; und dennoch sind mehr signierte Mosaiken als signierte Gemälde bekannt. Die Signaturen des Gnosis und Dioskourides (Taf. 87, 88) spiegeln deutlich den Stolz auf zwei fraglos hervorragende Beispiele dieses Handwerks wider; aber warum fühlte sich Antaios veranlaßt, seinen Namen auf ein ganz gewöhnliches schwarz-weißes Pflaster im Heiligtum von Delos zu setzen[625]? Die Signaturen lateinisch sprechender Mosaikverleger zeigen das Bemühen, die Natur der Arbeit genauer zu umschreiben, als das die Griechen taten, die weiterhin einfach sagten: „Der und der hat es gemacht". So „malten" einige, andere „tessellierten", und noch andere „mosaizierten" ihre Fußböden[626].

Beispiele von Zierarbeiten aus Metall waren gelegentlich signiert, viel häufiger aber blieben sie anonym. Wieder wird nicht ohne weiteres klar, warum einige signiert waren und andere nicht; Stücke, die in ihrer Gestaltung einige Originalität an den Tag legen, sind namenlos, während einem imitierenden Werk wie dem Silberbecher des kaiserlichen Freigelassenen Cheirisophos (Taf. 37), der sich wohl an ein Vorbild aus der arretinischen Keramik anlehnt, das Vorrecht der Signatur seines Herstellers zugebilligt wurde.

Das Schneiden von Gemmen und Siegelsteinen verlangte in höherem Maß eine Delikatesse der Hand und eine Genauigkeit des Auges als andere Gewerbe (abgesehen von dem des Goldschmieds). Es ist klar, daß diese Art der Arbeit zu allen Zeiten große Bewunderung fand. Und dennoch trifft es wieder zu, daß zu jeder Zeit nur wenige Beispiele solcher Arbeiten signiert wurden; von ihren Werken her kennen wir die Namen des Onesimos, Syries und Epimenes aus dem späten 6. Jh. v.Chr., und aus dem 5. Jh. den des Dexamenos (Taf. 44, 45). Von anderen, die wir kennen, ist die Signatur des Menophilos deswegen einigermaßen ungewöhnlich, weil sie in Spiegelschrift geschritten wurde, so daß sie bei Benützung des Siegels immer leserlich war[627]. Der einzige Gemmenschneider, der in der Literatur erwähnt wird, ist der Siegelschneider des Augustus, Dioskourides, von dem signierte Gemmen erhalten geblieben sind – wie übrigens auch von seinen drei Söhnen[628].

Das Schneiden von Prägestempeln für Münzen verlangte fast ebensoviel Sorgfalt wie das Gravieren von Gemmen, und viele antike Münzen sind echte Kunstwerke. Aber die Anzahl signierter Münzen ist verschwindend gering, und alle wurden zur gleichen Zeit und in der gleichen Landschaft geprägt: in Süditalien und Sizilien während des späten 5. und frühen 4. Jhs. v.Chr.[629]. Es ist leichter zu verstehen, warum die meisten Münzen unsigniert waren, als eine Erklärung für die wenigen signierten zu finden; Münzen wurden vom Staat herausgegeben, und die Hauptfunktion des Münzbildes war es, eine sofort erkennbare Garantie für Qualität und Wert der Münze zu geben. Die Athener behielten auf ihren Silbertetradrachmen die gleichen Motive praktisch unverändert über fast drei Jahrhunderte hinweg bei – auf der einen Seite den Kopf der Athena mit Helm und auf der anderen Seite die Eule und den Olivenzweig (Taf. 49, 50). Römische Münzen brachten Symbole staatsbürgerlicher Solidarität oder Propaganda für kaiserliche Leistungen. In keinem Fall hatte der Entwerfer die Möglichkeit, sein persönliches Engagement an seinem Werk sichtbar zu machen. Die sehr wenigen Münzschneider in Süditalien und Sizilien, denen das Privileg gewährt wurde, ihre Werke zu signieren, können diese Gelegenheit nur deswegen gehabt haben, weil die Verhältnisse, unter denen sie arbeiteten, ganz ungewöhnlich waren; der Aufstieg einer Tyrannis zur Macht in Syrakus, dem führenden Staat in diesem Gebiet am Ende des 5. Jhs., mag viel damit zu tun gehabt haben – der Tyrann wünschte, die besten Arbeitskräfte an sich zu ziehen und belohnte sie dementsprechend (Taf. 47, 48, 51, 52).

Zu den frühesten erhaltenen Signaturen gehört die des Vasenmalers Timonides, der im späten 7. oder frühen 6. Jh. in Korinth tätig war. Aber signierte Vasen aus Korinth sind selten, und viele von ihnen sind von relativ schlechter Qualität; anderswo, in anderen Keramikzentren wie Rhodos, Böotien und Euböa, war dieser Brauch fast unbekannt[630]. Nur in Athen scheinen im 2. Viertel des 6. Jhs. die Töpfer und Maler die notwendige Selbstsicherheit gewonnen zu haben, erstmals in größerer Anzahl ihre Erzeugnisse zu signieren. Das früheste bekannte Beispiel ist jenes Bild des Sophilos mit der Darstellung der Zuschauer bei den Leichenspielen für Patroklos, eine Szene, die für jene Zeit ganz ungewöhnlich ist, da versucht wird, die Zuschauer in Tiefenstaffelung auf den Sitzreihen wiederzugeben. Beeindruckt vom eigenen Können hat er vielleicht das gewagt, was kein athenischer Töpfer oder Maler vor ihm getan hatte[631]. Nach etwa 540 v.Chr. wurde das Signieren von Vasen immer häufiger; selbst zu dieser Zeit scheinen nicht alle Facharbeiter ganz mit dem geschriebenen Wort vertraut gewesen zu sein, denn der große Maler und Töpfer Exekias brachte es fertig, auf einem der vielen erhaltenen signierten Gefäße seinen Namen falsch zu schreiben[632]. Das Signieren blieb während des späteren 6. und früheren 5. Jhs. ein ziemlich gern geübter Brauch, der erst nach etwa 450 seltener wurde. Warum sich das so verhält, ist nicht klar – auf jeden Fall nahm die Qualität der Keramik und ihrer Bemalung keineswegs ab; und dennoch blieb eine Reihe der besten je geschaffenen Vasen – die weißgrundigen Vasen mit ihren fein gezeichneten Bildern in Pastelltönen – durchweg unsigniert.

In der Tat gibt es viel mehr unsignierte Vasen als signierte. Von den Leuten, die ihren Namen beischrieben, scheint keiner jedes Stück, das er angefertigt oder bemalt hat, signiert zu haben, während einige nur eine ganz geringe Zahl von Arbeiten, die ihnen auf Grund stilistischer Kriterien zugewiesen werden können, signierten[633]. Merkwürdig ist auch, daß keine der Werkstattszenen signiert ist. Hier hätte man irgendeine Manifestation des Identifikationsgefühls des Vasenmalers mit der Szene, die er malte, erwartet; aber so ausgeprägt war das Fehlen solcher Assoziationen im Bewußtsein des Handwerkers, daß eine Werkstattszene unter den dargestellten Vasen einen Typus bringt, der, soviel wir wissen, in der Werkstatt, für die der Maler arbeitete, nie hergestellt wurde[634].

Als Gesamtbild ergibt sich eine Inkonsequenz im Vorgehen, für die es keine Erklärung gibt. So signierten von den süditalischen Vasenmalern nur die späteren und geringeren Vertreter ihres Handwerks ihre Arbeiten[635]. Die meisten Handwerker der alten Welt setzten natürlich nie ihren Namen auf irgendeines ihrer Produkte. Aber wie ich zu Beginn dieses Überblicks bemerkt habe, kommt es nicht darauf an, daß nur eine Handvoll von gelernten Arbeitern dem eigenen Vertrauen auf ihre Fähigkeiten zum Ausdruck verhalfen, indem sie dauerndes Zeugnis für den Stolz auf ihre Kunstfertigkeit ablegten, sondern auf die Tatsache, daß überhaupt einer das tat. Mannes, der phrygische Holzarbeiter, der im 5. Jh. in Attika lebte, konnte es in seiner Grabinschrift so ausdrücken: „Bei Zeus, ich habe nie einen besseren Holzarbeiter als mich gesehen". Ein Silberschmied aus der Zeit der römischen Republik konnte auf ein Schminktöpfchen schreiben: „Novios Plautios hat mich gemacht"[636]. Alles, was die griechischen Bildhauer, die im Dienst des persischen Großkönigs arbeiteten, tun konnten, um ihre Identität deutlich zu machen, war, auf der Basis einer Statue des Königs Graffitti anzubringen, die unverkennbaren griechischen Stil zeigen (Taf. 76).

ANMERKUNGEN

Abkürzungen

ABV	J.D. Beazley, *Attic Black-Figure Vase-Painters* (1956)
AJA	*American Journal of Archaeology*
ARV^2	J.D. Beazley, *Attic Red-Figure Vase-Painters*, 2. Aufl., (1963)
BCH	*Bulletin de correspondance Hellenique*
Blümner, *Gewerbe und Künste*	H. Blümner, *Technologie und Terminologie der Gewèrbe und Künste der Griechen und Römer*, 4 Bde., (1875–78)
BSA	*Annual of the British School at Athens*
Calabi-Limentani	I. Calabi-Limentani, *Studi sulla società Romana: il lavoro aristico* (1958)
CIG	*Corpus Inscriptionum Graecarum*
CIL	*Corpus Inscriptionum Latinarum*
Cod. Theod.	*Codex Theodosianus*
CP	*Classical Philology*
CQ	*Classical Quarterly*
Crook, *LLR*	J.A. Crook, *Law and Life of Rome* (1967)
Dubois	C. Dubois, *Etude sur l'administration et l'exploitation des carrières dans le monde romain* (1908)
FD	*Fouilles de Delphes*, Bd. III, Teil V
FGH	F. Jacoby, *Die Fragmente griechischer Historiker* (1923 –)
FGH	C. Müller, *Fragmenta historicorum Graecorum*
FIRA	S. Riccobono et al., ed. *Fontes iuris Romani anteiustiniani*, 3 Bde. (1951, 1943)
Frank, *Economic Survey*	T. Frank, ed., *Economic Survey of Ancient Rome*, 6 Bde. (1933–40)
GTBE	A. Burford, *The Greek Temple Builders at Epidauros* (1969)

HSCP	*Harvard Studies in Classical Philology*
ID	*Inscriptions de Délos*
IG	*Inscriptiones Graecae*
IGRR	*Inscriptiones Graecae ad res Romanas pertinentes*
ILS	H. Dessau, *Inscriptiones Latinae Selectae*, 3 Bde. (1892–1916)
JDAI	*Jahrbuch des Deutschen Archäologischen Instituts*
JHS	*Journal of Hellenic Studies*
Jones, *AD*	A.H.M. Jones, *Athenian Democracy* (1957)
Jones, *LRE*	A.H.M. Jones, *The Later Roman Empire 284–602*, 3 Bde. (1964)
JRS	*Journal of Roman Studies*
Lauffer, *Bergwerkssklaven*	S. Lauffer, *Die Bergwerkssklaven von Laureion* (1955, 1956)
Lindos I	*Lindos*, Bd. I, Teil I (ed. Chr. Blinkenberg)
Loewy	E. Loewy, *Inschriften griechischer Bildhauer* (1885)
NH	Plinius, *Naturgeschichte*
OGIS	W. Dittenberger, ed., *Orientis Graecae Inscriptiones Selectae* (1903–5)
PA	J. Kirchner, *Prosopographia Attica* (1901–03)
Randall, *Erechtheum*	R.H. Randall Jr, *The Erechtheum Workers*, *AJA* 1953, 199–210.
Raubitschek, *Dedications*	A.E. Raubitschek, *Dedications from the Athenian Acropolis* (1948)
RE	Pauly-Wissowa, ed., *Real-Encyclopädie der classischen Altertumswissenschaft*
REG	*Revue des études grecques*
SCA	M.I. Finley, ed., *Slavery in Classical Antiquity* (1960)
SEG	*Supplementum Epigraphicum Graecum*
SHA	Scriptores historiae Augustae
SIG[3]	W. Dittenberger, *Sylloge Inscriptionum Graecorum*, 3. Aufl. (1915–24)
TAPA	*Transactions of the American Philological Society*

Waltzing	J.-P. Waltzing, *Etude historique sur les corporations professionelles chez les Romains,* 4 Bde. (1895–98)
Westermann, *Slave Systems*	Westermann, *Slave Systems of Greek and Roman Antiquity* (1960)

Kapitel I

1 *ID*, 1

2 Xenophon, *Von der Hauswirtschaft* IV,2–3 – eine Einstellung, die auch Platon und vor allem Aristoteles ausdrückten.

3 *Traum* 1,9. Natürlich verspottet Lukian hier und auch sonst praktisch jede Beschäftigung und jede Stellung im Leben, so daß das Herausgreifen dieser Passage aus dem Kontext bis zu einem gewissen Grad eine nicht ganz gerechtfertigte Auswahl darstellt.

4 Plutarch, *Perikles* 2,1.

5 Zum Grab des Loukios Sossios s. S. 249; die Ehren für Epikrates – *SIG*^{3},707.

6 Damit bleiben Hersteller von vergänglichen Stoffen wie Parfum, Brot und Würstchen außerhalb der Betrachtung, auch wenn sie ebenfalls Fachkräfte waren. Ebenso werden hier Ärzte und Schauspieler allenfalls einmal im Vorübergehen in die Betrachtung miteinbezogen; denn obwohl sie professionelle und hoch qualifizierte Leute waren, gibt es doch allzu viele Unterschiede zwischen ihnen und den richtiggehenden Handwerkern, als daß ein gemeinsamer Überblick mehr erbrächte als getrennte Studien. Ähnlich hätte eine Einbeziehung der Bauern – obwohl auch sie qualifiziert und traditionell ausgebildet waren und von ihrer eigenen Hände Arbeit abhängig waren – das Feld dieses Buches so ausgeweitet, daß eine Arbeit etwa über „Die antike Welt bei der Arbeit" hätte entstehen müssen. Numerisch gesehen spielten jedoch die Bildhauer, die Schmiede und Töpfer nur eine geringe Rolle in dieser werktätigen alten Welt.

7 Vgl. Ciceros Bemerkung, daß „es für die Athener wichtiger war, feste Dächer über ihren Köpfen zu haben als die schönste Gold-Elfenbeinstatue der Athena zu besitzen; dennoch hätte ich es vorgezogen, ein Phidias zu sein anstelle eines Meister-Dachdeckers . . . Es gibt wenige

fähige Bildhauer und Maler, aber es besteht keine Gefahr, daß Lastträger oder Handwerker jemals knapp werden könnten." (*Brutus* 257).

8 *Ilias* XXIII,740 (Übers. Voss-Rupé), zu den Arbeiten des Hephaistos gehört natürlich der Schild des Achilleus, *Ilias* XVIII, 478–613. Odysseus erzählt bis ins Detail, wie er die meisterhafte Schlafkammer in seinem Palast erbaute, *Odyssee* XXIII,190.

9 Diodoros Siculus XXVI,1.

10 Melville J. Herskovits, *Cultural Anthropology* (1966), 140–1, äußert sich über jene Art der Ökonomie, in der beispielsweise die Herstellung von Keramik auf die Frauen der Gemeinschaft beschränkt war.

11 „Denn wer geht wohl aus und ladet selber den Fremdling, als vielleicht einen Mann, der förderlich ist der Gemeinde, einen Seher, den tüchtigen Arzt, den Meister des Baues . . ." fragt Eumaios in *Odyssee* XVII, 382–5 (Übers. Voss-Weiß). Der wandernde ausgebildete Handwerker war einer der wenigen Außenstehenden, die man in der frühen griechischen Gemeinschaft gerne sah. Die Unstetigkeit und die daraus resultierende Unsicherheit, ob oder wann ausgebildete Handwerker zur Verfügung stehen würden, war ein Charakteristikum auch späterer Gesellschaften.

12 Man kann die Leute von Bassai vielleicht als arme Provinzler sehen, die für die Errichtung ihres Tempels jene Leute importierten, die sie für die besten Entwerfer hielten. Der experimentelle Charakter der inneren Säulenstellung in der – für das 5. Jh. v.Chr. – ungewöhnlichen korinthischen Ordnung, entsprang vielleicht der Einstellung des Architekten, daß er vor einer ehrfürchtigen und unkritischen Baubehörde hoch oben in den Arkadischen Bergen mit kühnen persönlichen Neuerungen durchkommen könnte, die in Athen nicht angenommen worden wären.

13 Wie das die Laufbahn des griechischen Bildhauers Zenodoros deutlich macht; er arbeitete an einer Kolossalstatue des Nero in Rom und machte auch eine Statue für die Averner in Gallien (Plinius, NH 34,45).

14 *IG* I^2, 1084.

15 *ILS* 7237.

16 *Werke und Tage*, bes. 176–264.

17 Archilochos (Budé) Frg. 13.

18 Die vollständigste Sammlung frühen epigraphischen Materials gibt L.H. Jeffery, *The Local Scripts of Archaic Greece* (1961).

19 Übersetzung nach A.T. Olmstead, *History of the Persian Empire* (1948), 168, wo weitere Hinweise gegeben werden.

20 *IG* I^2, 374, 256 ff., 197 f.

21 B. Ashmole, *Journal of the Warburg and Courtauld Institutes*, 1956, 179–91.

22 Mehr zu diesem Punkt in Kap. II.

23 Das hier gezeichnete Bild mag überpessimistisch sein. Tatsache ist jedoch, daß trotz vielen Arbeiten über die Lebenskosten in griechischer und hellenistischer Zeit, das Beweismaterial, auf das sich die Berechnungen stützen, aus ganz verstreuten Quellen und unterschiedlichen Zusammenhängen stammen; die athenischen Zeugnisse sind gesammelt bei A.H.M. Jones, *Athenian Democracy* (1957), Kap. 1: *The Economic Base.* Es gibt allzu viele Unbekannte – etwa die Preise für Dienste, über die private Verträge abgeschlossen wurden, oder für Waren, die auf dem offenen Markt verkauft wurden –, um präzise Feststellungen über Wachsen oder Sinken des Lebensstandards zuzulassen, trotz der Argumentation von G. Glotz, *Ancient Greece at Work* (1926), 282–7.

24 J.B. Ward-Perkins, *Tripolitania and the Marble Trade, JRS* 1951, 89–104.

25 Eine abschließende Besprechung dieser und anderer Arbeiter, die an der Fertigstellung des Erechtheions beschäft waren, bringt R.H. Randall Jr, *The Erechtheum Workers, AJA* 1953, 199–210.

26 Vgl. die Ziegelstempel, die sehr detaillierte Analysen zugelassen haben: H. Bloch, *I bolli laterizi: la storia edilizia Romana* (1938).

27 Das Problem der verlorenen Identität betrifft nicht nur die gewöhnlicheren Handwerke. Von vier Tempeln aus dem Bauprogramm des Perikles kennen wir die Namen des Architekten nicht mit Sicherheit; vielleicht war es Kallikrates, der für andere Monumente dieser Zeit verantwortlich war. I.M. Shear, *Kallikrates, Hesperia* 1963, 375–424. Die Bildhauer der Giebel des Zeustempels in Olympia aus der Zeit um 460 v.Chr. lassen sich überhaupt nicht identifizieren – B. Ashmole, *Some Nameless Sculptors of the Fifth Century BC, Proceedings of the British Academy*, 1962.

28 Athen – *IG* I^2,335–74, *IG* II^2,1665–85; Delos – *IG* XI^2,142–287, *ID* 288–509; Delphi – *FD* 19–90; Epidauros – *IG* IV^2,1,102–20 und A. Burford, *Notes on the Building Inscriptions from Epidauros, BSA* 1967, 254–334.

29 Das einzige bekannte Beispiel ist der Baukontrakt aus Puteoli aus der Zeit um 100 v.Chr., s. Th. Wiegand, *Die puteolanische Bauinschrift, Jahrbuch für classische Philologie*, Supplementband 1894.

30 Darauf hat vor einiger Zeit P. Guiraud, *La Main d'œuvre industrielle dans l'ancienne Grèce* (1900),37 hingewiesen.

31 Xenophon, *Memorabilien* II, 8,1–5.

32 Einen einführenden Überblick über die antiken Autoren dieses Genres gibt J.J. Pollitt in der Einleitung seiner *Art of the Greeks* und *Art of the Romans* (1965 und 1966).

Kapitel II

33 *Von der Hauswirtschaft* IV,2–3; VI,6; VI 10.

34 C. Mossé, *The Ancient World at Work* (1969),14 – nach Lysias XXXIV.

35 *Über die Pflichten* I.42,151–2.

36 In Jane Austens *Pride and Prejudice* sollte Mr. Bingley mit seinem ererbten Geld einen Grundbesitz kaufen; seine Schwestern waren besonders dafür, daß er das tun solle. – „Sie stammten aus einer angesehenen Familie . . ., ein Umstand, der sich ihrem Gedächtnis tiefer eingeprägt hatte als die Tatsache, daß ihres Bruders und ihr eigenes Vermögen durch Handel erworben worden war“.

37 Kleon – Thukydides III,36 ff.; Aristophanes, *Ritter*, passim; Kleon und Nikias – Thukydidies IV,21.3,27–8; Plutarch, *Nikias.*

38 Xenophon, *Über die Staatseinkünfte* IV,14.

39 Cato, *Über die Landwirtschaft;* s. auch Plutarch, *Cato.*

40 Cicero, *An Atticus* XIV,9,1.

41 Zu weiteren Ausführungen und Detailangaben des folgenden s. A. Zimmern, *The Greek Commonwealth* (1931),5; C.G. Starr, *The Origins of Greek Civilisation* (1962); W.G. Forrest, *The Emergence of Greek Democracy* (1966): H.H. Scullard, *A History of Rome from 753 to 146 B.C.*[3] (1961); *From the Gracchi to Nero*[3] (1970); A.N. Sherwin-White, *The Roman Citizenship* (1939); A.H.M. Jones, *The Later Roman Empire, AD 284–602* (1964).

42 A.M. Duff, *Freedmen in the Early Roman Empire* (1928), bes. 67; Suetonius, *Augustus* 2.

43 Aristoteles, *Politik* 1278 A.

44 Von der Stadt Thespiai, ebenfalls in Böotien, wird angenommen, sie habe die politische Aktivität der Handarbeiter ebenfalls beschränkt (s. Ps.-Herakleides Pontikos, *Polit.* Frg. 42 in Ausgabe Tauchnitz, Leipzig 1829 von Aelian, var. hist.). In der Verfassung, die Ptolemaios I für

Kyrene schuf, gab es verschiedene Einschränkungen für viele Berufssparten, darunter auch für Handwerker (*SEG* IX,1).

45 Plutarch, *Agesilaos* 26,4–5.

46 Herodot II,167.

47 E. Preuner, *JDAI* 1920,69–72.

48 Isokrates, Reden XIX zeigt, wie schwierig für einen Nicht-Bürger die Situation vor Gericht werden konnte.

49 *RE: Metoikoi*, XV, 1413–58.

50 *IG* II^2,10 nennt einige der Metöken, die für ihre Dienste zugunsten der Sache der Demokratie im Jahr 403 belohnt wurden. Über Metöken im allgemeinen konnte Euripides sagen, daß der beispielhafte Metöke weder eine Last für die Stadt noch in irgendeiner Weise unangenehm sei. (*Schutzflehende* 892)

51 Philipp V von Makedonien wies in einer Kundmachung an die Leute von Larissa im Jahr 214 c.Chr. darauf hin, als er versuchte, die Stadt zu überreden, die Anzahl an Bürgern zu erweitern (*SIG*[3] 543,29–34).

52 Crook, *LLR* 107 ff.

53 ibid.

54 Crook, *LLR* 51 ff.

55 Suetonius, *Claudius* 22.

56 Scullard, *Roman Politics* (1951), 14,44.

57 Livius XXII,25.

58 *Digesten* 38,1,34.

59 Sherwin-White, *Roman Citizenship* (1939), 220 ff. S. Crook, *LLR* 223–5; Jones, *LRE* 17–18.

60 A.H.M. Jones, *The Greek City from Alexander to Justinian* (1940), 120 ff.

61 Libanios, *Reden* XLII,21; Jones, *LRE* 531.

62 Optatus Mil. *App.* V; Jones, *LRE* 520,131.

63 Dio Chrysostomos, *Reden* 34,21–3.

64 Eine ausführlichere Besprechung des hier umrissenen Themas bei M.I. Finley, *Was Greek Civilisation Based on Slavery?, Slavery in classical Antiquity* (1960), 53–72; W.L. Westermann, *Slave Systems of Greek and Roman Antiquity* (1955), 53–72; R.H. Barrow, *Slavery in the Roman Empire* (1928); Crook, *LLR*.

65 s. Kap. IV, S. 151.

66 Das Belegmaterial für Bevölkerungszahlen ist unbefriedigend und hat bereits Anlaß zu einer Reihe unterschiedlicher Antworten gegeben. s. Jones, *AD* 76–9, wo er sich in beträchtlicher Größenordnung von

der bei Lauffer, *Bergwerkssklaven* II,150 ff. gegebenen Zahl der Sklavenbevölkerung unterscheidet.

67 Xenophon, *Über die Staatseinkünfte* IV,14–15. Zwei andere Athener, Hipponikos und Philemonides, besaßen 600 bzw. 300 Sklaven.

68 s. Jones, *AD* 14–15.

69 Demostehenes IX,56; XIX, 192 ff.

70 s. Finley, *SCA* 53–72; V. Ehrenberg, *People of Aristophanes*[2] (1951), 165 ff.

71 Wie Herodot von den Thrakern berichtet (V,6).

72 *Attic Stelai* X,9, *Hesperia* 1953,288.

73 *IG* II^2, 1672, 141, 190; 1673, 45 ff.; vgl. auch die Hinweise auf „heilige Sklaven" in Didyma bei A. Rehm ed. *Didyma* (1958), 26 A 7a, 27A 7.

74 Pseudo-Aristoteles, *Ökonomik* I, 5, 1344 a, 35.

75 *IG* II^2 1673.24.

76 Pseudo-Xenophon, *Verfassung der Athener* (Alter Oligarch), I,10.

77 Platon, *Politeia* 563 B.

78 Thukydides VII,27.

79 s. Kap. V, S. 184ff., zu den Grabsteinen einiger Bergleute.

80 Alter Oligarch a.a.O. In den Erechtheion-Abrechnungen und anderen Athener Aufzeichnungen heißt es von manchen Werkleuten: „der Soundso, der zu dem und dem demos gehört" – Metöken –, während andere nur durch ihren Namen identifiziert werden; vielleicht handelte es sich bei diesen um Freigelassene, die noch nicht den Status des Metöken erreicht hatten.

81 Während des 4. Jhs. gehörte eine Zeitlang zu Freilassungen in Athen die Weihung einer Silberschale bis zum Wert von 100 Drachmen – und das bei ziemlich einfachen Werkleuten und Ladenbesitzern, s. M.N.Tod, *Epigraphical Notes on Freedmen's Occupations, Epigraphica* 1950, 3–26 bei der Besprechung von *IG* II^2, 1553–78.

82 s. S. 86ff. und 99ff. für Hinweise auf die offenbare örtliche Knappheit von qualifizierten Arbeitskräften in der alten Welt.

83 *Digesten* 21,1, 23,3; Crook, *LLR* 56 zur Schrecklichkeit dieser Klausel.

84 Polybios XXX,15; Frank, *Economic Survey* I, 188.

85 Frank, *Economic Survey* I, 315.

86 Zu den Nationalitäten der Sklaven in Rom s. Westermann, *Slave Systems* 61 ff.

87 Barrow, *a.a.O.* (Anm. 64) 179.

88 Plutarch, *Crassus* 2,4.

89 Dazu und zum folgenden vgl. Barrow, *a.a.O.* 151 und 153–6.

90 Barrow, *a.a.O.* 47, er zitiert den Iuristen Gaius.

91 Da die Sklaverei ein so anerkannter Zug des täglichen Lebens war, ist es fraglich, ob Sklaven und Freigelassene ihnen unterstellte Sklaven besser behandelten, als es die Freien taten.

92 Suetonius, *Claudius* 16.

93 Herodot VIII,144.

94 *Politik* 1252 b, 8.

95 *Hekabe* passim; Aristophanes, *Acharner* 61 ff.

96 Darauf weist zurecht H.D. Broadhead in seiner Einführung zu *The Persae of Aeschylus* (1906), XXX ff. hin.

97 Zitiert in Kap. I, S. 20 (Anm. 14).

98 Die unglücklichen Eretrier, die nach ihrer Gefangennahme durch die Perser im Jahr 490 östlich von Susa angesiedelt worden waren, sprachen noch zu Herodots Zeiten griechisch (Herodot VI, 119).

99 Die Sklavenaufstände in Sizilien brachen in den Jahren 136 und 105 v.Chr. aus. Diese und der Aufstand des Spartacus werden von J. Vogt, *Struktur der antiken Sklavenkriege* (1957) besprochen. S. auch Peter Green, *The First Sicilian Slave Revolt, Past and Present* 1961,10–29.

100 Aristophanes, *Ritter*, passim – zu Kleon; Karier – *adesp.* (Kock), Nr. 548. Ehrenberg, a.a.O. (Anm. 70), 152, nimmt jedoch an, daß es eine Abneigung gegen Asiaten in Athen gab.

101 Strabon III,3,6–8. s. A.N. Sherwin-White, *Racial Prejudice in Imperial Rome* (1967) für eine weitergehende Besprechung des Themas.

102 *Gegen Piso* 53; *Für Fonteius* 33.

103 Wie das ein Teller des späten 6. Jhs. illustriert. Der Reiter in Hosen mag Miltiades sein; s. H.T. Wade-Gery, *Miltiades, JHS* 1951,212–21.

104 Scullard, a.a.O. (Anm. 56), 224; Plutarch, *Cato* 22.

105 *de mercede conductis* 40.

106 Sherwin-White, a.a.O. (Anm. 101), 62 ff.

107 Natürlich gab es Ausnahmen – siehe die Grabsteine des Camillus Polynices und des Maximus, unten Kap. V, S. 218f.

108 Plinius, *Briefe* III,14; vgl. Tacitus, *Annalen* XIV,52–5.

109 Ganz so klingt sein Kommentar zum Thema in der *Politik.*

110 Vgl. die Bemerkungen von H. Frisch, *The Constitution of the Athenians* (1942), 63 ff.

111 Thukydides I,80.

112 Plutarch, *Perikles* 37; Zu Alexanders Kornzuweisung, einem Geschenk aus Kyrene, s. *SEG* IX,2.

113 G.E.M. de St Croix, *Greek and Roman Accounting* in *Studies in the*

History of Accounting, ed. A.C. Littleton und B.S. Yamey (1956), 14–74.

114 Burford, *The Economics of Greek Temple Building, Proceedings of the Cambridge Philological Society* 1965,21–34.

115 Aristoteles, *Politik* 1253 b, 33 f.; Homer, *Ilias* VIII,372 ff.

116 Ein seltenes, wenn nicht überhaupt einzigartiges Beispiel für eine Gesetzgebung zugunsten italischer Produkte stellt vielleicht die Anweisung des Domitian aus dem Jahr 91 dar, die besagt, daß die Weinberge in den Provinzen um die Hälfte reduziert werden sollten; das trug sicher zu einem Anwachsen des Exports italischer Weine bei. s. Frank, *Economic Survey* V,141 ff.; Suetonius, *Domitian* 1,2.

117 Finley, *SCA* 53–72.

118 A.H.M. Jones, *Slavery in the Ancient World, SCA* 6.

119 s.u. S. 171.

120 *Briefe* 52.

121 *Kyropädie* VIII,2,5.

122 R.M. Cook, *Die Bedeutung der bemalten Keramik für den großen Handel, JDAI* 1959,118–21.

123 Randall, *Erechtheum* 203.

124 *IG* I^2,352.34–6, eine Jahresgesamtsumme von über 16000 Drachmen, oder 1 1/2 Drachmen pro Tag über 300 Tage hinweg im Jahr – wenn wir annehmen, daß das Arbeitsjahr des Steinmetzen soviele Tage hatte.

125 *GTBE*, Appendix III,246 ff.

126 s. Anm. 114 zu Literaturangaben im dort zitierten Artikel.

127 Thukydides VII 27 scheint nahezulegen, daß es sich bei den „Facharbeitern", von denen dort die Rede ist und von denen es heißt sie seien davongelaufen, um Bergleute handelt, wenn wir es recht verstehen.

128 Die Zahl haben wir von der Anzahl der Schiffsarchitekten her bezogen, die in den Marineinventaren genannt werden, *IG* II^2,1612–32.

129 *CIL* VI,9404 – es gab drei Hundertschaften von Mitgliedern im *collegium* der Sandalenmacher (H.J. Loane, *Industry and Commerce of the City of Rome* (1938),64).

130 Suetonius, *Claudius* 20.

131 R. MacMullen, *Roman Imperial Building in the Provinces, HSCP* 1959; R.G. Collingwood und R.P. Wright, *Roman Inscriptions of Britain* (1965), besonders Nr. 799, 852–5, 979, 1051, 1299.

132 Vegetius II,11.

133 *GTBE* 201 ff.

134 vgl. den Palastbericht in Kap. I, S. 22, und G.M.A. Richter, *Greeks in Persia, AJA* 1946,15–30.

135 J. Boardman, *The Greeks Overseas* (1964), 270 ff.

136 Zur Mischung klassischer und parthischer Stilrichtungen s. Wheeler, *Roman Art and Architecture* (1964), 169 ff.

137 *loc. cit.*

138 Diodoros Siculus XIV, 18,3; 41.3.

139 Myron – G.M.A. Richter, *Sculptors and Sculpture of the Greeks* (1930),207 f.; Skopas – Richter a.O. 269–76; Satyros – Vitruvius VII, *praef.* 12; *SIG*^{3} 225; Spintharos – Pausanias X,5,13; Epikrates – *SIG*^{3} 707.

140 s.o. Anm. 47.

141 M. Lacroix, *Les étrangers à Délos, Mélanges Glotz* (1932), 501–25.

142 Wie die vielen signierten Statuenbasen zeigen – viele von ihnen sind publiziert in *Clara Rhodos* VI–VII.

143 Livius XLII,3,1–11.

144 Plinius, *NH* 34,35.

145 M. Squarciapino, *La scuola di Afrodisia* (1943).

146 Plinius, *Briefe* X,39 und 40; zu Apollodoros s. Cassius Dio XLVIII,13.

147 J.B. Ward–Perkins, *The Tripolitanian Marble Trade, JRS* 1951,89–104.

148 Plutarch, *Marcellus* 14–17.

Kapitel III

149 Wir machen hier in keiner Weise den Versuch, auch nur annähernd einen vollständigen Überblick über die Handwerke in der griechischen und römischen Welt zu geben. Allgemeine Erkenntnisse bezüglich des Künstlertums oder des Handwerks und der Methoden, wie man zu ihnen kam, werden jeweils aus dem Handwerk bezogen, das die klarste Illustration zum betreffenden Thema bietet. Alt, wenn auch immer noch mit am vollständigsten ist H. Blümner, *Technologie und Terminologie der Gewerbe und Künste der Griechen und Römer* (1875–8), Bd. I–IV. Eine immer noch nützliche Zusammenstellung der Zeugnisse für Bildhauer, Maler und andere bleibt J. Overbeck, *Die antiken Schriftquellen zur Geschichte der bildenden Künste bei den Griechen* (1868), die es durchaus verdienen würde, auf den neuesten Stand gebracht zu werden. Wir geben hier nur direkte Hinweise auf die Originalquellen, da Overbecks Werk vielleicht für manchen nicht zugänglich ist.

150 Sturt, *The Wheelwright's Shop* (1923),20.

151 Plinius, *NH* 35,84.

152 *IG* II^2, 13178.

153 Jede Triere benötigte vielleicht zwei Garnituren – eine leichte und eine schwere – von jeweils 170 m^2. Die Belege für Art und Ausmaße der Takelage sind dürftig.

154 Es scheint kein spezieller Name für den „Segeltuchweber" bekannt zu sein. *Sakkhuphantai* wird in der Regel als „Sack-Macher" gedeutet.

155 Zu allem, was Formgebung und Dekoration der antiken Keramik betrifft, s. besonders J.V. Noble, *Techniques of Athenian Painted Pottery* (1965).

156 Mit diesen Versen, die unten S. 147 zitiert werden, ist die Geschichte verbunden, daß Homer an einigen Töpfern vorüberging, die gerade einen Brennofen bauten; sie baten ihn, für sie zu singen und die bösen Geister von ihren Gefäßen zu vertreiben. Ort und Zeit jedoch, an dem dieses Lied höchstwahrscheinlich entstanden ist, ist Athen in den Jahren zwischen 525 und 350 v.Chr.

157 Vgl. den Volkshelden und Schmied Wieland – lahm, antisozial und obendrein ein Zauberer – von dem die Rede ist bei R.J. Forbes, *Studies in Ancient Technology* (1955 –), VIII, Kap. 3, *Evolution of the Smith, his Social and Sacred Status.*

158 Homer, *Ilias* XVIII,410 ff.

159 Lauffer, *Bergwerkssklaven* II,250–1 zur Überbewertung der einzigen Fußfessel, die in den Bergwerken von Laureion gefunden wurde.

160 Diodoros Siculus III,12.2–13.2.

161 *Briefe* 76,2,4.

162 *Über die Steine* 63.

163 Lauffer, *Bergwerkssklaven* I,27 zur hohen Qualität der Arbeit; vgl. E. Ardaillon, *Les mines du Laureion* (1897), 24 ff.

164 Plinius, *NH* 33,98; Xenophon, *Memorabilien* III,5,12; Strabon III,146.

165 Zu den Bergwerksvorschriften von Vipasca: *FIRA*, Bd. I, Nr. 104.

166 *IG* II^2,1666 – das Lieferdokument für das Telesterion von Eleusis.

167 Die grobe Ausarbeitung von Skulpturen im Steinbruch und das Zurechtschneiden von Bausteinen auf ihre ungefähren endgültigen Maße reduzierte das Gewicht eines Blockes für eine Statue um etwa die Hälfte. s. Sheila Adams, *Techniques of Greek Sculpture* (1966),5

168 *Passio sanctorum IV coronatorum*, ed. W. Wattenbach, *Über die Legende von den heiligen vier Gekrönten, Sitzungsbericht der Akademie der Wissenschaften in Wien 1896.*

169 P. Karanis 465 (107).

170 Collingwood und Wright a.O. (Anm. 131), Nr. 1952. Die ganze Frage nach der Einbeziehung der römischen Armee in öffentliche Arbeiten führt über die Grenzen dieser Arbeit hinaus. Mehr dazu s. A. von Domaszewski, *Rangordnung* (1908); R. MacMullen, *Roman Imperial Building in the Provinces, HSCP* 1959,207–361.

171 s. die Abhandlung mit Literaturangaben von A. Bouché-Leclerq, *L'ingénieur Cléon, Révue des études grecques* 1908,121–52.

172 Sybaris – A.R. Burn, *The Lyric Age of Greece* (1960), 383, mit Lit. Aristophanes, *Vögel* 1154 ff.

173 außerdem: Aristophanes, *Ritter* 892; *Wespen* 38.

174 Zur Lage des Gerbers – Artemidoros, *Oneirokritos* I,51.

175 Tyros – Strabons Kommentar (XVI,2; 23) ist bekannt. Plutarch, *Perikles* I,4 bezieht sich spöttisch auf Färber und Parfumhersteller.

176 Belege für die Werkstatt in Epidauros, die zuerst von den Bildhauern benützt wurde, die für den Tempel des Asklepios angestellt waren, finden sich in den Bauabrechnungn, *IG* IV^2, 1, 102, 27 ff. s. auch *GTBE* 58–9. Die Werkstatt des Phidias wird besprochen von A. Mallwitz und W. Schiering, *Die Werkstatt des Pheidias in Olympia* (1964). Zu Hinweisen auf ein ähnliches Gebäude auf der Ostseite der Athener Akropolis s. G.P. Stevens, *Hesperia* 1946,22 und Abb. 22.

177 Die Vasenbilder mit Werkstattszenen zeigen die Größe athenischer Töpfereien (Taf. 17). In römischer Zeit mögen Töpferwerkstätten etwas größer gewesen sein, aber das gilt nicht unbedingt für alle Fälle; einer der ersten Hersteller der sogenannten arretinischen Ware in Italien, der Freigelassene M. Perennius Tigranes, hatte mindestens 6 Arbeiter; P. Cornelius beschäftigte 58 Sklaven und Freigelassene, und der Freigelassene P. Naevius Hilarus in Puteoli besaß mindestens 13 Sklaven. Nicht alle von ihnen müssen unbedingt gleichzeitig gearbeitet haben; s. A. Oxé, *Arretinische Reliefgefäße vom Rhein* (1933); Frank, *Economic Survey* V, 188 ff. Ziegelstempel legen nahe, daß in den römischen Ziegeleien eine Arbeitsgruppe aus sechs oder weniger Personen bestand; der Gründer des Geschäfts, das schließlich in den Besitz des Kaisers Marcus Aurelius kam, begann im Jahr 59 n.Chr. mit drei Freigelassenen (vielleicht als Vorarbeitern) und sechs Sklaven – drei Arbeitsgruppen aus je drei Leuten –; im Jahr 94 n.Chr. waren es 5 Freigelassene und 23 Sklaven, oder fünf Gruppen mit vier oder fünf Zugehörigen (Loane, *Industry and Commerce* [1938], 102 ff.).

178 *IG* I^2, 374, 194 ff.

179 *IG* XI^2, 161 A, 45–6; 51–2. vgl. 150 A,10–12.

180 Plutarch, *Crassus* 2,4. Eine Sklaven-Arbeitergruppe sah auch nach der Kanalisation von Rom: s. Frontinus, *de aquae ductu* II, 116.

181 E. Ardaillon, *Les mines du Laureion* (1897), 210 ff. äußert sich zu der Gegend, die durch eine Kartenskizze am Ende des Buches dokumentiert wird; s. auch Lauffer a.O. (Anm. 66) *passim*; zu den Bergwerksvorschriften von Vipasca s. Anm. 165; C. Préaux, *L'Economie royale des Lagides* (1939), 253 ff.

182 Der Demos des Kleon war Kydathenaion innerhalb der Stadt und südlich der Akropolis; seine Gerberei muß nicht dort gelegen haben, aber es scheint doch seltsam, daß zwei Metöken des 4. Jhs. Einwohner von Kydathenaion gewesen sein sollen, wenn ihre Werkstätten ebenfalls nicht dort lagen (*IG* II^2, 1556,34; 1576,5–6). Gerbereien in Lepros werden erwähnt in Schol. Aristophanes, *Acharner* 724. In Pompeji scheinen sowohl Walker wie Gerber Werkstätten innerhalb der Stadt gehabt zu haben – s. A. Mau, *Pompeji*[2] (1907), 393–7.

183 Zu den Beispielen für Handelsviertel in Rom gehören die Straße der Geschirrmacher, der Sandalenmacher und Zimmerleute, Gassen der Glasbläser, Schmiede, Weihrauchmacher, Terrakottastatuettenmacher (Loane a.O. (Anm. 177), 64 Anm. 17). Vitruv VII,9.4 spricht von Blei, das aus den spanischen Minen nach Rom gebracht wurde, um in den Werkstätten bearbeitet zu werden, die zwischen den Tempeln der Fortuna und des Quirinus standen. Doch wenn die Handwerke sich zu irgendeiner Zeit in getrennten Vierteln befunden hatten, so ist doch ganz klar, daß das für die Zeit der späten Republik nicht mehr gilt, und daß sich Werkstätten ziemlich weit über die ganze Stadt hinweg verstreut fanden.

184 Die athenischen Bauabrechnungen nennen oft außer dem Eigennamen eines Metöken auch noch seinen Wohnort, wie etwa in den Erechtheion-Abrechnungen (Randall, *Erechtheum*). Dorothy Burr Thompson bringt die Belege für Simon, den Schuhmacher, in *Archaeology* 1960,234–40.

185 R.S. Wycherley, *JHS* 1959,153 – Werkstätten an der Stelle des (späteren) Hephaisteions. R.S. Young, *An Industrial District of Ancient Athens, Hesperia* 1951,135–288.

186 T.L. Shear Jr, *Hesperia* 1969,383 f. bespricht das Haus des Mikion und Menon.

187 Daidalos – Diodoros Siculus IV,76. Phereklos – *Ilias* V,59–60.

188 Platon, *Politeia* 421 D–E.

189 Platon, *Protagoras* 328 A.

190 *IG* I^2,1002. Ganz offensichtlich muß das Patronymikon nicht in jedem Fall bedeutet haben, daß der Vater denselben Beruf gehabt hat; aber es ist nur vernünftig anzunehmen, daß das öfter der Fall war als nicht.

191 Die Söhne des Brentes s. BCH 79, 1955,75 ff.; sie treten dort im Zusammenhang mit dem bei Archilochos *Frg.* 115–16 (Budé) erwähnten Glaukos, Sohn des Leptineos, auf. Die Söhne des Charopinos – *FD* IV,1, Abb. 24 und 25.

192 *RE:* Aristandros Nr. 8.

193 Satyros – SIG^3 225 und 361 B.

194 Aristokles und Kanachos – Pausanias VI,9,1; Patrokles – Pausanias VI,3,4; *CIG* 2984; Lysippos – Plinius, *NE* 34,51; 35,153; 34,66.

195 Die Verwandtschaftsverhältnisse der Polyklets und Naukydes (zwei oder drei?) sind keineswegs klar; s. Pausanias II,22,7; VI,6,2; VIII, 31,4. Ein dritter Polykleitos von Argos arbeitete im 3. Jh. in Rhodos – *Clara Rhodos* VI–VII, 410 Nr. 35. Vielleicht war Polymedes, der Bildhauer des Statuenpaares des Kleobis und Biton in der Zeit um 600 der Gründungsvater des Familiengeschäftes; s. M.N. Tod, *Greek Historical Inscriptions* (1933), I,4.

196 Raubitschek, *Dedications* Nr. 51 und 97; auf S. 482–3 schlägt er vor, daß Kritios und Nesiotes Schüler und Erben des Antenor gewesen seien.

197 Athenaios XI, 486 D.

198 Zur Familie des Kephisodot und Praxiteles s. J. Kirchner, *Prosopographia Atticae* (1901), Kephisodotos, Praxiteles – dort wird auch vorgeschlagen, daß Praxiteles VI, vielleicht ein Nachkomme in der 9. Generation des zweiten Sohnes Kephisodotos II des großen Praxiteles, ebenfalls Bildhauer gewesen sei.

199 Eucheir – Pausanias VIII,14,10; sein Sohn – Loewy Nr. 222–7; Polykles, Vater des Timarchides und Großvater des Dionysios und Polykles II – Loewy Nr. 242, Plinius, *NH* 36,11, Pausanias VI,12,8; Adamas und seine Bildhauersöhne – Loewy Nr. 243.

200 Archermos und Boupalos – Plinius, *NH* 36,11; Schol. Aristophanes, *Vögel* 573.

201 Der Stammbaum der Sippe des Timagoras und des Aristonidas mag versuchsweise wie unten rekonstruiert werden. Die Verbindung zwischen Aristonidas I und Timagoras ist völlig hypothetisch. Ophelion I kann sowohl der Sohn des einen wie des anderen gewesen sein; wenn Mnasitimos III zu dieser Familie gehört, so hilft der Name seines Vaters in keiner Weise bei der Entscheidung, zu welchem Zweig er gehörte.

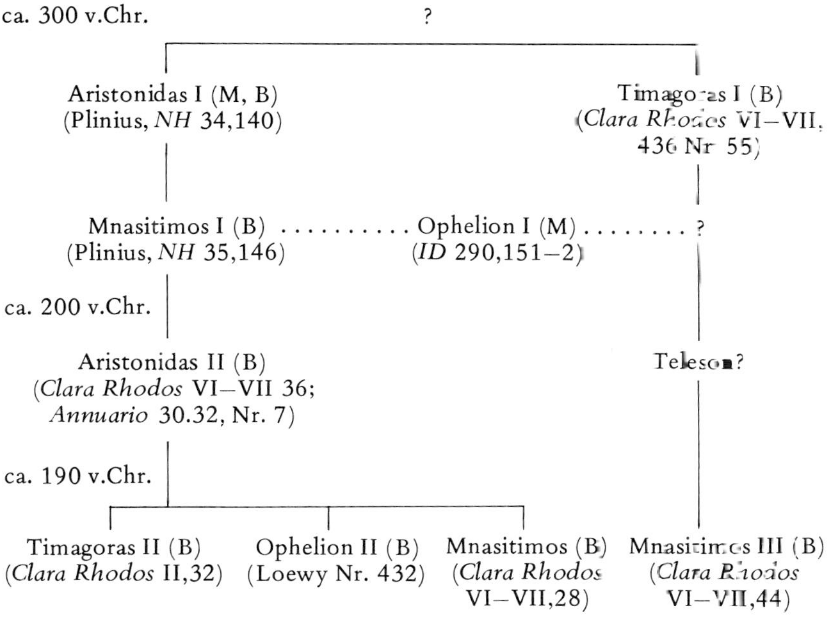

M = Maler
B = Bildhauer

202 S. Dow, *A Family of Sculptors from Tyre, Hesperia* 1941,351–60.

203 Neokleides und seine Söhne – *IG* II^2, 1672, 51, 53, 78; 1682, 16.

204 Polyxenos und seine Söhne – *IG* IV^2, 1, 103, 12, 14, 53, 55, 73, 85, 87, 88, 115–16.

205 Smikythos – Raubitschek, *Dedications* Nr. 349–50 353 (durch seinen Sohn Onesimos); Nearchos und Söhne – Raubitschek, *Dedications* Nr. 32 (eine versuchte Rekonstruktion der Namen seiner Söhne); Nr. 197 ist zugegebenerweise nur vermutet als Weihung des *Töpfers* namens Nearchos.

206 Euenor und Parrhasios – Harpokration, s.v. Παρρ́άσιος; Polygnotos – Platon, *Gorgias* 448 B und Schol. Aristeides von Theben – Plinius, *NH* 35,108.

207 Zeuxis und Zeuxippos – Platon, *Protagoras* 318 B. Es wäre seltsam, wenn zwei Männer mit so ähnlichen Namen, beide Maler, beide aus der gleichen Stadt und beide zur selben Generation gehörig, nicht miteinander verwandt wären. Apelles – Suidas, s.v. Ἀπέλλης.

208 Pheidias und Panainos – Strabon VIII, 354; Euenor als Bildhauer und Maler – Raubitschek, *Dedications* Nr. 496–8; Polygnotos – Plinius, *NH* 34, 85; Antenors Familie – s. Anm. 196. Parrhasios – Pausanias I, 28,8; Athenaios XI, 782 B; Euthymides und Pollias – Raubitschek, *Dedications* Nr. 150 und S. 522–3; Boupalos – Pausanias IV,30,6; IX,35, 6; Ophelion I – s. Anm. 201.

209 Unterordnung des Architekten unter den Bildhauer läßt sich am Parthenon beobachten. Die Skulpturen, Giebel, Friese und Kultstatue im Inneren des Tempels, waren viel wichtiger als der architektonische Rahmen, in dem sie ihren Platz fanden; und es war der Bildhauer Phidias, der die Verantwortung für all die perikleischen Projekte auf der Akropolis hatte, und nicht Iktinos oder einer der anderen Architekten, die ebenfalls an den Arbeiten beteiligt waren. Vgl. GTBE 143–4: in Epidauros war es offensichtlich der Bildhauer Thrasmyedes, der für die Kultstatue und die Innenausstattung des Asklepiostempels verantwortlich war, der das letzte Wort zu sagen hatte, und nicht der Architekt Theodotos.

210 Vitruvius VI, *praef.* 6 (Übers. C. Fensterbusch).

211 Chersiphron – Vitruvius VII, *praef.* 12,16. Architekten in Delphi – *FD* 25, II,22; *SIG*^{3} 295, 494. Zenon – *CIG* 4342 d.

212 *IG* XI^2, 142,43; 199 C, 41.

213 Vitalis – *CIL* VI,9151–2; Thallus – *CIL* VI,148.

214 Die Flotteninventare *IG* II^2,1603–32 erstrecken sich über einen Zeitraum von etwa 50 Jahren; griechische Personennamen blieben in griechischen Familien oft über Generationen hinweg in Gebrauch und nahmen immer wieder dieselben zwei oder drei Typen auf – aber natürlich gab es da keine feste und gültige Regel.

215 Xanthippos – *IG* II^2,12332; die Bronzehandwerker in Capua – Frank, *Economic Survey* V,198; Akesas von Zypern – Athenaios II,48 B. E.W. Marsden, *Greek and Roman Artillery: Historical Development* (1969), 72–3, bestätigt, daß zumindest in hellenistischer Zeit (und wahrscheinlich auch früher) das Fachwissen über Artillerie vom Vater an den Sohn weitergegeben wurde; dafür gibt es mehrere klare Beispiele.

216 Platon, *Protagoras* 328 C bezieht sich auf die Söhne des Polyklet; die Nachkommen des Phidias – Pausanias V,14,5.

217 Vgl. *Von der Hauswirtschaft* XVIII,9.

218 *Nikomachische Ethik* II,1.

219 *Gesetze* 643 B–C.

220 s dazu Pausanias VI,10,4; Lysippos – Plinius, *NH* 34,61; Silanion –

Plinius, *NH* 34,51; Protogenes – Plinius, *NH* 35,101; Herakleides von Makedonien – Plinius, *NH* 35,135; zu den „Künstlern ohne Lehrer“ s. E. Kris und O. Kurz, *Die Legende vom Künstler* (1934), 23 ff.

221 Xenophon, *Memorabilien* IV,2,2; Platon, *Menon* 91 D.

222 Zum folgenden vgl. W.L. Westermann, *Apprentice Contracts and the Apprentice System in Roman Egypt*, *CP* 1914,295 ff.

223 s.u. S. 217f. zu den Grabsteinen einiger besonders junger Künstler und Handwerker.

224 Randall, *Erechtheum*, bes. 200.

225 Vitruvius VII, *praef.* 16 – Demetrios wird als „servus“ des Tempels beschrieben.

226 Dion Chrysostomos, *Reden* 55,1,282; Tzetzes, *Chiliades* VII,929; Plinius, *NH* 36,16; 36,17; 35,54.

227 *Inventoire des Mosaiques de la Gaule et l'Afrique* I, II,80, Nr. 1051.

228 *OGIS* 590.

229 *Inschriften von Olympia* 631.

230 Plinius, *NH* 35,145.

231 *CIL* X,1614,3707; Strabon V,245.

232 *Digesten* IX, 2, 5, 3. s. Crook, LLR 179.

233 Xenophon, *Memorabilien* III, 10,9–15.

234 *Cod. Theod.* X,22.

235 Ammianus Marcellinus XXIX, 3, 4.

236 Vgl. die Ansichten, die J.A. Bundgaard, *Mnesicles, an Architect at Work* (1957), äußert. Die Ähnlichkeit der Interessen beim Architekten und seinen Arbeitern besteht ebenso im 20. Jh.; Mies van der Rohe begann als Lehrling im Steinmetzgeschäft seines Vaters und „wie viele seiner Zeitgenossen hatte er keine formelle Architekturausbildung genossen, sondern lernte als Entwerfer für Stuckdekorationen zu zeichnen. Er . . . arbeitete zwei Jahre lang als Entwerfer für Möbel, um seine Kenntnisse vom Holz zu bereichern“ (*The Times*, 19. August 1969).

237 Die beiden Ausnahmen sind *archikamineutes* – Schmelzer (*IG* II^2, 11697) und *archilatomos* – Steinbrucharbeiter (*SEG* VIII, 647).

238 Zur notwendigen Vielseitigkeit des Architekten s. J.-P. Vernant, *Remarques sur les formes et limites de la pensée technique chez les Grecs*, *Revue d'histoire des sciences* 1951, bes. 207–8.

239 Für ausführliche Literaturangaben zu den hier genannten Töpfern und Malern s. *ABV* und *ARV*^{2}, Indices.

240 J.D. Beazley, *Potter and Painter in Ancient Athens* (1944), bespricht einige Werkstattverbindungen.

241 s.o. Anm. 177 für weitere Angaben zur arretinischen Ware und ihrer Produktion.

242 Beazley a.O. 25 ff. stellt an einer Vase die Arbeit von zwei Töpfern und zwei Malern fest.

243 *Lindos* I Nr. 126.

244 *Lindos* I Nr. 84; *Clara Rhodos* II,199 Nr. 31. Vgl. die Gemeinschaftssignatur des Kritios und Nesiotes auf der zweiten Tyrannenmördergruppe.

245 Die Parthenonabrechnungen bringen die Ausgaben eines Jahres für Arbeiten an den Giebelfiguren; sie würden ausreichen für einen Taglohn von zwei Drachmen pro Mann über dreihundert Tage im Jahr hinweg (wenn wir die Tage mit schlechtem Wetter, schlechtem Licht, Festen usw. in Abzug bringen) für etwa 20 bis 25 Bildhauer (*IG* I^2, 352,34–5). Vgl. B. Schweitzer, *Um Pheidias, Zur Kunst der Antike II* (1963), 69; auf S. 66 jedoch sagt er, daß eine Analyse der bildhauerischen Techniken die Arbeit von mindestens 70 Händen verrät; s. dazu oben S. 74.

246 Zur Baugeschichte des Telesterions s. F. Noack, *Eleusis* (1927).

247 Vgl. Anm. 208.

248 Mausoleum – Plinius, *NH* 36,30; Pergamon – D. Thimme, *Masters of the Pergamene Gigantomachy*, *AJA* 1946, 345 ff.

249 Es ist nicht bekannt, wer der Entwerfer oder der Haupt-Koordinator der Arbeiten an der Trajanssäule war – vielleicht der Mann, der als sein Hauptarchitekt bekannt ist: Apollodoros von Damaskus (*SHA, Hadrian* 19).

250 Xenophon, *Kyropädie* VIII, 2,5. Der Halbgott Margites war vertraut mit vielen Künsten, doch beherrschte er keine; er hatte weitgehend ähnliche Eigenschaften des Störenfrieds wie der nordische Gott Loki. s. J.-P. Vernant, *Travail et nature dans la Grèce ancienne, Journal de psychologie* 1955, 18 ff.

251 Plinius, *NH* 33,160. Plinius bringt auch Polygnot mit seiner Einführung in Verbindung.

252 s. beispielsweise V. Ehrenberg a.O. (Anm. 70), 135; F. Heichelheim, *An Ancient Economic History* II (1964), 97 ff. und Anm. 34. Glotz a.O. (Anm. 23), 220–9 fährt einen Mittelkurs.

253 Blümner, *Gewerbe und Künste* I–IV bringt die Belege für spezielle Gewerbebezeichnungen im Detail. Heichelheim verzeichnet sie und bezieht sich auf sie, als ob eine vollständige Arbeitsteilung der unbestreitbare Grund für sie wäre (a.O. Anm. 35–9). Die Tatsache, daß Xenophon von Schuhmachern spricht, die sich darauf beschränkten,

Oberteile zu schneiden (*Kyropädie* VIII, 2, 5), bedeutet nicht, daß die gesamte Industrie im klassischen Athen nach dem System einer modernen Fabrik organisiert war.

254 Koniater ist ein *terminus technicus*, der nur in Epidauros auftritt (*IG* IV^2, 1, 102, 247). Leimkocher sind für Athen überliefert (*IG* II^2, 1558, 10) und für die römische Welt (*glutinarius: ILS* 7675). Die Parthenonabrechnungen unterscheiden zwischen den *lithotomoi* – den Steinschneidern – und den *peleketeis* – den Axtmännern – bei der Bezahlung der Steinbrucharbeiter; es können ohne weiteres zwei verschiedene Arten des Steinschneidens im Steinbruch betrieben werden sein, aber sie müssen nicht unbedingt durch zwei unterschiedliche Arbeitsgruppen durchgeführt worden sein; obwohl also die athenischen Abrechnungen sich auf diese Vorgehensweisen als auf unterschiedliche Arbeiten, die von unterschiedlichen Leuten durchgeführt wurden, beziehen, ist das doch angesichts des verhältnismäßig seltenen Auftretens von Steinbrucharbeiten dieses Ausmaßes und der allgemeinen Knappheit von ausgebildeten Steinmetzen kaum wahrscheinlich.

255 Aristophanes, *Frieden, dram. pers.; Vögel* 491.

256 *Cod. Theod.* XIII 4,2 unterscheidet zwischen Tischlern, Zimmerleuten und Verfertigern von Kassettendecken. Getäfelte oder Kassettendecken wurden auch in griechischen Bauten – vor allem Tempeln – verwendet, doch hat sich im Griechischen kein spezieller Name des Handwerks erhalten.

257 Das Belegmaterial stammt aus der Zeit, in der nach Meinung mancher die Spezialisierung sehr stark zunahm. Theophantos – *IG* XI^2,161 A,52; 91; 165,15; 199A, 25; 104–7; 161 A,57. Phaneas – 161A, 45; 165, 13. Epikrates – 199A,94; 165,9,19; 287A 72 – hölzerne Bühnenbilder für das Theater, Türen, Arbeiten am Dach und Ziegel-Verlegen. Euphranor – 144A,75; 64; 116; 163B a,5; 165,23. Theodemos machte oder reparierte Türen – 161A,66; 165,9; reparierte Häuser – 199A,68; machte hölzerne Unterteilungen – 165,19; und stellte ein Podium auf, vielleicht für eine Hebevorrichtung, und baute Gerüste – 203A,33. Deinomenes meißelte Inschriften zu jeweils 25000 oder 30000 Buchstaben, bemalte Statuen und reparierte hölzerne Türen – 159 A,66; 161A,118; 161A,90; 163A,54; zu seiner Zimmermannsarbeit – 165,14 und 22; 203A,35; 57 (wenn es sich in allen Fällen um den gleichen Mann handelt).

258 s. Randall, *Erechtheum*, zum Beispiel 201 und Tafel 1; 205. Tafel 5 zeigt, daß rigorose Spezialisierung nicht eingehalten wurde.

259 Die Signaturen auf seinen Vasen sind wegen der Form des D in seinem Namen bemerkenswert: Λ̣ anstelle des üblichen Δ. Das Delta mit Punkt scheint sonst nur auf ein paar gut gearbeiteten Grenzsteinen auf der Insel Samos wiederzukehren, die aus den 60er Jahren des 5. Jhs. stammen – zu dieser Zeit mag Douris dorthin zurückgekehrt sein; s. Beazley [a.O. (Anm. 240), 39.

260 Beazley, *ARV*^{2}, Index.

261 Der Maler Protogenes begann als Schiffsmaler; s. Plinius, *NH* 35, 101.

262 Abrechnungen – *IG* I^2, 338 und *Hesperia* 1936,362–80.

263 *IG* XI^2, 204,54.

264 z.B. Artimas – *IG* XI^2, 144A,40 usw. (Nägel und Schlüssel); Echemantis – 199A,32; 203A,34; 59 usw. (Bronze, Blei, und vielleicht auch Eisen). Echestratos und Dexios lassen sich insofern als Spezialisten bezeichnen, als Echestratos in beiden Fällen Blattgold lieferte (287A,114; 290,232) und Dexios Eisen (158A,81; 159A,58; 199A,27). Aristaichmos – R.S. Young, *Hesperia* 1951, 222–3.

265 Es gibt auch lateinische Spezialbegriffe für alle diese Berufe – s. Blümner, *Gewerbe und Künste* 111.

266 Caesar, *Gallischer Krieg* V,2, dazu J.A. Bundgaard, *Acta archaeologica* 1965.

267 *FD* 19 ff. – es werden verschiedene Artikel abgerechnet für den Bau von Hebevorrichtungen und Gerüsten.

268 Kleoitas und Aristeides – Pausanias VI, 20, 14.

269 Sostratos – Plinius, *NH* 36,83. C. Julius Lacer – *CIL* II, 761. s. F.J. Wiseman, *Roman Spain*, Taf. X.

270 Es ist unwahrscheinlich, daß das Erbauen von Privathäusern viel Gelegenheit für monumentale Experimente gab.

271 Herodot III,60; J. Goodfield, *The Tunnel of Eupalinos, Scientific American* Bd. 210, Nr. 6 (1964), 104–12. Megara selbst hatte eine durch einen Tyrannen erbaute Wasserversorgung (Pausanias I, 40,1), aber sicher war der Nahe Osten führend, was die Anlage von Tunnells und anderen ähnlichen Unternehmen anging (vgl. Herodot VII, 22 zum Kanalbau der Phöniker für Xerxes am Berg Athos, und Plinius, *NH* 7,195 über die Erfindung des Steinebrechens durch die Phöniker.

272 Herodot IV,87–8. s. auch u. S. 206.

273 Xenophon, *Memorabilien* IV, 2,10.

274 Vitruvius I,1 ff. (Übers. C. Fensterbusch).

275 *Mechanik* I,34.

276 *Synagoge* 1122; s. A.G. Drachmann, *The Mechanical Technology of Greek and Roman Antiquity* (Kopenhagen, 1963), 55.

277 Pythios war der Architekt des Athenatempels aus dem späten 4. Jh. in Priene (Vitruvius I, 1,12). Seine Schriften sind nur durch Vitruv bekannt. (Übers. C. Fensterbusch).

278 I, 1,13–14.

279 D. Burr, *Terracottas from Myrina in Boston* (1934).

280 s.o. S. 72.

281 s.o. S. 68, 72ff.

282 R.A. Higgins, *Greek Terracottas* (1968), 69–70, 149–50.

283 R.M. Cook, *Greek Painted Pottery* (1960), 102.

284 s. beispielsweise H. Payne, *Necrocorinthia* (1931) und *Perachora* (1940); R.M. Cook, *BSA* 1970, 17–19 schlägt vor, daß die dorische Architektur um 650 v.Chr. in Korinth entstanden sei.

285 Thukydides I, 13,3.

286 *FD* 19,20 u.a.; Epidauros – s. *GTBE* 58, 65, 74, 142–3, 151 193–4.

287 Athenaios V, 206 D, 40 ff.

288 G.M.A. Richter, *Archaic Greek Art* (1949), 102 ff

289 Zur sikyonischen Malerei s. M. Robertson, *Greek Painting* (1959), 46, 167; zu Bildhauern, Richter, *Sculpture and Sculptors of the Greeks* (1950).

290 Richter a.O.; *GTBE* 143 ff., 172, 174.

291 Cook, a.O. (Anm. 283); zur Herstellung sogenannter Tanagrafiguren in Athen s. Higgins, a.O. (Anm. 282), 97.

292 Zum Ausmaß seiner Verwendung in Athen s. W. Judeich, *Topographie von Athen* (1885).

293 Platon, *Hippias maior* 282 A.

294 G.M.A. Richter, *Perspective in Greek and Roman Art* (1970) weist darauf hin, daß niemand während der ganzen Antike imstande war, Wagen perspektivisch richtig darzustellen. Die übliche Lösung war eine ungeschickte Verbindung von Front- und Seitenansicht auf einer Ebene.

295 L. Casson, *Ancient Shipbuilding, TAPA* 1963, 28–33.

296 Zur Größe des Naxier-Apolls s. Richter, *Kouroi* (1960), Nr. 13; das hier genannte Gewicht beruht auf eigener Schätzung.

297 H. Maryon, *The Colossus of Rhodes, JHS* 1956,68–86. Ein anderes, noch früheres und ungewöhnlicheres Bronzemonument war der Palmbaum, den der Athener Nikias 421 v.Chr. weihte (Plutarch, *Nikias* 3,1). Durch den darauf folgenden Fall des Naxier-Apolls im Verlauf eines Erdbebens wurde es zerstört. Zu weiteren monumentalen Extravaganzen, die geplant, aber nie tatsächlich ausgeführt wurden, gehört der nicht völlig unglaubwürdige Vorschlag, den Deinokrates aus Makedo-

nien Alexander dem Großen machte: der Berg Athos sollte in die Statue eines Mannes umgearbeitet werden, der in seiner linken Hand eine befestigte Stadt und in seiner rechten Hand ein Wasserreservoir für die Bergquellen halten sollte (Vitruvius II, *praef.* 2).

298 Wie die ptolemäische Inschrift nahelegt, die Pyrgoteles von Zypern ehrt (*OGIS* 39) als „Architekt des 30bänkigen und des 20bänkigen", vgl. Athenaios V, 204–5.

299 Man denkt vor allem an die römischen Städte in Nordafrika. Zu den Ausmaßen der Arbeiten in Baalbek s. Wheeler a.O. (Anm. 136), 20, 22, Abb. 6 und 7.

300 Zu Literaturhinweisen s. Anm. 271.

301 *RE:* Kopais XXI, 1358, 29 ff.

302 Zu Literaturhinweisen s. C. Préaux, a.O. (Anm. 181).

303 s. M.E. Blake, *Ancient Roman Construction in Italy from the Prehistoric Period* (1947). Daß die ganze Frage der Kontrolle der Flut des Wassers in den Hafen in gewisser Weise ein Experiment darstellte, läßt der Bericht vermuten, nach dem die kaiserliche Gesellschaft bei der Einweihung des Kanals fast weggerissen und ertränkt worden wäre (Suetonius, *Claudius* 32).

304 s. Drachmann a.O. (Anm. 276); E.W. Marsden, *A History of Greek and Roman Artillery* (1969); Vitruvius, *Über die Architektur*, Buch X – es ist mechanischen Erfindungen unterschiedlichster Art gewidmet.

305 So wie sie Vitruv mit Zuschreibungen schildert (X, 4 ff.) – L.A. Moritz, *Grain Mills and Flour in Classical Antiquity* (1958).

306 Zur isthmischen Startanlage s.O. Broneer, *Antiquity* 1958.

307 *The Athenian Agora* (American School), 163–4.

308 S. Dow, *Allotment Machines*, in *Prytaneis: a Study of the Inscriptions Honouring the Athenian Councillors, Hesperia* Suppl. I (1937), 198–215; E.S. Staveley, *Greek and Roman Voting and Elections* (1972).

309 Eines der amüsantesten, dabei aber nutzlosesten Experimente, von dem wir hören, war vielleicht das des Bildhauers Timochares von Rhodos, der die magnetischen Eigenschaften eines Magneteisensteins im Dach eines Tempels für Arsinoe, die Schwester und zweite Frau des Ptolemaios II., einsetzen wollte. Er beabsichtigte, daß eine eiserne Statue, die unter dem Dach aufgestellt werden sollte, in der Luft schweben sollte. Der Plan wurde aufgegeben, nachdem sowohl Ptolemaios wie Timochares gestorben waren (Plinius, *NH* 34,148).

310 Zum Thema s. M.I. Finley, *Technical Innovation and Economic Progress in the Ancient World, Economic History Review* 1965, 29–45.

311 vgl. R.J. Forbes a.O. (Anm. 157), VII, 146.

312 s. meinen Aufsatz *Heavy Transport in Classical Antiquity, Economic History Review* 1960, 1–18, mit weiteren Hinweisen.

313 W.B. Dinsmoor, *Architecture of Ancient Greece* (1950), 203.

314 Die negative Einstellung gegenüber technischem Fortschritt läßt sich gut illustrieren anhand der Geschichte von einem Ingenieur, der die Anwendung eines arbeitsparenden Geräts anbot, das er erfunden hatte, um schwere Baumaterialien zu bewegen; sein Vorschlag wurde von Vespasian zurückgewiesen mit der Bemerkung, er müsse sein Volk irgendwie bei Beschäftigung halten, so daß es zu essen habe (Suetonius, *Vespasian* 18).

315 Terry Coleman weist jedoch in seiner Arbeit *The Railway Navvies* (1965) darauf hin, daß der Überfluß an ausreichend geschulten Arbeitskräften beim europäischen Eisenbahnbau den Einsatz von dampfgetriebenen Grabmaschinen noch einige Zeit nach ihrer Entwicklung in den USA verhinderte, obwohl die Erfindung von Anfang an Geld gespart hätte.

316 Herodot I,174.

317 vgl. die Geschichte vom Mißbrauch von Steinen, die für den Athenatempel in Syrakus gedacht waren, für das eigene Haus durch Agathokles – er und sein Haus wurden vom Blitz getroffen (Diodoros Siculus VIII, 11.1–2).

318 *IG* II^2, 1673, besprochen von G. Glotz, Un transport de marbre pour le portique d'Eleusis, REG 1923, 26–45. s. auch den in Anm. 312 zitierten Aufsatz.

319 Zum persönlichen Stil frühgriechischer Inschriften am besten L.H. Jeffery, *Local Scripts of Archaic Greece* (1961).

320 Plinius, *NH* 36,14.

321 Plinius, *NH* 36,125 und Anthologia Graeca XVI, 221 (Übers. H. Beckby).

322 Anthologia Graeca XVI 279; vgl. 146, IX 159,288; Pausanias I, 42,1–2 spricht vom Stein, der Leier spielte.

323 Spuren von Tabus gegenüber bestimmten Metallen an den dies feriae oder den heiligen Tagen in Rom haben sich in den Quellen gehalten; sie spiegeln wahrscheinlich eine (sicherlich vorklassische) Geisteshaltung wider, in der Metallen Respekt gezollt wurde oder diese auf Grund merkwürdiger Eigenschaften Furcht erwecken konnten. In klassischer Zeit war das fast völlig verloren gegangen (ebenso wie die Schmiede kaum mehr etwas oder gar nichts mehr hatten von jener Qualität des

Magiers oder des Weisen, mit der sie in anderen und früheren Kulturen begabt waren). Vgl. P. Braun, Les Tabous des „feriae", L'année sociologique (1959), 49–125.

324 So sagt der späte Lexikograph Pollux (VII, 108): „in der Nähe der Öfen der Kupfer- oder Bronzeschmiede war es üblich, einen kleinen Scherzgegenstand als apotropäischen Zauber aufzuhängen oder anzubringen".

325 Übersetzung nach J.V. Noble, *Techniques of Athenian Fine Painted Pottery* (1965), 71 ff.; s.S. 86 und oben Anm. 156.

Kapitel IV

326 Vitruvius, *Über die Architektur* III, *praef.* 2.

327 Alexander und seine Lieblingsporträtisten – Plinius, *NH* 1,125.

328 *Politik* 1282a 20.

329 *Briefe an Atticus* II,3.

330 Vitruv kann die Verwendung menschlicher Figuren in der Architektur erklären (I, 1, 5–6).

331 Zum Problem, was die Alkmaeoniden zu welcher Zeit in Delphi taten, s. *FGH* III, i, b, Suppl., 328 Philochoros *Frag.* 115, S. 449 ff.

332 Zu dieser ziemlich subjektiven Interpretation des Giebels von Antenor s. P. Lévèque und P. Vidal-Nacquet, *Clisthène l'athénien* (1964), 11–12.

333 Lévèque und Vidal-Nacquet a.O. 85 ff.

334 So beliebt es Platon von den Handarbeitern zu sagen, daß „ihre verkrüppelten Naturen sich (nach Philosophie) sehnen", und daß sie „von ihren Künsten und Gewerben wie am Körper beschädigt, so auch an der Seele zusammengebrochen und zerknickt sind in Folge ihrer gemeinen Beschäftigung" (*Politeia* 495 D–E); und „Das Geschäft des Handwerkers und Handarbeiters aber, weswegen, glaubst du, bringt das Schande? Werden wir dafür einen anderen Grund angeben, als daß bei einem die Gattung des Besten von Natur schwach ist . . ." (a.O. 590 C). Xenophon sagte, daß „die banausischen Gewerbe Körper und Geist verderben", und zwar besonders jene Handwerke, die „die Arbeiter dazu zwingen, im Haus zu sitzen und in manchen Fällen den Tag am Feuer zuzubringen" (*Von der Hauswirtschaft* IV,2–3). So sprach Aristophanes von „bleichen Schuhmachern" (*Ekklesiazousen* 385). „Sklaventum ist Unwissen; . . . aber nicht das Unwissen von Metallarbeit . . . oder von Zimmermannsarbeit . . . Nein, im Gegenteil, die meisten, die

solche Gewerbe gelernt haben, sind sklavisch" (Xenophon, *Memorabilien* IV, 2,22). Aulus Gellius, der im 2. Jh. n.Chr. schrieb, wiederholt diese Einstellungen und fügt einen weiteren Grund für seine Abneigung gegenüber Handwerkern hinzu: „Jene, die durch den Geiz verdorben sind . . . beschäftigen sich in der Regel mit häuslicher und sitzenden Tätigkeiten, wodurch all ihre Kraft des Körpers und des Geistes geschwächt wird" (*Attische Nächte* III, 1, 9–10). Während Cicero, obwohl er einen Unterschied zwischen Künsten und Handwerk macht, den Punkt wiederholt, daß „alle Mechaniker mit niederen Gewerben beschäftigt sind; denn keine Werkstatt kann etwas Großzügiges an sich haben", und an anderer Stelle nennt er die „Handwerker und Ladenbesitzer den reinen Abschaum des Staates" (*Über die Pflichten* 142, 150; *Für Flaccus* 18).

335 s. Kap. V, S. 188.

336 Xenophon, *Memorabilien* III, 10, 9–15; 10, 1 ff.; 10, 6 ff.

337 Platon, *Symposion* 173 D (Übers. F. Boll-W. Buchwald); Plinius, *NH* 34, 81–2.

338 s. D.B. Thompson, *Archaeology* 1960, 234–40.

339 Zu Simon vgl. Diogenes Laertius II, 122 und Socr. ep. 9 und 12 f. in Epist. Graec. ed. R. Hercher.

340 Platon, *Gesetze* 803 A.

341 Platon, *Philebos* 57 A.

342 Vitruvius I, 1, 16 (Übers. C. Fensterbusch).

343 s. die Abhandlung von J. Bousquet, *Le trésor de Cyrène* (1957), bes. 77 ff. für das hier Vorgetragene.

344 Bousquet a.O. 98 ff. Die Identifikation des Euphranor ist zumindest zweifelhaft; es mag einen oder mehrere Künstler dieses Namens gegeben haben, die in der Literatur miteinander verwechselt wurden, wie beispielsweise der Korinther Euphranor, ein Maler und Bildhauer, der bei Plinius genannt wird und in dieselbe Zeit zu datieren ist (*NH* 34, 77; vgl. 35, 128).

345 *IGRR* IV, 503, 504 (*Inschriften von Pergamon* Nr. 333) Nikodemos, auch kurz Nikon genannt, war wahrscheinlich der Vater des großen Mediziners Galen (Suidas s.v. Γαληνός). Wenn das der Fall ist, so haben wir ein weiteres Beispiel für die enge Verbindung zwischen Handwerk und intellektuellen Disziplinen – in diesem Fall von Architektur, Geometrie und Medizin.

346 Diogenes Laertius VIII, 47; Plinius, *NH* 34, 49. Der Bildhauer Pythagoras oder seine Familie stammte vielleicht aus Samos und hing so viel-

leicht mit dem Mathematiker zusammen; mag dies der Fall gewesen sein oder nicht, auf jeden Fall kann er Kontakt mit Schülern und Freunden des großen Pythagoras gehabt haben, die vielleicht eine Generation früher nach Lokroi gekommen waren.

347 Plinius, *NH* 34, 57 f.

348 Darauf weist W. Burkert, *CQ* 1963, 177 hin.

349 J.E. Raven, *Policlitus and Pythagoreanism, CQ* 1951, 147–52.

350 *GTBE*, bes. 145.

351 s. Kap. III, S. 135 und Anm. 294.

352 VII, *praef.* 11 (Übers. C. Fensterbusch).

353 *Über die Natur* IV, 426, 31. J. White, *Perspective in Ancient Drawing and Painting* (1956), 23 meinte, daß „Euklid als Mathematiker natürlich keinerlei Interesse zeigte" an Malerei.

354 s. A.G. Drachmann, *Mechanical Technology of Greek and Roman Antiquity* (1963) für eine Darlegung der mechanischen Theorien in hellenistischer und römischer Zeit.

355 *Vögel* 1004 ff. (Übers. L. Seeger). vgl. E.R. Dodds, *The Greeks and the Irrational* (1951), *Rationalism and Reaction in the Classical Age*, 179 ff.; M.I. Finley, *Aspect of Antiquity* (1968), *Socrates and Athens*, 58 ff.

356 Diese Porbleme werden besprochen bei I. Calabi-Limentani, *Studi sulla società Romana: il lavoro artistico* (1958).

357 XIII, 1, 13.

358 *IG* IV^2, 1,102,45–8–9,800 Dr. im Vergleich zu 3,937 Dr.; 7–8; 13–14.

359 *IG* IV^2,1,102,9–11 – ein Jahresgehalt von 353 Dr.

360 Plinius, *NH* 35,62. Apelles – Plinius, *NH* 35,92.

361 Plinius, *NH* 35,88.

362 Plinius, *NH* 35,76.

363 Plinius, *NH* 34,37.

364 Plinius, *NH* 33,147; 34,11; 35,156 – Lucullus schloß ein Abkommen mit dem Bildhauer Arkesilaos über eine Statue, die eine Million Sesterzen kostete; 35,163 – beträchtliche Summen wurden für feine Keramik ausgegeben.

365 Plinius, *NH* 35, 62.

366 vgl. *GTBE* zu Preisen allgemein; zu den Kosten für das Brechen und Transportieren von Steinen s. 168–75, 184–91.

367 Zur Diobelie s. Tod a.O. (Anm. 195) Nr. 83 mit Kommentar.

368 Zu den Details der Kontrakte, Stückpreise und Zeitbeschränkungen [s. *GTBE* 88 ff.

369 *IG* I^2, 374.

370 Zum folgenden vgl. W.K. Pritchett und D. Amyx, *The Attic Stelai* I, *Hesperia* 1953, 225–99 (Texte); *Attic Stelai* II, *Hesperia* 1956, 128–317 und 1957, 163–254 (Diskussion).

371 Vgl. die Wohn- und Industriebezirke von Athen (Abb. 2, 3) und S. 98 Anm. 183–6.

372 Der Maler Polygnotos ist einer von ihnen (Plutarch, *Kimon* IV,6); zu den Architekten Sostratos von Knidos und Philon von Eleusis s. Kap. V, S. 184f.

373 Der Militäringenieur Artemon konnte sich offenbar einen teuren Geschmack leisten. Es heißt von ihm, er habe sich in einer Sänfte herumtragen lassen und von Polyklet aus Argos sein Porträt anfertigen lassen (Plutarch, *Perikles* 21, Plinius, *NH* 34,56).

374 s. *GTBE* 138–45 und M. Lacroix, *Les architectes et entrepreneurs à Délos de 314 à 240, Revue Philologique* 1914, 302 ff.

375 Simonides, Bergk[3] Frag. 157.

376 *IG* IV^2, 1, 102; 89–90; 98–9; 111–12.

377 Der gesamte Tempel wurde in vier Jahren und acht Monaten erbaut, so daß die Arbeit an den Skulpturen sicherlich nicht länger als diese Zeitspanne gedauert hat.

378 Die Abstände der Inschrift lassen keine Ergänzung zu, die in irgendeiner der Textlücken einen eigenen Vertrag für die Beschaffung von pentelischem Marmor brächte.

379 Plutarch, *Perikles* 31. Die ganze Geschichte und alle Zeugnisse dafür bringt F. Jacoby, *FGH*, 328 Philochoros Frag. 121, mit Kommentar, III B II, 391 ff.

380 s. Jones, *LRE* 61 und 438; eine bequeme Übersetzung findet sich bei N. Lewis und M. Reinhold, *Roman Civilization* (1955), II, 464–73.

381 Plinius, *NH* 35, 102.

382 Platon, *Gesetze* 958 E.

383 Plutarch, *Solon* 21, 4 f.

384 W.S. Ferguson, *Hellenistic Athens* (1911), 42; D. Kurtz und J. Boardman, *Greek Burial Customs* (1971), 121 ff., 162 ff.

385 Scullard, *Roman Politics* (1951), 113 f.

386 Scullard a.O. 222.

387 Tacitus, *Annalen* III, 53.

388 Dio Cassius LVII, 15, 1.

389 Plinius, *NH* 35, 119 (Übers. C.L.F. Strack).

390 Vgl. Pausanias V, 11, 3; Dio Chrysostomos XII, 6; zum Selbstporträt des Phidias s. Cicero, *Tusculanarum Quaestionum* I, 15, 34.

391 s. *GTBE* Kap. IV für eine ausführlichere Behandlung.

392 Es gibt Berichte über Streitigkeiten („Streiks") zwischen Werkleuten und Stadtverwaltung während der Kaiserzeit – in Pergamon und Milet im 2. Jh. n.Chr. und in Sardis im 5. Jh. –, die zeigen, daß die Arbeiter sich um Festlegung der Punkte bemühten, die sich in den griechischen Verträgen finden: Art der Zahlung, zeitliche Begrenzung, Strafen für Nichterfüllung und Strafen auf Grund von Preisunterschieden bei Verträgen, die weitervermittelt werden mußten. s. W.H. Buckler, *Labour Disputes in the Province of Asia, Studies Presented to W.M. Ramsay* (1923), 27 ff.

393 *IG* I^2, 105 – Schiffbau in Makedonien; *IG* I^2, 73 und 74 – Zahlen in

394 Livius XXVII, 45. [den Werften

395 Die *lex Metilia* – Plinius, *NH* 35, 197–8.

396 Pseudo-Aristoteles, *Ökonomik* 1346 A. Athenaios XII, 522 D – Färber in Sybaris waren von einer Produktionssteuer ausgenommen, damit sie ermutigt würden.

397 M.I. Rostovtzeff, *Social and Economic History of the Hellenistic World*

398 Jones, *LRE* 431–2. [(1941), 445.

399 Libanius, *Or.* XLVI, 22–3; Jones, *LRE* 871–2.

400 *Cod. Theod.* XIV, 7, „de collegiatis".

401 s. Kap. II, S. 39 und Anm. 47.

402 *Clara Rhodos* VI–VII, 413 Nr. 38.

403 *Lindos I*, Nr. 165.

404 Ploutarchos – *Lindos I*, Nr. 131 b; Theon – *Lindos I*, Nr. 172; Charinos – *Lindos II*, Nr. 327; *IG* XII, 1, 107; Epicharmos – *Lindos I*, Nr. 232, 235–6, 246.

405 *SIG*^{3}, 707.

406 *CIG* 2024; vgl. seinen Grabstein, 2025.

407 s. Kap. VI, S. 220ff.

408 Plinius, *NH* 35, 115.

409 *Cod. Theod.* XIII, 4 ‚de excusationibus artificum'.

410 *Cod. Theod.* XIII, 4, 4.

Kapitel V

411 Vitruvius VII, *praef.* 12; das Schiffsarsenal – *IG* II^2, 1668; die Trierarchie – *IG* II^2, 1622, 694.

412 RE: Vitruvius 419 ff. Vitruv selbst sagte (VI, *praef.* 6): „Daher pflegten unsere Vorfahren erstens Architekten, die aus bewährtem Geschlecht stammten, Arbeit zu übertragen; sodann forschten sie nach, ob sie anständig erzogen waren, weil sie meinten, daß man Arbeiten nur einem Mann mit angeborenem Ehrgefühl, nicht aber frechen und schamlosen Leuten überlassen dürfe" (Übers. C. Fensterbusch).

413 Plinius, *NH* 36, 83; Delphi – *FD* III, I, 299; Delos – *OGIS* 66, 67. Das Volk von Kaunos ehrte Sostratos im Heiligtum von Delos auch für die Dienste, die er ihrer Stadt geleistet hatte – *OGIS* 58.

414 Es ist durchaus möglich, daß die reicheren Handwerker des späteren 6. und frühen 5. Jhs. (d.h. jene, die auf der Akropolis von Athen ihre Weihungen aufstellten, von denen weiter unten die Rede sein soll) mehr zu den Aristokraten und Reichen, den in politischer Hinsicht exklusiven Leuten hinneigten, da diese die großzügigsten Auftraggeber für gute Handwerker waren.

415 s. Kap. II Anm. 99 mit den einschlägigen Literaturangaben.

416 s. Kap. IV, S. 177f. und Anm. 392.

417 z.B. Xenophon, *Memorabilien* III, 10, 1–15.

418 Lysias XXIV, 19–20.

419 s. Kap. IV, S. 156 und Kap. III, S. 98 und Anm. 184.

420 Sophokles – *Vita* 1; Kephalos – Schol. Aristophanes, *Ekklesiazusen* 253 (der Töpfer Kephalos – ARV^2 und vielleicht Raubitschek, *Dedications* Nr. 209); Kleon – Aristophanes, *Ritter* 129 ff.; Kleophon – Andokides I, 46; Anytos – Platon, *Menon* 90 A – sein Vater Anthemion war ein Selfmademan; Hyperbolos – Aristophanes, *Ritter* 1315.

421 Vgl. die Bemerkungen oben, Kap. II, S. 34 und Anm. 37 zu den Unterschieden zwischen Nikias und Kleon und den Quellen ihres Reichtums.

422 Vgl. M.I. Finley, *Athenian Demagogues, Past and Present* 1962, 3–24.

423 Die athenische Armee befestigte Pylos ohne den Gebrauch auch nur von Steinmetzwerkzeugen (Thukydides IV,3,2–4,3). Später, während des Peloponnesischen Krieges, halfen syrakusanische Truppen den Leuten von Antandros bei der Fertigstellung ihrer Befestigungen – „deshalb genießen sie nun die Rechte von Wohltätern und Bürgern in Antandros" (Xenophon, *Hellenika* I, 1, 26).

424 Vgl. Ramsay MacMullen, *Soldier and Civilian in the later Roman Empire* (1963), 23 ff.

425 E.W. Marsden, *Greek and Roman Artillery* (1969), 185.

426 Über den Kult der Bendis in Athen handelt W.S. Ferguson, *Orgeonika, Hesperia*, Supplement VIII (1949), 130–63. Zu griechischen Vereini-

gungen im allgemeinen s. F. Poland, *Geschichte des Vereinswesens* (1912); zu hellenistischen und römischen Vereinen s. Waltzing I–IV – die Inschriften werden in Band III vorgelegt.

427 Waltzing III, Nr. 179.

428 s.u. S. 205 mit den Hinweisen auf die Weihungen der Bergleute.

429 Collingwood und Wright a.O. (Anm. 131) Nr. 156.

430 Waltzing I, 90 ff.

431 N. Lewis und M. Reinhold, a.O. (Anm. 380), 326 ff. Nr. 84.

432 Tacitus, *Annalen* XIV, 17.

433 Plinius, *Briefe* X, 33 und 34.

434 O. Gradenwitz, *Das Statut für die Zunft der Elfenbeinarbeiter, Zeitschr. d. Savigny-Stiftung* 1890, 72.

435 *CIL* VI, 1060; Frank, *Economic Survey* V, 215.

436 Dubois Nr. 56.

437 *ILS* 7237, s.o. S. 20.

438 s.u. S. 219 und Anm. 522.

439 *ILS* 7687.

440 R.S. Young, a.O. (Anm. 185), bes. 222–3.

441 Diese Berechnungen beruhen auf einer summarischen Zählung der Weihungen und Epitaphien, die in *IG* I^2 und II^2 veröffentlicht sind, und der geschätzten Zahl von nie mehr als 120000 Bürgern.

442 Wie ein erster Blick auf *CIL* (ein Riesenwerk) anzeigt.

443 Marie Delcourt, *Héphaistos, ou la legende du magicien* (1957) handelt über Hephaistos, Prometheus und Vulcan; sie überbewertet wohl die Möglichkeiten magischer Kräfte in den Handlungen dieser Gottheiten. Zu Athena als Schutzherrin des Handwerks s. Sophokles Frg. 760 N; Pausanias I, 24,3; zusammen mit Hephaist, Platon, *Gesetze* 920 E.

444 Thukydides III, 88.

445 M. Delcourt a.O. 41.

446 s. W. Burkert, *Jason, Hypsipyle, and new Fire at Lemnos, CQ* 1970, 1–16; er vermutet dort, daß die Schmiede von Lemnos eine wichtige Rolle beim Feuerfest spielten. Andererseits gibt es kaum oder gar keine Hinweise darauf, daß Schmiede in den Augen der Griechen und Römer in irgendeiner Weise größere magische oder kultische Bedeutung besessen hätten als andere Handwerker.

447 W.B. Dinsmoor, *Observations on the Hephaisteion, Hesperia* Supplement V (1941), 125 ff.

448 Dinsmoor a.O. 129; vgl. H.A. Thompson, *Hesperia* 1936, 126.

449 M. Delcourt a.O.

450 Ovid, *Fasten* V, 725.

451 M. Delcourt a.O. 212.

452 s. aber unten S. 210f. mit den Hinweisen darauf, daß Steinbrucharbeiter bei ihrem Beruf in stärkerem Maß religiösen Einflüssen aufgeschlossen waren als andere Handwerker.

453 *Corinth* XV, 1: *The Potters Quarter* 22, 51 f.

454 *ID* 2473.

455 Strabon X, 1, 6.

456 Vitruvius X 2, 15; vgl. den Aufsatz von W. Alzinger, *Ritzzeichnungen in den Marmorbrüchen von Ephesos, ÖJH* 1966–7, 62 ff.

457 Raubitschek, *Dedications* Nr. 70.

458 Raubitschek, *Dedications* Nr. 48.

459 Raubitschek, *Dedications* Nr. 178.

460 Die Darbringung von Weihungen bietet Probleme. Zwischen dem Akt des Weihens und sozialem Status läßt sich keine klare Verbindung herstellen, da diese Aktion offenbar nicht regelmäßig erfolgte. Wenn die Weihungen von Handwerkern nach der Mitte des 5. Jhs. weniger werden (ein oder zwei im Vergleich zu den zehn oder zwölf vorher), so gilt dasselbe für die Gesamtzahl der dargebrachten Weihungen.

461 *IG* II^2, 4921 a.

462 Von zweiundzwanzig Werkstattszenen befinden sich vier auf Vasen, die in Athen gefunden wurden, eine auf einer Vase in Rhodos, die Herkunft von sechs weiteren ist unbekannt, und die übrigen zehn gelangten nach Italien. In der Tat fanden sich drei auf der Akropolis von Athen, doch ist es keineswegs sicher, daß es sich um Weihungen handelte.

463 Pollias, der eine um 500 bemalte und von Euthymides signierte Tontafel auf die Akropolis weihte, läßt sich wahrscheinlich mit dem Bildhauer identifizieren, der auch der Vater des Euthymides war (M. Robertson, *Greek Painting* (1959), 95; vgl. Raubitschek, *Dedications* Nr. 522–3). Demetrios, ein weiterer Bildhauer, stellte um 400 v.Chr. eine Weihung auf (Raubitschek, *Dedications* Nr. 143).

464 *IG* I^2, 784–7 und *AJA* (1903), 263 ff. zum Höhlenheiligtum von Vari.

465 Besprochen von Lauffer a.O. (Anm. 66), II.

466 Vgl. *IG* II^2, 2940; 4598; 4633; vgl. Lauffer a.O. 172 ff.

467 Vgl. z.B. *IG* II^2 4545–7; 4646–7; 4650–1; den Nymphen, Pan und anderen Göttern; 4684–5; 2940: an Men.

468 *IG* XII^3, 1075; vgl. L.H. Jeffery, *Local Scripts of Archaic Greece* (1961), 320.

469 *SEG* III, 464.

470 *BSA* 12, 1905–1906, 134.
471 Herodot IV, 87–8, Übers. F. Lange.
472 *Lindos* I, Nr. 165.
473 *CIL* II, 2559.
474 *CIL* X, 8146.
475 *ILS* 5405.
476 *ILS* 3534.
477 Calabi-Limentani Nr. 98; *ILS* 5442.
478 OGIS 590; Calabi-Limentani Nr. 143; Collingwood and Wright a.O. (Anm. 131) Nr. 274.
479 Calabi-Limentani Nr. 67.
480 Waltzing III, Nr. 95.
481 Waltzing III, Nr. 198.
482 Waltzing III, Nr. 148, 225.
483 Waltzing III, Nr. 617.
484 entfällt.
485 Dubois Nr. 63.
486 Dubois Nr. 131.
487 Dubois Nr. 58.
488 Dubois Nr. 125.
489 Dubois Nr. 125.
490 Veröffentlicht von H. Sandars, *Archaeologica* 1905, Tf. LXIX.
491 Die Grabsteine von Handwerkern stammen vor allem aus dem 4. Jh. v.Chr.
492 Einen Eindruck von den Gefühlen, die in solchen Zeugnissen zum Ausdruck kommen, vermittelt R. Lattimore, *Themes in Greek and Latin Epitaphs* (1942).
493 *IG* II^2, 10051. s. Lauffer a.O. (Anm. 66), II, 198 ff.
494 *IG* II^2, 11679–80; Lauffer a.O.
495 *IG* II^2, 12618. Das Relief ist offenbar mittlerweile verschollen.
496 *IG* II^2, 11697.
497 *IG* II^2, 11954; *JDAI* (1920), 69–72 und vgl. A. Wilhelm, *Beiträge* (1909), 40 ff.
498 Zum Grabstein von Mannes s. Kap. I, S. 20 und Anm. 14; Euthias – *IG* II^2, 11387.
499 Athenaios XII, 543 C–E.
500 *IG* II^2, 11689 – die Berufsbezeichnung war *persikopoios.*
501 *IG* II^2, 11175–6; 7967; *SEG* XIX, 305.
502 *IG* XII, 1, 381. Umso merkwürdiger ist die Bemerkung von Rostovtzeff

(*Social and Economic History of the Hellenistic World*), daß die Rhodier sehr selten auch auf ihren Grabsteinen ihre Berufe erwähnten und daß sie sich *in diesem Punkt von den Bewohnern aller anderen Teile Griechenlands*, ganz zu schweigen von denen Italiens und des Westens, *unterschieden* (Kursivsatz durch Verf.).

503 Mehrere Beispiele hat H. Gummerus in seinem Aufsatz Darstellungen aus dem Handwerk auf römischen Grab- und Votivsteinen, *JDAI* 1913, 63–126, gesammelt; vgl. W. Deonna, *Ex-votos Déliens: Instruments de métier sur un relief de Délos, BCH* 1932, 421–90, der davor warnt, jeden Grabstein, der Steinmetzwerkzeug zeigt, für den eines berufsmäßigen Handwerkers zu halten. Werkzeug dieser Art scheint kultische Bedeutung erhalten zu haben, die nichts mit den Interessen eines Facharbeiters zu tun hatte.

504 *ILS* 7733.

505 Calabi-Limentani Nr. 82.

506 Calabi-Limentani Nr. 53.

507 Calabi-Limentani Nr. 75; G. Calza, *La necropoli del porto di Roma* (1940), 279; W. Peek, *Griechische Grabgedichte I*, Nr. 420.

508 Calabi-Limentani Nr. 77.

509 *IG* II², 9611.

510 Calabi-Limentani Nr. 57.

511 Calabi-Limentani Nr. 94.

512 s.u. Kap. VI, S. 249 und Anm. 593.

513 *CIG* 2025.

514 Calabi-Limentani Nr. 5.

515 Calabi-Limentani Nr. 129.

516 *ILS* 7687.

517 Calabi-Limentani 127.

518 Calabi-Limentani Nr. 138.

519 Diese Armut ist im Gegensatz zu der Pracht zu sehen, die ein Monument eines anderen Handarbeiters wie des römischen Bäckers Eurysaces entfaltete.

520 *ILS* 7723.

521 *SEG* IV, 105.

522 *ILS* 7715. Zur Formulierung vgl. *CIL* VI, 13481.

Kapitel VI

523 *Nikomachische Ethik* VI, 2, 5.

524 Antiphon, *Über die Wahrheit* 2. Er verurteilt nicht unbedingt von vornherein das Handwerk, sondern will nur den Unterschied zwischen richtigen und falschen, oder natürlichen und konventionellen Formen hervorheben.

525 z.B. Platon, *Protagoras* 326 E-328 C.

526 vgl. M.I. Finley, *Metals in the Ancient World, Journal of the Royal Society of Arts* 1970, Nr. 5170, S. 598 ff.

527 Eine Untersuchung aus jüngerer Zeit über diese Ansichten und über das folgende bietet T. Cole, *Democritus and the Sources of Greek Anthropology (Philological Monographs* XXV, *American Philological Association*, 1967). Wie er darlegt, wird die weite Verbreitung der Ansichten der Anthropologen daran erkennbar, daß diese zu Versatzstücken bei den Rhetorikern geworden sind.

528 Lucretius, *de rerum natura* V, 925 ff.; Vitruvius II, 1.

529 Lucretius V, 1452 ff., Übers. K. Büchner.

530 Vitruvius II, 1, 3 und 6–7, Übers. C. Fensterbusch.

531 In der Version des Diodor (I, 13, 3) ist Hephaistos der Entdecker des Feuers, doch wird er an diesem Punkt einfach als Verkörperung des Menschen, noch nicht als göttliches Wesen gesehen.

532 Tzetzes spricht von *promethesteroi* Menschen, den „weiter vorausschauenden", die näher herankamen, um das neue Phänomen des Feuers zu sehen; vgl. Lucretius V, 1107.

533 s. Kap. V, S. 200f. zur möglichen Bedeutung des Hephaistoskultes für die Athener und zur Vergrößerung seines Heiligtums während der 50er Jahre des 5. Jhs.

534 436 ff., Übers. O. Werner. O. Thomson vermutet in seiner Ausgabe des *Gefesselten Prometheus* (1932), daß das dritte Stück der Trilogie *Prometheus der Feuerbringer* war; unter diesem Beinamen wurde er in der Akademie in Athen zusammen mit Athena und Hephaistos verehrt (Schol. *Oidip. Kol.* 54–6). In dieser Endphase der Trilogie versöhnte vielleicht Athena die feindlichen Parteien und sorgte für die Einrichtung des Prometheuskultes in der Stadt.

535 Wie zu Anfang des *Gefesselten Prometheus* festgestellt wird.

536 s. Cole a.O. (Anm. 527) und A. Kleingünther, Πρῶτος Εὑρετής, *Philologus*, Supplementband 26 (1933); die kompletteste Liste ist bei Plinius, *NH* 7, 191 ff. erhalten.

537 *NH* 7, 198, 199; 197.

538 *NH* 7, 195; nach anderen machten die Phönizier diese Entdeckung.

539 Ein würdiges Gegenstück zu dieser oft wiederholten Geschichte bietet Diodorus Siculus IV, 76–7, der berichtet, daß der Neffe des Daidalos, Talos, die Säge „erfand", als er mit einem mit Zähnen versehenen Schlangenkiefer herumspielte.

540 Hellanikos, *FHG* 112, 113.

541 Hesiod Frg. 76.

542 Hinweise bei Kleingünther a.O. (Anm. 536).

543 Thukydides I, 13, 3.

544 Herodot I, 51; Plinius, *NH* 7, 198.

545 Plinius, *NH* 7, 198.

546 Kritias, Bergk[3] Frg. 1, 12–14.

547 Wie im Fall der Bildhauer Dipoinos und Skyllis, die nach Plinius, *NH* 36,9, die ersten waren, die sich als Marmorbildhauer einen Namen machten; oder im Fall des Töpfers Boutades von Sikyon, der nach Plinius, *NH* 35,151 als erster die Herstellung von Tonporträts nach Umrißzeichnungen erfand.

548 Vitruvius X, 2,11–12.

549 Vitruvius IV, 1,10. In der Tat heißt es von ihm an anderer Stelle geringschätzig, er sei „überkompliziert" oder „verkünstelnd", ja sogar „er löse die Kunstfertigkeit auf" (Pausanias I, 26).

550 Vitruvius IX, *praef.* 9–12. Natürlich ist der gute Erfinder in der Lage, sowohl unerwartete Möglichkeiten zu nutzen, wie bereits ausgedachte Theorien anzuwenden. Das macht ein Element in der Erfolgsgeschichte des rhodischen Ingenieurs Diognetos aus, der die *helepolis* des Demetrios Poliorketes nicht durch die Konstruktion einer noch größeren und besseren Maschine ausgeschaltet haben soll, sondern dadurch, daß er den Platz, auf dem die *helepolis* aufgestellt werden sollte, unter Wasser setzte, so daß sie im Schlamm einsank (Vitruvius X, 16,7–8).

551 Vitruvius X, 2,15. Vgl. Kap. V, S. 203 und Anm. 456.

552 Belege bei Kleingünther a.O. (Anm. 536). Die Titanenschmiede bieten einige Parallelen zu den Zauberschmieden anderer Kulturen, wie sie R.J. Forbes a.O. (Anm. 157) VIII, Kap. III, *Evolution of the Smith, his Social and Sacred Status*, aufzählt. Der magische Aspekt des Schmiedehandwerks scheint aber in der klassischen Antike ganz gefehlt zu haben. Vgl. Finley a.O. (Anm. 526).

553 *CIG* 2025; s. Kap. V, S. 217f.

554 vgl. Hesiod *Theog.* 139 ff.

555 vgl. M. Delcourt a.O. (Anm. 443), die diesen Gedankengang ziemlich weit verfolgt.

556 *RE:* Hephaistos, VIII 332,14–333,19.

557 *RE:* Daidalos, IV 2002,10 – seine Erzeugnisse als Handwerker; 2002 ff. – seine Erzeugnisse als Bildhauer: 2005,31 ff. – seine Erzeugnisse als Architekt; 2006,8 ff. – seine Erzeugnisse als Erfinder. Der Roman von Michael Ayrton, *The Maze-Maker* (1967) bietet ein eindrucksvolles Bild von diesem merkwürdigen und einflußreichen Handwerker.

558 Homer, *Odyssee* XI, 609; Übers. J.H. Voss-E.R. Weiss.

559 s. auch Kap. III, S. 147 – zu den wenigen Beweisen für die Benützung apotropäischer Zaubermittel und zum Töpfer-Hymnus.

560 Plutarch, *Numa* XV,2–4, 13,1–7.

561 s.o. S. 100 und Anm. 187.

562 Homer, *Ilias* XVIII, 478 ff.; Übers. Voss-Rupé.

563 Homer, *Odyssee* XXIII, 188 ff.; Übers. Voss-Rupé.

564 Cicero, *Brutus* 18,70; Übers. B. Kytzler.

565 *Institutio oratoria* XII, 10,1–10; Übers. H. Rahn.

566 a.O.

567 Diodoros Siculus XXVI,1.

568 Plinius, *NH* 34,43.

569 Plinius, *NH* 34,140. Ähnlich wird Silanions Werk bei Plutarch, *Quaestiones convivales* V, 2,1 beschrieben: „wir sehen mit Freude und Bewunderung die Statue der Jokaste, in deren Gesicht der Bildhauer Silber eingemischt haben soll, so daß die Bronzeoberfläche die Farbe eines Menschen angenommen hat, dessen Leben langsam verlöscht."

570 Zeuxis soll ein Bild eines Knaben mit einer Weintraube gemalt haben. Als einige Vögel herangeflogen kamen, um an den Früchten zu picken, bemerkte Zeuxis ärgerlich, das zeige, daß er den Knaben nicht realistisch genug gemalt habe, denn sonst wären die Vögel abgeschreckt worden.

571 Plinius, *NH* 34, 46.

572 Famulus – Plinius, *NH* 35, 120; Protogenes – 35,102; Pasiteles – 36,40.

573 s. Kap. IV, S. 155 und Anm. 337.

574 Plinius, *NH* 35,103.

575 Pausanias III, 17,2.

576 So berichtet Pausanias II, 11,5 f., daß Alexanor, Sohn des Machaon und Enkel des Heros und Heilkundigen (später Heilgottes) Asklepios das Heiligtum des Asklepios in Titane errichtet und das Götterbild angefertigt habe.

577 Plutarch, *Kimon* 4; Plinius, *NH* 35,58.

578 s. Kap. IV, Anm. 379 zur Bekanntheit des Phidias und seinen Verbindungen mit athenischen Vornehmen; s. auch Plutarch, *Perikles*.

579 Plutarch, *Alexander* und L. Pearson, *The Lost Historians of Alexander* (1960) zeigen, wie Alexander der Große aufgenommen wurde. Das Problem wird ausführlich – und mit vielleicht allzu weitreichenden Schlüssen „historisch-entwicklungsgeschichtlicher Art" – von E. Zilsel, *Die Entstehung des Geniebegriffs* (1926) behandelt.

580 Apelles – Plinius *NH* 35,84.

581 Plinius, *NH* 35,85.

582 Plinius, *NH* 35,101.

583 Plinius, *NH* 35,104 und 105.

584 Lysippos-Plinius, *NH* 34,61.

585 Suetonius, *Augustus* 50; Plinius, *NH* 37,38.

586 Overbeck a.O. (Anm. 149), 553–88.

587 Plinius, *NH* 35,112.

588 Plotinos, *Enneaden* V, 8,1. J.M. Rist, *Plotinus, the Road to Reality* (1967) 183–4 ist der Meinung, daß die Skulptur als Parallele zu dem, der das Gute sucht, dient, und daß Plotinos auf die Ansicht Platos, der Künstler kopiere nur die Kopie des Gegenstandes, antwortet, indem er sagt, Phidias habe für seine Statue auf die eigentliche Gestalt des Zeus zurückgegriffen. Doch scheint das fertige Bildwerk immer noch vor der Realität des arbeitenden Handwerkers entfernt zu sein. Vgl. Seneca, *Briefe an Lucilius* I, 9,5: „Wenn Phidias eine Statue verlor, so machte er schnell eine neue" – damit scheint Seneca anzudeuten, daß er eine tiefgehende persönliche Verbindung zwischen Handwerker und seinem Kunstwerk sah; Seneca sagt das, um zu illustrieren, daß das Gewinnen von neuen Freunden besser sei als das Behalten der gleichen alten Freunde – „ebenso wie es für einen Maler erfreulicher ist, an einem Bild wirklich zu malen, als es fertiggestellt zu haben" Wieder einmal ist Phidias das einzige Individuum, das hier zitiert wird, und ganz offensichtlich wird das Handwerk hier figurativ verwendet.

589 Porphyrius, *Leben des Plotin* 1.

590 Solon Frg. 13, 11,49–52 (Edmonds, Loeb edition, *Elegy and Iambus* I)

591 s. jedoch unten S. 250 und Anm. 594 zu Handwerkeraufzeichnungen, in denen der Begriff *sophia* auftritt.

592 s. S. 245f.

593 Miss Joyce Reynolds hat mir freundlicherweise erlaubt, diese unpublizierte Inschrift zu verwenden.

594 *IG* XII,5, 147. *Sophia* dient hier sicherlich als Äquivalent zu *techne* – Know-how –, bedeutet nicht Weisheit oder erleuchteten Geist; so weit ich weiß, begegnet das Wort nur in einer weiteren Handwerkeraufzeichnung – der des Kapiton und Janouarios im 2. Jh. n.Chr. (s.u. S. 251) – und im Personennamen Cheirisophos, S. 252).

595 Pausanias VI, 10,5.

596 Athenaios XII, 543 C–E.

597 s. Kap. V, S. 213 und vgl. Wilhelm a.O. (Anm. 497), 40 f.

598 s. Kap. V, S. 212.

599 s. Kap. V, S. 219.

600 *JRS* 1967, 43, Nr. 8.

601 Calabi-Limentani Nr. 107.

602 s. Kap. V, S. 217.

603 s. Kap. V, S. 216 und Anm. 508.

604 s. Kap. V, S. 219 und Anm. 522.

605 s. Kap. V S. 218 und Anm. 517.

606 Beazley, *ARV*[2] 1027.

607 *Inschriften von Pergamon* 136; *CIL* VI, 29796.

608 s. Kap. III, S. 100 – 104.

609 Pausanias VI, 3,4.

610 s. Kap. III, S. 101f. und Plinius, *NH* 35, 182.

611 s. Kap. III, S. 26f. und Pausanias VIII, 53,8.

612 Pausanias I, 40,4.

613 vgl. Athenaios XII, 541 A zu Wettbewerben bei Festen, und Plinius, *NH* 35,125.

614 Plinius, *NH* 34,53; vgl. 36,17.

615 *ID* 4.

616 s. Kap. III Anm. 248.

617 Calabi-Limentani Nr. 87,60.

618 Calabi-Limentani Nr. 68,91.

619 Collingwood und Wright, a.O. (Anm. 131), Nr. 149 (Priscus, Sohn des Toutius, *lapidarius*, Stammeszugehöriger der Carnutes, d.h. aus der Gegend um Chartres) und 151 (Sulinus, *scultor*, d.h. Bildhauer). 149 = *ILS* 4661; 115 = *CIL* VII,37.

620 *CIL* X, 6126 und 6339.

621 Zu Pontios vgl. Loewy 339.

622 *CIL* XII, 186; *ILS* 5637.

623 Kleon – *IG* V, 1, 690; Zenon – *CIG* 4342 d; Aristainetos – s. S. 253f.

624 *CIL* IV, 3884.

625 *ID* 2288.

626 s. Calabi-Limentani zu den unterschiedlichen Signaturen der Mosaikhandwerker.

627 *Archaeology* 1955, 256 ff.

628 Plinius, *NH* 37,8 erwähnt zusätzlich zu Pyrgoteles und Dioskurides noch Apollonides und Kronios.

629 s. C. Kray, *Greek Coinage* (1966) zu den Münzstempelschneidern von Syrakus und anderen sizilischen und süditalischen Städten dieser Zeit.

630 R.M. Cook, *Greek Painted Pottery* (1960), 256.

631 *a.O.*

632 Beazley, *ABV* 147,3.

633 Nikosthenes, ein Töpfer, der gegen Ende des 6. Jhs. arbeitete, signierte über 120 der 150 erhaltenen, ihm zugeschriebenen Vasen; das ist ein ungewöhnlich hoher Prozentsatz. Sein Partner Pamphaios signierte 31 von 50 erhaltenen Stücken; andere Töpfer und Maler werden durch höchstens ein halbes Dutzend Signaturen belegt.

634 Beazley *a.O.* (Anm. 240) in seinem Kommentar zu Abb. 7. s. Kap. V, S. 204 und Anm. 462.

635 Die Herstellermarken auf der arretinischen Keramik können nicht als Signaturen bezeichnet werden. Sie dienten sicherlich zur Produktionskontrolle; der Hersteller wollte nicht mit jedem Gefäß identifiziert werden, das aus seiner Form hervorging.

636 *ILS* 8562; vgl. die frühere beschriftete Fibel aus Praeneste (6. Jh. v.Chr.?): *Manios med fhe fhaked Numasioi* („Manius hat mich für Numerius gemacht"), *ILS* 8561.

INDEX

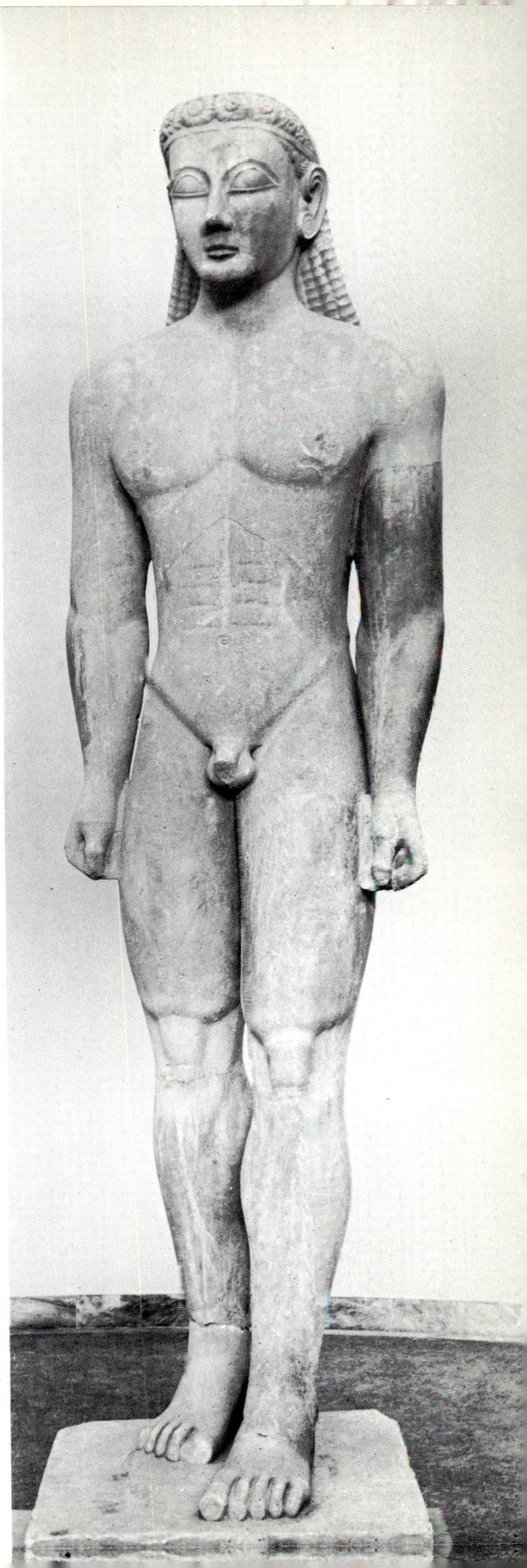

1,2: Die Weihung des Euthykartides an den Apollon von Delos. Es handelt sich um eine dreieckige Marmorbasis, die an einer Ecke ein Gorgoneion, an den beiden anderen je einen Widderkopf trägt. Die Basis trug ursprünglich einen *kouros*, wie er hier abgebildet ist.

3: Ein Vasenbild aus Athen, das einen Schuhmacher bei der Arbeit in seiner Werkstatt zeigt. Er schneidet ein Paar Schuhe nach Maß für den kleinen Jungen heraus, der vor ihm auf der Werkbank steht.

4: Der Schuhmacher bei der Arbeit. Athen, frühes 5. Jh.

5–7: *Oben:* zwei Grabstelen. *Links* die eines gallisch-römischen Schuhmachers, der bei der Arbeit an seinem Leisten gezeigt wird. *Rechts* die des Xanthippos, eines Schuhmachers aus Athen, etwa 420 v.Chr. *Unten:* ein römisches Relief mit einem Schuhmacher und einem Seiler bei der Arbeit in ihrer Werkstatt.

8–10: Das Zimmermannshandwerk. *Oben links* die Grabstele des P. Beitenos Hermes, eines Klinenmachers. *Rechts* die Grabstele des P. Longidienus Camillus, eines Schiffszimmermanns, die die Aufschrift trägt „Publius Longidienus beeilt sich mit seiner Arbeit“. *Links* eine Terrakottaplatte mit Argos an der Arbeit am Bug der Argo.

11,12: Die kleine Terrakottastatuette *oben* zeigt einen böotischen Säger bei der Arbeit. *Rechts* ein Wandgemälde aus Pompeji, das ein Fest zu Ehren des Erfinders der Säge, Perdix, zeigt. Er wurde aus Eifersucht von seinem Bruder Daidalos getötet, und eine Nachbildung dieses Ereignisses wurde in der Prozession, vielleicht von Zimmerleuten, mitgetragen.

13–16: Verschiedene Stadien bei der Keramikherstellung. *Oben* eine korinthische Tontafel des 7. Jhs. v.Chr., die zeigt, wie der Ton ausgegraben wird. *Links* arbeitet ein Töpfer an einer Kylix auf seiner Töpferscheibe, und *unten* zwei weitere Tafeln mit der Darstellung des Heizens von Brennöfen.

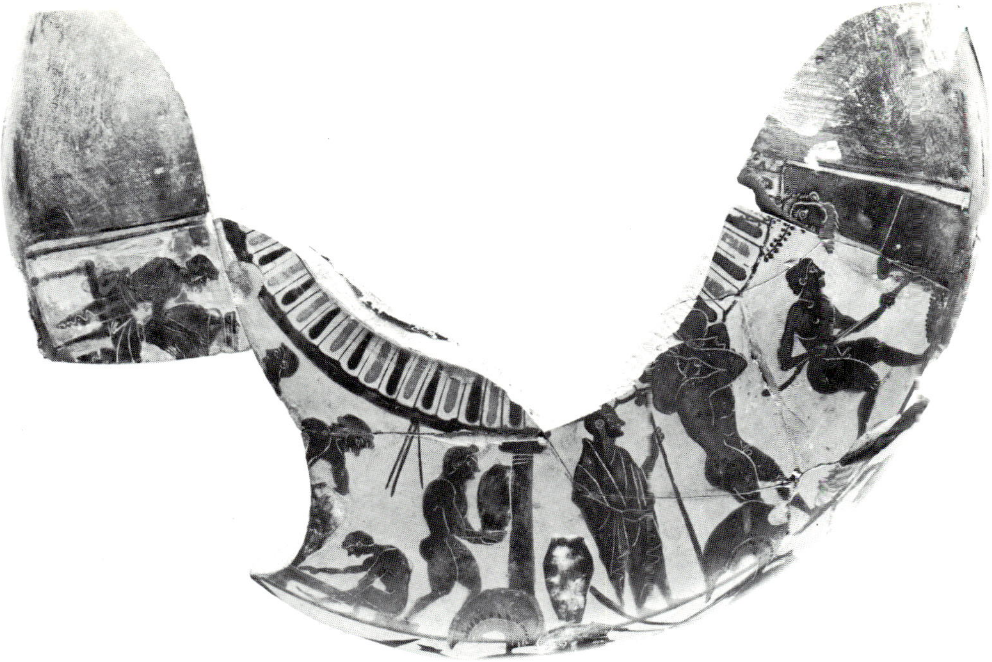

17,18: Töpfer bei der Arbeit. *Oben* werden alle Aspekte der Keramikherstellung vom Bemalen bis zum Brennen vorgeführt – man beachte die apotropäische Maske, die am Ofen hängt. *Unten links* poliert ein Töpfer einen ungefirnißten Skyphos. (17: Vgl. Farbtafel II [Ausschnitt])

19: *Rechts* die Töpferstele, die (wahrscheinlich) vom Töpfer Pamphaios geweiht und vom Bildhauer Endoios im späten 6. Jh. v.Chr. gearbeitet wurde.

20,21: Terrakottaerzeugnisse. *Links* eine Statuette, die in der Werkstatt des Diphilos von Myrina angefertigt wurde und auf der Basis signiert ist, 2. Jh. v.Chr. *Oben* ein Abdruck aus einer arretinischen Formschüssel, die „M. Peren.“ signiert ist und Alexander den Großen bei der Löwenjagd zeigt, spätes 1. Jh. v.Chr.

22–24: Römische Tonlampen. Sie zeigen, wie manche aus abgeriebenen Formen hergestellt und anschließend retuschiert wurden. Andere, wie jene mit dem Bild rechts, das von der Athena Promachos des Phidias angeregt ist, wurden einzeln modelliert.

25,26: Beispiele für signierte Glasgefäße. *Oben* eine Tasse des Ennion, eines Syrers aus Zypern, 2./1. Jh. v.Chr. *Unten* ein in der Form geblasener Becher mit der Aufschrift „Neikaios hat mich gemacht. Der Käufer soll sich daran erinnern“. Syrisch, 1. Jh. n Chr.

27,28: Die Silberminen von Laureion waren die Grundlage des athenischen Wohlstands. *Oben* der Eingang in einen Stollen, und *unten* ein Waschplatz, der beim Läutern des Silbers verwendet wurde.

29,30: Szenen mit Grobschmieden bei der Arbeit. *Links* zwei Schmiede beim Schmelzen oder bei der Vorbereitung des Metalls zur Bearbeitung. *Unten*, ein Schmied in seiner Werkstatt.

31: Ein Waffenschmied des 5. Jhs. bei der Arbeit an einem Helm.

32: Eine Tontafel aus der Werkstatt des Phidias in Olympia. Sie zeigt zwei Handwerker und eine Herme, wohl ein apotropäisches Mal, das ihr Werk beschützen sollte (vgl. Taf. 17).

33,34: *Links* ein Grabrelief eines britisch-römischen Grobschmiedes und *unten* der Gott Vulcan mit Hammer und Amboß auf einem Relief aus dem römischen Gallien.

35: Der Schmied am Feiertag – ein Diener bietet seinem Meister, der in seinen besten Kleidern am Ofen steht, Feiertagskuchen an. Spätes 5. Jh. v.Chr.

36: Römische Grabstele des Schmieds L. Cornelius Atimetus, der in seiner Werkstatt gezeigt wird.

37: Ein kaiserzeitlich römischer Silberbecher aus einem Grab in Hoby, Dänemark, jenseits der römischen Grenze. Er ist vom kaiserlichen Freigelassenen Cheirisophos signiert.

38: Athena beim Modellieren eines Pferdes aus Ton; dies ist das erste Stadium bei der Herstellung einer Bronzestatue. (Vgl. Farbtafel IV)

39: Die Berliner Erzgießereischale – eine Kolossalstatue des bewaffneten Achilleus wird hergestellt.

40: Die Berliner Erzgießereischale – Schmied und Bronzestatuenmacher arbeiten an einer Statue des schnellfüßigen Achilleus. (Vgl. Farbtafel V)

41,42: Die Fertigkeit des Blattgoldhandwerkers (*aurifex brattiarius*) brachte auch so zarte Werke wie den silbernen Myrtenkranz, *unten*, hervor.

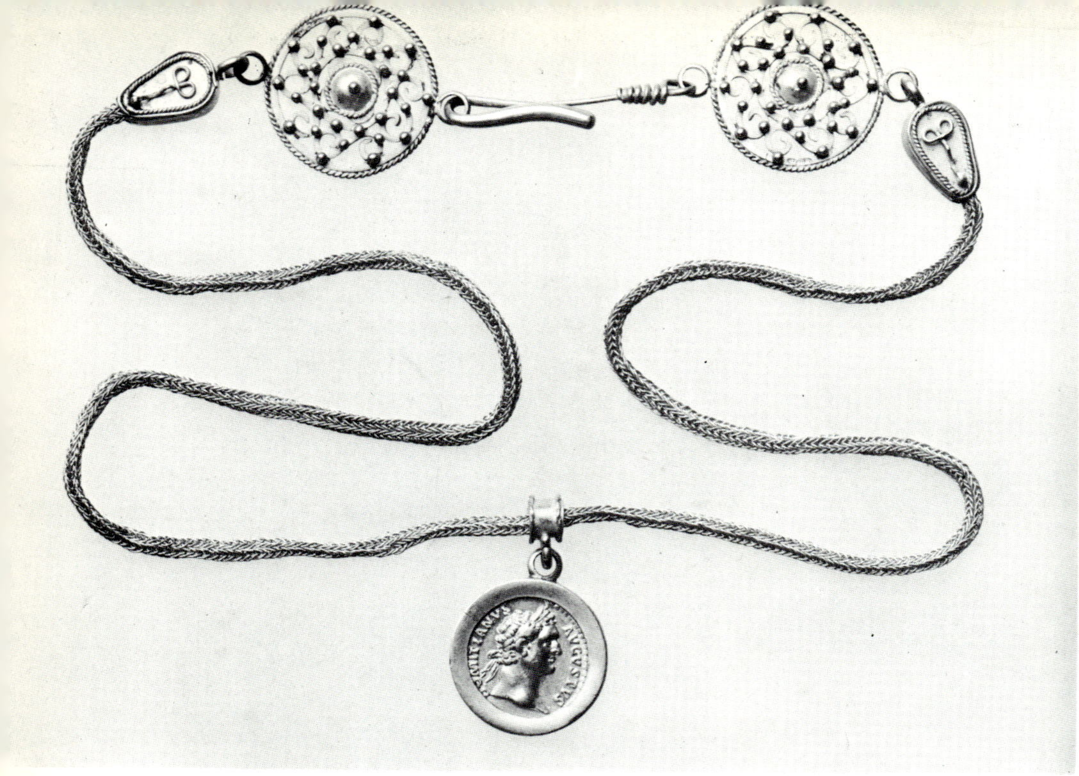

43: Eine komplizierte goldene Halskette mit einem *aureus* des Kaisers Domitian als Anhänger. Aus Ägypten, 1. Jh. n.Chr.

44,45: Gemmen des Dexamenos aus Chios, etwa 430–420 v.Chr. *Links* ein Männerporträt auf einem Jaspis. *Rechts* ein fliegender Kranich auf einem Chalkedon.

46: Die Grabstele des Freigelassenen Demetrius und seines Sohnes Philonicus. Demetrius scheint ein Stempelschneider für den Münzbeamten P. Licinius Stolo (dessen Freigelassener er war) gewesen zu sein, während sein Sohn das Amt eines Lictors innehatte.
Rom, spätes 1. Jh. v.Chr.

47,48: *Oben* eine Terrakottaplatte vom Grab eines Münzangestellten in Alexandria mit der Darstellung seines Werkzeugs. Auf dem Relief *rechts* ist ein Münzpräger (*malleator*) bei der Arbeit zu sehen. Er wird von einem Münzbeamten überwacht.

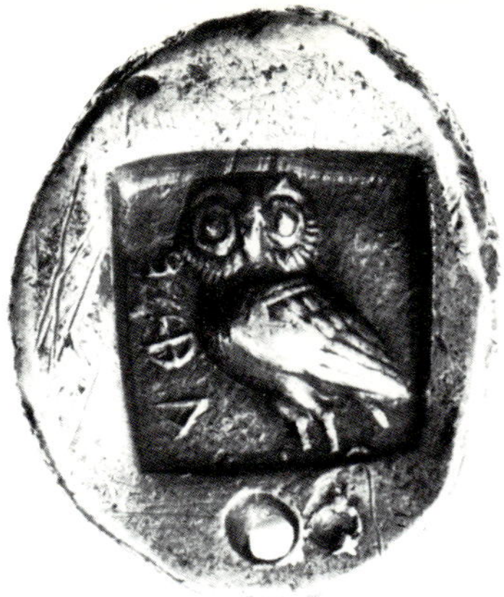

49,50: Vorder- und Rückseite einer athenischen Silbertetradrachme des späten 6. Jhs. mit dem Kopf der Athena und ihrer Eule.

51,52: Eine Silbertetradrachme des späten 5. Jhs. v.Chr. aus Syrakus. Die Vorderseite mit dem Wagenfahrer ist signiert mit „EYO", und die Rückseite mit dem Kopf der Arethusa mit „EYMENOY".

53: Ein sehr schönes Porträt des Kaisers auf einem *aureus* des Augustus.

54,55: Mechanische Hebevorrichtungen. *Rechts* ein Detail vom Hateriergrab, das Sklaven bei der Arbeit in der Tretmühle zeigt, mit deren Hilfe ein Kran eine Grabsäule hebt. *Unten* eine moderne Lösung des Problems, Marmorblöcke zu heben. Diese Vorrichtung, die auf der Athener Akropolis benützt wird, verdankt den antiken Methoden viel.

56: Grabstele des C.Vedennius Moderatus aus dem 1. Jh. n.Chr. Er war römischer Militärarchitekt und auf den Bau von Katapulten spezialisiert, von denen hier eines von vorn gezeigt wird.

57: Ein automatisches Rechengerät für die Navigation, 1. Jh. v.Chr.

58,59: Das Hephaisteion von W mit der Akropolis im Hintergrund. *Unten* gibt Athena Anweisungen beim Bau der Akropolis.

60: Sorgfältig verfugte und verklammerte Fundamentlagen unter dem Pflaster des Apollontempels in Delphi.

61: Das Erechtheion von O. Die meisten Abrechnungen über die Kannelierung der Säulen sind erhalten geblieben. Spätes 5. Jh. v.Chr.

63: Eine Säulentrommel aus pentelischem Marmor auf der Athener Akropolis, frühes 5. Jh. v.Chr. Der Säulenfuß ist voll ausgearbeitet, während der Rest der Trommel erst während der letzten Stadien des Baus vollendet werden sollte.

62: Ein Ausschnitt aus dem Innern der Tholos im Heiligtum des Asklepios in Epidauros, Mitte des 4. Jh. v.Chr. Man beachte die komplizierte Anlage des Dekors und den verhältnismäßig selten belegten Gebrauch von weißem und schwarzem Stein.

64,65: Das Pantheon, das ursprünglich zur Verherrlichung des julischen Hauses von M. Vipsanius Agrippa errichtet und im 2. Jh. n. Chr. restauriert worden war. *Unten* Teil der Kuppelinnenseite.

66,67: Der Titusbogen am Eingang zum Forum Romanum, 60 n.Chr. *Links* das Forum und die Säule des Trajan, frühes 2. Jh. n.Chr.

68: Die schöne Ziegelfassade des Hauses der Diana in Ostia.

69: Eine Wandmalerei aus dem Grab des Trebius Iustus mit der Darstellung von Bauarbeitern beim Hausbau.

70: Detail der Reliefs auf der Trajanssäule: Römische Legionäre beim Straßenbau.

71,72: Die Akropolismauer auf der Insel Thasos. *Unten* das Graffito eines Steinmetzen und *rechts* die Inschrift „Parmenon hat mich gemacht". Frühes 5. Jh. v.Chr.

73,74: Zwei Leistungen römischer Ingenieurkunst an den entgegengesetzten Enden des Reiches. *Oben* das Theater von Aspendos, Türkei. *Unten* der Pont du Gard, ein Aquädukt im südlichen Frankreich.

75: Eine unvollendete Kolossalstatue eines bekleideten bärtigen Mannes im Marmorsteinbruch von Naxos, etwa 600 v.Chr.

76: Graffito auf einer Statuenbasis in Persepolis. Die Köpfe der Männer und Löwen in einem Stil, wie wir ihn aus dem Athen des 6. Jhs. kennen, müssen von griechischen Handwerkern in persischen Diensten ausgeführt worden sein.

77: Ein Bildhauer beim Schnitzen einer Herme, mittleres 5.Jh. v.Chr.

78,79: Der Strangford-Schild, eine Kopie des Schildes der Statue der Athena Parthenos, von der *unten links* eine Rekonstruktion zu sehen ist. Bei dem alten Mann, der ein Beil schwingt, handelt es sich vielleicht um ein Selbstporträt des Phidias.

80: Die geflügelte Siegesgöttin des Paionios von Mende, etwa 425 v.Chr. Sie feiert einen Seesieg der Messenier und Naupaktier vor Pylos.

81: Die Gruppe des Laokoon von dem rhodischen Bildhauer Hagesandros und seinen Söhnen Polydoros und Athenodoros. 1. Jh. v.Chr.

82,83: Zwei römische Büsten. Die schmeichelnde Version, die der Bildhauer in der Büste des Commodus, *links*, gibt, steht in scharfem Gegensatz zur Nüchternheit des Frauenkopfes *rechts*, der ein Jahrhundert früher entstanden ist.

84,85: Grabstelen zweier Bildhauer. *Links* Megistokles, Sohn des Philomousos, hellenistisch; *rechts* M.Se . . Amabilis aus dem römischen Gallien

86: Wandmalerei mit Darstellung eines Gartens aus dem sogenannten „Haus der Livia“, Rom.

87,88: Beispiele für Mosaikarbeiten. *Oben* Kieselmosaik aus Pella, Makedonien, signiert von Gnosis, frühes 3. Jh. v.Chr. *Unten* „Villa des Cicero", Pompeji, signiert von Dioskourides aus Samos, 1. Jh. v.Chr. (88: Vgl. Farbtafel XXII)